HISTORIA CONSTITUCIONAL DE LA ESPAÑA CONTEMPORÁNEA (1808-1975)

HISTORIA CONSTITUCIONAL DE LA ESPAÑA CONTEMPORÁNEA (1808-1975)

1.ª EDICIÓN

José Agustín González-Ares

COLEX 2022

Calle Costa Rica, número 5, 3.º B (local comercial)
A Coruña, C.P. 15004
info@colex.es
www.colex.es

I.S.B.N.: 978-84-1359-467-5
Depósito legal: C 462-2022

A Pilar, mi madre, y a la memoria de Manuel, mi padre.

A Maya, Anxo y Sara, ya la cuarta generación.

SUMARIO

PRÓLOGO 15

NOTA DEL AUTOR 19

CAPÍTULO PRIMERO. EL CONSTITUCIONALISMO HISTÓRICO ESPAÑOL: NOCIONES GENERALES 21

Sumario 21

I. La crisis del Antiguo Régimen y el inicio del movimiento constitucional español 21

II. La inestabilidad constitucional y sus causas 23

III. Etapas de la evolución del régimen constitucional español 27

1.ª Los orígenes del constitucionalismo (1808-1833) 27

2.ª La Monarquía isabelina (1833-1868) 28

3.ª El Sexenio democrático (1868-1874) 28

4.ª La Restauración (1874-1931) 29

5.ª La Segunda República (1931-1936 o 1939) 30

6.ª El régimen de Franco (1936 o 1939-1975) 31

IV. Rasgos característicos del constitucionalismo español 32

1. Rasgos internos 32

2. Rasgos externos 35

V. Bibliografía 37

CAPÍTULO SEGUNDO. LOS ORÍGENES DEL CONSTITUCIONALISMO 41

Sumario 41

I. El Estatuto de Bayona 41

1. Introducción histórica y proceso de elaboración 41

2. Naturaleza 43

3. Principios políticos 43

4. Los órganos constitucionales 44

A. La Corona 44

B. La Regencia 45

C. El Ministerio 45

D. El Senado 46

E. El Consejo de Estado 46

F. Las Cortes 47

G. El Orden Judicial 48
H. La incipiente regulación del régimen local 48
5. Significado y aplicación del Estatuto 50
II. El carácter revolucionario de las Cortes de Cádiz 51
1. El proceso revolucionario 51
2. La convocatoria de Cortes 52
3. Composición de las Cortes 53
4. La obra revolucionaria de Cádiz 55
III. La Constitución de 1812 58
1. Naturaleza 59
2. Principios políticos 62
3. La Constitución como fuente del Derecho 66
4. Los órganos constitucionales 67
A. Las Cortes 67
B. El Rey 70
C. La Regencia 71
D. Los Secretarios de Estado y del Despacho 72
E. El Consejo de Estado 73
F. La Administración de Justicia 74
G. La Administración local 75
H. La Contaduría Mayor de Cuentas 76
5. La originalidad del texto constitucional 77
6. Vigencia y aplicación de la Constitución 78
A. Primera etapa constitucional 78
B. El Sexenio absolutista 79
C. El Trienio constitucional 81
D. La Década «ominosa» 83
7. La influencia del modelo gaditano en Europa y en las provincias de Ultramar 85
IV. Bibliografía 89

CAPÍTULO TERCERO. LA MONARQUÍA ISABELINA 95
Sumario 95
I. El Estatuto Real 95
1. Introducción histórica y proceso de elaboración 95
2. Naturaleza 97
3. Principios políticos 99
4. Los órganos constitucionales 100
A. Las Cortes 100
B. El Rey 103
C. La Regencia 104
D. El Gobierno 105
E. El Consejo Real de España e Indias 106
5. Significado y aplicación del Estatuto 107

II. La Constitución de 1837 . . . 109
1. Introducción histórica y proceso constituyente . . . 109
2. Naturaleza . . . 111
3. Principios políticos . . . 112
4. Los órganos constitucionales . . . 115
A. Las Cortes . . . 115
B. El Rey . . . 120
C. La Regencia . . . 121
D. El Gobierno . . . 122
E. El Poder Judicial . . . 122
F. La Administración local . . . 123
G. El Consejo de Gobierno y el Consejo Real . . . 124
5. Significado y aplicación de la Constitución . . . 125
III. La Constitución de 1845 . . . 126
1. Introducción histórica y proceso constituyente . . . 126
2. Alcance y contenido de la reforma . . . 128
A. Principios políticos . . . 130
B. Los órganos constitucionales . . . 133
a) Las Cortes . . . 133
b) La Corona . . . 134
c) La Regencia . . . 134
d) El Gobierno . . . 135
e) La Administración de Justicia . . . 135
f) La Administración local . . . 136
g) El Consejo de Estado . . . 137
h) El Tribunal de Cuentas . . . 138
3. Significado y aplicación de la Constitución . . . 139
A. Los Proyectos de Leyes Fundamentales de Bravo Murillo . . . 139
B. La Constitución no promulgada de 1856 . . . 141
C. El Acta Adicional de O'Donnell . . . 147
D. La Ley Constitucional de Reforma de 1857 . . . 148
IV. Bibliografía . . . 150

CAPÍTULO CUARTO. EL SEXENIO DEMOCRÁTICO . . . 153
Sumario . . . 153
I. Introducción histórica: la Revolución de septiembre de 1868 . . . 153
II. Alcance y carácter de la Revolución . . . 157
III. La Constitución de 1869 . . . 158
1. Proceso constituyente . . . 158
2. Naturaleza . . . 160
3. Principios políticos . . . 161
4. La declaración de derechos . . . 165

5. Los órganos constitucionales. 168
A. Las Cortes 168
B. El Rey 172
C. La Regencia 173
D. El Gobierno 174
E. El Poder Judicial. 174
F. La Administración local 175
G. El Consejo de Estado. 176
6. Significado y aplicación de la Constitución 177
IV. La Primera República. 180
V. El proyecto de Constitución Federal de 1873. 182
1. Naturaleza. 182
2. Principios políticos 183
3. Los órganos constitucionales 187
A. Las Cortes 187
B. El Poder Ejecutivo 188
C. El Presidente de la República: el «poder de relación». 189
D. El Poder Judicial 190
E. La Administración local 191
VI. La República autoritaria 192
VII. Bibliografía 194

CAPÍTULO QUINTO. LA RESTAURACIÓN 197
Sumario. 197
I. La Restauración de la Monarquía: introducción histórica. 197
II. Las bases del sistema canovista 200
III. La Constitución de 1876 203
1. Proceso constituyente 203
2. Naturaleza. 204
3. Principios políticos 206
4. Los órganos constitucionales 209
A. Las Cortes 209
B. El Rey 214
C. La Regencia 216
D. El Gobierno 217
E. La Administración de Justicia 219
F. La Administración local 220
G. El Consejo de Estado. 222
5. Significado y aplicación de la Constitución 223
IV. La estructura del poder en la Restauración: oligarquía y caciquismo 225
V. La crisis de la Restauración 227
VI. La Dictadura de Primo de Rivera 231

VII. Los Proyectos constitucionales de 1929 . . . 239
1. Proceso constituyente . . . 239
2. El Anteproyecto constitucional . . . 240
A. Principios políticos . . . 240
B. Los órganos constitucionales . . . 242
1) El Rey . . . 242
2) La Regencia . . . 243
3) Las Cortes . . . 243
4) El Gobierno . . . 244
5) El Consejo del Reino . . . 245
6) El Poder Judicial . . . 245
7) La Administración local . . . 246
C. Significado y valoración . . . 247
VIII. La caída de la Monarquía . . . 248
IX. Bibliografía . . . 252

CAPÍTULO SEXTO. LA SEGUNDA REPÚBLICA . . . 257
Sumario . . . 257
I. Los primeros pasos del gobierno provisional . . . 257
II. La Ley de Defensa de la República . . . 262
III. El proceso constituyente . . . 264
IV. La Constitución de 1931 . . . 269
1. Naturaleza . . . 269
2. Principios políticos . . . 271
3. Los órganos constitucionales . . . 283
A. Las Cortes . . . 283
B. El Presidente de la República . . . 288
C. El Gobierno . . . 291
D. La Administración de Justicia . . . 293
E. La Administración local . . . 293
F. El Tribunal de Garantías Constitucionales . . . 294
G. El Cuerpo Consultor Supremo de la República . . . 296
H. El Tribunal de Cuentas . . . 297
4. Significado y aplicación de la Constitución . . . 298
V. Los distintos períodos del régimen republicano . . . 300
A. El bienio reformista . . . 300
B. El bienio negro . . . 302
C. El Frente Popular . . . 304
VI. Bibliografía . . . 306

CAPÍTULO SÉPTIMO. EL RÉGIMEN DE FRANCO . . . 311
Sumario . . . 311
I. La sublevación militar de 1936 . . . 311

II. El nacionalcatolicismo 313
III. La Dictadura Constituyente 317
IV. Etapas del proceso constitucional 320
1. Etapa de definición ideológica 320
2. Etapa de creación jurídico-institucional 321
3. Etapa de consolidación institucional 326
4. Etapa de evolución constitucional 327
V. Las Leyes Fundamentales: naturaleza y significado 329
VI. Órganos político-constitucionales 331
1. La Jefatura del Estado 331
2. El Consejo del Reino 334
3. El Consejo de Regencia 336
4. El Consejo Nacional del Movimiento 336
5. El Gobierno 338
6. Las Cortes 339
7. La Administración de Justicia 342
8. La Administración local 342
VII. El régimen y su caracterización 343
VIII. Bibliografía 347

BIBLIOGRAFÍA GENERAL 353

RECOPILACIONES DE TEXTOS CONSTITUCIONALES 359

CRONOLOGÍA POLÍTICO-CONSTITUCIONAL 361
I. El reinado de Fernando VII y la invasión francesa 361
II. El reinado de Isabel II 364
III. El Sexenio revolucionario y la Primera República 367
IV. La Restauración de la Monarquía: Alfonso XII y Alfonso XIII 369
V. La Segunda República y la Guerra Civil 374
VI. La Dictadura de Franco 377

PRÓLOGO

La obra que el lector tiene en las manos y que me honro en prologar es el producto de la larga experiencia docente universitaria de su autor, el profesor José Agustín González-Ares Fernández, en el ámbito del Derecho Constitucional. Una experiencia desarrollada en la Universidad de Vigo, en la Facultad de Derecho de Ourense, donde tuve la feliz oportunidad de conocerlo y de tratarlo, y también de ser testigo de excepción de su consagración como investigador científico, con la defensa de una brillante tesis doctoral sobre la institución autonómica gallega del *Valedor do Pobo*, luego publicada en forma de monografía.

Ya desde los inicios de su vocación universitaria, el autor se ha ocupado de los problemas que plantea el estudio de la historia del constitucionalismo español. Su *Introducción al estudio del constitucionalismo español (1808-1975)* (Santiago de Compostela, 1997), que conoció sucesivas ediciones y se vio continuado por *Las Constituciones de la España contemporánea: del Estatuto de Bayona a las Leyes Fundamentales del franquismo* (Santiago de Compostela, 2010), son el antecedente de esta *Historia constitucional de la España contemporánea (1808-1975)*, que se nos presenta así no como una obra estática y acabada, sino en continua evolución y perfeccionamiento. De alguna manera, la propia obra ha madurado a medida que el profesor González-Ares contrastaba su utilidad en la enseñanza de la historia constitucional española a sus alumnos y pienso que no hay mejor prueba que ésta del carácter didáctico y, al mismo tiempo, riguroso que la adorna.

En efecto, no nos hallamos ante un mero compendio del contenido de nuestras Constituciones históricas, ya que además el autor, sin renunciar a la claridad del lenguaje propio del manual universitario, sitúa aquéllas en su contexto histórico y político, facilitando así la comprensión integral del significado que tienen dentro de cada etapa y de la influencia que ejercen en las siguientes. Desde esta perspectiva, resulta particularmente afortunado el capítulo primero, dedicado a las nociones generales del constitucionalismo histórico español, que nos introduce con acertada concisión a sus rasgos característicos y etapas de evolución. A partir de ahí, el autor desarrolla las seis grandes etapas en que divide la historia constitucional española, dando el debido protagonismo a los textos constitucionales que las jalonan: los orígenes del constitucionalismo contemporáneo, que abarcan el Estatuto de Bayona y la Constitución de 1812; la Monarquía isabelina, con el Estatuto Real de 1834, las Constituciones de 1837 y 1845 y los posteriores proyectos constitucionales; el sexenio democrático, en el que se enmarcan la Constitución de 1869 y el proyecto de Constitución federal de 1873; la Restauración, presidida por la Constitución de 1876, la de más larga vigencia formal hasta la fecha; la Segunda República y la Constitución de 1931; y, finalmente, las Leyes Fundamentales del Régimen del General Franco.

Cada capítulo concluye con una lista de bibliografía que permitirá al lector interesado profundizar en la materia abordada en él. De esta manera, la obra sirve también como una primera aproximación a nuestra historia constitucional que abre la puerta a lecturas más especializadas. Ello no obsta a que se incluya también al final del libro una lista de bibliografía general y otra de recopilaciones de textos constitucionales españoles, que llegan a la docena, aunque la mayoría no son fáciles de encontrar fuera de las bibliotecas. Finalmente, cierra la obra una cronología político-constitucional de gran utilidad, tanto para ilustrar a quien necesite conocer las fechas de los hitos de nuestra historia constitucional como para refrescar la memoria a quien los tenga ya un poco olvidados.

Este prólogo no puede concluir sin unas reflexiones sobre la necesidad del estudio de la historia constitucional, a la que tan provechosamente sirve este libro. En el actual régimen democrático, hemos pasado casi sin darnos cuenta de un tiempo en el que determinados sectores políticos sacralizaron el texto constitucional de 1978 con un fervor como probablemente no se había conocido desde la Constitución de 1812 (y prueba de ello es que el 6 de diciembre se proclamase fiesta nacional), mientras que otros lo miraban con un cierto escepticismo, al momento presente en el que algunos de los que al principio rendían culto a la Constitución ahora le muestran un creciente desdén, cuando no la denigran, en tanto que muchos de quienes le ponían reparos se han convertido en sus más fervorosos defensores. En esto, como en tantas otras cosas, la virtud está en el justo medio.

La Constitución de 1978, con todos sus defectos técnicos y políticos, vista en el contexto de nuestra historia constitucional, ha sido un indudable éxito, y no sólo por haber sido capaz de alumbrar un régimen político democrático de gran estabilidad, sino también porque su grado de efectividad es alto. Vituperar el proceso político que la generó y clamar por su transformación radical sólo puede conducir a un fenómeno bien conocido en la historia, el de las Constituciones sectarias, que duran lo que prevalece el partido o grupo que las ha redactado e impuesto al resto del país. Pero tampoco parece sabio encasquillarse en el mantenimiento a ultranza del texto constitucional sin cambio o modificación alguna, y más cuando sus defectos son tan evidentes como sus virtudes. Algún ejemplo también tenemos en la historia constitucional española de Constitución que no se supo o no se pudo modificar a tiempo, como síntoma y a la vez causa del anquilosamiento del régimen político que la produjo. No es extraño que así el texto constitucional feneciese en la práctica antes que el propio régimen.

Un repaso sosegado de nuestra historia constitucional, al que invita este libro, nos llama a la prudencia. Prudencia frente a las tentaciones de convertir programas de partido o de secta en previsiones constitucionales que excluyen alternativas igualmente legítimas; prudencia frente al inmovilismo que va dejando desfasado el texto constitucional y mina su efectividad. El mejor servicio que se le puede rendir a la Constitución de 1978 y a la Nación española es mantener un texto constitucional vivo y adaptado a los tiempos. Nadie dice que todas las reformas se tengan que hacer de una vez, pero al menos aquellas para las que haya los consensos que exigen las mayorías reforzadas previstas en la Constitución sí se deberían abordar sin más tardanza.

En definitiva, para hacer las cosas bien, hay que conocer de dónde venimos. Por eso la historia constitucional debería ser un tema de estudio ineludible tanto en la enseñanza secundaria y el bachillerato como en las titulaciones universitarias más concernidas por los aspectos históricos y político-sociales y, en particular, en las de carácter jurídico. De ahí la necesidad y utilidad de los libros de texto y de consulta en la materia que nos ocupa, entre los que el que hoy nos ofrece el profesor José Agustín González-Ares está llamado a ocupar un ocupar un lugar relevante. Sólo me queda desear que esta obra tenga una trayectoria fructífera, en la enseñanza universitaria y, ojalá, también en el acercamiento al ciudadano común de nuestra historia constitucional, gracias a su sistemática fácil de entender y asimilar y a su lenguaje cercano y ágil.

Luis Míguez Macho
Catedrático de Derecho Administrativo
Universidad de Santiago de Compostela

NOTA DEL AUTOR

Esta obra está dirigida a los/as alumnos/as de las Facultades de Derecho que deben enfrentarse con el estudio de la historia constitucional española, aunque me complacería que tuviera también interés para quienes se dedican a otras ciencias sociales o a otros quehaceres humanísticos distintos de las disciplinas jurídicas.

Las páginas que siguen a continuación pretenden dar una visión sencilla y concisa de la realidad constitucional de España desde el Estatuto de Bayona a las Leyes Fundamentales del franquismo. Se trata, pues, de analizar no sólo los textos constitucionales sino el contexto histórico y social en que se desenvuelven, cuyo conocimiento es, en ocasiones, esencial para la comprensión de los mismos.

Creo sinceramente que uno de los datos fundamentales para conocer mejor nuestro pasado, entender nuestro presente y, a su vez, afrontar con más objetividad nuestro futuro como Nación reside en un mejor conocimiento de los textos constitucionales que a lo largo de ciento setenta años han pretendido vertebrar, muchas veces con escaso éxito, nuestro país.

Por lo demás, espero y deseo que este modesto trabajo que hoy sale a la luz sea útil y aporte algunas claves para entender mejor el origen y la evolución de nuestra inestable y convulsa historia constitucional. A nada más aspira.

Confío en que quien se acerque a estas páginas sepa disculpar las posibles insuficiencias o defectos de esta publicación que, por otra parte, me comprometo a subsanar en futuras ediciones.

Finalmente, quiero manifestar mi agradecimiento a la editorial Colex por su confianza y todas las facilidades brindadas para la edición de esta obra.

Verín, 23 de febrero de 2022

CAPÍTULO PRIMERO

EL CONSTITUCIONALISMO HISTÓRICO ESPAÑOL: NOCIONES GENERALES

SUMARIO:

I. La crisis del Antiguo Régimen y el inicio del movimiento constitucional español.

II. La inestabilidad constitucional y sus causas.

III. Etapas de la evolución del régimen constitucional español.

IV. Rasgos característicos del constitucionalismo español.

V. Bibliografía.

I. LA CRISIS DEL ANTIGUO RÉGIMEN Y EL INICIO DEL MOVIMIENTO CONSTITUCIONAL ESPAÑOL

En el sistema del Antiguo Régimen (término acuñado en Francia en 1790 y generalizado desde entonces al resto de los países), la forma de gobierno de los Estados europeos occidentales era la monarquía absoluta; el Rey poseía, de hecho y de derecho, todos los atributos de la soberanía: dictaba las leyes, administraba justicia y nombraba a los funcionarios.

En el último tercio del siglo XVIII se inició un amplio movimiento revolucionario contra el Antiguo Régimen que se prolongó hasta mediados del siglo XIX. Las ideas de libertad, igualdad jurídica, separación de poderes y Gobierno representativo se dejaron sentir por primera vez en la revuelta de las colonias inglesas de América del Norte contra Londres.

El fenómeno revolucionario americano y la subsiguiente declaración de independencia en julio de 1776 tuvieron amplia repercusión en el continente europeo y, muy especialmente, en Francia, a través de la Revolución de 1789. Tanto por su amplitud como por su intensidad, los acontecimientos franceses revistieron una importancia superior a la de cualesquiera otros, impulsando una gran transformación política y social, de signo liberal y burgués, cuya onda expansiva se extenderá por toda Europa.

El ímpetu revolucionario nace del propio corazón del sistema, donde con el devenir de los años surgieron nuevas condiciones económicas, sociales e ideológicas que fueron minando la estructura jurídico-política del «*Ancien Régime*».

Muchas y muy variadas fueron las causas que contribuyeron a la crisis del Antiguo Régimen; entre ellas:

a) La contradicción existente entre el importante peso que había adquirido la burguesía y el campesinado, por una parte, y la tendencia al endurecimiento de los privilegios aristocráticos, por otra.

b) La lucha por el dominio del aparato del Estado entre Monarquía y aristocracia.

c) El cambio de mentalidad operada en los intelectuales imbuidos por la filosofía de «las luces».

En España, al comenzar el siglo XIX todavía perduraba la estructura feudalizante del país. El Estado existente respondía a las características de la Monarquía absoluta. A la muerte de Carlos III en 1788 subió al trono su hijo Carlos IV, hombre de carácter débil y totalmente dominado por su esposa María Luisa de Parma, inaugurándose de nuevo el «gobierno de un valido», que recayó en Godoy.

El temor a que los efectos producidos por la Revolución francesa pudieran extenderse al solar patrio acentuaron aún más las prácticas absolutistas que los Borbones venían desarrollando desde tiempo atrás, provocando la retracción del Gobierno de nuestro país, que, en palabras de FERNÁNDEZ ALMAGRO, trató de convertir los Pirineos en una muralla infranqueable que evitara filtraciones y contagios. Alentado por el «favorito», la Iglesia y la Nobleza, Carlos IV eliminó las reformas ilustradas que impulsaban, entre otros, Floridablanca y Campomanes, separó a los reformistas del Gobierno y de la Administración, clausuró periódicos, se vigilaron las cátedras y los salones, se cerraron las Cortes en 1789 y se reactivó la Inquisición. Con tales medidas se enterraba el impulso reformador del siglo XVIII.

Godoy, que se había hecho con las riendas del Estado a la temprana edad de 25 años, muy pronto se granjeó el odio y la enemistad de amplios sectores de la sociedad; sentimientos éstos que se materializaron el 17 de marzo de 1808 cuando el pueblo amotinado lo apresó en Aranjuez, obligando al Rey a destituirlo. Carlos IV, abandonado por sus cortesanos y privado de su valido, abdicó dos días más tarde en la persona de su hijo, que se convertiría así en Fernando VII.

El Motín de Aranjuez supuso la irrupción del pueblo en la política española, debilitó la concepción de la Monarquía absoluta y cuestionó seriamente los principios en que ésta se basaba; nunca hasta entonces se había discutido como ahora la suprema autoridad del Monarca.

El desprestigio de la Corona que se arrastraba desde hacía dos décadas, acrecentado, si cabe, por los sucesos de Aranjuez, la depresión económica, el lastre de las derrotas militares, culminadas en Trafalgar, y, sobre todo, el levantamiento popular contra la invasión napoleónica, en mayo de 1808, certificaron la muerte del Antiguo Régimen; el sistema absolutista español que, en buena medida, se prolongó hasta bien entrado el siglo XIX, sería ya, a partir de entonces, la sombra de lo que fue.

Para llenar el inmenso vacío de poder que deja la desaparición del Antiguo Régimen, tras los sucesos de 1808, se van a presentar dos propuestas: a) la representada por el Estatuto de Bayona, otorgado por Napoleón a sus nuevos súbditos, y b) la que defienden los entusiastas de Cádiz, plasmada en la Constitución de 1812. Como ha destacado ARTOLA, en España se pasó sin solución de continuidad del Antiguo Régimen al movimiento constitucional. El constitucionalismo, concluye SÁNCHEZ AGESTA, es, en definitiva, uno de los frutos del Antiguo Régimen y, a la vez, uno de los rasgos más característicos del perfil político del siglo XIX español.

II. LA INESTABILIDAD CONSTITUCIONAL Y SUS CAUSAS

Desde 1808 hasta 1978, España ha conocido nueve Constituciones, tres casos de reformas parciales y varios Proyectos que no llegaron a ser aprobados. Con acierto ha puesto de relieve TOMÁS VILLARROYA que, durante este período, nuestro país ha estado aquejado, de manera constante, por una fiebre constituyente. La inestabilidad constitucional ha producido una penosa consecuencia: entre nosotros no ha habido ni devoción ni afección a las Normas constitucionales.

La predicada superficialidad del movimiento constitucional español se manifiesta tan solo con contemplar la sucesión ininterrumpida de textos que hemos conocido. SANTOS JULIÁ habla del carácter «espasmódico» de nuestro pasado constitucional, cuya inestabilidad se tradujo en una «fiebre devoradora» de normas constitucionales. En este sentido, afirma GONZÁLEZ CASANOVA, ninguna Constitución, ni siquiera las moderadas, que estuvieron mayor tiempo vigentes, llegaron a ser «carne social» que pudiera generar sentimiento constitucional alguno, lo que supuso una de las más graves lacras de nuestro recorrido histórico. El constitucionalismo, continúa este autor, se dio de bruces con «el desencanto de las clases populares, a quienes el mito constitucional de libertad, igualdad y fraternidad había movilizado en apoyo de las oligarquías. De estos inicios del Estado liberal arranca el escepticismo popular respecto a la eficacia transformadora de las Constituciones, las cuales serán siempre consideradas "papel mojado" y mera retórica que oculta la dominación de una oligarquía sobre los ciudadanos».

Es, asimismo, muy inexacto hablar de una «ley del péndulo», es decir, una oscilación cíclica de tendencias políticas opuestas, conforme a la cual, en España un texto conservador sucedía a un progresista, a este le sucedía otro conservador, y así sucesivamente. En primer lugar, no se trata de un equilibrio entre unos textos y otros, sino, en todo caso, de males de diferente signo. Y, en segundo término, de estas dos líneas, uno es dominante y otro permanentemente sofocado. La predominante fue la línea conservadora, a veces realmente reaccionaria, que perduró al menos ciento cincuenta años. La segunda línea, siempre neutralizada, es la liberal y progresista, que apenas logró superar veinte años. No obstante, gran parte de la doctrina, entre los que cabe citar a SOLÉ TURA y ARTOLA, parece coincidir en que sólo hubo una Constitución basada en el pacto tácito de un sistema constitucional controlado por las oligarquías, sin papel efectivo de la burguesía, centralista y donde se limitaba escasa e ineficazmente el poder de la Corona. Pero, sin duda, lo peor de todo fue que unas y otras Constituciones fueron sistemáticamente incumplidas y falseadas

El Estatuto de Bayona, primero en el orden cronológico, no tuvo aplicación alguna. La Constitución de 1812 fue declarada nula en 1814, restablecida en 1820, tras el pronunciamiento de Riego, abolida de nuevo en 1823, restaurada en 1836, después del motín de La Granja y sustituida en el año siguiente por la de 1837.

El Estatuto Real de 1834 apenas se mantuvo en vigor dos años. En 1837 se promulgó una nueva Constitución, la cuarta, que estuvo vigente hasta 1845. Entre la Constitución moderada de 1845 y la de 1869 hay que situar la conocida como Constitución *nonnata* de 1856.

Al texto de 1869 seguirá el Proyecto de Constitución Federal de 1873 que ni siquiera llegó a ser formalmente promulgado, como consecuencia del golpe de Estado del general Pavía. El siguiente paso viene dado por la obra constituyente de Cánovas y que se tradujo en la Constitución de 1876, vigente hasta la llegada de la Dictadura de Primo de Rivera en 1923; el nuevo régimen fracasó en su intento de sacar adelante el Proyecto de Constitución de 1929.

La proclamación de la Segunda República tendrá su soporte jurídico en la Constitución de 1931. Finalmente, el régimen surgido de la guerra civil promulgará las Leyes Fundamentales, la primera de las cuales, el Fuero del Trabajo, data de 1938 y la última, la Ley Orgánica del Estado, de 1967.

Frente a la estabilidad de los sistemas constitucionales anglosajones, especialmente el británico y el estadounidense, España, como otros muchos países de la Europa meridional, ha visto como las convulsiones políticas afectaban a su propia normalidad constitucional.

En dos épocas, por el contrario, se dio una «aparente» estabilidad constitucional: el período restauracionista (1876-1923) y el régimen franquista (1939-1975). El sistema político de la Restauración, a pesar de su larga duración, ha sido calificado con acierto como un período de «estabilidad artificial». Durante el franquismo, las Leyes Fundamentales no pasaban de ser una mera caricatura de lo que se puede entender por un texto constitucional. A lo largo de su existencia el régimen negará los principios básicos en los que se debe asentar todo el sistema democrático: el reconocimiento y garantía de los derechos fundamentales y la división de poderes. El franquismo carecerá, pues, de Constitución, si por tal se entiende —en definición de RUBIO LLORENTE— el instrumento jurídico que tiene por objeto garantizar el carácter representativo de los órganos del poder y, al mismo tiempo, establecer los límites eficaces de la actuación de ese poder.

Desarraigo e inestabilidad, como luego expondremos, serán, pues, las características más salientables del constitucionalismo histórico español.

Según DE ESTEBAN las razones de nuestra inestabilidad constitucional obedecen fundamentalmente a las siguientes causas:

a) La desfasada aparición del régimen constitucional

El temor ante los acontecimientos revolucionarios franceses provocó enorme recelo hacia todo lo que recordase libertad o democracia. Las clases dominantes en 1808 recelaban del movimiento constitucionalista, al que identificaban con el revolucionarismo francés, en el que veían sólo convención, jacobinismo y terror. Por otra parte, la invasión napoleónica de nuestro país motivó que se viera el liberalismo como afrancesamiento y traición; mientras que, por el contrario, el absolutismo borbónico podía aparecer como patriotismo.

A lo anterior, hay que añadir el hecho de que el Monarca impuesto, José Bonaparte (es decir, Napoleón, en realidad), nos otorgara (o mejor, impusiera) la primera carta constitucional, el Estatuto de Bayona, en 1808; este hecho contribuyó en gran medida a la impopularidad del régimen constitucional en esta primera fase.

b) La ausencia de una revolución burguesa

Otro de los factores que se han destacado para justificar y explicar la inestabilidad constitucional en España es precisamente este. Si el pensamiento liberal es el soporte ideológico del movimiento constitucional, el protagonista del mismo no es otro que una nueva clase revolucionaria: la burguesía; y ésta, así concebida, surge como consecuencia de la revolución industrial. En nuestro país la burguesía ejerció, en opinión de SOLÉ TURA y AJA, más como mero enlace y proyección del capital bancario extranjero que como clase portadora de un proyecto propio de sociedad, con la única excepción de la burguesía catalana que «regresó pronto al redil de la oligarquía, aceptó el compromiso que proponía Cánovas, se integró en el bipartidismo y aceptó resignadamente el papel de clase dominante subordinada a la oligarquía».

La falta de afianzamiento del llamado «tercer estado» y la precaria o casi nula industrialización del país, impidieron entre nosotros ambos tipos de revoluciones.

c) La inexistencia de un Estado fuerte

En España no ha habido a lo largo del siglo XIX un Estado propiamente dicho, sino una sociedad políticamente desarticulada. A juicio de TERRÓN, la causa del fracaso de los gobiernos constitucionales se debe a la incapacidad o impotencia del país para establecer una Administración verdadera o, en otras palabras, un Estado moderno.

El predominio de los intereses locales sobre los nacionales, o lo que es mismo, la implantación del caciquismo como forma de gobierno; el fuerte regionalismo, con el auge de los nacionalismos vasco y catalán, y el permanente clima de discordia civil, configuran un Estado débil, frente al que todos los grupos sociales adoptarán una posición de desconfianza hacia sus instituciones y sus leyes. En el fondo, apunta PEÑA GONZÁLEZ, no hay ni una idea de Estado como plataforma de la convivencia política ni mucho menos de Administración Pública. Para TERRÓN se trataba de un Estado «patrimonial», en donde el país no era tomado como «fin» en sí mismo, sino que se le utilizaba como «medio» en beneficio de un grupo, de una clase, de una dinastía; lo que hará que se viva en una permanente conciencia de «crisis estatal».

El impulso centralizador y uniformizador en el plano administrativo (división provincial de 1833 y creación de lo que luego serían los Gobernadores Civiles) apenas se dejó sentir. La presencia del Estado en la periferia tampoco era sentida por la población. Como sostiene FUSI, la construcción de la identidad y de la integración nacionales no se producirá en nuestro país hasta las primeras décadas del siglo XX. Pero también es entonces, paradójicamente, cuando el mismo Estado comienza a ser puesto en cuestión por determinadas fuerzas de ámbito nacionalista.

El resultado de la combinación de todos estos factores no puede ser más desalentador: en apenas siglo y medio, España conocerá varias guerras civiles, más de cien pronunciamientos y algaradas militares, dos dictaduras, dos cambios en la forma de gobierno, un cambio dinástico, etc.; hechos que tendrán fiel reflejo en los textos constitucionales objeto de estudio.

La política transcurrió siempre en nuestro país al margen de los Códigos constitucionales, siempre se vivió la constante supremacía de los hechos sobre el Derecho. Nuestra historia constitucional puede resumirse en el dicho: «cada partido una Constitución y un general para imponerla», frase que refleja la constante presencia del Ejército en la política española.

Tal como ha destacado TOMÁS VILLARROYA, entre nosotros la inestabilidad constitucional ha producido una consecuencia muy negativa: las Constituciones, por lo general, no han sido vínculo de unión, sino factor de discordia civil.

III. ETAPAS DE LA EVOLUCIÓN DEL RÉGIMEN CONSTITUCIONAL ESPAÑOL

Como ha advertido SÁNCHEZ AGESTA, es difícil ordenar o periodificar nuestra historia constitucional. El constitucionalismo español, al contrario que el inglés o el francés, subraya RUIZ DEL CASTILLO, no tiene el arraigo de lo espontáneo ni la armonía de lo simétrico. Aparece, por lo mismo, incoordinado y superpuesto.

Cada tratadista ha hecho su propia sistematización de nuestro régimen constitucional, según se pusiese el acento en unos elementos u otros. Las etapas que nosotros enunciamos, siguiendo parcialmente a los profesores SÁNCHEZ AGESTA y FERNÁNDEZ SEGADO, son las siguientes:

1.ª Los orígenes del constitucionalismo (1808-1833)

Este período abarca prácticamente el reinado de Fernando VII y está representado por dos textos: el de Bayona, de 1808 y el de Cádiz, de 1812.

Promulgado en los momentos críticos de la guerra de la Independencia, el Estatuto de Bayona fue, en palabras de FERNÁNDEZ SEGADO, «el primer instrumento constitucional con el que se pretenderá hacer frente al derrumbamiento del andamiaje institucional del Antiguo Régimen». Su carácter de imposición extranjera lo hizo nominal, siendo muchos los autores que le niegan incluso el carácter de Constitución; entre éstos se encuentra SOLÉ TURA que, sin embargo, le asigna un papel histórico muy destacado en el nacimiento de nuestro constitucionalismo.

En oposición a la vez a la Carta de Bayona, que reflejaba el sentir de los llamados «afrancesados», y al absolutismo tradicional, la Constitución, de 1812, influida por el pensamiento clásico español y por el texto fundamental francés de 1791, supuso la configuración institucional del Estado liberal.

Calificada por SECO SERRANO como «un ingenuo monumento a la libertad del hombre», la Constitución doceañista nace, según Solís, como un símbolo unificador, benéfico, como un arma en la lucha contra el invasor, y por encima de todo, como solución a los problemas de España. Entre largos paréntesis absolutistas, la Constitución de Cádiz estuvo teóricamente vigente hasta 1837.

La alternativa política tendrá lugar en estas fechas entre el régimen constitucional y la continuidad del Antiguo Régimen; socialmente, en lúcida observación de SÁNCHEZ AGESTA, significará el enfrentamiento entre la sociedad tradicional y una nueva estructura individualista e igualitaria; ideológicamente, representará un esfuerzo por establecer los principios revolucionarios, vinculados a una tradición incierta y sostenida.

2.ª La Monarquía isabelina (1833-1868)

Es la etapa de consolidación del constitucionalismo y comprende todo el reinado de Isabel II. Este período, enteramente dominado por el doctrinarismo y mucho más homogéneo desde el punto de vista sociológico que el anterior, es jalonado por tres textos fundamentales el Estatuto Real, de 1834 y las Constituciones de 1837 y de 1845, a los que hay que añadir las reformas de esta última, la Constitución no promulgada de 1856 y los Proyectos del Ministerio Istúriz (1836) y de Bravo Murillo (1852). En realidad, cada documento responde a las incertidumbres y vicisitudes de cada momento histórico, así como, por desgracia, a la ideología del partido político gobernante, con lo que se imposibilita la vigencia de una Constitución estable.

Otorgado por la Regente María Cristina de Borbón a la muerte de Fernando VII, el denominado Estatuto Real fue un intento hibrido de atraerse a los absolutistas militantes al tiempo que se cedía a las inevitables conquistas liberales.

El motín de los sargentos de La Granja obligó a la Regente a restaurar la Constitución de 1812 (Decreto de 13 de agosto de 1836) y poco más tarde se promulgaba la Constitución de 1837, primer ensayo constitucional de signo progresista.

Vencida la insurrección carlista, la nueva situación llevará consigo una nueva reforma constitucional cuyo fruto será la Constitución moderada de 1845, que en realidad no fue sino una reforma de la anterior, hecha desde el Gobierno y defendida por Donoso Cortés.

Desde el punto de vista sociológico, este período presenta una unidad más precisa que el anterior; en él sobresalen y triunfan las clases, que, con muchas cautelas, podemos llamar «burguesas». Estamos ante una sociedad que ARTOLA califica como «abierta», en la que la desaparición de las clases privilegiadas y de sus normas singulares de organización determinarán una época de gran movilidad social.

3.ª El Sexenio democrático (1868-1874)

El Sexenio comienza con el derrocamiento de Isabel II (septiembre de 1868) y finaliza con el pronunciamiento de Martínez Campos en diciembre de 1874. En estos años, España conoció una Revolución, la Regencia de Serrano, el breve reinado de Amadeo de Saboya, una República, igualmente fugaz, y una Dictadura.

Según FRAILE CLIVILLES estos años representan «el momento máximo del liberalismo democrático y la máxima afirmación de derechos constitucionales de todo el siglo».

La Constitución de «La Gloriosa», promulgada el 6 de junio de 1869, tuvo escasa vigencia; sin embargo, como recuerda CARRO MARTÍNEZ, tendrá una profunda trascendencia política y social que se reflejará en los textos constitucionales subsiguientes.

Por su parte, la efímera experiencia republicana (11 de febrero de 1873 - 3 de enero de 1874) impidió la discusión y promulgación de su Constitución, que quedó en mero Proyecto. No obstante, el texto tiene interés dado que es el primer intento de establecer constitucionalmente la forma de gobierno republicana, así como de dotar al Estado de una estructura de corte federal.

A criterio de MARTÍNEZ CUADRADO, la segunda fase republicana —que abarca prácticamente todo el año 1874— representará una excepcional alternativa de encauzamiento de la vida política española, dictada por el repliegue hacia posiciones conservadoras desde la hasta entonces burguesía radical.

4.ª La Restauración (1874-1931)

Es la etapa más larga de nuestra historia constitucional; se inicia con la proclamación de Alfonso XII como Rey de España por el general Martínez Campos y finaliza con el advenimiento de la Segunda República.

Su columna vertebral, la Constitución de 1876, estuvo en vigor hasta el 13 de septiembre de 1923, en que fue suspendida tras el golpe de Estado de Primo de Rivera; con la caída del dictador en el mes de enero de 1930, entró nuevamente en vigor hasta el 14 de abril de 1931, fecha de proclamación de la Segunda República española.

El carácter transaccional de este texto permitió una cierta regularidad en la vida política española; el régimen parlamentario era una ficción, pero, como dice SÁNCHEZ AGESTA, una ficción que dio un juego estable durante un cuarto de siglo.

El juego político iba a quebrar, en expresión de TOMÁS VILLARROYA, por tres motivos fundamentales ligados entre sí: a) la ruptura del bipartidismo que tiene lugar tras la muerte de Cánovas y Sagasta; b) la quiebra del turno o rotación en el Gobierno entre liberales y conservadores, consecuencia a su vez de la del bipartidismo, y c) la profunda desintegración de nuestra sociedad.

El año 1917 será el inicio de una crisis constitucional que se consumará en 1923. El estallido de 1917, dirá LACOMBA, pudo ser el fin de la Monarquía; ésta, añade, aunque solamente en la apariencia, se salvó, y para conseguirlo tuvo que ir hipotecándose, vaciándose de su contenido auténtico. En la crisis de ese año coinciden tres agentes de cambio: el Ejército, a través de las «Juntas Militares de Defensa»; la «Asamblea de Parlamentarios», cuyo objetivo era reclamar al Gobierno la apertura de un proceso constituyente, y la clase obrera, cuya protesta desembocará en la huelga general del mes de agosto.

La Dictadura de Primo de Rivera (1923-1930) abre la segunda etapa de la crisis del 17. Los propósitos del nuevo régimen se anunciaban limitados a un breve tiempo de reforma, tras el cual se volvería a la normalidad constitucional, promesa que, como tantas otras, resultaría incumplida.

MORODO, desde una perspectiva socio jurídica, definió a la dictadura primorriverista como la confluencia de dos vértices: el regeneracionismo y el bonapartismo.

La implicación de las fuerzas armadas en el pronunciamiento que el Rey respaldo desde el primero momento, y la concepción castrense de las relaciones sociopolíticas, llevaron a MAEZTU a acuñar la expresión «Monarquía militar» para referirse a estos años.

La labor de la Dictadura en el plano constituyente no pasó de un mero proyecto, que, como recuerda TOMÁS VILLARROYA, resultó fallido desde su mismo nacimiento.

Desde un enfoque social, este tiempo representa el predominio de lo que SÁNCHEZ AGESTA llama la «burguesía de negocios», coincidente con un plácido crecimiento de la riqueza y con las primeras manifestaciones de un proletariado industrial organizado en asociaciones profesionales, casi siempre al margen de la ley, y con una táctica de agitación revolucionaria.

5.ª La Segunda República (1931-1936 o 1939)

En 1930 el régimen monárquico se encontraba agotado y en un callejón sin salida. El fracaso de la Dictadura debilitó enormemente la posición de Alfonso XIII. Pese al empeño del Gobierno Berenguer de restablecer de forma paulatina y controlada la Constitución de 1876, en un intento desesperado de salvar la Monarquía, la cual, falta de apoyo, cayó definitivamente el 14 de abril de 1931.

La fecha del 14 de abril supuso un cambio sustancial en la vida política del país. La proclamación de la Segunda República abría la esperanza hacia la formación de un Estado democrático y progresista.

Para JACKSON el nacimiento de la República se deberá a una serie de circunstancias especialísimas: una larga crisis política, la conjunción de problemas económicos internos con la depresión mundial y un renacimiento intelectual de gran vigor y optimismo.

La principal preocupación del recién constituido Gobierno Provisional republicano, presidido por Alcalá-Zamora, será la creación de una nueva estructura político-constitucional.

Los Constituyentes republicanos enlazaron con el espíritu de 1812 y 1869 y, en algunos aspectos, con el de 1873, ahondando en las preocupaciones doctrinales y sociales más modernas. El 9 de diciembre de 1931, tras arduos y enconados debates, se promulgaba la primera y única Constitución republicana de nuestra historia.

Al decir de FRAILE CLIVILLÉS, el nuevo documento constitucional era de gran altura técnica, aunque de escaso resultado político. CLAVERO, por su parte, advierte que la Constitución de 1931 se esforzó por integrar a España en un Derecho y en unas instituciones internacionales de vocación democrática.

El texto fundamental del nuevo régimen, hipotecado en gran medida por la Ley de Defensa de la República, de 20 de octubre de 1931, no llevó su vigencia más allá de la sublevación militar de 1936.

6.ª El régimen de Franco (1936 o 1939-1975)

El levantamiento contra la República se convirtió al instante en una larga y cruel guerra civil. Entre las fuerzas que se sublevaron el 18 de julio de 1936 hay que destacar tres sectores: el ejército, autor material del alzamiento; las organizaciones antirrepublicanas y antimarxistas, entre las que se encuentra Falange Española y de la JONS y los requetés de la Comunión Tradicionalista, y amplias capas reaccionarias de la sociedad civil.

El desenlace de la guerra supondría el corte de raíz de las clases populares en el seno de la sociedad; a nivel institucional, la configuración de un régimen absorbido por el poder personal, carismático y responsable sólo ante Dios y ante la historia del vencedor de la contienda, Franco.

Sin entrar a analizar por ahora la compleja naturaleza política del denominado «Nuevo Estado», diremos solamente que el franquismo se va a configurar en sus casi cuatro décadas de existencia como un régimen de excepción permanente bajo formas cambiantes de Dictadura. Como reconoce TUSELL, si hubo una ruptura evidente en la historia de España fue precisamente aquella que se produjo al final de la Guerra Civil.

El régimen creó un marco legal e institucional alejado del constitucionalismo liberal del siglo XIX. Aunque nunca consiguió establecer una Constitución en sentido formal, sí tuvo un ordenamiento constitucional que fue elaborado y completado a lo largo de treinta años a través de siete Leyes Fundamentales que regularon los poderes públicos y los derechos y deberes de los españoles: Fuero del Trabajo (1938), Ley Constitutiva de las Cortes (1942), Fuero de los Españoles (1945), Ley del Referéndum Nacional (1945), Ley de Sucesión en la Jefatura del Estado (1947), Ley de Principios del Movimiento Nacional (1958) y Ley Orgánica del Estado (1967). El hecho de que el franquismo careciera de una ideología propia y de que tuviera que apoyarse en un diverso conglomerado de las llamadas «familias políticas», que luchaban por imponer sus proyectos bajo el liderazgo indiscutible del Caudillo, motivó que cada una de estas Leyes adquiriera una naturaleza singular.

Los propios teóricos del franquismo negaron, durante los primeros años de la Dictadura, el carácter «constitucional» del régimen, por las «execrables connotaciones liberales» que este término seguía teniendo para ellos.

Para BENEYTO, era preferible «que no hubiera una fórmula ni una Constitución» si por el contrario había «una doctrina». Los apologetas franquistas prefirieron rescatar el término arcaizante de «Ley Fundamental», cercano al tradicionalismo católico, que era una de las fuentes doctrinales de la Dictadura. Esta expresión apareció por primera vez en 1943, cuando el Reglamento provisional de las Cortes creó la Comisión de Leyes Fundamentales. En 1945, prosiguiendo con la terminología «medievalizante» del régimen, se aprobó el Fuero de los Españoles, al que se le daba un carácter Fundamental. La Ley de Sucesión en la Jefatura del Estado de 1947 formalizó la existencia de las Leyes Fundamentales, las enumeró y les atribuyó un rango singular.

Como sostiene DE LA CIERVA, la agonía de un hombre implicaba el ocaso de un sistema que se había reflejado sobre su persona, pero que sobre todo era la agonía de una Nación sometida a unas presiones exteriores e interiores capaces de provocar el estallido de un pueblo menos templado. Sentado sobre su liderazgo, el régimen pereció al morir el general Franco el 20 de noviembre de 1975.

IV. RASGOS CARACTERÍSTICOS DEL CONSTITUCIONALISMO ESPAÑOL

En el estudio de nuestro constitucionalismo es posible deducir una serie de constantes que aparecen a lo largo de todo el proceso. DE ESTEBAN, a quien seguimos en parte, agrupa tales rasgos en dos grupos: internos y externos. En el primero, se recogen los caracteres que hacen referencia al contenido de nuestras Constituciones. En el segundo, se contemplan los rasgos que se pueden deducir de la relación de los textos con su contorno.

1. Rasgos internos

Interesa destacar los tres siguientes

a) La falta de originalidad de los textos constitucionales

La mayoría de nuestras Constituciones están influenciadas tanto en espíritu como en su articulado por textos foráneos. Como podemos comprobar a medida que analicemos cada documento, la cultura política de otros países, y muy especialmente Francia, ha marcado de forma indeleble el inicio y desarrollo del Derecho Constitucional español.

La escasa identidad propia quizás se deba a la falta de interés hacia las propias Constituciones, pues como señala PEÑA GONZÁLEZ, «llegado el momento de elaborar un código político se opta por copiar del extranjero antes que elaborar un texto propio con más arraigo en nuestra cultura política». De esta falta de creatividad no quedaron eximidas ni siquiera nuestras normas básicas más innovadoras; no en vano, no eran más que una recepción asincrónica y radicalizada de las revoluciones burguesas que con anterioridad se habían producido en Europa.

No obstante, la carencia de originalidad hay que buscarla, además en la fuerte dependencia de cada Constitución respecto a las que le preceden, tendencia que se inicia desde la misma Constitución de 1812. En efecto, ni los propios redactores de la Constitución de 1876 trataron de ocultar tal dependencia, y así llegarán a afirmar que «en todos los Códigos constitucionales que han regido hasta aquí en España, tomando por base la Monarquía representativa, son la mayor parte de los artículos idénticos ordinariamente en el fondo y en la forma, y con más frecuencia todavía en el fondo, cifrándose sólo las diferencias en unas cuantas proposiciones o principios».

Es más, matiza DE ESTEBAN, una de las facetas que señalan la dependencia de cada Constitución respecto a las anteriores es la que se refiere a una búsqueda de lo autóctono, en muchas ocasiones precisamente para ocultar los rasgos de procedencia extranjera.

b) La excesiva vinculación ideológica y partidista de las Constituciones

Las regulaciones constitucionales, como expondremos a lo largo de este estudio, difícilmente pueden entenderse desconociendo los debates y conflictos ideológicos que sacudieron el panorama intelectual español durante el siglo XIX e, incluso, antes. La imagen dialéctica de las «dos Españas» contrapuestas —la España religiosa, monárquica absoluta, conservadora y tradicional, y la España anticlerical, monárquica liberal, moderna e innovadora— va a estar presente de manera constante y no siempre pacífica en todos y cada uno de los procesos constituyentes.

La fuerte vinculación de las Constituciones decimonónicas españolas con ideologías concretas ha hecho de éstas —en palabras de FRAILE CLIVILLÉS— auténticas Constituciones de partido.

Con frecuencia, apunta TOMÁS VILLARROYA, los partidos pretenden convertir puntos de su programa político en artículos constitucionales, lo que se traduce en la reticencia de las restantes fuerzas políticas a aceptar como ley fundamental común la que consideran elaborada por aquel y para aquel. Ello conllevará que, al cambiar el poder de un partido a otro, una de las primeras cuestiones a modificar será el contenido ideológico que el partido precedente en el gobierno había conferido al texto constitucional. Sin embargo, la praxis política nos demostrará que, en vez de limitarse a la reforma de los preceptos afectados por el cambio ideológico, se prefiere modificar la Constitución en su totalidad.

Una de las materias en que más se van a reflejar las discrepancias ideológicas de los grupos políticos será en el concepto de la soberanía, «verdadero caballo de batalla de nuestro constitucionalismo», en expresión de DE ESTEBAN. Así, frente a la soberanía nacional defendida por los progresistas (textos de 1812, 1837, 1869 y 1931), los conservadores postularán el concepto doctrinario de «constitución interna», que implica la soberanía compartida entre el Rey y las Cortes (textos de 1834, 1845 y 1876).

Por otro lado, la eficacia normativa de las Constituciones del XIX —así como de las Leyes Fundamentales del franquismo— distaba mucho de la actual, y ello se mostraba con especial impacto en que los poderes públicos incumplían sistemáticamente sus previsiones, mientras que los Tribunales —por acción u omisión— reiteraban una y otra vez el carácter no normativo de sus preceptos.

c) La estrecha vinculación entre la Iglesia y el Estado

Otro de los rasgos específicos de nuestra historia constitucional es, sin duda, la continua interrelación entre el Estado y la Iglesia católica. La relación entre el Estado y la Iglesia católica —afirma Tomás y Valiente— «es un problema constante en el constitucionalismo español desde sus inicios hasta la actual Constitución». El problema de la posición que había de ocupar una institución milenaria, jerarquizada y dotada, en declaración de Bernárdez Cantón, de «rasgos constitucionales irreformables» como la Iglesia católica en el nuevo orden social, jurídico y político que trataba de establecer la revolución liberal-burguesa tuvo en nuestro país una significación especial y una importancia capital, debido a la notable influencia que dicha confesión religiosa había ejercido en España durante los siglos precedentes.

La tarea de constitucionalización de la libertad religiosa es deudora del enfrentamiento entre las posiciones más contundentes contrarias a la tolerancia y a la separación Estado-Iglesia y las corrientes heterodoxas (liberales, progresistas y krausistas, primero, y, más tarde, republicanos, socialistas, anarquistas y comunistas, que defienden la libertad de cultos.

En España, recuerda Barrero, durante siglos la confabulación entre el poder político y el poder religioso silenció a quienes discrepaban de la verdad oficial. La dialéctica Estado-Iglesia ha sido un problema constante a lo largo del tiempo, pudiendo afirmarse que el reconocimiento constitucional de la libertad religiosa y, por ende, el desarrollo y consolidación del sistema constitucional del Estado se ha visto condicionado por las vicisitudes de esa relación entre poderes. Las pretensiones hegemónicas de la Iglesia Católica la llevaron a entablar un diálogo privilegiado con el Estado, a ocupar parte de sus estructuras para desde allí, extender los principios de su doctrina al conjunto de la sociedad e impregnar con valores religiosos todos los ámbitos de la vida política y social.

Prácticamente todas las Constituciones consagran la confesionalidad del Estado en una de estas dos versiones: unidad religiosa y secular, y, por tanto, intolerante con las demás religiones, o implícita o explícitamente tolerante. Sólo los periodos republicanos de 1873 y de 1931 rompen la tónica de confesionalidad estatal. La duración perpetua del catolicismo como religión del Estado profetizada por el artículo 12 de la Constitución gaditana parece cumplirse tanto en los textos de 1837 y de 1845 como, con ciertos matices, en los de 1869 y 1876.

A su vez, el Concordato firmado con la Santa Sede en 1851 establecía que «se tendrán por revocadas, en cuanto a él se oponen, las leyes, órdenes y decretos publicados hasta ahora, de cualquier modo y forma, en los dominios de España y el mismo Concordato regirá para siempre en lo sucesivo como ley del Estado en los propios dominios» (art. 45). Este documento, que con breves intervalos se mantendrá en vigor hasta 1931, es el que según Clavero permite que la temática religiosa se mantenga al margen de los textos constitucionales. El Concordato, añade BARRERO, «se superpone a la Constitución». La Iglesia es copartícipe de un *sui generis* poder constituyente vinculado a la tradición.

Con acierto, PÉREZ ROYO reconoce que «durante la primera fase de afirmación del Estado Constitucional en el continente europeo la libertad religiosa continuó siendo un problema importante y un obstáculo significativo en el proceso de afirmación del Estado. En unos países más y en otros menos. En España, entre los países europeos, de los que más».

En resumen, el régimen constitucional español, como bien sustenta PEÑA GONZÁLEZ, con sus vaivenes y partidismo, ha sido muchas veces más un «problema» constitucional que un régimen propiamente dicho.

2. Rasgos externos

Estos rasgos no proceden directamente del análisis de los textos en sí, sino que son consecuencia de su existencia en un contexto sociológico determinado.

Cabe contemplar los siguientes:

a) La falta de arraigo de nuestras leyes políticas fundamentales

Las Constituciones españolas del siglo XIX, en frase de FERNÁNDEZ SEGADO, son mero revoco que se raspa y se vuelve a pintar como un puro adorno externo, que es de buen tono conservar en lucida apariencia para asemejarse a los gobiernos europeos.

DE ESTEBAN reduce a dos las causas de esta falta de raigambre constitucional. Por un lado, las Constituciones no contaban con un apoyo sociológico fuerte por parte de las clases medias y trabajadoras. Es factible pensar que de haberse dado entre nosotros la revolución burguesa, al mismo tiempo que en otros países de Europa, habría surgido aquí también una clase burguesa consolidada, que hubiese defendido la Constitución como regla para regir el juego político; sin embargo, únicamente existió una endeble y reducida clase media burguesa que resultó excluida de los centros de poder. Y mayor marginación aún sufrieron las capas trabajadoras o populares, las cuales, según

FRAILE CLIVILLES, no formarán en ningún momento parte del poder constituyente del Estado con fuerzas propias y sólo actuarán revolucionariamente, originando situaciones que permitirán el acceso al poder a grupos políticos de las clases medias bajas (progresistas, demócratas, republicanos), que, a su vez, lo perderán en beneficio de los grupos de las clases medias altas (moderados, conservadores, etc.).

De otra parte, hay respecto a nuestras Constituciones una verdadera exigencia taumatúrgica: se piensa que un texto, o la introducción en el mismo de una determinada institución, eran capaces de cambiar de un plumazo la preocupante realidad del país. Este sentido mitificador que se da a nuestros Códigos políticos quedará patente en la Constitución de 1812, al proclamar en su artículo 13 que «el objeto del Gobierno es la felicidad de la Nación».

b) El desarrollo del proceso político al margen de la Constitución

Que la vida política se ha desarrollado al margen de los preceptos constitucionales lo prueba la circunstancia de que el paso de una a otra Constitución se ha verificado con absoluta ignorancia de los procedimientos de reforma normales; sólo la Constitución de 1845 supuso una verdadera reforma del texto precedente.

En general, los cambios de Constitución se han realizado fuera de los procedimientos y de las condiciones establecidas para la realización de los mismos o, en otras palabras, mediante el sistema de la revisión constitucional. Todo cambio de Constitución, al prescindirse de sus cláusulas de reforma, implicaba un cambio de régimen político. La tónica normal era que después de un texto de carácter progresista se diera paso a uno de tinte conservador, y así sucesivamente.

SÁNCHEZ AGESTA dirá que las Constituciones no se redactan con el propósito deliberado de burlarlas. Su violación procede de la necesidad, de los hábitos arraigados de una práctica viciosa, o de la falta de un sentimiento auténtico de respeto al Derecho establecido. La prueba más evidente es ese tejer y destejer Constituciones, que acusa un evidente deseo de sinceridad.

Esta afirmación es fácil de demostrar. Basta para comprobarlo con atender a la vigencia de nuestros Códigos políticos. Y así, hay Constituciones que no tuvieron ni siquiera la más mínima aplicación, como la de Bayona. Otras, una vez elaboradas, no llegaron a ser promulgadas, como la de 1856 o 1873. En algunos casos ni siquiera pasaron del nivel de simples Proyectos como el de Isturiz (1836), Bravo Murillo (1852) o Primo de Rivera (1929). La mayoría, sin embargo, fueron publicados, pero, como advierte DE ESTEBAN, de ahí a tener una auténtica aplicación dista un abismo. La Constitución de 1812, tras numerosísimas vicisitudes, no llegó a regir realmente la vida del país. El Estatuto Real tuvo una efímera existencia. El texto de 1845 dio paso a gobiernos sin autoridad ni estabilidad y a unas Cortes frecuentemente suspendidas y disueltas. La Constitución de 1869 se hundió con la Monarquía de Amadeo de Saboya. Sólo la Constitución de 1876 tuvo una vigencia relativamente estable, merced al caciquismo que posibilitó cierto régimen seudodemocrático hasta 1923. La Constitución de 1931, que duré apenas ocho años, necesitó apoyarse en una ley excepcional como la de Defensa de la República, acabando en una Guerra Civil. Tampoco las Leyes Fundamentales del franquismo corrieron mejor suerte, ya que nunca rigieron en plenitud la vida política española.

Pero no sólo eso; incluso en períodos en que se aplicaba la Constitución, ésta ni tan siquiera regía en la totalidad del territorio nacional. En este sentido, afirma TERRÓN que «limitándose a los períodos de más puro constitucionalismo: 1820-1823, 1834-1843 y 1845-1855, la Constitución solo era respetada en las grandes ciudades, y aún en ellas, es necesario excluir algunas, porque excepto en Madrid, casi siempre estaban suspendidas las garantías constitucionales por los capitanes generales». Fenómeno que se repite a lo largo del siglo XX; baste para ello recordar la etapa primorriverista, la suspensión de garantías de la Segunda República o los frecuentes estados de excepción en el régimen del general Franco.

Para entender esto conviene traer a colación la acertada afirmación de POSADA en el sentido de que «debe considerarse como una característica del movimiento constitucional español la resistencia del ideal antiguo, que renace después de repetidos vencimientos, y el carácter militar de los actos que determinan los cambios políticos; éstos, en efecto, se han producido siempre mediante pronunciamientos». Y es que «entre revolución y reacción —prosigue FERRANDO—, los problemas nacionales quedarán en simples proyectos».

Ello ha llevado a acuñar la expresión, ampliamente reconocida y utilizada por la doctrina, de que por regla general el constitucional español se ha acatado, pero no se ha cumplido.

V. BIBLIOGRAFÍA

ANTON, J. Y CAMINAL, M. (coords.): *Pensamiento político en la España contemporánea (1800-1950)*, Teide, Barcelona, 1992.

ARTOLA, M.: *La burguesía revolucionaria* (1808-1869), Alianza, Madrid, 1973.

Antiguo Régimen y revolución liberal, 2.ª ed., Ariel, Madrid, 1983.

Los orígenes de la España contemporánea, 3.ª ed., Centro de Estudios Políticos y Constitucionales, Madrid, 2000.

COMELLAS, J. L.: *La teoría del régimen liberal español*, Centro de Estudios Políticos y Constitucionales, Madrid, 1962.

Historia de España moderna y contemporánea, Rialp, Madrid, 2015.

CORONAS GONZÁLEZ, S. M.: «Las Leyes Fundamentales del Antiguo Régimen (notas sobre la Constitución histórica española)», en *Anuario de Historia del Derecho Español*, n.º 65, 1995, págs. 127-218.

DESDEVISES DU DEZERT, G.: *La España del Antiguo Régimen*, Fundación Universitaria Española, Madrid, 1989.

DE ESTEBAN, J. y **GONZÁLEZ-TREVIJANO, P. J.**: *Curso de Derecho Constitucional español*, 1.ª reimp., Universidad Complutense, Madrid, 1994.

DÍEZ DEL CORRAL, L.: *El liberalismo doctrinario, Centro de Estudios Políticos y Constitucionales*, 4.ª ed., Madrid, 1984.

FERNÁNDEZ ALMAGRO, M.: *Orígenes del régimen constitucional en España*, 2.ª ed., Labor, Barcelona, 1980.

FLORES JUBERÍAS, C.: «La Revolución francesa como fuente del primer constitucionalismo español», en *Aportes. Revista de Historia Contemporánea*, n.º 12, 1989-1990, págs. 78-85.

GIL CREMADES, J. J.: *El reformismo español*, Ariel, Barcelona, 1969.

HAOURIOU, A.: *Instituciones políticas y Derecho Constitucional*, 2.ª ed., Ariel, Barcelona, 1973.

HERR, R.: *España y la Revolución del siglo XVIII*, Aguilar, Madrid, 1979.

España contemporánea, Marcial Pons, Madrid, 2004.

JOVER, J. M.: *El siglo XIX en España: doce estudios*, Planeta, Barcelona, 1974.

LÓPEZ MORILLAS, J.: *El krausismo español*, Fondo de Cultura Económica, Méjico, 1956.

LUCAS VERDÚ, P.: *El sentimiento constitucional*, Reus, Madrid, 1985.

MARTÍNEZ MARTÍNEZ, F.: «De la Constitución histórica a la historia constitucional. El medioevo como imaginario político (Siglos XVIII-XIX)», en *Historia constitucional. Revista Electrónica de Historia Constitucional*, n.º 10, 2009, págs. 511-527.

MENÉNDEZ ALZAMORA, M. y **ROBLES EGEA, A.** (eds.): *Pensamiento político en la España contemporánea*, Trotta, Madrid, 2013.

MOLAS RIBALTA, P.: *Del absolutismo a la Constitución. La adaptación de la clase política española al cambio de régimen*, Silex, Madrid. 2008

MURILLO FERROL, F.: «Los orígenes de las clases medias en España», en la obra *Historia social de España*. Siglo XIX, Madrid, 1972.

NADAL, J.: *El fracaso de la Revolución industrial en España 1814-1913*, Ariel, Barcelona, 1984.

Palacio Atard, V.: *La España del siglo XIX, 1808-1898*, Espasa-Calpe, Madrid, 1978.

Paredes Alonso, J. (coord.): *Historia contemporánea de España* (Siglo XIX), Ariel, Barcelona, 1998.

Historia de España contemporánea, Sello Editorial, Barcelona, 2009.

Posada, A.: *Tratado de Derecho Político*, Comares, Madrid, 2003.

Rasmussen, J.: *El proceso político*, Diana, México, 1977.

Roura Gómez, S.: *La defensa de la Constitución en la Historia constitucional española. Rigidez y control de constitucionalidad en el constitucionalismo histórico español*, Centro de Estudios Políticos y Constitucionales, Madrid, 1998,

Sánchez García, R.: *Alcalá Galiano y el liberalismo español*, Centro de Estudios Políticos y Constitucionales, Madrid, 2005.

Schubert, A.: *Historia social de España (1800-1990)*, Nerea, Madrid, 1990.

Seoane, M. C.: *El primer lenguaje constitucional español*, Editorial Moneda y Crédito, Madrid, 1968.

Solé Tura, J.: *Catalanismo y revolución burguesa*, El Viejo Topo, Madrid, 2017.

Tajadura Tejada, J.: «La defensa de la constitución en los orígenes del constitucionalismo hispánico: la "hiperrigidez" constitucional», en *Revista de Derecho Político*, n.º 83, 2012, págs. 511-570.

Terrón, E.: *Sociedad e ideología en los orígenes de la España contemporánea*, Península, Barcelona, 1969.

Tomás y Valiente, F.: *Manual de Historia del Derecho español*, 4.ª ed. Tecnos, Madrid, 2001.

Torres del Moral, A.: «Elementos de la ideología constitucionalista y su difícil recepción en España» en *Revista de Derecho Político*, n.ºs 75-76, 2009, págs. 627-657.

«El inicio del constitucionalismo español», en *Corts. Anuario de Derecho Parlamentario*, n.º 26, 2012, págs. 163-190.

Tuñón de Lara, M.: *Estudios sobre el siglo XIX español*, Siglo XXI, Madrid, 1971.

Varela Suanzes-Carpegna, J.: *La Teoría del Estado en los orígenes del constitucionalismo hispánico (Las Cortes de Cádiz)*, Centro de Estudios Políticos y Constitucionales, Madrid, 1983.

CAPÍTULO SEGUNDO

LOS ORÍGENES DEL CONSTITUCIONALISMO

SUMARIO:

I. El Estatuto de Bayona: Introducción histórica y proceso de elaboración. - Naturaleza. - Principios políticos. - Los órganos constitucionales. - Significado y aplicación del Estatuto.

II. El carácter revolucionario de las Cortes de Cádiz: El proceso revolucionario. - La convocatoria de Cortes. - Composición de las Cortes. - La obra revolucionaria de Cádiz.

III. La Constitución de 1812: Naturaleza. - Principios políticos. - La Constitución como fuente del Derecho. - Los órganos constitucionales. - La originalidad del texto constitucional. - Vigencia y aplicación de la Constitución. - La influencia del modelo gaditano en Europa y las provincias de Ultramar.

IV. Bibliografía.

I. EL ESTATUTO DE BAYONA

1. Introducción histórica y proceso de elaboración

Los sucesos acaecidos en Aranjuez la noche del 17 de marzo de 1808, al asaltar el pueblo amotinado el palacio de Godoy, obligaron a Carlos IV, dos días más tarde, a abdicar en el Príncipe de Asturias, que desde esa fecha comenzó a reinar con el nombre de Fernando VII. Estos momentos de incertidumbre y desgobierno fueron aprovechados por Napoleón para reunir en Bayona a la familia real, con el pretexto de arbitrar sus querellas internas. Al llegar a las provincias las noticias de Madrid sobre lo ocurrido el 2 de mayo y los sucesos de Bayona, se sucedieron violentas acciones de repulsa en las que el elemento popular ejerció un indiscutible protagonismo. El movimiento fue la respuesta espontánea y popular determinada por la agresión externa al sistema de valores ideológicos propios del Antiguo Régimen (religión, Monarquía e independencia) a lo que hay que sumar una importantísima componente reivindicativa de carácter antigodoyista, expresión de una legalidad ultrajada.

Antes de salir para Francia, Fernando VII crea una Junta Suprema de Gobierno, que, en opinión de ARTOLA, será a partir de ese momento la depositaria de la soberanía nacional. En Bayona, Napoleón impuso la sustitución dinástica; obligó a padre e hijo a renunciar al Trono y designó a su hermano, José Bonaparte, como nuevo Rey de España. El 25 de mayo de 1808, el propio Emperador, en un intento de legitimar la situación creada, firmó dos importantes Decretos: el primero convocando a Cortes, y el segundo prometiendo un Código constitucional que «renovase» la Monarquía.

El 15 de julio, como se había acordado, se reúne en Bayona una asamblea de diputados convocados por Murat—cuyo número previsto era de 150 (50 nobles, 50 eclesiásticos y 50 representantes del estado llano)—. De los citados, sólo acudieron 65, la mayoría de ellos procedentes del estamento de la nobleza.

La asamblea, presidida por Azanza, aprobó el proyecto el 7 de julio de 1808. Había sido redactado por Esmenard y revisado por Murat y el propio emperador que introdujo algunas modificaciones importantes. En su elaboración y aprobación tuvo una singular importancia Urquijo, quien habría de destacar como uno de los prohombres del régimen josefino ejerciendo de ministro-secretario de Estado —de quien se dijo que todos los documentos gubernativos pasaban por su mano de hierro—. El político ilustrado no solo estuvo presente en Bayona, sino que también defendió con la pluma la Constitución, convirtiéndose en uno de sus principales apologistas.

El Estatuto se inspira en la Constitución francesa del año VIII con los sucesivos senadoconsultos que la adicionan y modifican parcialmente, que a su vez sería el modelo de las Leyes Fundamentales de Nápoles y Westfalia. La Carta de Bayona obedece al interés del Emperador de legitimar constitucionalmente sus derechos sobre España para la que pretende una fórmula en todo semejante a la francesa. Ese empeño se refleja en los términos con los que están redactados muchos de sus artículos que parecen una copia literal de los correlativos de la Constitución francesa, así como en las instituciones y técnicas que se ponen en pie en la de 1808 y que carecían de toda tradición en nuestra patria.

Uno de los más reputados liberales, adscrito al bando opositor a Napoleón, el conde de Toreno, señalaría en su momento que los miembros de la Junta de Bayona habían obrado sin libertad, deliberando sobre puntos incidentales, y careciendo en todo caso sus observaciones de valor decisivo.

La puesta en vigor del Estatuto debía ser gradual hasta su vigencia completa en 1815; sin embargo, prácticamente no llegó nunca a ser aplicada al encontrarse el país en guerra contra el ejército invasor francés. Salvo una parte muy reducida de población —los denominados «afrancesados» o «juramentados»—, José I, el Rey intruso, jamás fue aceptado por los españoles.

2. Naturaleza

El Estatuto de Bayona no es propiamente una Constitución sino más bien una carta otorgada, inspirada en los textos fundamentales napoleónicos. Efectivamente, en su Preámbulo ya se advierte ese carácter: «Habiendo oído a la Junta Nacional... hemos decretado y decretamos la presente».

En realidad, el texto de 1808 expresa únicamente la voluntad de Napoleón, aunque los partícipes en la elaboración definitiva del mismo no opinaron siempre de igual modo, y todo ello merced a una diversa interpretación de las «renuncias de Bayona». En efecto, el Emperador, razona FERNÁNDEZ SARASOLA, no podía legitimar constitucionalmente su dominio sobre España (como sucedía en Francia), y tampoco tenía interés táctico en hacer valer sus derechos de conquista. Por consiguiente, optaba por defender su soberanía a partir de aquellas «renuncias», que para él significaban una cesión absoluta e incondicional del poder soberano.

De extensión media, cuenta con 146 artículos distribuidos en 13 Títulos y un breve Preámbulo.

Es flexible; sus autores no establecieron ningún procedimiento especial para llevar a cabo la reforma, aunque las adiciones, modificaciones y mejoras que pudieran efectuarse en el Estatuto, conforme a lo preceptuado en el artículo 146 del mismo, sólo podrían presentarse a las primeras Cortes después del año 1820.

Por último, como expone TORRES DEL MORAL, estamos ante un texto cuya redacción era poco cuidada en su forma y estilo, con alusiones constantes a la lealtad hacia Napoleón e innecesarias repeticiones e imprecisiones.

3. Principios políticos

Del análisis del articulado cabe señalar los siguientes:

a) Liberalismo atenuado

Aun siendo un texto sumamente autoritario, el Estatuto reconocía ciertas libertades y proporcionaba la reforma administrativa que parecía requerir un país como el nuestro, encastrado y agostado por una veintena de años de despotismo.

Su Título XIII —el más extenso de todos—, recoge alguno de los principios fundamentales de un liberalismo «atenuado» o «débil» que se pone de relieve en el tratamiento de ciertos derechos y libertades consagrados en la Carta de Bayona. Así la inviolabilidad domiciliaria (art. 126), el principio de seguridad personal (art. 127), el *habeas corpus* (art. 130), la abolición de la pena de tormento (art. 133), la supresión de fideicomisos y mayorazgos (art. 135) y la igualdad de trato fiscal sin distinción de clases (art. 140).

La libertad de imprenta, según el artículo 145, podría implantarse «dos años después de haberse ejecutado enteramente esta Constitución».

b) Confesionalidad religiosa del Estado

El Derecho como reflejo de la sociedad y la religión aparecían en el Estatuto íntimamente relacionados; por ello no resultaba una simple causalidad que el Preámbulo comenzara con la siguiente invocación: «En el nombre de Dios todopoderoso». Lo que significa que este nuevo ordenamiento que se imponía a los españoles, contra la voluntad general, provenía de Dios. Y tal era la importancia de la religión que el primer Título del texto de Bayona se intitulaba precisamente «De la religión» y que su artículo 1.º proclamaba que «la religión Católica, Apostólica y Romana, en España y en todas las posesiones españolas, será la religión del Rey y de la Nación: no se permitirá ninguna otra».

Esta contundente declaración es consecuencia, por un lado, de la condición impuesta por Carlos IV para abdicar (que la Nación española continuara siendo católica), y, por otro, de la política de Napoleón de querer ganarse el apoyo de la Iglesia y servirse de ella. Bajo la unidad religiosa resultaba más fácil la unidad política.

c) Propensión codificadora

La vocación codificadora presente en el Estatuto de 1808 venía dada por la previsión de un «solo Código de Leyes Civiles y Criminales» (art. 96) y de «un solo Código de Comercio para España e Indias» (art. 113).

d) Consagración de la alianza perpetua con Francia

El enunciado del artículo 124 «habrá una alianza ofensiva y defensiva perpetuamente, tanto por tierra como por mar, entre Francia y España» dejaba muy a las claras el propósito de Napoleón de convertir a nuestro país en un permanente territorio conquistado.

4. Los órganos constitucionales

La Carta de Bayona, según FERNÁNDEZ SEGADO, va a reflejar, junto al principio de la división de poderes, la técnica, notoriamente napoleónica, de limitar a los órganos legislativos, fragmentándolos y reduciendo de este modo las atribuciones de cada uno de ellos a un sector del proceso legislativo.

A. La Corona

La Corona es el centro de todo el sistema diseñado por el Estatuto; los demás órganos (Ministerio, Consejo de Estado y Senado) son colaboradores del Poder Ejecutivo que, en toda su extensión, corresponde al Monarca. Éste aparecía investido de una amplísima potestad normativa, que no sólo comprendía la facultad de dictar reglamentos, sino que acababa convirtiéndolo incluso en auténtico titular de la actividad legiferante. Así, al Monarca le correspondía la iniciativa y sanción de unas leyes que el texto constitucional definía expresamente como «Decretos del Rey». Además, gozaba de la potestad unilateral (con el único requisito de la consulta al Consejo de Estado) de dictar normas con rango de ley en los recesos de las Cortes. Finalmente, le correspondía el desarrollo normativo de la Constitución, que sólo entraría en vigor a partir de decretos y edictos del Rey. Incluso el propio poder de reforma constitucional quedaba en manos del Monarca, ya que las Cortes sólo intervenían en el proceso de enmienda con carácter «deliberativo».

No obstante, las amplias prerrogativas regias encontraban, al menos formalmente, un límite nominal en el respeto a los tenues derechos de los ciudadanos que aparecen dispersos en el Título XIII, lo que, sin duda, representa un paso importante respecto del absolutismo hasta entonces vigente.

El Estatuto establece por primera vez en España una Monarquía de carácter limitado, hereditaria en los descendientes de José I y en su defecto de Napoleón y sus restantes hermanos, siempre de varón en varón, por orden de primogenitura y con exclusión perpetua de las hembras (Titulo II).

B. La Regencia

A ella se refería el Título III. La Regencia cubría el período de interinidad hasta que el Rey cumpliese dieciocho años (art. 8.º) y podía ser individual o colectiva; ésta se producía cuando el Monarca predecesor no hubiese nombrado Regente y ninguno de los Infantes fuese mayor de 25 años, en cuyo caso formaban el Consejo los siete senadores más antiguos (art. 16).

El Regente no sería personalmente responsable de los actos de su administración (art. 13), actos que se hacían en nombre del Rey menor (art. 14).

C. El Ministerio

El Título VI regulaba este órgano compuesto por nueve ministros y un secretario de estado, con categoría de ministro, al que correspondía refrendar todos los decretos, sujetos a una estricta responsabilidad por la «ejecución de las leyes y de las órdenes del Rey» (art. 31). Todos ellos eran nombrados y separados libremente por el Rey.

El Estatuto no recogía expresamente la figura del Gobierno, de modo que los ministros se consideraban autónomos en sus funciones, hasta el punto de rechazarse expresamente la figura del Jefe del Gobierno al indicar en su artículo 30 que no habría ninguna preferencia entre los ministros. Pese a ello, durante el breve período en que duró el gobierno de José I la práctica alteró esta regulación constitucional. A ello contribuyó la dependencia del Rey respecto de sus ministros, más conocedores que él de la situación nacional agravada por la Guerra de la Independencia.

Debido a esta circunstancia, los ministros tuvieron la necesidad de reunirse en órganos colegiados, y la práctica acabó por determinar la aparición de los «Consejos de Ministros» y los «Consejos Privados», a los que después se refirió expresamente el Decreto de 6 de febrero de 1809.

D. El Senado

La Carta de 1808 recogía un Senado que no tenía facultades legislativas propiamente dichas y que pretendía ser un órgano de moderación del poder real encargado de acordar la suspensión de la Constitución a petición del Rey o de adoptar, en casos de urgencia, las medidas extraordinarias que exigiese la conservación de la seguridad pública (art. 38). Pero, además de esas circunstancias extraordinarias, pretendía ser también un órgano de vigilancia de las libertades de los ciudadanos. A esos efectos se creaban dentro de esta Cámara, dos Juntas «senatorias» de libertad individual (art. 40) y de libertad de imprenta (art. 45) que examinaban las reclamaciones de cualquier persona presa y no puesta en libertad o sometida a juicio dentro del plazo de un mes desde la prisión; lo mismo hacía con las reclamaciones de los libreros e impresores o autores que creyesen que se les había impedido la venta o impresión de su obra. Ambas estaban integradas por cinco senadores nombrados por el mismo Senado.

Cuando las Juntas entraban en colisión con los ministros respectivos que hubiesen dado las órdenes de detención o hubiesen impedido la impresión o publicación —tras tres requisitorias consecutivas—, el Senado en Pleno ponía en manos del Rey la deliberación motivada de quebranto de libertad para que resolviese en consecuencia (arts. 43 y 48). En este punto, el Estatuto pretendía ser una salvaguardia contra el «despotismo ministerial» que tanto temían los integrantes de la Asamblea de Bayona.

Integraban este órgano los Infantes de España mayores de dieciocho años y veinticuatro individuos, mayores de cuarenta años, designados por el Monarca entre aquellas personas que hubiesen desempeñado altos cargos (arts. 32 y 33). El nombramiento era vitalicio, no pudiéndose privar a los senadores del ejercicio de sus funciones, sino en virtud de una sentencia legal dada por los tribunales competentes (art. 34).

A propuesta del Rey y por razones de grave urgencia, este órgano podía decretar la suspensión de la Constitución, así como adoptar las medidas extraordinarias que exigiere la conservación de la seguridad pública (art. 38).

E. El Consejo de Estado

El Estatuto dedicó íntegramente el Título VIII al Consejo de Estado, siendo particularmente relevante la circunstancia de que de este órgano se habla antes que de las Cortes o Juntas de la Nación a las que se reserva el Título IX.

Jordana de Pozas sostiene que los redactores de la Carta de Bayona se empeñaron en entroncar este instituto con el Consejo Real borbónico del que fue continuador en su aspecto formal, aunque en el fondo tuviese como modelo al regulado en la Constitución francesa de 1799. Sea como fuere, al parecer Barrios y de la Cuadra Salcedo, la definición de las competencias del Consejo de Estado de 1808 así como las modificaciones en cuanto a su composición, le situarían en una posición novedosa, convirtiéndolo en una pieza esencial en las relaciones entre Legislativo y Ejecutivo.

Todos los miembros de este alto organismo consultivo (entre treinta y sesenta) eran nombrados por el Monarca que, a su vez, lo presidía (art. 52). El Príncipe heredero luego que llegase a la edad de quince años podía asistir a las sesiones de este órgano (art. 53), del que también formaban parte, como miembros natos, los ministros y el Presidente del Consejo Real (art. 54).

Entre las competencias de dicho Consejo destaca la de «examinar» y «extender» los proyectos de leyes civiles y criminales, además de los reglamentos generales de Administración Pública (art. 57). La potestad de iniciativa legislativa de las Cortes quedaba, por tanto, eliminada al privarle de la facultad de iniciativa legislativa en materias civiles, criminales y tributarias; ello, en la terminología de la época, suponía la totalidad de los negocios más importantes de los que debían corresponder a una Asamblea legislativa. A su vez, el artículo 58 le atribuía el conocimiento de la «parte contenciosa de la Administración, de las competencias de jurisdicción entre los cuerpos administrativos y judiciales y de la citación a juicio de los agentes o empleados de la Administración Pública».

El Consejo de Estado se configura, así, como un Consejo del Rey, si bien a partir de ahora entroncado en un contexto constitucional nuevo en el que las funciones de ese órgano tienen que ver con la relación con el nuevo Poder Legislativo emergente en el constitucionalismo, aunque fuese tan limitado como el del texto de Bayona.

F. Las Cortes

El Título IX constitucionalizó las Cortes, también llamadas Juntas de la Nación. Estaban compuestas por 172 miembros, divididos en tres estamentos: el del clero, el de la nobleza y el del pueblo. Cada uno de los dos primeros constaba de 25 representantes con carácter vitalicio. El estado llano quedaba integrado de la siguiente forma:

- 62 diputados de las provincias (elegidos en una proporción de un diputado por cada 300.000 habitantes).
- 30 diputados elegidos por los Ayuntamientos de las principales ciudades.
- 15 negociantes o comerciantes.
- 15 representantes de la Universidad, como los del grupo anterior nombrados por el Rey (arts. 61 a 64).

El mandato de los diputados del pueblo era de tres años; sin embargo, el que hubiese sido reelegido por dos veces consecutivas, no podría serlo una tercera sino hasta que pasasen otros tres años (arts. 75 y 76). La elección de los mismos se llevaba a cabo mediante sufragio indirecto y censitario (arts. 67 a 72). El Monarca nombraba al Presidente de las Cortes de entre tres candidatos propuestos por la propia Cámara (art. 77).

Es de destacar el carácter secreto de las sesiones de las Cortes, no pudiendo divulgarse ni imprimirse las opiniones ni las votaciones celebradas, so acto de rebelión (arts. 80 y 81).

Las Cortes legislaban sobre los proyectos remitidos por el Consejo de Estado y aprobaban el Presupuesto cada tres años (art. 82), controlaban su aplicación (art. 84) y podían elevar al Trono quejas sobre la conducta de los ministros (art. 85).

Ante el silencio de la Constitución sobre a quién correspondía la iniciativa legislativa, creemos que únicamente el Rey, auténtica encarnación del Poder Ejecutivo, y el Consejo de Estado estaban legitimados para ello.

G. El Orden Judicial

A él, y con esta denominación, le reserva el Estatuto el Título XI, que proclama la independencia e inamovilidad de tal orden (arts. 97 y 100) y suprime los tribunales especiales, las justicias de abadengo y las señoriales (art. 98).

De importante puede considerarse igualmente la inserción en el articulado del texto constitucional del principio de publicidad y contradicción en las causas criminales y la posibilidad de introducir el proceso por jurados (art. 107).

El ejercicio de la función jurisdiccional se atribuía a los órganos que pasamos a enumerar:

- Juzgados de Primera Instancia.
- Audiencias o tribunales de apelación.
- El Consejo Real, concebido como tribunal de apelación.
- La Alta Corte Real, para conocer de los delitos cometidos por los miembros de la familia real, los ministros, los senadores y los Consejeros de Estado (arts. 101 a 108).

H. La incipiente regulación del régimen local

En la Carta de Bayona se menciona a los municipios y Ayuntamientos en sus títulos IX y X (artículos 68, 71 y 93 respectivamente) y se recogen, por otra parte, los preceptos relativos a las Cortes, así como el papel del municipio en la elección de diputados, por un lado, y del número—veintidós— en que los Ayuntamientos (designados por el Virrey o el capitán general) de municipios de reinos y provincias españolas de América y Asia nombran diputados, por otro.

Es en el desarrollo normativo del texto de 1808 —convienen NÚÑEZ RIVERO y GARCÍA ARANDA— donde se encuentra una incipiente regulación del régimen local en clave de, justamente, evitar dejar resquicios a la autonomía local; así, mediante el Decreto de 6 de febrero de 1809 se efectuó el nombramiento de comisarios regios en las provincias con instrucciones para organizar los Ayuntamientos y proceder al nombramiento y/o destitución de los cargos municipales. A este, le siguieron dos Decretos de fecha 21 de agosto. Uno para crear la municipalidad de Madrid, así como las funciones de su corregidor (donde se recogía una composición integrada por un corregidor, 16 regidores, un procurador del común y un escribano secretario). Este Decreto en su artículo 4.º acababa con los oficios perpetuos y permitía la posibilidad de la elección, aunque fuese mediante sufragio censitario, para la selección de los regidores. Lo que nos proporcionaría una primera aportación a lo que más tarde se entenderá como una de las notas caracterizadoras, desde el punto de vista político, de la autonomía local, esto es, la elección de los representantes en concejo abierto; si bien, se trata de una elección que no debe hacernos pensar en una democracia local ya que su carácter era censitario. Pero, en todo caso, estamos ante un mecanismo de elección. Por otro lado, el segundo de los Decretos censuraba toda posibilidad de autonomía municipal estableciendo un régimen de absoluta tutela financiera de la municipalidad de Madrid, llegando incluso a la anulación en la práctica de la Hacienda municipal, dejando a esta privada, por tanto, de cualquier tributo propio.

El 4 de septiembre se promulgó el Decreto para la creación de municipalidades en todo el Reino, donde se recogió la disolución de los antiguos Ayuntamientos, así como la orden a Intendentes y Gobernadores de constituir los nuevos.

En relación con la provincia, el Decreto de 17 de abril de 1810, siguiendo el modelo francés, dividió el Reino en 38 Prefecturas y en setenta y cuatro subprefecturas. En su Título II recogía, pormenorizadamente, las atribuciones del gobierno civil (de la Prefectura) y, en su Título IV -«De las Municipalidades»-, trata sobre la composición de las Juntas Municipales, la elección de sus miembros (mediante sufragio censitario en concejo abierto), el nombramiento de los empleados del gobierno de la municipalidad (por el Rey), asimismo se asignan las funciones al Corregidor y a los Regidores (básicamente policía urbana), a la Junta Municipal (repartimiento de las contribuciones) y, en todos los casos, siempre bajo la autorización del Prefecto.

Del análisis de esta normativa podemos entresacar una conclusión: la absoluta inexistencia de autonomía local, tanto en el caso del Municipio como de la Prefectura.

5. Significado y aplicación del Estatuto

Recordemos para finalizar que pocos textos como el que nos ocupa han sido tan injustamente valorados. Muchos autores ni siquiera lo mencionan en sus tratados sobre la historia de nuestro constitucionalismo y quienes lo han hecho coinciden, prácticamente todos, en destacar sus aspectos negativos (el origen afrancesado, su carácter nominal y pragmático, la redacción defectuosa e imprecisa, etc.). Como escribe FERNÁNDEZ SARASOLA, el documento de Bayona «supuso un infructuoso intento constitucional que hubo de convivir con el estigma de ser el producto de la invasión, del colaboracionismo y la felonía. Perdida la Guerra de la Independencia (...) cayó en el olvido de los perdedores, aunque lo cierto es que se trataba de un producto de transacción con el Antiguo Régimen que, de haber contado con el apoyo de los patriotas, quizás habría logrado triunfar allí donde la Constitución de 1812 fracasó». Para TORRES DEL MORAL, el Estatuto es una mezcla de liberalismo, corporativismo del Antiguo Régimen y pragmatismo napoleónico.

Se trata en esencia de una Carta otorgada que se resiente de una profunda contradicción, cual es la de pretender dotar a España de una Constitución, instrumento político revolucionario de primera magnitud, cuya exportación más allá de las fronteras de Francia constituye un rasgo característico de la mística revolucionaria, y a la vez hacerlo prescindiendo del pueblo o Nación en quien por definición debía de residir la soberanía.

En realidad, el texto de 1808 se alejaba muy mucho del concepto racional normativo de Constitución. A este respecto, VARELA SUANZES-CARPEGNA constata que en el mismo «se encuentran, aunque algunos *in nuce*, los principios que informarían el constitucionalismo español hegemónico durante todo el siglo XIX: la soberanía compartida entre el Rey y las Cortes; la Constitución histórica de España; la Corona como eje y nervio del Estado; la mixtificación de la representación nacional mediante un Senado que no sirvió más que para perpetuar la representación corporativa estamental [...]».

Sanz Cid cree que el texto de Bayona era, predominantemente, «una transcripción de disposiciones entresacadas del Derecho constitucional de la Revolución y del Imperio, en la que, a lo sumo, se habían recogido algunas referencias al carácter y tradición de los españoles, y más principalmente, a las circunstancias en que iba a instaurarse la nueva dinastía (...). Hubiese sido quizá un ensayo aceptable para introducir en España las nuevas formas constitucionales, sin grandes conmociones...».

Pese a todas sus deficiencias de legitimación y defectos formales, el texto dejaba entrever una cierta ideología liberal, si bien muy matizada por el autoritarismo napoleónico. No puede decirse que definiera un Estado representativo propiamente dicho, pero se separaba ostensiblemente del absolutismo borbónico anterior. En cualquier caso, su irrupción en nuestra historia constitucional produjo como contrapunto más avanzado la elaboración de la Constitución de 1812. Esta fue, sin duda, su principal aportación.

Al decir de MORODO, la Constitución de Bayona era, al igual que la de Cádiz, la base del proyecto regeneracionista que defendieron los ilustrados en la época de Carlos IV y no pudieron aplicar; la diferencia está en qué grado se presentaron los elementos continuadores y rupturistas.

No se puede olvidar tampoco, como defiende ARTOLA, que de haberse realizado el programa de reformas previsto en el Estatuto hubiera significado una profunda transformación de la organización político-social. No sólo se rompe con toda la etapa precedente, sino que en múltiples aspectos el Estatuto es superior a otras Constituciones.

La regeneradora Carta de Bayona que pudo haber sido un camino hacia una España más abierta y moderna, no se aplicó apenas, sólo en breves intervalos y con la protección de las tropas francesas. Su existencia pasó desapercibida para la mayor parte de los españoles.

En cuanto a su vigencia, el Código bonapartista no estuvo realmente en vigor. Incluso no preveía su eficacia directa, sino su puesta en vigor mediante sucesivos decretos. Más aún, como anota FERNÁNDEZ SARASOLA, se intentó su desarrollo *contra Constitutionem,* esto es, contraviniendo su propio texto. ARTOLA, por su parte, concluye que su aplicación se limitó al nombramiento de algunas autoridades y a la publicación de alguna legislación para el territorio controlado por las tropas ocupantes, que, sin embargo, no pudo aplicarse por falta de medios.

La única influencia real del Estatuto en España se redujo al ámbito doctrinal, ya que a finales del Trienio constitucional (1820-1823) los antiguos afrancesados volvieron a defender en diversas obras la dogmática que subyacía al texto. Siendo prácticamente nula la influencia del Estatuto en el constitucionalismo español, también se explica su débil repercusión en el constitucionalismo hispanoamericano, por más que el Estatuto fuera también la primera Constitución en estos territorios antes de adquirir su independencia.

II. EL CARÁCTER REVOLUCIONARIO DE LAS CORTES DE CÁDIZ

1. El proceso revolucionario

Ante el vacío de poder producido tras las abdicaciones de Bayona y el desprestigio de la Junta de Gobierno, creada por Fernando VII antes de acudir a la llamada de Napoleón, y del Consejo de Castilla, por su abierta colaboración con los franceses, surgieron por toda la geografía española, de manera espontánea, Juntas locales y provinciales que asumen la soberanía en nombre del pueblo, secuestrada hasta ese momento. Estas Juntas, que se califican a sí mismas como «Supremas», declaran por su cuenta la guerra al ejército invasor y toman disposiciones de urgencia.

Los levantamientos populares representan la voluntad inequívoca de reformar las estructuras políticas del Antiguo Régimen y defienden un proyecto político genuinamente nacional frente al Estatuto de Bayona. Para TOMÁS Y VALIENTE se trató de un movimiento revolucionario contra el absolutismo político, adoptando todo ello las características de un proceso constituyente.

Tras las primeras derrotas francesas, la cuestión principal que debían resolver los patriotas era la conformación de un poder único que fuera verdaderamente representativo y que englobara, con el fin de coordinar y aunar esfuerzos, los ya constituidos. La Junta de Galicia asumió el desafío unificador y, así, el 25 de septiembre de 1808 surge en Aranjuez la Junta Suprema Central Gubernativa, integrada por treinta y cinco miembros y presidida por Floridablanca. En el «Manifiesto a la Nación Española», difundido días más tarde, la nueva Junta se reconoce «depositaria interina de la autoridad suprema», reivindicando de esta forma, entiende DUFOUR, el carácter anormal (o sea, revolucionario) de una situación en la que detentaban su autoridad y legitimidad que le conferían la voluntad y sacrificios del pueblo.

La principal preocupación de esta Junta será la convocatoria de Cortes con el objeto de plasmar las reformas sentidas en un texto constitucional.

2. La convocatoria de Cortes

El rápido avance de las tropas napoleónicas hacia Madrid obligó a la Junta Central a trasladarse a Sevilla. A propuesta de Calvo de Rozas, la Junta, después de una larga etapa de discusiones, tomó la resolución de convocar Cortes para el 1 de mayo de 1810. Asimismo, por iniciativa de Quintana y de Jovellanos se planteó la realización de una consulta al país a través de la cual las autoridades y la opinión pública expresaran los medios que, según su criterio, fueran más convenientes para salir de la crisis institucional que vivía la Monarquía española.

Dentro de la amplitud del espectro de las respuestas, como ha señalado ARTOLA, existe «una abrumadora mayoría en favor de limitar el absolutismo monárquico, mediante el recurso a instituciones representativas, y de poner fin al régimen de privilegios que caracteriza la sociedad estamental».

La evolución de los acontecimientos impidió, sin embargo, que se pasara más lejos; la proximidad del ejército galo, tras el desastre de Ocaña, forzará a interrumpir todos los trabajos para trasladarse a Cádiz.

Objeto de numerosas críticas (poder excesivo, gestión desacertada inoperancia, etc.) y ampliamente cuestionada por los elementos más reaccionarios, la Junta procedió, el 29 de enero de 1810, al nombramiento de una Regencia de cinco miembros, presidida por Quevedo y Quintano, el conservador obispo de Orense, y que fue quien hizo efectivo el llamamiento a Cortes. Todas las tendencias estuvieron de acuerdo en la convocatoria, sobre lo que disentían era sobre la naturaleza política que debía tener aquella Asamblea Constituyente.

Un Decreto del Consejo de Regencia de 29 de enero llamaba a los tres estamentos que tradicionalmente se habían sentado en las Cortes españolas, los cuales se reunirían en dos Cámaras: una «popular», de procuradores y otra de «dignidades» (prelados y Grandes de España). Para COMELLAS este Decreto no era sino un recurso híbrido en el que se intentaba salvaguardar las formas fundamentales del Antiguo Régimen, haciendo una serie de concesiones a los innovadores.

Apremiados por los alarmantes sucesos americanos y, sobre todo, por los representantes de las Juntas de León, Cuenca y Cádiz, la Regencia ordenará, primero, que se efectúen elecciones de representantes a lo largo del verano de 1810 y, más tarde, el 20 de septiembre, que las Cortes se reúnan en cuerpo único. Finalmente, estas se aperturaron en la iglesia parroquial de la isla de León (en la actualidad San Fernando) el 24 de septiembre de 1810.

Las elecciones fueron bastante complicadas dada la situación de guerra y la falta de experiencia, además de por el innovador y complejo sistema electoral que había aprobado la Junta Central, a cuyo tenor se atribuía la elección de los diputados a las Juntas Provinciales, a las ciudades con voto en Cortes y a los Reinos. Se había regulado además la figura del diputado suplente, que debía elegirse en representación de las provincias de Ultramar o de las provincias peninsulares ocupadas por los franceses. Serían elegidos alrededor de trescientos diputados, si bien lo más probable es que nunca llegasen a estar juntos todos.

3. Composición de las Cortes

Según COMELLAS nunca se alcanzó la cifra de diputados inicialmente prevista. Fueron ciento dos los asistentes que estamparon su firma en el Acta de apertura de las sesiones (46 suplentes y 56 propietarios del cargo), ochenta más firmaron la aprobación de la Constitución el 19 de marzo de 1812, mientras que doscientos veinte son los que constan en el Acta de disolución de las Cortes el 14 de septiembre de 1813.

Por lo que respecta a la condición social y profesional de los miembros de la Cámara, FERNÁNDEZ ALMAGRO establece la siguiente clasificación: 97 eclesiásticos, 37 militares, 60 abogados, 55 funcionarios, 16 catedráticos, 9 marinos, 15 propietarios, 8 nobles, 5 comerciantes, 4 escritores y 2 médicos.

El primer dato que llama la atención es el de la menguada representación de la nobleza. El bloque más nutrido está formado por el clero (prácticamente un tercio del total). A su lado funcionarios, abogados, catedráticos y escritores, lo que ha llevado a decir a SÁNCHEZ AGESTA que la revolución de Cádiz es, en suma, «una revolución burguesa intelectual». Por su parte, el profesor

TIERNO GALVÁN ha puesto de relieve que en el sentido jurídico parlamentario apenas hubo representación popular.

En el seno de las Cortes los diputados se agruparon en distintas tendencias: liberales peninsulares, realistas y americanos. Las grandes polémicas sobre la soberanía, la división de poderes, la libertad de imprenta, la Inquisición, la abolición de señoríos jurisdiccionales..., polarizan estos sectores.

Los liberales aparecían como herederos naturales de las corrientes revolucionarias que se habían formado en España a raíz de la recepción del *iusracionalismo*. Su intención consistía en introducir profundos cambios en el Estado, buscando más una ruptura con el arcaico sistema administrativo, que una mera reforma. Este bloque —en la que destacaban Argüelles, Toreno, Golfín o Muñoz Torrero— partía de la idea de soberanía nacional, entendiendo «Nación» como un ente ideal y abstracto, distinto de la mera suma de individuos o de provincias que la integraban. La Nación era soberana, no debido a la vacancia del Trono, sino porque ésta era su natural e irrenunciable condición. Si ésta era la titular de la soberanía, su ejercicio debía repartirse entre diversos órganos. De ahí deducían la doctrina de la división de poderes, extraída ante todo de las teorías de Montesquieu. Sin embargo, al partir del dogma de la soberanía nacional, esta división —separación de poderes— se desvirtuaba: los liberales tendían a considerar que los tres órganos del Estado (Monarca, Cortes y jueces) no se hallaban situados en una situación de paridad. Antes bien, las Cortes, en cuanto representantes de la soberanía nacional, aparecían como el verdadero centro político del Estado, asumiendo las más altas funciones de dirección política. Para realizar todas estas alteraciones sustanciales en el Estado español, los liberales consideraban que resultaba preciso asumir una nueva tarea constituyente.

Los planteamientos de los realistas —como Inguanzo, Borrull o Alonso Cañedo— discurrían por derroteros bien distintos. La soberanía era un atributo compartido entre el Rey y la Nación, formada esta última por la suma de estamentos y provincias. Tal concepción, que negaba por supuesto las teorías *iusracionalistas*, se basaba en una concepción historicista, próxima al ideario ilustrado del reformismo histórico mencionado en el primer epígrafe. Para la corriente realista la historia nacional poseía un efecto prescriptivo, de modo que elementos tales como la Monarquía, la religión o los pactos pretéritos suscritos entre el Rey y los estamentos, formaban parte de una «Constitución histórica», materializada en las antiguas Leyes Fundamentales. Precisamente la afirmación de la existencia de esas Leyes Fundamentales, y su carácter inmutable, formaban una segunda nota distintiva de los realistas. Éstos negaban la virtualidad del poder constituyente y, por tanto, la libertad de la Nación para trastocar las antiguas Leyes Fundamentales abordando un nuevo proceso constituyente. Según los realistas, las leyes pretéritas resultaban intangibles, inmodificables. Sólo algunos aspectos podían modificarse, pero siempre a través de un nuevo pacto suscrito entre los dos sujetos cosoberanos —Rey y Cortes—. Hallándose preso el primero en Bayona, resultaba, pues, un sacrilegio el que las Cortes tratasen de alterar la forma de gobierno histórica.

Los realistas apenas admitían algunos cambios que podrían realizar las Cortes sobre la Constitución histórica. En realidad, estas reformas pretendían reforzar lo que consideraban que ya había existido en España: una forma de gobierno consistente en una Monarquía moderada o templada. Se trataba de un modelo de equilibrio constitucional conforme al cual el Rey dirigía el Estado con la colaboración de las Cortes. Según su criterio este modelo constitucional propuesto no resultaba novedoso, sino que hundía sus raíces en la historia nacional, en especial la castellana. En este sentido, sus integrantes equiparaban un gobierno mixto —que, supuestamente había existido en Castilla— con la división de poderes; del mismo modo identificaban clásica la reunión por estamentos en Cortes, con el bicameralismo de corte británico, por mucho que las diferencias entre ambos resultaban más que evidentes.

El tercer grupo en liza se hallaba representado por los diputados americanos que concurrieron a las Constituyentes, entre los que sobresalían Mejía, Larrazábal y Leyva; se alinearon en muchas ocasiones con los liberales de la metrópoli, pero en otros puntos mostraron un ideario propio y definido, en especial en aquellos asuntos relevantes para los territorios de Ultramar. La defensa de su postura propia dependía de su particular manera de concebir la soberanía y el Estado. En efecto, partiendo de una mixtura entre elementos tradicionales y el *iusracionalismo*, así como el ideario de Rousseau, los diputados americanos consideraron que la Nación no era más que la suma de territorios y de individuos, cada uno de ellos copartícipe en la soberanía. A su vez requerían la implantación de un sufragio universal que les permitiera tener una representatividad proporcional a su base poblacional. Algo que no lograron incluir en la Constitución, ante la oposición de los liberales que veían, en tal posibilidad el peligro de que estos territorios obtuviesen una representación en Cortes superior a la de los peninsulares.

En el proceso constituyente la opción liberal, mayoritaria, logró imponer sus posturas casi a lo largo de todo el articulado. La declaración de soberanía nacional, la posibilidad de la Nación de alterar a su voluntad la forma de gobierno, la posición preeminente de las Cortes, entre otros muchos factores que, a continuación, se exponen, muestran la ideología liberal subyacente.

4. La obra revolucionaria de Cádiz

El discurso pronunciado por el sacerdote Muñoz Torrero en la sesión inaugural de las Cortes, luego sometido a votación y convertido en el Primer Decreto de las Cortes, Decreto de Constitución de Cortes de 24 de septiembre de 1810, aprobará las bases de lo que será luego el texto constitucional, orientando y encauzando los posteriores debates. Con ello, la Cortes ya en su primera sesión, se iban a afirmar, infiere SÁNCHEZ AGESTA, como un poder revolucionario y constituyente, depositario de la soberanía nacional.

Este importante Decreto —«piedra angular de la Constitución, que des años más tarde había de juramentarse», en expresión de FERNÁNDEZ ALMAGRO— acoge los siguientes principios:

- La soberanía nacional.
- El reconocimiento de Fernando VII como «único y legítimo» Rey de España y la anulación de su renuncia a la Corona, «que se dice hecha en favor de Napoleón, no sólo por la violencia que intervino en aquellos actos injustos e ilegales [esto es, en las renuncias de Bayona], sino principalmente por faltarle el consentimiento de la Nación».
- El principio de división de poderes, en virtud del cual las Cortes se reservaban el poder legislativo, atribuían el poder ejecutivo a un Regencia responsable ante la Nación, «interinamente y hasta que las Cortes elijan el Gobierno que más convenga».
- La confirmación interina de los tribunales de justicia y de las autoridades civiles y militares.
- La inviolabilidad parlamentaria.

Como ha dicho SEVILLA ANDRÉS, el Primer Decreto es la consecuencia lógica de todo el proceso anterior, culmina la obra revolucionaria, la legaliza. Cádiz, afirma SECO SERRANO, es «la desembocadura lógica de la crisis abierta en 1808» y representa la apertura española a la modernidad. Su obra se aplicó por igual a lo político, a lo social y a lo económico, aun cuando, matiza SEVILLA ANDRÉS, las Cortes completaron su tarea con una profunda revolución social, mucho más profunda e ineludible que lo fue la política.

A pesar de lo dispuesto en este importantísimo Decreto, las Cortes, al igual que había ocurrido con la Asamblea francesa de 1789, no se limitaron a actuar como una Cámara constituyente y legislativa, sino que actuaron también como un órgano de gobierno e incluso como un tribunal de justicia, lo que las convirtió en la más alta instancia política de la España no ocupada por los franceses.

En primer término, subraya COMELLAS, a quien seguimos en su exposición, se acometió la revolución política, culminada en marzo de 1812 con la jura de la Constitución. Las reformas políticas, entre las que destaca la libertad de imprenta (Decreto de 10 de noviembre de 1810), fueron completadas con una serie de reformas administrativas de gran trascendencia e importancia.

Junto a la revolución política, la revolución social se encaminó a abolir todo vestigio del viejo orden estamental y a reafirmar la burguesía industrial, nervio del nuevo sistema. Las leyes contra los mayorazgos, las leyes desamortizadoras y las dictadas contra los privilegios estamentales son buena prueba de esta transformación de la sociedad.

La revolución económica, por último, tendió a regular y centralizar la Hacienda; para ello se creó un impuesto único, que pagarían todos los ciudadanos, en contraposición al centenar de impuestos existentes en el Antiguo Régimen y se estableció una Caja Única que debería recoger todos los ingresos del Tesoro y distribuirlos armónicamente. Las reformas económicas estaban encaminadas a favorecer «el desarrollo de la riqueza nacional», es decir, los intereses de la burguesía: la Mesta fue suprimida, el comercio de productos agrícolas fue liberalizado, se suprimieron las aduanas interiores, se abolieron los gremios y se llegó a una absoluta libertad en la contratación de la mano de obra. Se pasó, pues, de una economía corporativista a otra de libre iniciativa.

La labor de las Cortes gaditanas en materia de derechos y libertades, como hemos apuntado anteriormente, fue sumamente importante. Un Decreto de 6 de agosto de 1811 incorporaba a la Nación todos los servicios, abolía los vasallajes y privilegios procedentes de señorío, estableciéndose que «en adelante nadie podrá proclamarse señor de vasallo, ejercer jurisdicción, nombrar jueces, ni usar de los privilegios y derechos compartidos en este decreto» (art. 14). Días más tarde, el 18, otro Decreto eximía de las pruebas de nobleza a los cadetes del Ejército y la Marina. Y como prólogo a todo ello, y a modo de frontispicio, un Decreto de octubre de 1810 declaraba la igualdad de derechos de todos los españoles, tanto metropolitanos como Ultramarinos.

El Reglamento Provisional del Consejo de Regencia, de 16 de enero de 1811, garantizaba en el artículo 2.° de su capítulo III, la no destitución de jueces y magistrados sin justa causa, así como su inamovilidad, e imponía al Ejecutivo la obligación de dar cuenta a las Cortes antes de proceder a su suspensión. Igualmente se prohibía a la Regencia el mantenimiento de cualquier detención superior a cuarenta y ocho horas, tiempo dentro del cual debía ser presentado el detenido ante el competente tribunal. El artículo único del capítulo V obligaba a la Regencia a «conservar expedita y segura la correspondencia en todo lo respectivo a correos y demás comunicaciones por mar y tierra, dentro y fuera del Reino. Tomará todos los medios que estime oportunos para asegurar la tranquilidad y salud pública y hacer respetar la libertad individual de los ciudadanos, valiéndose a este efecto de todos los medios ordinarios y extraordinarios para que esté autorizado».

Junto a la prohibición de tortura, cabe también señalar la consagración de la propiedad individual como «derecho sagrado» y la elaboración de un proyecto de Reglamento para agilizar las causas criminales. Mención especial requiere, sin embargo, el Decreto de 10 de noviembre de 1810 relativo a la libertad de imprenta. El Preámbulo del mismo configura a dicha libertad como freno de la arbitrariedad de los gobernantes, «medio de ilustrar a la Nación en general, y el único camino para llevar al conocimiento de la verdadera opinión pública». La libertad de imprenta resultaba prácticamente ilimitada, aboliendo Juzgados de Imprenta y censuras previas. Se sustituía el régimen preventivo por el represivo, con la única excepción de los libros de religión que habían de imprimirse con licencia del Ordinario, pero «no podrá este negarla sin previa censura y audiencia del interesado». El artículo 13 establecía la Junta Suprema de Censura nombrada por las Cortes, compuesta por nueve miembros, tres de los cuales debían ser eclesiásticos. A propuesta de la Junta Suprema se nombraban Juntas provinciales de cinco miembros, dos de ellos eclesiásticos.

Al margen de las polémicas más o menos bizantinas, los diputados reunidos en Cádiz legaron a la posteridad una obra de dimensiones y de prestigio indiscutibles. España no sólo dio carta de naturaleza al vocablo «liberal», sino que fue el tercer país del mundo, después de los Estados Unidos de América y de Francia, en proclamar el nuevo régimen, convirtiéndose así en obligado punto de referencia de todos los intentos renovadores del siglo.

> «Frente a la modernización vergonzante de los afrancesados (también modernizadores, pero desde la satelización napoleónica) —concluye MORODO—, los constituyentes de Cádiz inician una modernización patriótica y más radical. Si Bayona es el despotismo ilustrado tardío, Cádiz es ya, o querrá ser, plenamente, el nuevo régimen: el intento difícil —que se frustrará— de crear un Estado de Derecho».

III. LA CONSTITUCIÓN DE 1812

La obra más notable de las Cortes de Cádiz fue la elaboración de la Constitución Política de la Monarquía Española que se promulgó el 19 de marzo de 1812. Fruto de los trabajos de una Comisión presidida por Muñoz Torrero y compuesta de 13 diputados, 10 peninsulares y 3 de las Américas (entre los cuales destacan Argüelles, Pérez de Castro y Espiga), el proyecto de texto fue sometido para discusión al Pleno de las Cortes en tres etapas (17 de agosto, 6 de noviembre y 24 de diciembre de 1811) y aprobada por un Decreto de la Regencia de 8 de marzo. Cada parte del texto constitucional venía precedido de un Discurso Preliminar. El documento finalmente aprobado, que se componía de trescientos ochenta y cuatro artículos, se promulgó el día 19 de marzo, festividad de San José, de ahí el nombre de «La Pepa» con que popularmente se conocería la nueva Constitución.

Al igual que había sucedido con el texto constitucional francés, el Código doceañista se concibió como una auténtica norma jurídica, que debía vincular tanto al Poder Ejecutivo como al Judicial, aunque no, ciertamente, al legislativo. A este respecto, es preciso recordar que su artículo 372 disponía que las Cortes, en sus primeras sesiones, tomarían en consideración «las infracciones de la Constitución que se les hubiese hecho presentes, para poner el conveniente remedio y hacer efectiva la responsabilidad de los que hubieran contravenido a ella».

Para el primer liberalismo español lo fundamental era cómo articular un espacio de libertad que garantizara el ejercicio de la ciudadanía a los españoles. El sentimiento patriótico ligado a la ley fundamental se explicita en la célebre proclama de Argüelles al presentar el proyecto constitucional a las Cortes: «españoles ya tenéis patria». La Nación se convierte en sinónimo de comunidad política libre. Sin Constitución no hay patria, concebida como comunidad de hombres libres que buscan el bien común.

Desde el historicismo, huyendo de cualquier referencia al proceso de la Revolución francesa y a su etapa jacobina, se justificó el engarce del Código doceañista con la tradición. La construcción del mito nacional —sostiene SÁNCHEZ AGESTA— exigió una reformulación y lectura del pasado, destacando los momentos de independencia, con sus héroes y mártires, frente a los de decadencia y pérdida de su identidad. Se encuentra así las instituciones con un sentido liberal a las que debe imputarse el florecimiento de España. Las Cortes castellanas, Villalar y las comunidades, Antonio Pérez y las libertades garantizadas en la Corona de Aragón, se transforman en mitos y en tiempos decisivos de su historia.

El texto gaditano —resume VARELA SUANZES-CARPEGNA— fue en realidad la respuesta civil de unos liberales profundamente nacionalistas que se erigieron en representantes de todo un pueblo en armas. Una respuesta que creó la moderna conciencia nacional y patriótica española.

1. Naturaleza

La Constitución de Cádiz ofrece tres características esenciales:

a) Es una Constitución de origen popular

El Preámbulo subraya esta particularidad al establecer que es la Monarquía española, representada por las Cortes, la que se da a sí misma, sin el concurso de ningún otro poder, la Norma fundamental; la Regencia, en nombre del Monarca, se limita a publicarla. Como recuerda TOMÁS VILLARROYA, la Constitución se elaboró sin participación del Rey, pero no frente o contra el Rey por cuya libertad combatía la Nación; sin embargo —añade este autor—, hubo de ser impuesta a la Corona en dos momentos diferentes de nuestra historia: en 1820, después de la sublevación de Riego y tras el motín de la Granja en 1836 a la Reina Regente María Cristina de Borbón.

b) Es una Constitución muy extensa

Sus 384 artículos —distribuidos en 10 Títulos— la convierten en la más larga de nuestro recorrido constitucional. Su afán detallista y minucioso (se constitucionalizaban materias que podrían haberse regulado en leyes ordinarias) se debía —según se explica en el Discurso Preliminar— al deseo de que la Constitución fuese «un sistema completo y bien ordenado, cuyas partes generales guarden entre sí el más perfecto enlace y armonía». Como precisa

COMELLAS, al ser el prácticamente el primer texto constitucional, sus autores se creyeron obligados a especificar punto por punto extremos que más tarde sería frecuentemente excluir de los documentos constitucionales (por ejemplo, el sistema electoral).

Los legisladores gaditanos, prosigue este profesor, no fiaron nunca la eficacia de su obra a las «interpretaciones» de sus futuros ejecutores; muy al contrario, quisieron darlo todo hecho, todo resuelto y explicado de antemano, con una meticulosidad rayana en la casuística.

El resultado fue un texto articulado muy detallado y completo en su regulación —aunque carente de una declaración específica de derechos—. Un documento que, a pesar de su excesiva longitud, fue muy bien estructurado en Títulos, capítulos y artículos, ordenados estos últimos de forma consecutiva, no por partes.

c) Es una Constitución especialmente rígida

El artículo 375 preceptuaba que «hasta pasados ocho años después de haberse puesto en práctica la Constitución en todas sus partes, no se podrá proponer alteración, adición ni reforma en ninguno de sus artículos». Pasado este plazo, cualquier propuesta de reforma debía hacerse por escrito y ser apoyada y firmada, al menos, por veinte diputados (art. 377).

En todo caso, lo que queda claro con esta cláusula temporal es una doble pretensión: por un lado, la de impedir que los enemigos de la Constitución empleen el procedimiento de reforma para desvirtuarla en la primera ocasión que se les presente; por otro, la de dar un tiempo para que el nuevo régimen se consolide, y el necesario sentimiento constitucional germine en la ciudadanía. En parecidos términos se expresa TOMÁS VILLARROYA, para quien tal cúmulo de dificultades se explicaban por el deseo de los Constituyentes de «dar estabilidad y duración a su obra; de impedir modificaciones apresuradas; de evitar, entre nosotros, la inestabilidad constitucional».

Unas Cortes admitían a discusión la reforma; las Cortes siguientes examinaban tal propuesta; unas terceras Cortes, dotadas de poderes especiales, la aprobaban definitivamente; exigiéndose en todos estos trámites mayorías de dos tercios.

Como se puede apreciar el Legislativo ordinario quedaba expresamente privado del poder de revisión. Esta competencia se atribuía a un órgano distinto, regulado en el Título X del texto constitucional, el cual estaba integrado únicamente por unas Cortes especiales y el Rey estaba excluido del mismo; no podía presentar proposiciones de reforma, sino sólo deliberar y aprobar y sancionar en su caso las adoptadas por las Cortes precedentes; y, estaba revestido de unos poderes extraordinarios, además de los ordinarios, según disponían los artículos 276 y 381.

La función del Rey se limitaba según el artículo 384 a hacer publicar y circular el decreto de reforma «a todas las autoridades y pueblos de la Monarquía». Ahora bien, el Constituyente gaditano atribuyó al órgano de reforma no sólo facultades revisoras sino también legislativas. Así se desprende del tenor del artículo 382 según el cual las Juntas electorales de provincia otorgaban a los miembros de las Cortes de revisión unos poderes especiales aparte de los ordinarios, a los que se refería el artículo 100: revisar el texto constitucional y, al mismo tiempo legislar.

Los Constituyentes gaditanos llevaron la defensa del orden constitucional a su extremo. Sólo así se puede entender, como ya apuntamos en otro lugar, que se exijan tres acuerdos de adopción de la iniciativa de reforma, y que en todos ellos se requiera la votación favorable de dos tercios de los diputados de las Cortes ordinarias, esto es, la misma mayoría requerida en el artículo 383 para la aprobación final de la reforma constitucional por las Cortes de revisión. E igualmente es esta perspectiva la que explica la completa y absoluta exclusión del Monarca de todo el procedimiento. Como apunta ROURA, al igual que sus predecesores franceses, los liberales españoles sabían que el Rey podría convertirse en el primer enemigo de la Constitución y, por tanto, ésta debía estar a salvo de su intervención. Esta restricción, observa con buen criterio VARELA SUANZES-CARPEGNA, es «una medida revolucionaria, quizá la más radical de toda la Constitución».

> «No parece poder negarse —añade ROURA— (...) que los fundadores del régimen constitucional en España construyeron un procedimiento de reforma tan especialmente complejo que permite asegurar que, en este aspecto al menos, más que facilitar la variabilidad del texto constitucional cuando la modificación de las circunstancias lo requiriesen, lo que se estaba persiguiendo era preservar, de unas potenciales Cortes futuras poco respetuosas con el espíritu de la Revolución de Cádiz, aquel conjunto de aspiraciones políticas elementales que la Constitución de 1812 recogía».

Sin embargo, todos estos obstáculos fueron inútiles: la Constitución sería derogada, por voluntad regia, en dos ocasiones (1814 y 1823) y cuando se planteó la reforma en los años 1836 y 1837, ésta se hizo al margen de los cauces previstos en el texto constitucional.

Además, el propio articulado preveía otro mecanismo adicional de defensa del texto constitucional. Allí se indicaba que las Cortes en sus primeras sesiones tomarían en consideración las infracciones a la Constitución, estableciendo los remedios oportunos y las responsabilidades que procedieran (art. 372). Se facultaba a todos los españoles para que presentaran ante las Cortes o ante el Rey las reclamaciones pertinentes exigiendo la observación de la Constitución en aquellos casos en que se hubiese incumplido (art. 373). Este procedimiento sirvió para articular el principio de supremacía de la Carta Magna sobre el resto del ordenamiento jurídico, desarrollando una práctica que, al decir de CLAVERO, se asemejaba a la de una jurisdicción constitucional.

2. Principios políticos

La Constitución de 1812 se apoya, fundamentalmente, en los siguientes principios:

a) Soberanía nacional

En el Antiguo Régimen, la soberanía —el poder pleno y supremo del Estado—, se configuraba como una cualidad personal del Rey. La Revolución francesa cambió la titularidad de tal poder y atribuyó la soberanía a la Nación, considerada como persona moral distinta y superior a los individuos que la integran.

Para SÁNCHEZ AGESTA, la soberanía nacional es como el «poder constituyente de la Nación para proyectar su orden: la institución de un legislador permanente revisando racionalmente el Derecho; la definición del principio de igualdad como principio racional del orden social y de la división de poderes como equilibrio del poder».

Desde estas premisas, el principio de la soberanía nacional fue acogido por los Constituyentes de Cádiz por primera vez en el Decreto de 24 de septiembre de 1810 y, más tarde, en el artículo 3.° de la Constitución de la siguiente manera: «La soberanía reside esencialmente en la Nación, y por lo mismo pertenece a ésta exclusivamente el derecho de establecer sus leyes fundamentales». El término «esencialmente» implica que la soberanía es inalienable, y el Monarca sólo posee una parte delegada de su ejercicio, como poder constituido de la Nación y en virtud de las facultades que se le atribuyen por la ley constitucional. La soberanía se había desplazado del Rey a la Nación. «La Nación española —reza el artículo 2.°— es libre e independiente y no es ni puede ser patrimonio de ninguna familia ni persona».

Ahora bien, junto a este concepto de Nación española como equivalente a España, el artículo 1.° la declara integrada por «todos los españoles de ambos hemisferios», lo que, a juicio de TORRES DEL MORAL, equivale a considerar Nación como sinónimo de pueblo español y soberanía nacional, de soberanía popular.

b) División de poderes

La doctrina de Montesquieu de la división de poderes pasó inmediatamente al Derecho Constitucional positivo, siendo recogida por las Constituciones norteamericana de 1787 y francesa de 1791. Las Cortes de Cádiz proclamaron este principio en el Decreto de 24 de septiembre de 1810, y, luego lo recogieron en los artículos 15, 16 y 17 del texto fundamental. Así se expresarán en ellos que «la potestad de hacer las leyes reside en las Cortes con el Rey» (art. 15), «la potestad de hacer ejecutar las leyes reside en el Rey» (art. 16) y, por último «la potestad de aplicar las leyes en las cosas civiles y criminales reside en los tribunales» (art. 17). Como resultado de todo ello el Gobierno de la Nación se configuraba como una «Monarquía moderada» (art 14).

Nuestro Código político, a imitación del americano y del francés proponía una interpretación muy rígida del principio, de tal manera que la división de poderes quedaba convertida en una separación auténtica que los dejaba aislados de modo casi total; ni establecía los medios para resolver los posibles conflictos que se suscitaren entre los distintos poderes (básicamente, el Legislativo y el Ejecutivo) ni los puentes necesarios para la ineludible comunicación entre ellos. Técnicamente —señala VILLARROYA—, este era «uno de los mayores defectos de la Constitución».

Un amplio sector de la doctrina mantiene, sin embargo, que no era una división tan rígida como la de la Constitución norteamericana o como la rotundidad del Discurso Preliminar podía hacer esperar, sino que se buscó únicamente limitar la Monarquía haciendo participar al Rey en el Poder Legislativo (en la línea que después hicieron propio los textos del siglo XIX) y limitándole su ejercicio del Poder Ejecutivo.

c) Mandato representativo

También al incorporar este principio doctrinario el texto constitucional de 1812 se hace tributario de la Revolución de 1789 que invalidó no sólo la representación estamental sino asimismo el mandato imperativo, característicos del Antiguo Régimen. En adelante, los diputados no representarán a ningún estamento o clase concreta ni van a seguir los mandatos recibidos de los electores

Este nuevo sentido de la representación se va a recoger en el artículo 27, al decir que «las Cortes son la reunión de todos los diputados que representan la Nación, nombrados por los ciudadanos en la forma que se dirá»; y en el artículo 100 se reitera nuevamente que «como representantes de la Nación española, puedan acordar y resolver cuanto entendieren conducente al bien general de ella».

Pero lo más importante es que, a partir de ahora, van a ser electores todos los varones mayores de veinticinco años avecindados o residentes en la parroquia en que han de emitir su voto, iniciándose con ello el sufragio activo individual de carácter cuasi universal, aunque atenuado por un muy complejo sistema electoral indirecto.

d) Derechos y libertades

La Constitución de 1812 carecía, de una declaración de derechos, o de un apartado específico en su texto dedicado a su enumeración y garantía. Por el contrario, el Constituyente optó por una regulación asistemática, refiriéndose sólo a los derechos concretos que correspondían a los ciudadanos en relación con actuaciones específicas de los poderes públicos en cada caso. Como mantiene VARELA SUANZES-CARPEGNA, no se trata de un olvido involuntario; se rechazó expresamente una declaración de esta índole para no dar lugar a las acusaciones, por lo demás muy frecuentes, de «francesismo». No obstante, en su articulado se recogían muchos de los derechos individuales consustanciales al primer liberalismo.

En el texto gaditano subyace una reestructuración de la sociedad cuya base es el ciudadano, piedra fundamental de la sociedad clasista y del Estado liberal.

Por otra parte, los derechos que se consagran son sólo de los ciudadanos españoles. En este sentido, el texto doceañista distingue entre «españoles»: «los hombres libres nacidos y avecindados en los dominios de las Españas, y los hijos de estos», a los que se ha de añadir los «extranjeros que hayan obtenido de las Cortes carta de naturaleza», los que sin ella «lleven diez años de vecindad» y los «libertos desde que adquieran la libertad» (art. 5) y «ciudadanos», que son los titulares de todos los derechos que se prevén en dicho documento.

Así, la Constitución excluía del pleno disfrute de los derechos regulados en la misma no sólo a los extranjeros (salvo en los casos de naturalización), sino también a los españoles negros, sirvientes domésticos, personas sin empleo, oficio o modo de vivir conocido, y a quienes no supiesen leer y escribir, los cuales tenían el ejercicio de sus derechos «suspendido» (art. 25); con respecto a los negros, sin embargo, les deja «abierta la puerta de la virtud y del merecimiento» para su liberación y la concesión de carta de ciudadano (art. 22).

De la lectura de estos preceptos se reconoce, de manera indirecta, la esclavitud, al contemplar también la posibilidad de salir de ella. De hecho, la abolición de la esclavitud se debatió en las Cortes el 2 de abril de 1811 sin éxito alguno. Habría que esperar a 1837 para que la abolición de esta lacra se decretase en la península y aún bastantes años más para que llegase a todas las colonias.

Genéricamente, la Constitución reconoce en su artículo 4.° una serie de derechos ciudadanos típicamente liberales: «la Nación está obligada a conservar y proteger por leyes sabias y justas la libertad civil, la propiedad y los demás derechos legítimos de todos los individuos que la componen». A ello se añade una larga lista de preceptos diseminados a lo largo y ancho del articulado. Podemos destacar los que siguen:

1. Reconocimiento de ciertas garantías procesales. Ningún español podía ser juzgado en causas civiles ni criminales sino por el tribunal competente, determinado con anterioridad por la ley (art. 247).
2. Abolición de las penas de tormento, apremio y confiscación de bienes (arts. 303 y 304).
3. Derecho a la inviolabilidad del domicilio (art. 306).
4. Libertad de expresión y pensamiento, reconocida por el artículo 371, inserto en el título IX dedicado a la instrucción pública, por mor del cual «todos los españoles tienen libertad de escribir, imprimir y publicar sus ideas políticas sin necesidad de licencia, revisión o aprobación alguna anterior a la publicación, bajo las restricciones y responsabilidades que establezcan las leyes».

5. Derecho de petición (art. 373).
6. Derecho de sufragio. Está reconocido implícitamente en todo el articulado del texto constitucional y sólo se supedita en el artículo 27 a la condición de ciudadano. El derecho de sufragio activo es universal, pero indirecto en cuatro grados, con elección sucesiva de compromisarios, electores parroquiales y electores de partidos, para que, finalmente, éstos elijan los diputados de cada provincia (arts. 34 a 103). El pasivo es censitario, necesitándose para ser diputado tener una renta anual proporcional. procedente de bienes propios (art. 92).
7. Principio de igualdad ante la ley.

   La unidad jurisdiccional (de fueros) y la unidad de códigos constituyen las manifestaciones más importantes de este principio.
8. Unidad religiosa y confesionalidad del Estado.

   En la España de principios del siglo XIX, la Iglesia contaba con un poder movilizador sin par, resultado de sus presiones fue la redacción del artículo 12 de la Constitución que supone un grave atentado contra la libertad. «La religión de la Nación —prescribe este artículo— es y será siempre la católica, apostólica, romana, única verdadera. La Nación la protege por leyes sabias y justas, y prohíbe el ejercicio de cualquier otra».

   No se trata sólo una mera declaración, sino que se convierte en una intención de futuro, puesto que usaba tanto el tiempo presente como el futuro para señalar la vigencia de la religión católica en el Estado español. El compromiso era perpetuo y, como manifestación de esta confesionalidad, el titular de la religión no era el individuo, sino la Nación, por lo que era ella la encargada de protegerla y de prohibir el ejercicio de cualquier otra, bien fuera de forma pública o privada.

   En materia religiosa la Constitución doceañista fue exageradamente reaccionaria. Los liberales gaditanos, tan combativos en la defensa de las libertades, aceptan, por presiones del clero, la confesionalidad de la religión católica. Argüelles, testigo privilegiado de ese momento, reconocía que el artículo 12 «consagraba de nuevo la intolerancia religiosa». En Cádiz —dice BARRERO ORTEGA— la religión es más derecho objetivo o presupuesto político de la Nación que contenido esencial de un derecho.

   La llamada «cuestión religiosa», destaca SÁNCHEZ AGESTA, será el más grave legado que las Cortes de Cádiz dejaron a las posteriores generaciones.

   El sentimiento religioso ancestral de nuestro país iba a tener igualmente cabida en el Preámbulo del texto fundamental que comienza con esta rotunda invocación trinitaria: «En el nombre de Dios Todopoderoso, Padre, Hijo y Espíritu Santo, autor y supremo legislador de la sociedad».

Sin embargo, el programa liberal, respondiendo a su propia concepción del Estado, no podía renunciar a la reforma eclesiástica. Sobre estos tres puntos fundamentales se centró el enfrentamiento de los liberales con la iglesia: la existencia de la Inquisición, la reforma del clero y la desamortización de sus propiedades.

Por Decreto de 22 de febrero de 1813 quedó abolido el Santo Oficio por ser «incompatible con la Constitución». A su vez, y con el fin de limitar el inmenso poderío económico y social de las órdenes religiosas, los liberales proyectaron la concentración o suspensión, según los casos, de algunas comunidades religiosas y, paralelamente, por parte del Estado se emprendió la enajenación de los bienes de las órdenes militares y del clero regular, como eje fundamental de su política desamortizadora. Los ataques al poder de la Iglesia realizados en un momento que quizás no fuera el más oportuno, dio lugar a una resistencia monolítica por parte de ésta, creando una unión entre sus diversos estamentos que antes no tenía y que fue un factor decisivo en el fracaso de los liberales de 1814.

Respecto a los deberes de los españoles, el texto gaditano recoge, entre otros, el de amar a la Patria y el de ser justos y benéficos (art. 6.º); el de ser fieles a la Constitución y a las leyes, así como a respetar a las autoridades (art. 7.º); el de contribuir a los gastos del Estado en proporción a sus haberes, sin distinción alguna (art. 8.º), y defender a la Patria con las armas si es llamado por la ley (arts. 9.º y 361).

3. La Constitución como fuente del Derecho

El Código gaditano no sólo produjo un cambio en las relaciones sociedad-Estado y en la organización política de este, sino también en el sistema de fuentes, de las que el propio texto era una de ellas. En clara oposición a BLANCO VALDÉS, VARELA SUANZES-CARPEGNA opina que la Constitución doceañista era, cuanto menos, una auténtica norma jurídica y no mera norma política. Desde esta perspectiva entiende el citado tratadista que el órgano encargado de aplicar la Constitución no eran únicamente los tribunales, sino también las Cortes, que debían entender de las infracciones contra la misma, según disponía expresamente el Título X. Por tanto, podría afirmarse que la Constitución estaba dotada de eficacia directa y, por tanto, era una verdadera fuente del Derecho.

A ello contribuiría el que el documento gaditano, aparte de preceptos abstractos, contenía también una gran cantidad de disposiciones que ya en su momento se caracterizaron como reglamentarias (por ejemplo, la regulación del régimen electoral). La excesiva extensión del texto, aparte de cuestiones estrictamente jurídico-constitucionales, incluía cuestiones reglamentarias, igualmente aplicables y que al estar reguladas en el mismo adquirían también el rango de Ley Fundamental. Aparte de ser una fuente en sí misma, la Constitución regulaba las distintas fuentes del ordenamiento: ley, decretos y reglamentos.

Si bien el artículo 15 del texto constitucional reconocía la titularidad compartida del Poder Legislativo, este, en realidad, quedaba básicamente en manos de las Cortes, que se aseguraban, así, el control sobre la forma jurídica superior del ordenamiento. Esta pretensión de dominio del Parlamento se potenció con el reconocimiento de otras fuentes derivadas del mismo: los decretos y las órdenes. La finalidad de ambas normas era soslayar la ya de por sí débil intervención del Rey en el órgano legiferante; más en concreto, pretendía asegurar a la Asamblea un ámbito normativo propio y exclusivo, en el que no se requiriese la sanción regia. Si bien la Constitución apenas se refería a los decretos, fue en el Trienio constitucional, aclara CHOFRE SIRVENT, donde la discusión sobre la diferencia entre este y la ley alcanzó su punto álgido, al confrontar a moderados y exaltados, que atendieron a criterios tanto procedimentales como materiales para aclarar en qué consistía una y otra fuente. Al mismo tiempo, las Cortes, revela GARRIGA, durante la Guerra de la Independencia, hicieron uso habitual de una fuente desconocida en el texto fundamental y apenas mencionada en los reglamentos y decretos parlamentarios: las órdenes, que generalmente se caracterizaban por un contenido más particular que los decretos y por dirigirse a las autoridades dándoles instrucciones sobre la actividad que debían desarrollar.

Conviene no olvidar, asimismo, que algunos decretos se consideraron, por razón de la materia que regulaban, como normas constitucionales; así sucedió, por ejemplo, con el Decreto regulador de la libertad de imprenta. A pesar de la diferencia que se establecía entre leyes constitucionales y disposiciones y decretos no dotados de este carácter, la distinción, argumenta VARELA SUANZES-CARPEGNA, nunca podía ser de rango; todas las normas de Cortes eran voluntad soberana, al igual que la Carta Magna. La diferencia esencial radicaba, como reconoce LORENTE, en que las leyes constitucionales se consideraban parte integrante de la Constitución y, por tanto, su vulneración se consideraba como auténtica infracción de la misma. A más de esto, en el texto constitucional la potestad reglamentaria se atribuía al Monarca, con el único objetivo de ejecutar las leyes (art. 171. 1). Este carácter correspondía a todos los reglamentos.

4. Los órganos constitucionales

A. Las Cortes

El artículo 27 define las Cortes como «la reunión de todos los diputados que representan la Nación». Esos diputados gozan de poderes amplios para «acordar y resolver cuanto entendieren conducente al bien general de ella

—de la Nación— en uso de las facultades que la Constitución determina», sin otros límites que los prescritos por la propia Constitución y la restricción especifica de no poder «derogar, alterar o variar en manera alguna ninguno de sus artículos bajo ningún pretexto» (art. 100).

El criterio unicameral se impuso a los defensores del bicameralismo en virtud de razones exclusivamente políticas: se temía que el clero y la nobleza reacios a las reformas, consiguiesen consolidar sus posiciones en torno a una de las dos posibles Cámaras, obstaculizando con ello la renovación que el país necesitaba. Este texto, junto a la Constitución republicana de 1931, serán los únicos casos de monocameralismo de nuestro constitucionalismo histórico.

El artículo 108 establecía la renovación de los diputados en su totalidad cada dos años; no pudiendo ser reelegidos de inmediato (art. 110). El cargo de diputado era incompatible con el de ministro (art. 95). Ello, en opinión de TORRES DEL MORAL, acentuaba la separación de poderes y rigidizaba el funcionamiento del sistema innecesariamente.

Los constituyentes, en su obsesión de velar por la independencia de la Cámara, adoptaron las medidas siguientes: 1.ª) la inviolabilidad de los diputados en el ejercicio de sus cargos (art. 128); 2.ª) la prohibición de deliberar en presencia del Rey (art. 124); y 3.ª) la exclusión de la disolución regia. A su vez establecieron para los diputados un severo régimen de prohibiciones, en orden a mantener su independencia respecto del Rey y de los Secretarios del Despacho (arts. 129 y 130).

Los diputados a Cortes se eligen por distritos provinciales: uno por cada 70.000 almas y uno más por cada fracción superior a 35.000 (arts. 31 y 32). El sufragio es indirecto a cuatro grados:

a) Los vecinos de cada municipio nombraban un determinado número de compromisarios, en relación con la población de aquel.

b) Los compromisarios designaban un elector de parroquia.

c) Los electores de parroquia se reunían en la cabeza del partido judicial y nombraban un elector de partido.

d) Finalmente, los electores de partido se reunían en la capital de la provincia y nombraban a los diputados a Cortes por dicha provincia. Antes de cada elección era obligatorio celebrar una misa del Espíritu Santo y un solemne *Tedeum*. El sufragio era universal en su base e iba restringiéndose sensiblemente en cada grado.

Las Cortes tenían una existencia autónoma y su vida discurría casi por completo al margen de la intervención del Monarca y de sus ministros. Se reunían anualmente de modo automático y el período de sesiones previsto era de tres meses consecutivos, prorrogables en ciertas circunstancias a un cuarto mes (arts. 104, 106 y 107). Sus sesiones, conforme señala el artículo 126, serían públicas.

En el funcionamiento de la Cámara, la Diputación Permanente va a jugar un papel muy importante; la Constitución le dedica el Capítulo X (arts. 157 a 160). La finalidad de este órgano respondía a la necesidad de dar continuidad a la Cámara cuando no se encontraba reunida. Estaba compuesta por siete diputados y dos suplentes (arts. 157 y 158) y ejercía sus funciones de unas Cortes ordinarias a otras (art. 159). El sistema para la designación de sus componentes era mixto: seis se elegían mediante elección a pluralidad de votos, y del mismo modo que se hacía para la elección del Presidente de las Cortes (art. 183 del Reglamento de 1813 y art. 217 del Reglamento de 1821); el séptimo lo era mediante insaculación entre dos diputados, uno de Europa y el otro de Ultramar, nombrados por el mismo orden (art. 158 de la Constitución).

a) La Constitución atribuía a la Diputación las facultades siguientes:

b) Vigilar el cumplimiento de la Constitución y de las leyes.

c) Convocar Cortes extraordinarias en los casos prescritos por la Constitución.

d) Intervenir en la presentación de los nuevos diputados y en el procedimiento de renovación.

e) Pasar aviso a los diputados suplentes para que concurran en lugar de los propietarios (art. 160).

Item más, el Reglamento de las Cortes de 1813, en su artículo 189, determinaba que «la Diputación recibirá todas las quejas de infracción de Constitución que se le hagan; y formando por medio de la Secretaría los extractos clasificados de ella, la reservará para dar cuenta a las Cortes».

A su vez, las Cortes se podían reunir con carácter extraordinario, previo señalamiento de día por la Diputación Permanente, en los siguientes tres casos:

1. Cuando vacare la Corona.
2. Cuando el Rey se imposibilitare de cualquier modo para el Gobierno, o quisiere abdicar la Corona en su sucesor.
3. Cuando en circunstancias críticas y por negocios arduos tuviera el Monarca por conveniente esta reunión (art. 162).

En realidad, las facultades de la Diputación Permanente superaban con mucho la de un órgano de mera continuidad parlamentaria, siendo más bien una pieza importante frente a los riesgos de reaparición del despotismo. Como comentó en su día PÉREZ SERRANO, «en ocasiones, se transforma en el primer órgano político de la Nación»

El texto gaditano atribuía a las Cortes la potestad legislativa, pero de manera compartida con el Rey. El artículo 132 reconoce a todo diputado la iniciativa legislativa; si bien correspondía al Monarca la sanción y promulgación de las leyes, así como su veto (arts. 147 y 155).

Junto a la facultad legislativa, el artículo 131 enumera otras funciones de índole político y constitucional, de carácter económico y de administración y fomento. Así, entre las primeras, las Cortes recibían el juramento al Rey; resolvían cualquier duda en orden a la sucesión de la Corona; nombraban la Regencia y al tutor del Rey menor; vigilaban por la observancia de la Constitución y procedían a su reforma.

Las Cortes fijaban, asimismo, los gastos de la Administración Pública; establecían anualmente las contribuciones e impuestos; tomaban caudales a préstamo, en casos de necesidad, sobre el crédito de la Nación y examinaban y aprobaban las cuentas de la inversión de los caudales públicos.

Finalmente, la Cámara establecía el plan general de enseñanza pública; promovía y fomentaba toda clase de industria; disponía lo conveniente para la administración, conservación y enajenación de los bienes nacionales y aprobaba los reglamentos para la policía y sanidad del Reino.

Con la independencia de tales funciones, como ha subrayado TOMÁS VILLARROYA, las Cortes, obligadas por el proceso revolucionario y firmes en su origen popular, intervinieron frecuentemente en materias propias del Ejecutivo y del Judicial, atentando al principio liberal de la separación de poderes y vulnerando el espíritu y aun la letra del texto constitucional.

B. El Rey

Las Constitución de 1812 introdujo modificaciones esenciales en la condición y poderes del Rey que lo van a alejar ostensiblemente del Monarca absoluto del Antiguo Régimen. Mientras en este último el Rey personificaba al Estado; en el texto fundamental gaditano, el Monarca —«por la gracia de Dios y de la Constitución», según se encarga de matizar el propio Preámbulo—, no es más que «Jefe del Gobierno y primer Magistrado de la Nación».

Su persona es sagrada e inviolable y no está sujeta a responsabilidad (art. 168). Argüelles justificó tan importante determinación en el necesario mantenimiento del orden público y tranquilidad del Estado y en la permanencia de la institución monárquica.

El artículo 225 exigía que todas las órdenes del Rey debían ir firmadas por el secretario del despacho del ramo a que correspondiese el asunto, no pudiendo ningún tribunal ni persona pública dar cumplimiento a una orden que careciese de ese requisito; esta exigencia —aduce TOMÁS VILLARROYA— ataba prácticamente toda iniciativa personal de gobierno del Monarca.

La Monarquía se concibe como hereditaria, recayendo la sucesión por orden de primogenitura y representación entre los descendientes legítimos, varones y hembras, prefiriéndose en el mismo grado y línea los varones a las hembras y siempre el mayor al menor (arts. 174 y 176).

Las funciones del Rey eran de doble naturaleza: legislativas y ejecutivas. La participación en la función legislativa a que se refiere el artículo 15 de la Norma constitucional se concretaba en la iniciativa legislativa que compartía el Monarca con los diputados (art. 171, 14); en la sanción y veto suspensivo de las leyes (arts. 142 a 152), y en la promulgación de las mismas (art. 154).

En el orden ejecutivo, el artículo 16 atribuía al Monarca la potestad de hacer ejecutar las leyes. El artículo 170, de manera más amplia, prescribía que «la potestad de hacer ejecutar las leyes reside exclusivamente en el Rey, y su autoridad se extiende a todo cuanto conduce a la conservación del orden público en lo interior, y a la seguridad del Estado en lo exterior, conforme a la Constitución y a las leyes». Y en particular: expedir los decretos y reglamentos; nombrar y separar libremente los Secretarios de Estado y de Despacho; declarar la guerra y hacer ratificar la paz; mandar los Ejércitos; proveer los empleos civiles y militares; conceder honores, y dirigir las relaciones diplomáticas y comerciales con las demás potencias.

El texto constitucional establece en el artículo 172, ciertas «restricciones a la autoridad del Rey», como son, en una enumeración no exhaustiva: impedir la celebración de las Cortes, suspenderlas o disolverlas; ausentarse del Reino; abdicar o contraer matrimonio sin consentimiento parlamentario, entendiéndose que abdica si lo hiciere; imponer contribuciones; conceder privilegios; privar de la libertad a ningún individuo ni imponerle por sí pena alguna, y enajenar «parte alguna, por pequeña que sea, del territorio español».

Por lo que se refiere al Príncipe heredero, los artículos 206 a 208 hacen lo propio: no puede este contraer matrimonio ni salir del Reino sin consentimiento de las Cortes, como tampoco permanecer fuera de él más tiempo del autorizado y no regresar cuando fuese requerido a ello, quedando excluido de la sucesión si contraviniere alguna de estas prohibiciones.

C. La Regencia

El texto gaditano dedica el capítulo III del Título IV a la regulación de la Regencia. Entre las facultades de las Cortes estaba la de «elegir Regencia o Regente del Reino cuando lo previene la Constitución» (art. 131). La Regencia como institución estaba destinada a gobernar en caso de vacancia de la Corona en estos dos supuestos: cuando el Rey fuere menor de edad (art. 186) y cuando este se imposibilitare por causa física o moral para ejercer su autoridad (art. 187).

La Ley Fundamental, admitía dos tipos de Regencia, la «provisional» que se constituía de oficio inmediatamente hasta que «se junten las Cortes extraordinarias, si no se hallaren reunidas las ordinarias», y estaba integrada por la reina madre, los dos miembros más antiguos de la Diputación Permanente y los dos Consejeros más antiguos del Consejo de Estado (art. 189); y la «definitiva», que era designada por las Cortes extraordinarias en número de tres a cinco personas, de entre los ciudadanos españoles en el ejercicio de sus derechos (arts. 192 y 193).

En los términos que estimasen las Cortes, la Regencia ejercería la autoridad del Rey (art. 195), en cuyo nombre se habrían de publicar todos los actos de aquella (art. 197). Curiosamente el texto doceañista no contiene ninguna referencia expresa a la responsabilidad que pesaba sobre los integrantes de este órgano, a pesar de que la idea de responsabilidad de los mismos es general a lo largo de su vigencia Se trataba, como señala PASCUAL MEDRANO, de una responsabilidad individual y de carácter penal.

D. Los Secretarios de Estado y del Despacho

Dentro del Título IV dedicado al Rey el Capítulo VI estaba dedicado a los Secretarios de Estado y del Despacho («órganos inmediatos del Rey», según se recoge en el Discurso Preliminar), término que en la actualidad equivaldría al de ministros.

El Código doceañista empleaba la expresión Gobierno tan sólo para designar el conjunto orgánico del Ejecutivo (arts. 97 y 335, números. 6, 8 y 10), o bien el conjunto orgánico y funcional del Estado (Tít. II, cap. III), o la gobernación provincial (Tít. VI, cap. II). No hay en él mención de un específico órgano de Gobierno distinto del Rey de los secretarios de despacho.

El artículo 222 enumeraba siete Secretarías del Despacho (Estado, Gobernación del Reino para la Península e Islas Adyacentes, Gobernación del Reino de Ultramar, Gracia y Justicia, Hacienda, Guerra y Marina), previendo la posibilidad de que las Cortes posteriores introdujeran variaciones, según que la experiencia o las circunstancias lo exigieran.

Los ministros eran nombrados libremente por el Monarca (art. 171. 16), requiriéndose para ejercer este cargo ser ciudadano en el ejercicio de sus derechos, excluyéndose a los extranjeros, aunque tuvieran carta de ciudadano (art. 223).

Los Secretarios del Despacho no formaban un Gobierno como organismo colegiado. El texto constitucional desconocía la existencia del Consejo de Ministros (o secretarios), considerando a éstos como sujetos aislados. Por otro Decreto de 31 de diciembre de 1824, se creó la figura de Presidente del Consejo de Ministros, cargo que recaía en persona distinta del Rey y que, inicialmente, desempeñaba las funciones de un *primus inter pares*, dirigiendo las sesiones de este órgano cuando no estuviera presente el Monarca.

TOMÁS VILLARROYA mantiene que, en rigor, el Consejo de Ministros se estableció a poco de finalizar el Trienio liberal o constitucional, por un Decreto de Fernando VII, de 19 de noviembre de 1823, disposición que formalizaba una práctica ya existente en este período.

Señalar por último que los Secretarios del Despacho responden ante las Cortes de las órdenes que autoricen contra la Constitución o las leyes, «sin que les sirva de excusa haberlo mandado el Rey» (art. 226). No se trata, todavía, de una responsabilidad de naturaleza política, sino penal.

E. El Consejo de Estado

El 21 de enero de 1812, las Cortes, reunidas en sesión extraordinaria, acordaron la creación del Consejo de Estado a través del decreto CXXIV, el cual, en reflexión de ARGÜELLES, otorgaría al Gobierno la estabilidad y la prudencia que tanto necesitaba, y permitiría salvar a los negocios gubernativos de la arbitrariedad, dirigiéndose a partir de ese momento por principios y máximas por todos conocidas. La discusión sobre la conveniencia de su existencia se consideró prácticamente innecesaria.

La Constitución gaditana vino a regular el Consejo de Estado bajo un modelo absolutamente distinto al de 1808, pues ahora se configura como instrumento de limitación o moderación del poder real tanto en su participación en la potestad legislativa como en el ejercicio de la ejecutiva mientras que en el Estatuto nace como medio para moderar y limitar las Cortes. Al decantarse el nuevo texto por un modelo exclusivamente judicial, según VALERO TORRIJOS, en orden al control del ejecutivo, el sistema polisinodial resultaba contrario a los principios políticos en que aquella se fundamentaba, de ahí que el Consejo de Estado debía reconvertirse para asumir exclusivamente funciones de naturaleza consultiva, aunque poco después Fernando VII cambiara la situación.

Esta institución aparece regulada en el texto doceañista en el Capítulo VII del Título IV (arts., 231 a 241), como el «único Consejo del Rey» (art. 236), destinado —en palabras de SOLÉ TURA— a «suplantar la influencia odiosa de las camarillas palaciegas». Esta institución respondía, según DE LA QUADRA-SALCEDO, a una determinada concepción del equilibrio de poderes que venía determinado, fundamentalmente, por la flexibilización de la doctrina liberal de la separación de poderes al admitir que en la potestad legislativa había de tener participación el Monarca a través de la sanción real. El Consejo de Estado constituiría, en primer término, una cierta limitación a tal potestad de sanción, mediante la interposición de un órgano que, aunque designado en última instancia por el Rey, lo es con la previa sujeción a una terna elaborada por las Cortes y dotada de inamovilidad para proteger a los consejeros de las iras o descontentos del asesorado.

El Consejo responde a ideas democráticas y de control del poder real tanto en lo que hace a su participación en la potestad legislativa como en el ejercicio de la ejecutiva. La desconfianza de los liberales hacia la persona de Fernando VII y de sus partidarios realistas llevó a rodear al Monarca y al Ejecutivo de una serie de trabas que hacían muy difícil el gobierno de la Nación y transformaba el sistema en un régimen de Asamblea. En esas condiciones no les basta a los Constituyentes asegurarse el control del Ejecutivo a través de la responsabilidad ministerial; piensan en un Consejo que, al lado del Rey, suponga un límite a las decisiones que este o la Regencia puedan tomar con sus ministros y aun se ponen trabas y reticencias a la reunión habitual de una junta de ministros.

En este sentido, esta figura se erige, afirma TOMÁS Y VALIENTE, como una pieza política en el equilibrio entre poderes; una pieza original, a mitad de camino entre Senado, Diputación de las Cortes, Consejo de Gobierno o mecanismo de vigilancia del Rey.

Este Cuerpo consultivo estaba compuesto por cuarenta miembros, cuatro de los cuales habían de ser eclesiásticos y otros cuatro Grandes de España, y los restantes elegidos de entre las personas que se hayan distinguido por su ilustración y conocimientos, o por sus señalados servicios en alguno de los principales ramos de la Administración y Gobierno del Estado (arts. 231 y 232). El Rey nombraba a todos sus miembros a propuesta de las Cortes (art. 233).

El artículo 236 determinaba que el Monarca debía oír el dictamen del Consejo «en los asuntos graves gubernativos, y señaladamente para dar o negar la sanción a las leyes, declarar la guerra y hacer los tratados»; y a su vez, le correspondía hacer al Rey la propuesta por ternas para la presentación de todos los beneficios eclesiásticos y para la provisión de las plazas de judicatura (art. 237).

F. La Administración de Justicia

El Título V de la Constitución «De los tribunales y de la Administración de Justicia en lo civil y criminal» se abre con un importantísimo precepto en el que proclama solemnemente —como ya lo había hecho el artículo 17 al que nos referimos en otro lugar— que «la potestad de aplicar las leyes en las causas civiles y criminales pertenece exclusivamente a los tribunales» (art. 242); deudo del anterior, el art. 243 prohíbe de forma terminante la intervención de las Cortes y el Rey en las funciones judiciales.

El artículo 252 reconoce la inamovilidad judicial y el 254 establece la responsabilidad de los jueces y magistrados; pudiéndose entablar la acción popular contra ellos en los casos de soborno, cohecho y prevaricación (art. 255). Asimismo, se contienen una serie de garantías a favor del justiciable y que aparecen por primera vez en nuestro ordenamiento positivo: formalidad en el proceso, publicidad, unidad de fuero, etc.

Uno de los cambios más profundos que introdujo el texto de 1812, con el objetivo de asegurar la separación de poderes y la independencia de los jueces, consistió en la creación de un Supremo Tribunal como cabeza, imparcial e independiente del Poder Judicial (art. 259), al cual se le atribuyó una amplia competencia originaria para entender en materias administrativas (o gubernativas), así como la facultad de «conocer de los recursos de nulidad que se interpongan contra las sentencias dadas en última instancia para el preciso efecto de reponer el proceso» (art. 261).

Entre las competencias materiales que componen la jurisdicción originaria de este Alto Tribunal, cabe destacar las siguientes:

a) Juzgar a los Secretarios de Estado y del Despacho cuando las Cortes decretaren haber lugar a la formación de causa.

b) Conocer de todas las causas de separación y suspensión de los consejeros de Estado y de los magistrados de las Audiencias.

c) Conocer de la residencia de todo empleado público que esté sujeto a ella por disposición de las leyes.

d) Conocer de todos los asuntos contenciosos pertenecientes al Real Patronato.

e) Conocer de los recursos de fuerza de todos los tribunales eclesiásticos superiores de la Cortes.

f) Oír las dudas de los demás tribunales sobre la inteligencia de alguna ley, y consultar sobre ellas al Rey con los fundamentos que hubiere, para que promueva la conveniente declaración en las Cortes.

g) Examinar las listas de las causas civiles y criminales, que deben remitirle las Audiencias para promover la pronta administración de justicia, pasar copia de ellas para el mismo efecto al Gobierno, y disponer su publicación por medio de la imprenta (art. 261).

G. La Administración local

La Constitución de 1812 es la que le ha dedicado mayor espacio en su articulado al régimen local de toda nuestra historia contemporánea. Su regulación se efectúa en el Título VI, denominado «Del gobierno interior de las provincias y de los pueblos», que contiene dos capítulos. El primero, «De los Ayuntamientos», consta de quince artículos (del 309 al 323), y el segundo, «Del Gobierno político de las provincias y de las Diputaciones Provinciales», de catorce (del 324 al 337), de un total de veintinueve preceptos, lo que supone una exhaustiva ordenación de la organización local española. Dicho Título introdujo, al decir de CASTRO, un régimen local escalonado y homogéneo que respondía en líneas generales a los siguientes criterios: representación democrática de los ciudadanos, división de poderes, racionalidad y máxima eficacia administrativa.

Los Constituyentes gaditanos quisieron dotar a la nación de una nueva estructura municipal y provincial a partir de las localidades existentes. De hecho, el artículo 310 especificaba que se pondría Ayuntamiento en los pueblos que no lo tuviesen y que conviniese que le hubiera, no pudiendo dejar de haberlo en los que por sí o con su comarca llegasen a mil almas, señalándoseles, en cualquier caso, su término municipal correspondiente.

Los Ayuntamientos lo formaban el alcalde o alcaldes, los regidores y el procurador síndico, que dependían del Jefe Político, y que tenían que ser «nombrados por elección de los pueblos» (art. 311). Estaban presididos por el Jefe Político, donde lo hubiere, y en su defecto por el alcalde o el primer nombrado entre éstos si hubiere dos (art. 309); alcaldes, regidores y procuradores síndicos deberán nombrarse por elección (art. 312), no pudiendo ser reelegidos sin que pasen por lo menos dos años (art. 316).

En la provincia confluía un doble gobierno: el político, que ejercería un Jefe Superior nombrado por el Rey (art. 324), predecesor de los actuales Gobernadores Civiles, y el económico, confiado a la Diputación (art. 325).

Integraban la Diputación Provincial dos tipos de miembros: los natos, esto es el Jefe Superior, que además lo presidía, y el Intendente o Jefe de la Hacienda Pública, y los electivos —en número de siete—, elegidos por los electores de partido al día siguiente de haber nombrado los diputados de Cortes (arts. 326 y 328). Al mismo tiempo se elegían tres suplentes (art. 329). Este órgano se renovaba por mitad cada dos años (art. 327).

Los municipios quedaban en posición de clara inferioridad jerárquica respecto a las Diputaciones Provinciales, bajo cuya inspección ejercían sus funciones y ante las que debían rendir cuentas anuales de todo lo invertido y recaudado (art. 323). Adicionalmente, el establecimiento de los arbitrios y las ordenanzas municipales requerían aprobación de las Cortes (art. 338).

En 1823 se promulgó la ley para el gobierno económico-político de las provincias que concretó todavía más el modelo de Administración municipal al delimitar las competencias del alcalde. Se acentuó su carácter ejecutivo frente al Ayuntamiento, al encomendarle todas las materias referentes al gobierno municipal y al orden público, aunque siempre bajo la inspección del Jefe Político de su provincia.

H. La Contaduría Mayor de Cuentas

El texto doceañista incluía, de manera expresa, entre sus normas a la Contaduría Mayor de Cuentas en su artículo 350, dentro del Título VII «De las Contribuciones», el cual disponía que «para el examen de todas las cuentas de caudales públicos habrá una Contaduría Mayor de Cuentas, que se organizará por una ley especial».

A tenor del anterior precepto, las Cortes a través del Decreto CCLXXX, de 7 de agosto de 1813, aprobaron el Reglamento para la Tesorería General y para la Contaduría Mayor de Cuentas, lo que, para Tomás Villarroya venía a significar la primera reglamentación auténticamente contemporánea de la Contaduría y representa una transformación entre la influencia francesa, patente en toda la obra de los Constituyentes gaditanos, y la tradición española, con predominio aún de ésta.

El citado Decreto establece la regulación de la Contaduría como un órgano administrativo de revisión contable, al margen del ámbito jurisdiccional, desapareciendo de entre sus órganos la Fiscalía y la denominación de Tribunal. Aparte, se pretendía garantizar la independencia de los contadores, disponiendo que sus empleos serán incompatibles con cualesquiera otros. Al mismo tiempo, los artículos 351 y 352 de la Constitución consagraba la publicidad de la gestión financiera estatal.

Igualmente, el Código de 1812 creó las Contadurías Generales de Valores y Distribuciones (art. 348), que se pueden considerar como un antecedente directo de la Intervención General de la Administración del Estado.

5. La originalidad del texto constitucional

Uno de los temas más cuestionados desde la aparición de la Constitución doceañista ha sido el referido a la influencia que en ella ejerció o pudo ejercer la francesa de 1791. En la propia discusión constituyente se afirmó y negó al mismo tiempo dicha influencia, y desde entonces la doctrina se encuentra dividida en esta singular polémica. Un amplio sector de la misma entiende que el texto gaditano no es más que una simple traducción o copia del francés; sin duda alguna, ha sido el obispo de Ceuta, padre Vélez, quien más explícitamente ha mantenido esta postura. Y el propio MARTÍNEZ DE LA ROSA señalará, años más tarde, que nuestra Ley Fundamental «se vació en el mismo molde» que el patrón de los asambleístas de París. En la misma línea se encuentran, entre otros muchos, MENÉNDEZ PELAYO, FERNÁNDEZ ALMAGRO, POSADA y SUÁREZ.

Más recientemente, ciertos autores han defendido la originalidad del liberalismo español. Así, ARTOLA, si bien reconoce la importantísima aportación de la Ilustración en el programa económico-social, afirma que el político es eminentemente español, con todas sus luces y sombras. Para SEVILLA ANDRÉS, la condición religiosa, las mayores prerrogativas concedidas al Monarca —entre las que destaca la potestad reglamentaria—, y el sufragio universal frente al censitario del texto galo, son algunas de las esenciales diferencias que separan ambas Constituciones.

La Constitución de 1812 representa, a juicio de CASSAGNE, una síntesis, realmente singular, en la que se fusionaron una serie de principios e instituciones provenientes del antiguo Derecho español y de la neoescolástica salmantina con las ideas liberales que estaban en boga hacia fines del siglo XVIII (principalmente en las obras de Locke y Montesquieu).

Entre los elementos que subrayan en nuestra opinión la originalidad del Código de 1812 pueden citarse la propia situación revolucionaria de la guerra que expulsa a la Monarquía de nuestro suelo y que hace que la Nación tome la iniciativa hasta el punto de que su protagonismo es admitido hasta por los adversarios de la tesis de la soberanía nacional (como Jovellanos o el obispo de Orense); el principio de la soberanía nacional, sostiene con acierto DÍEZ DEL CORRAL, no había de ser inventado, ni copiado, bastaba reconocer el hecho inequívoco del levantamiento espontáneo del pueblo español; tampoco los derechos individuales podían serle negados pues en la práctica los estaba viviendo. El hecho de que la mayor parte del pueblo español apostilla este autor, no luchara por la soberanía nacional ni por los derechos individuales sino por la religión y la Monarquía, no estaba reñido con el dato indudable de que *de facto* y formalmente la Guerra de la Independencia supusiera una asimilación de tales principios.

Dentro del constitucionalismo del siglo XIX, la Constitución de Cádiz, como ha destacado MIRKINE-GUETZEVICH, no sólo soporta la comparación con la de 1791 sino que incluso la supera, alcanzando una mayor influencia que aquella en el resto de Europa por el espíritu nacional que respiraba, del que carecía la francesa.

En esta misma línea habría que anotar la postura de Marx para quién el texto gaditano no es una copia servil de la Constitución francesa, sino un producto genuino y original: «la reproducción de los antiguos fueros, pero leídos a la luz de la Revolución francesa y adaptados a las necesidades de la sociedad moderna». GRAMSCI profundiza aún más en esta reflexión al señalar que el documento elaborado en Cádiz era expresión exacta de la necesidad histórica de la sociedad española y no una aplicación mecánica de los principios de la Revolución de 1789, subrayando, además, su carácter ejemplar para la Europa ochocentista, porque en ella se dio con la solución jurídico-constitucional más apropiada y generalizada de una serie de problemas que no eran sólo españoles, sino comunes a todo el mundo latino.

En definitiva, aun admitiendo ciertas influencias foráneas, cabe afirmar la originalidad de nuestro documento constitucional que, en determinados aspectos, marcó un giro decisivo en la reciente historia de España.

6. Vigencia y aplicación de la Constitución

A. Primera etapa constitucional

Desde la fecha de su publicación hasta el regreso de Fernando VII, la Constitución tuvo una aplicación muy limitada a causa de la guerra contra el ejército napoleónico y de la ausencia del Monarca.

El 21 de junio de 1813, en Vitoria, el duque de Wellington, a la cabeza de las tropas aliadas (españolas, inglesas y portuguesas), ponía fin al efímero reinado de José I. Napoleón, prácticamente derrotado en todos los frentes, decide llegar a un acuerdo con España; para ello firma con Fernando VII el

Tratado de Valençay, el 11 de diciembre de 1813, merced al cual el Monarca recuperaba el Trono.

Las Cortes ordinarias, que habían reemplazado en octubre de 1813 a las Constituyentes, reunidas en Madrid el 14 de enero de 1814, deciden no aceptar el Tratado y acuerdan que «no reconocerán por libre al Rey, ni, por tanto, se le prestará obediencia hasta que en el seno del Congreso Nacional preste el juramento prescrito en el artículo 173 de la Constitución», aprobando, asimismo, un Decreto que designaba a la Regencia para organizar el itinerario para el viaje de «el Deseado» a Madrid.

El 24 de marzo de 1814 Fernando retorna a España a través de la frontera catalana con Francia. Ese mismo día, es recibido a orillas del Fluviá por el capitán general de Cataluña, Copons y Navia, siéndole entregado en Gerona el Decreto de las Cortes de 2 de febrero, enviado por la Regencia, en el que se fijaba la ruta a seguir para recibirle. Sin embargo, el Monarca no hace caso del itinerario oficial que debía transcurrir por la costa de Levante y se dirige hacia Zaragoza, siendo aclamado a su paso.

En Madrid, el 12 de abril de 1814 se publicaba el «Manifiesto de los Persas», firmado por un grupo de 69 diputados —34 de ellos eclesiásticos—, quien recibió este nombre porque la exposición comenzaba con las palabras: «Era costumbre de los antiguos persas, pasar cinco días de anarquía después del fallecimiento de su Rey...», en clara alusión al período constitucional. El «Manifiesto» expresaba de modo inequívoco el pensamiento y programa de los absolutistas. Su contenido, además de incitar al Rey a no jurar la Constitución, criticaba sistemáticamente toda la obra de las Cortes de Cádiz y atacaba los cambios producidos en el país desde 1808. Presentaba, eso sí, una renovación del Antiguo Régimen que evitara los excesos del despotismo absolutista.

El 15 de abril de 1814, cerca de Valencia, el general Elío, jefe del II.° Ejército y capitán general de Valencia, se presenta ante el Rey y, en un breve discurso de sentido absolutista, le ofrece su apoyo armado. Al día siguiente, en la ciudad, el Presidente de la Regencia, cardenal De Borbón, entregó al Monarca el texto de la Constitución para que la jurara y al mismo tiempo Mozo de Rosales le presentó el documento de «los Persas».

El 17 de abril, el general Elío le invitó a recobrar sus derechos como Rey absoluto y puso sus huestes al servicio del Monarca, produciéndose así, en frase de Gil Novales, «el primer pronunciamiento de la historia de España».

B. El Sexenio absolutista

En medio de este ambiente, Fernando VII dictó el Decreto de 4 de mayo de 1814. Tras una introducción histórica, declaraba «que mi Real ánimo es no solamente no jurar ni acceder a dicha Constitución —a la que acusaba de ser una copia de los principios revolucionarios y democráticos de la francesa de 1791— ni a Decreto alguno de las Cortes Generales y extraordinarias y de las ordinarias actualmente abiertas... sino el declarar aquella Constitución y Decretos nulos y de ningún valor ni efecto, ahora ni en tiempo alguno, como si no hubieran pasado jamás tales actos, y se quitasen de en medio del tiempo, sin obligación de mis pueblos y súbditos». A ello se sumaba la consideración de «reo de lesa majestad» a quien se opusiese a la voluntad del Rey contenida en este Decreto.

Por otros Decretos sancionados el mismo día se nombraba a Eguía capitán general de Castilla la Nueva y gobernador político y militar de Madrid, se suprimían los Jefes Políticos, se entregaba el mando político a los capitanes y comandantes generales y se anulaban todos los Decretos de la Regencia promulgados a partir del 28 de marzo. Eguía ocupó Madrid la noche del 10 al 11 de mayo, disolvió las Cortes y encarceló a los diputados.

Finalmente, Fernando VII entró en la capital del Reino el día 13, inaugurándose el llamado «sexenio absolutista» que va a durar hasta 1820. Las primeras medidas no se hicieron esperar, y así se suprimió la libertad de expresión, se reavivó la censura, se resucitó el Tribunal del Santo Oficio y se restableció la sociedad estamental.

El golpe de estado de 1814 originó una fuerte represión de cariz conservador, orientada en dos direcciones fundamentales, contra los liberales y contra los «afrancesados».

La derogación constitucional llevada a cabo por el Monarca abre paso a un esquema político basado en la arbitrariedad de aquel y en la influencia de un conjunto de personas que llegó a tener más peso político ante el Rey que los miembros del Gobierno y los distintos Consejeros, la «Camarilla», a quienes el Soberano consultaba en toda clase de asuntos y cuyas peticiones atendía. Pero, sin lugar a dudas, lo más grave de este régimen despótico es su incapacidad para resolver los problemas del momento e, incluso, para dotarse de los medios para resolverlos.

Frente al absolutismo comenzará a desarrollarse —dirá SOLÉ TURA— una alianza formada por la burguesía, las clases medias y populares con tradición liberal de las ciudades y una parte del campesinado despojado por los señores y el propio Estado.

La oposición tuvo dos vertientes: la tradicional de reunirse para conspirar en un lugar secreto, por lo general los masónicos, y el pronunciamiento, fenómeno típicamente hispánico que habría de constituirse, a juicio de ARTOLA, como el «instrumento de la revolución liberal en el siglo XIX».

Los levantamientos de Mina (Pamplona, 1814), Díaz Porlier (La Coruña, 1815), Lacy y Milán del Bosch (Barcelona, 1817), Van Halen (Murcia, 1818) y Vidal (Valencia, 1819) son fuertemente reprimidos, pero dejan entrever la impotencia de un régimen que flaquea.

C. El Trienio constitucional

En la mañana del 1 de enero de 1820, el teniente coronel Riego, al mando del batallón de Asturias, proclamaba en Cabezas de San Juan la Constitución de 1812, «la Sagrada», como le llamaban sus adeptos. El movimiento, si bien triunfó en su primer intento, no consiguió, en cambio, ocupar Cádiz. Dicho revés le llevó a iniciar un desesperado periplo por tierras andaluzas, que se encaminaba directamente al fracaso, de no ser por el paulatino apoyo popular a su causa, plasmado en la sublevación de las ciudades: el 21 de febrero La Coruña proclama la Constitución, seguida por las demás provincias gallegas y Asturias; el 29 lo hace Murcia, el 5 de marzo Zaragoza, el 8 de marzo Tarragona, a las que se unirán en un muy corto espacio de tiempo Segovia, Barcelona, Pamplona, Cádiz...

SUÁREZ destaca, de entre muchos, los tres siguientes factores que coadyuvaron a la revolución de 1820: la desorientación del Gobierno, la acción de la masonería y, finalmente, el hecho de que no hubiera término medio para el ejército que embarcarse para Ultramar o sublevarse. VICENS VIVES cree que la revolución de 1820 fue un triunfo, en primer lugar, «de las apetencias personales de algunos jefes militares; luego, de las sociedades secretas que los apoyaban; también del oro americano, hecho circular oportunamente por emisarios argentinos para disgregar la fuerza del cuerpo de ejército expedicionario que se había reunido en Andalucía, con el intento de sofocar el movimiento emancipador de América del Sur; triunfo en último extremo, aunque quizás el más ponderado, de la libertad». Las clases medias acogieron con agrado el retorno de los doceañistas, especialmente la burguesía mercantil, pues estimaba que sólo dentro de un orden constitucional podía tener mayor libertad de acción en el manejo de sus haciendas y en la fiscalización de los gastos del Estado.

Fernando VII, visto que no puede frenar el movimiento revolucionario, y que sus propios partidarios como el conde de La Bisbal en Ocaña se pasan a las filas de los insurrectos, se vio obligado a convertirse en Monarca constitucional. Por un Real Decreto de 6 de noviembre de 1820, el Rey ordenó reunir las Cortes como medida para evitar la caída del régimen. La convocatoria se publicó el día siguiente y el 8 Fernando se avenía a jurar la Constitución. Dos días más tarde se publicaba el «Manifiesto del Rey a la Nación española» en el que consta que «el progreso de las luces y los acontecimientos reservados a la generación actual, habían creado necesidades a las que era preciso amoldar las instituciones políticas». Se dice que mientras Su Majestad meditaba las variaciones se le hizo entender el anhelo de que se restableciere la Constitución; que oyó los votos de los españoles y adoptó las medidas para la pronta convocatoria de Cortes, al tiempo que afirmaba: «Marchemos francamente, y Yo el primero, por la senda constitucional».

El 9 de julio «el Deseado» juró solemnemente la Constitución con motivo de la apertura de las Cortes. En ellas, como refiere FERRANDO, se notan dos corrientes distintas: de un lado, la fracción templada, partidarios de realizar una obra de reforma con prudencia; de otro los constitucionales o exaltados, que defendían la necesidad de acelerar las reformas para acabar con los elementos absolutistas. Estas dos tendencias acabarían dando lugar con el paso del tiempo a los partidos políticos moderado y progresista.

En este breve paréntesis liberal se acometió la reforma militar y se creó la Milicia Nacional; ésta será el brazo armado de la burguesía y desarrollará una labor importante a la hora de sofocar los levantamientos absolutistas. Se prosiguió, asimismo, la tarea de desmontaje de la organización del Antiguo Régimen. Además, se abolieron las aduanas interiores, los monopolios de la sal y el tabaco y los señoríos jurisdiccionales; se redujo el diezmo a la mitad se suprimió la obligatoriedad gremial y se dio mayor libertad a la industria y al comercio. También se procedió a la reforma de la enseñanza.

Las Cortes, por su parte, llevaron a cabo una destacada labor de ordenamiento y codificación de la multitud de disposiciones legales que existían en la época: se elaboró un proyecto de Código Civil y se aprobó el primer Código Penal.

El Trienio tuvo políticamente una vida muy agitada. Junto a las numerosas tensiones institucionales y conspiraciones surgieron conatos de auténtica guerra civil con la aparición de partidos absolutistas en Galicia, Navarra, Cataluña y el Maestrazgo. Los insurrectos llegaron a dominar amplias zonas del territorio nacional y a instalar una Regencia absolutista en la Seo de Urgell en agosto de 1822, la cual se tituló «Regencia Suprema de España durante la cautividad de Fernando VII» y dirigió un manifiesto al pueblo español para que liberara al Rey, estableciendo contactos con Metternich y la Santa Alianza. De manera encubierta, primero, y luego cada vez de forma más palpable, la nobleza y el clero se alinearán decididamente en contra de los sucesivos gobiernos liberales.

A partir de 1820, los partidarios del régimen constitucional se escindieron en dos grupos opuestos, teniendo cada uno su propia concepción del proceso revolucionario que debía ser llevado a cabo para asegurar el paso del Antiguo Régimen al liberalismo. Por un lado, los moderados (Argüelles, Martínez de la Rosa, o el conde de Toreno) consideraban que la revolución liberal tenía que adoptar un carácter gradual y transaccionista porque, entre otros motivos, como destaca FERNÁNDEZ SARASOLA, eran «conscientes de que el radicalismo de 1812 había sido, en buena medida, la causa del despotismo vivido desde 1814». Muchos moderados habían participado en la elaboración del texto constitucional, pero, durante el Trienio, adoptaron posturas más mesuradas, destinadas a asentar una Monarquía constitucional en la que el Rey y sus ministros ejercían la función ejecutiva y de gobierno. Por lo contrario, los exaltados (Romero Alpuente, Flórez Estrada o Quintana), percibían la revolución como una ruptura radical, sin ninguna conciliación frente a las antiguas instituciones. Su forma de gobierno distaba mucho de la de los moderados, pues los exaltados defendían una Monarquía asamblearia en la cual las Cortes debían ser el primer poder del Estado. Querían llevar a cabo la revolución hasta sus últimas consecuencias y, en este sentido, apelaban al espíritu de la Constitución para interpretarla de una forma que superaba la literalidad del texto, mientras que los moderados recurrían a una interpretación más auténtica del código constitucional, basándose únicamente en sus artículos.

La Constitución de 1812, convertida, para Torres del Moral, en «modelo y mito del liberalismo», iba a encontrar su peor enemigo en la constelación conservadora europea que se había hecho con el poder a la caída de Napoleón.

Reunidos en Viena (octubre-diciembre de 1822) los miembros de la Santa Alianza estudiaron la solicitud formulada por Fernando VII de intervención armada en España. A principios de 1823, los embajadores de Francia, Rusia, Prusia y Austria presentaron su conminación al Gobierno liberal español y le exigieron que aboliese la Constitución, liberase al Rey y terminase con la anarquía que decían había en el país. El Ministerio San Miguel rechazó aquellas propuestas y se dispuso a resistir.

El 7 de abril, un ejército de 130.000 soldados franceses, al mando del duque de Angulema —los llamados «Cien mil hijos de San Luis»—, apoyado por los realistas españoles, cruzan la frontera y llegan en un auténtico paseo militar hasta Cádiz (a donde se habían trasladado las Cortes y el Rey), sin disparar un solo tiro. Tras la batalla de Trocadero, Fernando VII es restituido en toda la plenitud de sus derechos absolutos.

D. La Década «ominosa»

El 1 de octubre de 1823 Fernando VII inició su segundo reinado absolutista. Ese mismo día hizo público un «Manifiesto al país» por el que se declararon «nulos y de ningún valor todos los actos del gobierno llamado constitucional (de cualquier clase y condición que sean) que ha dominado a mis pueblos..., declarando como declaro que, en toda esta época, he carecido de libertad, obligado a sancionar las leyes y a expedir las órdenes, decretos y reglamentos, que contra mi voluntad se meditaban y expedían por el mismo Gobierno». A su vez, aprobaba todo lo decretado y ordenado por la Junta Provisional y por la Regencia del Reino, creadas en Oyarzun el 26 de mayo de 1823 en sustitución de las Cortes Constitucionales, hasta tanto «puedan dar leyes y dictar las providencias más oportunas para causar su verdadera prosperidad y felicidad, objeto constante de todos mis deseos».

El período que ahora comienza y que abarca los diez últimos años del reinado de Fernando VII, supusieron una auténtica restauración del poder absoluto. La represión y venganza desencadenada por el Monarca fue tan atroz que la literatura histórico-política calificó esta época como «ominosa». Represión, que, como escribe Jover, alcanzó un nivel resueltamente terrorista, convirtiendo a España, en expresión de Flórez Estrada, en una «Nación de delatores y perseguidos, de carceleros y encarcelados, de verdugos y de víctimas».

Se crearon «Juntas de Fe» y comisiones militares destinadas a perseguir los delitos políticos, detener, denunciar y ajusticiar a liberales y masones. Los penales y los cementerios se nutrieron de liberales; muchos fueron ajusticiados, entre ellos Riego, que fue ahorcado en Madrid; otros tuvieron que exiliarse (Alcalá Galiano, Argüelles, Mendizábal...).

En esta década de «absolutismo feroz, degradante, personal y sombrío», como la llama MENÉNDEZ PELAYO, el clero fue sin duda el estamento más favorecido por las medidas adoptadas por el Rey. Como en 1814, «el Deseado» volvió a restablecer las estructuras políticas y sociales del Antiguo Régimen: devolución de bienes a la Iglesia y restitución de señoríos; retorno a los mayorazgos (régimen señorial, vínculos, diezmos...), imposición de rentas provinciales, incitación al gremialismo, cierre de universidades y periódicos, depuración de intelectuales, etc.

A la inestabilidad producida por los intentos liberales de derrocar al Monarca se suma el nacimiento de una oposición de gran trascendencia en el ala derecha de la sociedad española: son los denominados «apostólicos» (futuros «carlistas»), agrupados en torno a la figura del infante Carlos María Isidro, hermano de Fernando y en esos momentos sucesor en el Trono de España por falta de descendencia real.

Sin embargo, la verdadera ruptura del equilibrio político y económico de España es la pérdida definitiva, tras el desastre de Ayacucho en 1824, de las colonias americanas, fuente de prestigio y de riqueza. El imperio español queda reducido en este momento a las Antillas y las Filipinas. El resto ya son repúblicas independientes.

En 1827 se produce en Cataluña la revuelta de los agraviados «*malcontents*» que consideran excesivamente blando al Rey y mostraban su descontento por la no restauración de la Inquisición a la vez que exigían la disolución del ejército liberal y la creación de otro realista y la destitución del Gobierno.

Fernando VII, a medida que la crisis económica va creciendo —el país estaba al borde de la bancarrota—, adoptará ciertas reformas económicas y financieras, sin atreverse a restaurar el Santo Oficio.

Los últimos años de la década van a estar marcados por la llamada «cuestión sucesoria». En 1829 fallecía la Reina Amalia de Sajonia, tercera esposa del Rey, al igual que sus antecesoras sin dejar descendencia. En menos de un mes Fernando contrajo nuevo matrimonio con María Cristina de Borbón. A las pocas semanas se confirmó el embarazo de la reina y Fernando VII, persuadido por ésta ante la eventualidad de descendencia femenina, decide publicar la «Pragmática Sanción» que había sido votada en Cortes en 1789 bajo el reinado de su padre y que dejaba sin efecto la Ley Sálica introducida en España por Felipe V en 1713, la cual excluía —en contra de lo establecido en Las Partidas de Alfonso X— a las hembras de la sucesión a la Corona.

El nacimiento el 10 de octubre de 1830 de la Princesa Isabel y el 30 de enero de 1832 de otra hija del matrimonio real, Luisa Fernanda, supuso, la eliminación de las expectativas sucesorias del hermano de Fernando VII.

En septiembre de 1832 el Monarca sufre un ataque de gota que pone en peligro su vida. Se encuentra en La Granja y en torno a él comienzan a tejerse las intrigas. Los absolutistas aprovechan esta circunstancia para tratar de conseguir la derogación de la Pragmática. Calomarde presiona y finalmente el 18 de septiembre logra que sea derogada, no sin antes llegar a amenazar con una guerra civil.

La reacción de los liberales y de los partidarios de María Cristina, así como la pronta recuperación del Rey desbaratan la operación y Fernando restablece de nuevo la Pragmática. Calomarde es desterrado y se nombra un nuevo Ministerio, presidido por Cea Bermúdez. La Reina asume el poder durante la convalecencia del Monarca.

El día 7 de octubre María Cristina concede un indulto general y el 15 de mismo mes una amnistía que permite la vuelta al país de diez mil familias liberales, con los efectos que ello supone. Con este gesto se trataba de desarticular a todas las fuerzas partidarias del pretendiente carlista, fundamentalmente las Milicias Realistas Voluntarias.

Se convocan Cortes para el día 30 de junio de 1833, y, ese día, en la iglesia de San Jerónimo el Real de Madrid, Isabel fue jurada como Princesa de Asturias, lo que significaba el final de las expectativas sucesorias para los seguidores de su tío Carlos María Isidro. Poco después, el 29 de septiembre, moría el último Rey absoluto de España de un ataque de apoplejía.

7. La influencia del modelo gaditano en Europa y en las provincias de Ultramar

España, explica CASTELLS OLIVÁN, desde 1808 se convirtió en un escenario privilegiado y ejemplar de la lucha contra el Antiguo Régimen, y en laboratorio de fórmulas tanto teóricas (la Constitución de Cádiz) como prácticas (ejércitos de guerrillas, motines, pronunciamientos), que se han convertido en arquetipos. Y ello por dos razones: en primer lugar, porque las circunstancias históricas hicieron que nuestro país fuera un ejemplo de resistencia nacional contra Napoleón en nombre de la libertad y la independencia nacional; y, en segundo término, porque España fue matriz del movimiento liberal de la época al elaborar una estrategia de recuperación del poder arrebatado por los absolutistas, como sucedió en 1820. De este modo, el tipo de revolución liberal que permaneció dominante en Europa hasta 1830 estuvo basado, en lo político, en la Constitución como objetivo, y en lo organizativo, en la conspiración de las sociedades secretas de tipo carbonario, por una parte, y en el pronunciamiento insurreccional basado en el ejército, por otra,

De ahí que el Código doceañista no sólo ha dejado una huella indeleble en nuestra historia constitucional, sino que trasciende las fronteras nacionales y alcanza un significado emblemático sirviendo de inspiración al movimiento constitucional europeo e hispanoamericano, algunas de cuyas huellas aún perduran. Se puede afirmar que este texto ha sido el documento constitucional español que ha tenido una mayor proyección exterior. Desde su aprobación comenzó a difundirse por Europa e Hispanoamérica, aunque, en realidad, fue a partir de su restauración en 1820 cuando alcanzó un mayor relieve. A lo largo de esos años se tradujo, al menos, al inglés, francés, alemán, italiano, portugués y al ruso. Esta repercusión externa presentó diversos grados de intensidad: el mero conocimiento y crítica doctrinal, la influencia en las Constituciones extranjeras y, en fin, la adopción del documento de Cádiz como texto propio en otros Estados.

En Gran Bretaña, Francia y Alemania, la Constitución española fue objeto de mero análisis crítico. Sin embargo, en Portugal e Italia tuvo un decisivo papel práctico. La influencia en el vecino país del texto doceañista se desplegó en un doble frente: tuvo una vigencia provisional en su territorio y, además, sirvió de patrón para la primera Constitución portuguesa, la de 1822.

En los reinos que más tarde formarían el Estado italiano, la Constitución de 1812 también alcanzó una enorme difusión a raíz de su restauración durante el Trienio liberal, pero, a diferencia de Portugal, los territorios italianos ya habían tenido experiencias constitucionales previas. Las sociedades patrióticas «carbonarias», escisión masónica nacida en Salerno y que contó con contactos en España durante el período revolucionario, lograrán imponer el texto a Fernando I, en las Dos Sicilias, y al Regente Carlos Alberto, en Cerdeña, viéndose ambos Monarcas obligados a conceder la Constitución de 1812. También los Estados Pontificios, Luca y la Isla de Elba se verán inmersos en la implantación del Código doceañista. A diferencia de lo ocurrido en Portugal, los territorios italianos se limitaron a traducir y aplicar, con escasísimas enmiendas, el texto de 1812, sin que, en ningún caso, elaboraron una Constitución propia inspirada por el modelo español.

La Constitución de Cádiz recibió un trato muy distinto por las distintas tendencias en boga en el entorno europeo. Fue objeto de aceptación genérica por el liberalismo radical, que apreciaba en el texto doceañista el principio de soberanía nacional y la preeminencia que daba a las Cortes, empezando por su misma estructuración unicameral. Las críticas más específicas al texto derivaron de tres corrientes: la monárquico-parlamentaria, la monárquico-constitucional y la absolutista. La primera ensalzaba el predominio parlamentario y las limitaciones monárquicas que recogía la Constitución de Cádiz, pero rechazaba las relaciones dialécticas que el texto establecía entre Ejecutivo y Legislativo. La postura monárquico-constitucional criticaba al código doceañista por alejarse del sistema de equilibrio constitucional británico. El reproche se centraba en que en la Constitución de 1812 faltaban los mecanismos equilibradores ingleses: el derecho de veto absoluto, la facultad regia de disolver las Cortes y el bicameralismo. Finalmente, la corriente absolutista sometió al texto gaditano a las más severas críticas a partir del supuesto mismo de la titularidad de la soberanía y del poder constituyente.

Sólo a partir del triunfo definitivo del liberalismo moderado de las revoluciones de 1830, que asestaron un golpe definitivo a la Europa de la Santa Alianza, especifica MIRKINE-GUETZEVITCH, el Código gaditano cedió en influencia al de otros textos constitucionales, tales como la Constitución francesa de 1830 y la Constitución belga de 1831, que desde entonces se convirtieron en el nuevo modelo de los liberales del viejo continente.

En Hispanoamérica, sin embargo, la situación fue muy distinta: su historia constitucional nace con la española, puesto que los de Bayona y de Cádiz fueron sus primeros textos constitucionales, mientras fueron provincias de Ultramar, y sus primeras experiencias constitucionales como Estados independientes, surgieron a partir de 1810 y 1820, es decir, en las decisivas fases (políticas y constitucionales) de la Guerra de la Independencia y del Trienio liberal. Para todas las provincias de Ultramar, con la única excepción de Venezuela que su Código político es de 1811, la primera influencia que ejerció la Constitución gaditana consistió en abrir a estos territorios el camino de las experiencias constitucionales.

Como es conocido, la implantación de la Constitución de Cádiz no tuvo la misma intensidad en todo el territorio americano, en gran parte porque las autoridades metropolitanas habían sido las primeras interesadas en retrasar su aplicación; a su vez, los Virreyes eran reacios a poner en funcionamiento un texto que socavaba sus amplios poderes. Aparte, en el transcurso de la Guerra de la Independencia, gran parte de las colonias habían formado juntas revolucionarias que se consideraban legitimadas a partir del principio escolástico de «reasunción de la soberanía» y habían iniciado un auténtico proceso de independencia. Si bien la reinstauración absolutista de 1814, logró frenar las tendencias separatistas, incrementó también el número de enemigos de España ante el hostigamiento de Fernando VII. Los revolucionarios, ahora más influidos por las teorías *iusracionalistas*, reaccionaron agrupándose en tres congresos nacionales, el de Apatzingán (Nueva España, 1814), Tucumán (Río de la Plata, 1816) y Angostura (Venezuela, 1819). Así las cosas, cuando en 1820 la península restableció el texto gaditano, y los liberales pretendieron trazar una política distinta más aperturista hacia las colonias (comenzando por la amnistía de los insurrectos), América ya no estaba dispuesta a seguir siendo un territorio de España. El Imperio había comenzado a derrumbarse. Pero la Constitución de Cádiz, indirectamente, también había contribuido a ello.

La adopción de la Constitución de Cádiz en América fue, mantiene ALAMÁN, de consecuencias funestas para el poderío español, pues con la misma el Virrey se convertía en un mero jefe político de provincia, despojándosele de muchas de sus atribuciones y facultades, lo que influyó mucho en el ánimo de los que sostenían la independencia de las provincias Ultramarinas. Esta reconocía en su artículo 2.° la independencia de la Nación española con un doble objetivo: afirmar la resistencia a Napoleón y poner fin a la concepción patrimonialista del Estado: «La Nación (...) no es ni puede ser patrimonio de ninguna familia ni persona». Este mismo precepto se reprodujo en sustancia en gran parte de las Constituciones americanas con el objeto de alcanzar su emancipación.

El concepto de Nación que surgía de las Constituciones americanas era tributario del modelo gaditano, comenzando por su definición como suma de individuos. En casi todos los textos se reconocía el principio de soberanía nacional, y en muchos casos se establecía que ésta pertenecía «esencialmente» a la Nación.

A partir de 1810 se produce una mayor asimilación de las teorías federalistas norteamericanas, que hasta entonces habían desempeñado un escaso papel en la insurrección. El resultado fue la implantación en gran parte de América de un sistema federal de características próximas al norteamericano, creándose, por ejemplo, la Constitución de la República Federal de Centroamérica, de 1824, que comprendería los Estados de Nicaragua, Honduras, Costa Rica, El Salvador y Guatemala (art. 6.°); o la mejicana de 1824. En cambio, las Constituciones que optaron por el modelo centralista, así como gran parte de las estatales integradas en federaciones, recibieron, por el contrario, un mayor influjo del Código gaditano, especialmente la de Uruguay de 1830 y la de Nicaragua de 1826, que preveían la existencia de un Jefe político en las provincias, dependiente del Poder Ejecutivo, así como la existencia de instituciones locales representativas.

También muchas de las Constituciones que recogían Declaraciones de Derechos se vinculaban al texto gaditano: los derechos seguían siendo subjetivos, pero su titularidad correspondía al ciudadano y no a todo hombre. Por consiguiente, primero se definía la Nación, y luego los derechos del individuo. En todas ellas se dio una especial relevancia, como en Cádiz, a la libertad de imprenta y al derecho de petición. Pero, sin duda, la mayor influencia del constitucionalismo doceañista se percibe en que prácticamente todos los textos americanos reconocieron la confesionalidad y la intolerancia religiosa en términos semejantes al Código español.

La influencia de Cádiz se pone asimismo de manifiesto en el recíproco reconocimiento de deberes de los ciudadanos en las Constituciones americanas, y cuya regulación en muchos casos es una mera transcripción del articulado gaditano (arts. 7.° a 9.°): fidelidad constitucional y obediencia a las autoridades, pago de impuestos y defensa de la patria. Igualmente, los Constituyentes hispanoamericanos optaron por dotar a sus documentos fundamentales de un evidente valor normativo (y no meramente político) a igual que se había hecho en Cádiz.

IV. BIBLIOGRAFÍA

ÁLVAREZ CONDE, E. y **VERA SANTIS, J. M.** (dirs.): *Estudios sobre la Constitución de Bayona*, La Ley, Madrid, 2008.

ÁLVAREZ JUNCO, J. y **MORENO LUZÓN, J.** (eds.): *La Constitución de Cádiz: historiografía y conmemoración*, Centro de Estudios Políticos y Constitucionales, Madrid, 2006.

ÁLVAREZ TORRES, M.: «Nación y libertades públicas en la Constitución española de 1812», en *Estudios de Deusto: Revista de Derecho Público*, vol. 67, n.º 2, 2019, págs. 183-203.

ARGUELLES, A.: *La reforma constitucional de Cádiz*, Iter, Madrid, 1970.

Discurso preliminar a la Constitución de 1812, Centro de Estudios Constitucionales, Madrid, 1981.

ARTOLA, M.: «La España de Fernando VII», en *Historia de España de Menéndez Pidal*, tomo XXVI, Espasa Calpe, Madrid, 1968.

Los orígenes de la España contemporánea, vol. II, 2.ª ed., Instituto de Estudios Políticos, Madrid, 1976.

Los afrancesados, Alianza, Madrid, 1989.

ARTOLA, M. (ed.): *Las Cortes de Cádiz*, Marcial Pons, Madrid, 2003.

BLANCO VALDÉS, R.: *Rey, Cortes y fuerzas armadas en los orígenes de la España liberal, 1808-1823*, Siglo XXI, Madrid, 1989.

BUSAALL, J. B.: «La Constitución de Bayona de 1808 y la historia constitucional hispánica», en *Teoría y Derecho: revista de pensamiento jurídico*, n.º 10, 2011, págs. 67-80.

CANO BUESO, J. (ed.): *Materiales para el estudio de la Constitución de 1812*, Parlamento de Andalucía-Tecnos, Sevilla, 1989.

CASTELLS OLIVÁN, I.: «La Constitución gaditana de 1812 y su proyección en los movimientos liberales europeos del primer tercio del siglo XIX», en *Trocadero. Revista de Historia moderna y contemporánea*, n.º 1, 1989, págs. 117-132.

CAYUELA FERNÁNDEZ, J. G. y **GALLEGO PALOMARES, J. A.**: *La Guerra de la Independencia. Historia bélica, pueblo y nación en España (1808-1814)*, Universidad de Salamanca, Salamanca, 2009.

CHAVARRI SIDERA, P.: *Las elecciones de diputados a Cortes Generales y Extraordinarias (1810-1813)*, Centro de Estudios Políticos y Constitucionales, Madrid, 1984.

Comellas, J. L.: *El Trienio constitucional*, Rialp, Pamplona, 1963.

De Lizaur y Lacave, I.: *La Carta otorgada de 1808*, Helénica, Madrid, 1916.

Ducèrè, E.: *Napoléon a Bayonne*, J. & D. Éditions, Biarritz, 1994.

Durán López, F. y **Caro Cancela, D.** (eds.): *Experiencia y memoria de la revolución española (1808-1814)*, Servicio de Publicaciones de la Universidad de Cádiz, Cádiz, 2011.

Escudero López, J. A. (dir.): *Cortes y Constitución de Cádiz. 200 años*, Fundación Del Pino-Espasa, Madrid, 2011.

Escobar Fornos, I.: «La Constitución de Cádiz, modelo del constitucionalismo», en *Anuario Iberoamericano de Justicia Constitucional*, n.º 16, 2012, págs. 165-189.

Fernández Sarasola, I.: «La Constitución española de 1812 y su proyección europea e iberoamericana», en *Fundamentos*, n.º 2, 2000, págs. 359-457.

La Constitución de Bayona, Iustel, Madrid, 2007.

La Constitución de Cádiz: origen, contenido y proyección internacional, Centro de Estudios Políticos y Constitucionales, Madrid, 2011.

Ferrando Badía, J.: *La Constitución española de 1812 en los comienzos del Risorgimiento,* CSIC, Roma-Madrid, 1959.

Fontana, J.: *La crisis del Antiguo Régimen. 1808-1833*, Crítica, Barcelona, 1979.

La quiebra de la Monarquía absoluta, 1814-1820, Crítica, Barcelona, 2002.

Fontes Migallón, F.: «El Consejo de Ministros en el reinado de Fernando VII», en *Revista de la Facultad de Derecho de la Universidad Complutense*, n.º 71, 1984-1985, págs. 309-374.

García Cárcel, R.: *Fernando VII, José I*, Arlanza, Madrid, 2007.

García Laguardia, J. M.: *Centroamérica en las Cortes de Cádiz*, Fondo de Cultura Económica, México, 1994.

García Venero, M.: *Historia del parlamentarismo español (1810-1833)*, Instituto de Estudios Políticos, Madrid, 1946.

Gil Novales, A.: *El Trienio liberal*, Siglo XXI, Madrid, 1980.

Garófano Sánchez, R. y **de Páramo Arguelles, J. R.**: *La Constitución de Cádiz*, Diputación de Cádiz, Cádiz, 1991.

Lorente Sariñena, M.: *Las infracciones a la Constitución de 1812*, Alianza, Madrid, 1989.

López Tabar, J.: «Por una alternativa moderada. Los afrancesados ante la constitución de 1812», en *Cuadernos dieciochistas*, n.º 12, 2011, págs. 79-100.

Martínez Pérez, F.: «La Constitución de Bayona y la experiencia constitucional josefina», en *Historia y política: ideas, procesos y movimientos sociales*, n.º 19, 2008, págs. 151-171.

Martínez Quinteiro, E.: *Los grupos liberales ante las Cortes de Cádiz*, Narcea, Madrid, 1977.

Martínez Sospedra, M.: *La Constitución de 1812 y el primer liberalismo español*, Universidad de Valencia, Valencia, 1978.

Martirè, E.: *La Constitución de Bayona entre España y América*, Boletín Oficial del Estado, Madrid, 2000.

Mercader Riba, J.: *José Bonaparte, Rey de España (1808-1813)*, CSIC, Madrid, 1983.

Moreno Alonso, M.: *La Constitución de Cádiz. Una mirada crítica*, Alfar, Sevilla, 2011.

Morodo, R.: «Reformismo y regeracionismo: el contexto ideológico y político de la Constitución de Bayona», en *Revista de Estudios Políticos, nueva época*, n.º 83, 1994, págs. 29-76.

Morodo, R. y **Díaz, E.**: «Tendencias y grupos políticos en las Cortes de Cádiz y en las de 1820», en *Cuadernos Hispanoamericanos*, n.º 201, 1966, págs. 637-651.

Pérez Garzón, J. S.: *Las Cortes de Cádiz. El nacimiento de la Nación liberal (1808-1814)*, Síntesis, Madrid, 2007.

Ramos Santana, A. (ed.): *La Constitución de Cádiz y su huella en América*, Banco Santander y Universidad de Cádiz, Cádiz, 2011.

Revenga Sánchez, M. y **Biglino Campos, P.** (coords.): *Las huellas de la Constitución de Cádiz*, Tirant lo Blanch, Valencia, 2014.

Revista de Estudios Políticos, núm. 126, 1962, monográfico sobre la Constitución de 1812.

Rico Lara, M.: «El impulso codificador y legislativo en las Cortes de Cádiz», en *Revista de la Facultad de Derecho de la Universidad de Madrid*, n.º 13, 1963, págs. 7-58.

Rincón, J.: «El Obispo de Orense en las Cortes de Cádiz», en *Revista del Centro de Estudios Extremeños*, n.º 3, 1929, págs. 1-26.

Roux, G.: *La guerra napoleónica de España*, Austral, Madrid, 1971.

Sánchez Agesta, L.: «Sobre la Constitución de Cádiz», en *Revista Española de Derecho Constitucional*, n.º 30, 1990, págs. 9-26.

Sánchez Arcilla Bernal, J.: «La aportación de los diputados de la Nueva España a las Cortes de Cádiz: Mariano Mendiola», en *Memoria del IV Congreso de Historia del Derecho Mexicano*, vol. II, Universidad Nacional Autónoma de México, México, 1988, págs. 961-987.

Sanz Cid, C.: *La Constitución de Bayona*, Reus, Madrid, 1922.

Scotti Douglas, V.: «Napoli e Torino, due rivoluzioni sull'esempio di Cadice», en *Pasado y Memoria. Revista de Historia Contemporánea*, n.º 22, 2021, págs. 53-108.

Sevilla Merino, J.: *Las ideas internacionales en las Cortes de Cádiz*, Cátedra Fadrique Furio Ceriol, Facultad de Derecho, Valencia, 1977.

Solís, R.: *El Cádiz de las Cortes*, Alianza, Madrid, 1958.

«Cara y cruz. La primera Constitución española», en *Revista de Estudios Políticos*, n.º 126, 1962, págs. 143-156.

Suárez Verdaguer, F.: *La crisis política del Antiguo Régimen en España (1800-1840)*, Rialp, Madrid, 1950.

El proceso de la convocatoria a Cortes (1808-1810), Universidad de Navarra, Pamplona, 1982.

«La crítica liberal a la Constitución de 1812», en *Gades*, n.º 16, 1987, págs. 37-55.

Tapia, F. X.: «Las relaciones Iglesia-Estado durante el primer experimento liberal en España: 1820-1823», en *Revista de Estudios Políticos*, n.º 173, 1970, págs. 69-90.

Tierno Galván, E.: *Actas de las Cortes de Cádiz*, 2 vols., Taurus, Madrid, 1964.

Tomás y Valiente, F.: «Génesis de la Constitución de 1812. De muchas Leyes Fundamentales a una sola Constitución», en *Anuario de Historia del Derecho Español*, tomo LXV, 1995, págs. 13-125.

Torres del Moral, A.: «La soberanía nacional en la constitución de Cádiz», *Revista de Derecho Político*, n.º 82, 2011, págs. 57-117.

Varela Suanzes-Carpegna, J.: «Rey, Corona y Monarquía en los orígenes del constitucionalismo español: 1808-1814», en *Revista de Estudios Políticos, nueva época*, n.º 55, 1987, págs. 123-195.

«Las Cortes de Cádiz y el liberalismo español del siglo XIX», en *Revista de las Cortes Generales*, n.º 10, 1987, págs. 27-109.

La teoría del Estado en las Cortes de Cádiz. Orígenes del constitucionalismo hispano, Centro de Estudios Políticos y Constitucionales, Madrid, 2011.

La monarquía doceañista (1810-1837), Marcial Pons, Madrid, 2013.

Vera Santos, J. M.; «Los precedentes franceses y estadounidenses y su influencia en la rigidez constitucional de la Constitución española de 1812», en *Revista de Derecho Político*, n.º 83, 2012, págs. 473-510.

Vicens Vives, J. (dir.): *Historia social y económica de España y América*, vol. V, Vicens Vives, Madrid, 1985.

Vidal Prado, C. y **Burguera Ameave, L.**: «Sistema electoral en la Constitución de Cádiz de 1812», en *Revista de Derecho Político*, n.º 83, 2012, págs. 17-41.

CAPÍTULO TERCERO

LA MONARQUÍA ISABELINA

SUMARIO:

I. El Estatuto Real: Introducción histórica y proceso de elaboración. - Naturaleza. - Principios políticos. - Los órganos constitucionales. - Significado y aplicación del Estatuto.

II. La Constitución de 1837: Introducción histórica y proceso constituyente. - Naturaleza. - Principios políticos. - Los órganos constitucionales. - Significado y aplicación de la Constitución.

III. La Constitución de 1845: Introducción histórica y proceso constituyente. - Alcance y contenido de la reforma. - Significado y aplicación de la Constitución: Los Proyectos de Leyes Fundamentales de Bravo Murillo. - La Constitución no promulgada de 1856. - El Acta Adicional de O´Donnell. - La Ley Constitucional de Reforma de 1857.

IV. Bibliografía.

I. EL ESTATUTO REAL

1. Introducción histórica y proceso de elaboración

El 3 de octubre de 1833 se hizo público el testamento de Fernando VII en que se designaba a su viuda María Cristina, Gobernadora del Reino, hasta la mayoría de edad de la heredera, al tiempo que se instituía un Consejo de Gobierno para asesorar a la Regente en los asuntos de la administración del Estado.

Al frente del Ministerio continuaba Cea Bermúdez, que había accedido al cargo un año antes tras los sucesos de La Granja. A propuesta de este y redactado por él mismo se publicó el día siguiente un Manifiesto con la firma de la Reina Gobernadora —cercano a los planteamientos del despotismo ilustrado—, en el que aceptaba la herencia dejada por su esposo y realizaba un ambiguo intento de definición política del sistema que había de suceder al fernandino. El Manifiesto, que pretendía ser el programa de gobierno de la Regencia, mantenía intactas las estructuras de la Monarquía absoluta, ofreciendo a cambio unas poco concretas reformas administrativas (disminución de las cargas, fomento de riqueza, seguridad de personas y bienes, etc.), «únicas que producen inmediatamente la prosperidad y la dicha».

Pero, en realidad, el programa de Cea excluía de la participación en el poder a las más poderosas fuerzas políticas del momento y no contaba con apoyos sociales significativos, produciendo un descontento en los sectores liberales que deseaban no sólo reformas administrativas, sino, sobre todo, políticas.

También en los primeros días de octubre se produjeron en diversos puntos del país levantamientos armados que proclamaban Rey al infante Carlos María Isidro, exiliado en Portugal en esas fechas, y que había quedado alejado de la sucesión a la Corona por la Pragmática Sanción de 1830. Comenzaba así una guerra civil que había de durar siete años (la primera guerra carlista), en la que, como recuerda ARTOLA, iba a dirimirse de manera definitiva la lucha entre liberales y absolutistas por el poder.

La sublevación carlista originó inmediatamente que la Reina Gobernadora se viera obligada a pactar con los liberales para afianzar a su hija.

La política neoabsolutista del Gabinete Cea concitó una oposición generalizada. Los capitanes generales de Cataluña, Llauder, y de Castilla La Vieja, Quesada, elevaron a la Reina sendos escritos en los que abogaban por un cambio político y coincidían en la necesidad de una urgente reunión de Cortes. Estamos, según dice SÁNCHEZ AGESTA, ante un modelo de pronunciamiento de guante blanco.

Las recomendaciones del marqués de Miraflores, estrechamente ligado a María Cristina, las presiones de los embajadores de Francia e Inglaterra y la intervención del Consejo de Gobierno exigiendo la formación de un nuevo gabinete que convocara elecciones a Cortes, propiciaron la caída de Cea Bermúdez el 15 de enero de 1834.

Para sustituir al cesado Presidente del Consejo de Ministros se nombró a Martínez de la Rosa, antiguo político liberal y hombre de letras, que representaba —en palabras de TOMÁS VILLARROYA— «la ponderación y el justo medio». Con su llegada se hizo sentir la necesidad de dotar al país de un texto constitucional, si bien diferente al de Cádiz.

El primer documento constitucional del período que se abre después del fallecimiento de Fernando VII es el Estatuto Real que, a juicio de SÁNCHEZ AGESTA, supone un nuevo punto de partida del constitucionalismo español. La elaboración del Estatuto se hizo sin la intervención de las Cortes, puesto que no existían, y tuvo una elaboración exclusivamente gubernamental en la que, siguiendo a TOMÁS VILLARROYA, pueden distinguirse tres etapas distintas:

En la primera, el Ministerio, después de una serie de reuniones, iniciadas a fines del mes de enero de 1834, redactó un proyecto de Norma fundamental, cuya autoría correspondió a Gallery y a De Burgos, que se encargaron de plasmar la ideología política del liberalismo moderado de Martínez de la Rosa. En la segunda (9 al 24 de marzo), el Consejo de Gobierno estudió el proyecto y elaboró una larga lista de modificaciones. En la tercera (31 de marzo al 6 de abril), el Ministerio examinó tales sugerencias y preparó la redacción definitiva del Estatuto, que fue sancionado por la Reina Gobernadora el 10 de abril de 1834.

Finalmente, un Decreto de 20 de mayo convocaba las Cortes Generales del Reino, y otro de la misma fecha establecía el sistema electoral para la Cámara Baja, eran designados los miembros de la Alta y se publicaban los reglamentos de ambas.

2. Naturaleza

Si existe un debate jurídico en torno al Estatuto Real, este es el de cuál es su naturaleza. La polémica es interesante en el plano abstracto e incluso lo fue en el plano concreto, pero el tiempo ha demostrado que esta discusión comenzó únicamente por motivos de oposición al texto constitucional. Dicho esto, conviene destacar que en la doctrina no hay unanimidad a la hora de calificar jurídicamente esta norma.

Para TOMÁS VILLARROYA se trata de una Carta otorgada de condición y significación parecidas a la concedida por Luis XVIII, en 1814, a los franceses; es decir, una concesión o dejación de determinados poderes y prerrogativas reales que el Monarca trasladaba, en virtud de su potestad soberana, a otras instituciones, ya fueran antiguas o creadas *ex novo*. En esta dirección DÍEZ DEL CORRAL ha destacado que, pese al contenido más restringido de su articulado, los principios políticos subyacentes son más amplios que los del texto galo.

FRAILE CLIVILLÉS, por su parte, cree que el Estatuto es un texto que viene forzado, por lo que no puede hablarse de Constitución otorgada, sino pactada.

Desde otra perspectiva, se ha considerado al Estatuto Real como una «restauración de las antiguas leyes fundamentales del Reino» (principalmente Las Partidas y la Nueva Recopilación); posición que fue mantenida por los propios autores del texto constitucional. En opinión de TOMÁS VILLARROYA la teoría de las Leyes Fundamentales era una invocación bienintencionada que pretendía conferir al Estatuto autoridad y raíces históricas; pero, en rigor, los mecanismos de gobierno establecidos por aquel no tenían su origen en las antiguas y veneradas instituciones de la Nación, sino en las nuevas doctrinas constitucionales y representativas.

Una última teoría concibe al Estatuto como una convocatoria a Cortes; orientación seguida, entre otros, por SÁNCHEZ AGESTA, SEVILLA ANDRÉS y RUIZ DEL CASTILLO. Esta tesis ha sido cuestionada por TOMÁS VILLARROYA, para quien el Estatuto por su evidente intención constitucional superaba ampliamente las dimensiones de una convocatoria de Cortes.

En realidad, ninguna de las opiniones expuestas puede explicar por separado de forma satisfactoria la naturaleza del Estatuto Real. Ello ha llevado a TOMÁS Y VALIENTE a decir del texto que examinamos que, por su origen, es una Carta otorgada; por su temática, es una ley de Cortes; por su apariencia, es una ley restauradora de las antiguas Leyes del Reino y por su contenido ideológico, es el símbolo del moderantismo español.

Las discrepancias apuntadas sobre el valor constitucional del Estatuto no pueden empequeñecer una de sus mayores aportaciones: el haber sido la puerta de entrada del liberalismo, al trasladar —como expresó el marqués de Miraflores— la Nación desde un Gobierno absoluto a otro representativo.

Desde una consideración formal, tres notas caracterizan al Estatuto Real:

a) Es una Constitución muy breve. Frente a los 384 artículos de la precedente, el Estatuto tiene tan sólo 50 artículos, ordenados en cinco Títulos, relativos, respectivamente, a la convocatoria de Cortes (arts. 1.° y 2.°), al Estamento de Próceres (arts. 3.° al 12), al Estamento de Procuradores (arts. 13 al 18), a la reunión del Estamento de Procuradores (arts. 19 al 23) y a un conjunto de disposiciones generales (arts. 24 al 50).

b) Es una Constitución incompleta. Se limitaba a regular la organización de las Cortes y sus relaciones con el Rey, no conteniendo ningún Título dedicado al Monarca, a la Regencia ni a los ministros. Carecía incluso de una declaración de derechos, que se intentó introducir en el proyecto de reforma de Istúriz de 1836. Al objeto de subsanar tal laguna, el Estamento de Procuradores, a poco de iniciar sus sesiones, preparó una Tabla en el que se pedía el reconocimiento de los derechos consagrados en los textos constitucionales liberales de la época; tal petición, sin embargo, no llegó a ser tomada en consideración por el Ministerio Martínez de la Rosa.

c) Es una Constitución flexible. El Estatuto no recogía ningún órgano o procedimiento especial para su posible reforma, por lo que la revisión del texto podría llevarse a cabo, al igual que otra ley cualquiera, por la Corona y las Cortes. En la convocatoria a Cortes del 24 de mayo de 1836 se afirma que las Cortes junto a los objetivos propios de una legislatura ordinaria, tendrá el de proceder a una «revisión del Estatuto Real de acuerdo con la autoridad del Trono, a fin de asegurar de un modo estable y permanente el cumplimiento de las antiguas Leyes Fundamentales de la Monarquía, acomodándolas a las necesidades del siglo y de la Nación española».

3. Principios políticos

El Estatuto Real responde, en síntesis, a los principios siguientes:

a) Soberanía conjunta o compartida

El Estatuto nada decía sobre el principio de soberanía nacional, lo que, en consideración de TORRES DEL MORAL, suponía un rechazo de la misma; pero, apuntaba, como señala FERNÁNDEZ SEGADO siguiendo a SÁNCHEZ AGESTA, la doctrina de la «Constitución interna». En virtud de ella, existe una Constitución histórica integrada por la Monarquía y las Cortes, que se reconocen como «un derecho tradicional de la Nación»; estas instituciones fundamentales son anteriores y superiores al texto escrito que pueda aprobar o derogar una Asamblea.

b) Implícita confesionalidad religiosa

Atendiendo a su finalidad y contenido, que no era otro que regular el funcionamiento de las Cortes, en el Estatuto no se recogió ningún precepto que definiera el modelo de relaciones Iglesia-Estado durante su vigencia. En este ámbito, el documento no introducía ningún cambio respecto de la situación precedente, y que estaba basada en la confesionalidad tradicional de la Monarquía absoluta, la ausencia completa de libertad religiosa y la protección estatal de la religión católica.

Pese a todo, y partiendo de la apuntada confesionalidad católica del Estado, implícita en las instituciones del Antiguo Régimen que aún subsistían, en la Cámara Alta de las Cortes diseñadas por el Estatuto de 1834 se incluía una representación eclesiástica. Ya en la exposición del Consejo de Ministros a la Reina Gobernadora se hacía mención a la conveniencia de que formaran parte de la Cámara Alta de las Cortes «los venerables Pastores de la Iglesia».

En todo caso, la confesionalidad no era puesta en entredicho por nadie, ni tan siquiera por los progresistas autores del Código Penal, que consideraban delito de lesa majestad los hechos tendentes a introducir en España otra religión. Si bien, ello no implicaba el convencimiento de la necesidad de efectuar reformas en su status, creando una Iglesia católica en España acorde con los principios del liberalismo.

c) Colaboración de poderes

El texto constitucional no proclamaba el principio de la división de poderes, aunque, como afirma TOMÁS VILLARROYA, lo recogía implícitamente con una interpretación flexible que permitiese su mutua colaboración e interacción.

TORRES DEL MORAL ha puesto de relieve que, al residir la soberanía en la Corona, ésta sólo cede competencias de segundo orden, desempeñadas por otros órganos estatales, que hacen de los mismos no órganos de poder, sino órganos colaboradores de la Corona; colaboración que se buscó estableciendo vínculos de unión entre ellos, de tal suerte que se auxiliaran mutuamente sin entorpecerse.

De ahí que pueda afirmarse que las Cortes no eran sino un órgano constituido con el único fin de contemplar ciertos actos del Monarca, por lo que creemos —y así lo hacen autores como FERNÁNDEZ SEGADO o TOMÁS VILLARROYA— no puede atribuírsele al Estatuto el mérito de haber introducido plenamente el régimen parlamentario en nuestro país.

d) Inspiración moderada y conciliadora

Huyendo de la significación netamente liberal de la Constitución de 1812, el Estatuto, en su afán de conjugar tradición y modernidad, pretendía lograr la conciliación de los españoles secularmente divididos y enfrentados por motivos ideológicos. En este sentido Martínez de la Rosa señalaba que uno de los principios fundamentales era el de conseguir «reunir alrededor del Trono y de las leyes fundamentales a todos los españoles».

Se pretendía conjugar — resalta TOMÁS VILLARROYA— el orden con la libertad, la tradición con las nuevas ideas; lo que para DÍEZ DEL CORRAL no era sino una manifestación del liberalismo conservador patrio.

e) Carácter innovador

El Estatuto, justo es reconocerlo, introduce en nuestro ordenamiento constitucional algunas novedades que quedarán para siempre incorporadas al Derecho público español: el bicameralismo, la constitucionalización del Consejo de Ministros y la figura del Presidente del mismo, la contestación al discurso de la Corona, las preguntas y mociones parlamentarias, etc.

4. Los órganos constitucionales

A. Las Cortes

Ya hemos señalado más atrás que el Estatuto Real se limitaba a regular, casi de manera exclusiva, la organización y competencias de las Cortes.

Con el texto de 1834 aparece por primera vez en nuestro constitucionalismo el bicameralismo. Las Cortes Generales —prescribía el artículo 2.°— se compondrán de dos Estamentos: el de Próceres del Reino y el de Procuradores del Reino; división que constituyó, conforme se decía en la *Gaceta* de 19 de abril de 1834, «la disposición más importante del Estatuto Real». Se recogía así un sentir muy generalizado en la época, contrario al papel que en el Trienio liberal había desempeñado el unicameralismo. A partir de este texto el bicameralismo, con el lapsus temporal de 1931 a 1978, será la tendencia dominante en las Constituciones españolas.

El Estamento de Próceres del Reino o Cámara Alta está regulado en el Título II. Tiene una composición mixta de Cámara hereditaria y de nombramiento real entre determinadas categorías sociales. SOLÉ TURA opina que se trataba de una asamblea nobiliaria; al contrario, TOMÁS VILLARROYA rechaza esta calificación y dice que era más bien una «asamblea que pretendía reunir a todas las aristocracias sociales del país» (esto es, a las aristocracias espiritual —arzobispos y obispos—; de sangre —Grandes de España y títulos de Castilla—; administrativa —quienes hubieren desempeñado altos cargos en el Estado—; intelectual —prohombres de las ciencias y de las letras—, y económica —grandes propietarios de tierras y dueños de fábricas o establecimientos mercantiles—).

El Estatuto distinguía dos clases de próceres:

a) Los Grandes de España que reunieran determinadas condiciones económicas, de capacidad moral y de edad. Todos ellos eran miembros natos y hereditarios (arts. 5.° y 6.°).

b) Los restantes próceres, nombrados por el Rey en número indeterminado entre quienes pertenecieran a algunas de las categorías o aristocracias anteriormente reseñadas (art. 3.°). Sus cargos eran vitalicios, con objeto de garantizar su independencia; perdiendo su condición únicamente por incapacidad legal, en virtud de sentencia firme impuesta por pena infamatoria (art. 10).

El Monarca nombraba directamente al Presidente y Vicepresidente de la Cámara para cada período de sesiones (art. 12). En todos los casos, salvo para los eclesiásticos y para los miembros de la aristocracia de la función pública, se exigían unos altos niveles de renta. El Estamento de Procuradores, a diferencia del anterior, era la Cámara electiva establecida por el Estatuto.

Para ser procurador se exigía ser español e hijo de padres españoles, tener treinta años cumplidos, haber nacido en la provincia de su elección o tener algún otro tipo de arraigo en ella y poseer una renta propia anual de 12.000 reales (art. 14). Para TOMÁS VILLARROYA esta última exigencia pretendía la independencia moral y política de los elegidos, pero, sobre todo, conseguir una representación de signo conservador.

El mandato duraba tres años (art. 17) y cabía la reelección en el cargo, en contra de lo establecido en la Constitución de Cádiz.

El Decreto de 20 de mayo de 1834 fijó en 188 el número de procuradores, número que, como subraya FERNÁNDEZ SEGADO, se consideró demasiado bajo, en especial en comparación con la representación de otros países y en relación con la población española de entonces.

Uno y otro Estamento gozaban de las mismas competencias, eran convocados, suspendidos y disueltos al mismo tiempo (arts. 24, 42, 43, 45 y 46). Conforme a lo preceptuado en el artículo 48, las sesiones de ambas Cámaras serían públicas, excepto en los casos que señalare el Reglamento; publicidad que jugará un papel de suma importancia para popularizar la institución parlamentaria.

Las Cortes del Estatuto tenían cinco funciones claramente delimitadas: la legislativa, la económico-financiera, la judicial, la de naturaleza político constitucional y la de control.

Respecto de la primera, el artículo 31 atribuía la iniciativa legislativa al Rey; sin embargo, el artículo 32 abría la posibilidad de que las Cortes pudieran formular peticiones al Monarca. Para la aprobación de las leyes se requería el voto favorable de ambas Cámaras y la sanción regia (art. 33).

A la función económico-financiera se referían los artículos 34, 35 y 36 del texto constitucional (examen y aprobación de los Presupuestos y facultad de votar los tributos y contribuciones). Dentro de las facultades de naturaleza judicial la más importante consistía en enjuiciar a los Secretarios del Despacho por razón de los actos realizados en el desempeño de su cargo (arts. 139 y 140 del Reglamento parlamentario de 15 de julio de 1834).

El Estatuto asignó, a su vez, destacadas atribuciones de significación político-constitucional; entre ellas, recibir el juramento al sucesor de la Corona (art. 27); recibir el juramento de los guardadores del Rey niño (arts. 28 y 29) y conocer de aquellos asuntos arduos «cuya gravedad, a juicio del Rey exija consultarla» (art. 30).

Finalmente, como refiere TOMÁS VILLARROYA, el Estatuto y las normas que lo completaban introdujeron en nuestro país las instituciones y mecanismos propios del régimen parlamentario. En opinión del citado autor, esta función de control de las Cortes al Gobierno se materializó a través de los siguientes medios:

a) La contestación al discurso de la Corona.

b) La discusión de las peticiones.

c) El examen de los Presupuestos.

d) Las proposiciones.

e) Las preguntas parlamentarias.

f) La cuestión de gabinete.

g) La moción de censura.

Tanto las «preguntas» como la llamada «cuestión o moción de confianza» (planteada por primera vez en el mes de septiembre de 1835 por Mendizábal) surgieron de modo espontáneo, al margen de toda regulación legal.

Hay que destacar por último que el Estatuto Real no contenía ningún precepto sobre el mecanismo electoral. El artículo 13 se limitaba a señalar que «el Estamento de Procuradores del Reino se compondrá de las personas que se nombren con arreglo a la ley de elecciones».

Durante la vigencia de este texto se sucedieron dos sistemas electorales: el regulado por el Decreto de 20 de mayo de 1834, a cuyo amparo se celebraron las primeras elecciones, y el contemplado por el Decreto de 24 de mayo de 1836.

El primer sistema se basaba en un sufragio indirecto a dos grados: juntas electorales de partido y juntas electorales de provincia. El Decreto concedía el derecho de voto a un reducido número de contribuyentes (16.026 individuos en toda España, lo que equivalía al 0,15 por ciento de la población). Los electores de partido elegían a 950 compromisarios que, por último, designaban a los procuradores.

Los notorios inconvenientes de este procedimiento forzaron el Decreto de 24 de mayo de 1836 que introdujo por primera vez en España el sufragio directo; y ampliaba el cuerpo electoral (integrado ahora por 60.067 individuos, que representan el 0,5 por ciento de la población; enriqueciéndolo cualitativamente al incorporar junto al sufragio censitario (que concede el voto a quienes poseen determinados bienes) el sufragio «capacitario» o «meritocrático» (que concede el voto a quienes poseen ciertos títulos profesionales o académicos).

B. El Rey

A pesar de la posición hegemónica que ocupa el Monarca en el Estatuto Real, este no le dedica ningún Título o capítulo independiente, limitándose de manera desordenada y ocasional, a mencionar algunos de les poderes que le correspondían en relación al funcionamiento y competencias de las Cortes.

Así, Torres del Moral, recuerda que el Rey es el único poder propiamente dicho, pero lo es de un modo distinto al del Antiguo Régimen comparte su ejercicio —no su titularidad— con órganos colaboradores. Con la promulgación del Estatuto, por tanto, la Monarquía dejó de ser absoluta para quedar sujeta a determinadas limitaciones formales.

Aunque el texto no contenía ninguna norma acerca de la inviolabilidad o irresponsabilidad del Rey, la práctica constitucional y parlamentaria consagraron tales prerrogativas regias.

El Monarca ostentaba solamente la titularidad formal del poder político atribuido por la Constitución, cuyo ejercicio efectivo correspondía a los ministros; de esta manera, concluye Fernández Segado, la función del Rey consistía en reinar, no en gobernar.

Las funciones del Rey pueden ser agrupadas en los tres grupos siguientes:

a) Funciones en relación con las Cortes Generales

El Monarca, como ya hemos apuntado, tenía amplias facultades en orden a la composición del Estamento de Próceres de acuerdo con los artículos 7.° y siguientes del texto constitucional; además, intervenía en la designación de los cargos de Presidente y Vicepresidente de las Cortes (arts. 12 y 22) y en su funcionamiento mediante la convocatoria, suspensión y disolución de las mismas (arts. 24, 37 y 40).

En la Exposición Preliminar con que se acompañó la publicación del Estatuto, se vinculó expresamente la disolución de las Cortes con su carácter de mediación, de apelación al arbitraje de la Nación en un eventual conflicto entre los poderes del Estado: «(...) La facultad de disolver el Estamento electivo ofrece el único medio de prevenir violentas crisis (...); con la notable circunstancia de que habiéndose de verificar nuevas elecciones en el término que para tales casos hayan prefijado las leyes, lejos de menoscabarse por aquel medio los derechos de la Nación, no se hace en realidad sino apelar a ella; encomendándole que, bien sea confirmando el mandato a los mismos procuradores, bien nombrando otros nuevos, manifieste por medio de sus votos cuál es su voluntad». En este mismo documento la defensa de la prerrogativa de disolución se relacionaría casi directamente con la contemplación de un poder moderador en la Corona: «(...) Constituido uno y otro Estamento, sólo falta coordinarlos de tal manera que concurran al mismo fin, bajo el amparo de la Potestad Real, la cual se presenta como suprema moderadora, para impedir contrastes violentos entre los brazos del Cuerpo legislativo y mantener en su fiel la balanza».

b) Funciones de orden legislativo

A la Corona le correspondía en exclusiva la iniciativa legislativa (art. 31), así como la sanción de las leyes que hubieran sido aprobadas por ambos Estamentos (art. 33); sanción que implicaba, caso de ser denegada, un veto absoluto.

c) Funciones de índole ejecutiva

La doctrina política de la época, ante el silencio del texto constitucional, entendió que le correspondían al Rey las siguientes atribuciones:

1. El mando supremo del Ejército.
2. La dirección de las relaciones diplomáticas y comerciales con los demás países, si bien los tratados que significasen enajenación del territorio nacional debían someterse a la aprobación de las Cortes.
3. La potestad reglamentaria.
4. El mantenimiento del orden público.
5. La concesión de empleos civiles y militares.

C. La Regencia

El Deseado, como hemos apuntado, había instituido poco antes de su fallecimiento un Consejo de Gobierno para asesorar a su viuda en los asuntos políticos y administrativos más importantes. Dicho órgano, desconocido hasta entonces, era, en opinión de TOMÁS VILLARROYA, «una Regencia potencial instituida para el caso de que la Reina Gobernadora falleciese durante la minoría de edad del heredero de la Corona» y, asimismo, «un Consejo del Reino efectivo». Esta Regencia no tiene engarce con ningún texto constitucional anterior; se trata, como ha resaltado PASCUAL MEDRANO, de una institución propia de la Monarquía absoluta.

La entrada en vigor del Estatuto, pese al silencio del mismo, supuso para la Reina Regente una merma de sus poderes. A partir de este momento, las Cortes debían ser convocadas cuando el heredero de la Corona fuese menor de edad (art. 28), al objeto de que los guardadores juraran «velar lealmente en custodia del Príncipe y no violar las leyes del Estado» (art. 29). En el fondo, el texto no hizo sino adaptar la Regencia tal y como la había organizado Fernando VII en su testamento a la nueva organización de poderes que este texto diseña.

D. El Gobierno

El Estatuto contiene por primera vez la expresión Consejo de Ministros (arts. 26, 37 y 40) o incluso Gobierno (art. 50). Ambos términos se utilizan a partir de entonces en todos los textos constitucionales para designar un órgano constitucional distinto del Rey, cuya existencia deriva directamente de la propia Constitución. Aunque en dichos preceptos se mencione muy escuetamente al Consejo y a su Presidente, la evolución del sistema y la imitación de los ejemplos extranjeros le fue prestando, según Tomas Villarroya, las tres características que definen la institución: la colegialidad, la homogeneidad y la responsabilidad.

A partir de ahora el Consejo de Ministros no será un mero agregado de ministres sino un órgano que va a fijar la línea a seguir de manera coherente y eficaz y políticamente responsable ante las Cortes, lo que implicaba su remoción por la pérdida de confianza parlamentaria.

También se consolidó la figura del Presidente del Gobierno, que dejaba de ser un *primus interpares* para convertirse en el auténtico líder del partido gobernante.

Se constitucionalizaba, asimismo, siquiera sea indirectamente la denominación de «ministro», que se implanta ya definitivamente frente al concepto anterior —heredado de la reforma de Felipe V— de Secretarios de Estado y del Despacho.

La gran discrecionalidad que tenía el Rey a la hora de nombrar al Presidente del Consejo quedaba contrapesada por las propias reglas del régimen parlamentario; así se estimó, destaca con razón Tomás Villarroya, que el Monarca debía designar a quien, por su personalidad, por su capacidad política o por las colaboraciones que fuese capaz de sumar, estuviese en condiciones de conseguir la confianza del Parlamento.

El Presidente proponía a la Corona el nombramiento y separación de los demás ministros; defendía la política del Gobierno ante las Cortes: refrendaba los derechos de la Corona relativos a la apertura, suspensión y disolución de las Cortes y los decretos de mayor interés.

En el Estatuto, a diferencia de la Constitución de Cádiz, no hay referencia alguna al régimen local, quedando toda la regulación en manos del Gobierno.

El 23 de abril de 1835 bajo la presidencia de Martínez de la Rosa se presentó a las Cortes un proyecto de ley mediante el cual se autorizaba al Ejecutivo a regular los Ayuntamientos de los pueblos por medio de Real Decreto. Y con esa autorización que se concedió por las Cortes, no sin cierto debate por el procedimiento y el rango de la norma empleada para regular los Ayuntamientos, vio la luz el Real Decreto de 23 de Julio de 1835 para el arreglo provisional de los Ayuntamientos del Reino.

Este Real Decreto reguló los principios más importantes de la estructura municipal, organización, naturaleza de oficios, elecciones, atribuciones y obligaciones del alcalde, de los tenientes de alcalde y del Ayuntamiento (pleno) así como el régimen de sesiones y de funcionarios públicos municipales. Su artículo 3.º afirmaba que «conservarán Ayuntamiento los pueblos que actualmente lo tuvieren, aunque su población no llegue a 100 vecinos [...] y si alguno de ellos, en atención a su corto vecindario, a la estrechez de su corto territorio o a la penuria de sus fondos comunes, creyere conveniente a sus intereses unirse a otro pueblo limítrofe para formar un solo Ayuntamiento dirigirá la oportuna solicitud al Gobernador Civil, el cual la elevará con su informe al Ministerio de lo Interior para la resolución soberana». El siguiente precepto recogía la posibilidad de que los pueblos que dependen de ciudades o villas en cuanto a su régimen municipal, podrán solicitar la formación de Ayuntamiento propio, siempre que su población llegue a 100 vecinos.

A la par, en el Título V, se establece que los alcaldes (Corregidores en las capitales y demás ciudades que establezca el gobierno) son las autoridades encargadas por S. M. del gobierno inmediato de los pueblos, bajo la dependencia de los Gobernadores Civiles.

En cuanto a las Diputaciones Provinciales el Real Decreto de 21 de septiembre de 1835, sobre el modo de constituir y formar las Diputaciones, desconocía cualquier atisbo de autonomía, pues estos órganos dependían absolutamente del Gobernador Civil, su Presidente nato.

E. El Consejo Real de España e Indias

El 24 de marzo de 1834 varios Reales Decretos suprimieron los viejos Consejos de Castilla e Indias, Guerra y Hacienda, se reformó el Consejo de Órdenes, se suspendió el Consejo de Estado durante la minoría de edad de Isabel II, si bien sus miembros conservarían sus honores y prerrogativas así como su sueldo, y se creó el Consejo Real de España e Indias. El objetivo era separar con claridad la función judicial y la consultiva, aunque el Consejo Real estaría sometido a la superioridad de los Secretarios del Despacho, predominando, como indica CORDERO TORRES, casi exclusivamente en su ejercicio la función consultiva, configurándose en la práctica como una agrupación de departamentos consultivos especiales dirigidos al asesoramiento de Ministerios, incluyendo las secciones de Estado, Gracia y Justicia, Guerra, Marina, Hacienda, Fomento e Indias.

Sin embargo, la regulación constitucional de esta etapa es parca en cuanto a la institución que nos ocupa. En este sentido, el Estatuto Real únicamente se refiere a la misma en cuanto a la condición de Consejero de Estado como uno de los cargos que habilitan para formar parte del Estamento de Próceres del Reino (art. 3.°, párrafo 4).

Con el motín de La Granja, en 1836, se abolió este Consejo Real por estimarlo incompatible con el artículo 236 de la Constitución gaditana, si bien no se restituyó el Consejo de Estado previsto en dicho texto. Todos los negocios que tenía asignado pasaron a las Secretarías del Despacho al tiempo que las funciones políticas pasaron a ser desempeñadas por un Consejo de Gobierno encargado de auxiliar al Monarca en todos los asuntos que le consultase, el cual desapareció en poco tiempo.

5. Significado y aplicación del Estatuto

Tomás Villarroya estima que el Estatuto Real ha sido frecuentemente infravalorado por sus defectos y limitaciones, los cuales, sin embargo, no deben empalidecer sus méritos efectivos, entre los que destacan por derecho propio el de poner fin de manera definitiva al régimen absolutista en España.

Pese a su origen ajeno a toda intervención popular y a la carencia de una declaración de derechos, el texto de 1834 afianzó en nuestro país, como hemos destacado, instituciones y modos parlamentarios como la responsabilidad ministerial, los mecanismos de control del Gobierno, el derecho de petición o las elecciones.

Sin embargo, alega Fernández Segado, quizá el mayor mérito del Estatuto resida en una intención que resultó malograda desde un principio: la de haber querido ser una norma que sirviese a la convivencia de todos los españoles.

El régimen del Estatuto, no obstante su carácter restringido, sirvió como marco donde fueron cristalizando los principios políticos establecidos en las Cortes de Cádiz. La opinión liberal se convertiría en apoyo decisivo del Trono frente a los carlistas. Pero el liberalismo español de estos años, en función de los intereses que representa, de la estrategia política que los diversos grupos adoptan y de las concepciones sobre la profundidad de los cambios que debían operarse (incluidos los constitucionales), acabará fragmentándose en dos incipientes partidos, aún sin nítidas líneas de separación, que terminarán llamándose Partido Moderado, que representaba la opción liberal más conservadora, y Partido Progresista, de tendencias más radicales.

Un amplio sector liberal nunca llegó a aceptar este texto como norma fundamental y utilizó todos los medios a su alcance para sustituir el sistema político que encarnaba por otro que reconociese una mayor participación ciudadana.

El Estatuto sufrió un triple intento de reforma. Amparándose en el artículo 32 del mismo —el derecho de las Cortes de elevar peticiones al Rey— quince procuradores, López entre ellos, solicitaron a la Regencia la inclusión en el texto de una Tabla de Derechos, porque «sin libertad civil y seguridad personal el hombre no tiene dignidad, ni representa derechos: es más bien un ser degradado que se ultraja sin respeto». La Petición, tras una Exposición de Motivos, contenía doce artículos, y era fruto de los deseos del sector más avanzado del liberalismo, que no podía tolerar la omisión en el Estatuto de los derechos y libertades políticas.

El artículo 1.º de la Tabla reconocía y garantizaba la libertad individual; «por consecuencia ningún español puede ser obligado a hacer lo que la ley no ordena». Fruto de ese reconocimiento es la declaración de una libertad de expresión del pensamiento por medio de la imprenta sin previa censura con la sola sujeción a las leyes que repriman sus abusos. La seguridad jurídica se concretaba en los artículos 3.º y 4.º —la persecución, apresamiento y arresto sólo podía hacerse en los casos previstos por la ley y de la forma en ella prescrita, principio de legalidad; la ley es irretroactiva y cualquier juicio debe realizarse por tribunales establecidos por ley antes de la comisión de un delito—, mientras que el artículo 5.º proclamaba la inviolabilidad de domicilio, Tras consagrar que «la propiedad es inviolable», el artículo 10.º establecía la responsabilidad criminal de las autoridades y funcionarios que atacasen la libertad individual, la seguridad personal o la propiedad, así como la específica de la Secretaría de Despacho por las infracciones de las Leyes Fundamentales, por delitos de traición y por los atentados contra la libertad, seguridad o propiedad (art. 11).

Al margen de quienes únicamente querían completar el Estatuto con una declaración de derechos, hay que situar dos importantes intentos de reforma: el promovido por la «Sociedad Isabelina» en julio de 1834 y el llevado a cabo por el Ministerio Istúriz en 1836.

Los «isabelinos» pretendían la sustitución del Estatuto por un proyecto de Constitución redactada por ellos mismos, cuya paternidad se ha atribuido a Olavarría. En él se establecía un catálogo amplio de derechos considerados como «facultades naturales»; concebía al Monarca como un «poder neutro»; atribuía el Poder Ejecutivo a los ministros; declaraba la independencia judicial, y concedía la iniciativa legislativa al Rey y a los dos Estamentos.

Frente a la tendencia liberal-progresista del proyecto «isabelino» el proyecto articulado por el Gabinete Istúriz, cuya redacción era obra de Alcalá Galiano, se separaba del liberalismo doctrinario de Cádiz y del esquema de Monarquía parlamentaria de «la Isabelina», si bien suponía un avance profundo respecto al Estatuto, por cuanto dedicaba su primer capítulo a los derechos y obligaciones de los españoles; declaraba formalmente la división de poderes; recogía la responsabilidad ministerial; atribuía la iniciativa legislativa a las Cortes y al Rey; consagraba la independencia judicial. Al decir de FERNÁNDEZ SEGADO este proyecto anunciaba lo que poco después sería la Constitución de 1837, de la que en muchos aspectos puede considerarse como una verdadera vanguardia.

El levantamiento contra el Ministerio Istúriz en el verano de 1836, rápidamente extendido por toda la geografía española, y que culminó con el motín de La Granja, terminará con la vigencia del Estatuto.

II. LA CONSTITUCIÓN DE 1837

1. Introducción histórica y proceso constituyente

Para sustituir a Mendizábal al frente del Gobierno la Reina Gobernadora designó *motu proprio* el 15 de mayo de 1836 a Istúriz, antiguo exaltado y organizador, junto con Alcalá Galiano y Toreno, del Partido Moderado. El nuevo Gobierno tuvo que enfrentarse con la manifiesta oposición del Estamento de Procuradores, formado principalmente por progresistas, quienes solicitaron la cuestión de confianza, al Gabinete, y. aunque el voto de censura fue aprobado, Istúriz, con el pleno apoyo de María Cristina, disolvió los Estamentos, logrando así mantenerse en el poder. Este hecho, escribe COMELLAS, consagraba «no ya la dualidad política de los grupos que acababan de formarse en el seno del régimen cristino, sino también su incompatibilidad».

A partir de este momento los acontecimientos políticos se precipitaron. El 25 de julio de 1836 se iniciaba en Málaga una cruenta rebelión en la que fueron asesinados los Gobernadores Civil y Militar de la provincia, proclamándose en vigor la Constitución de Cádiz.

La ola de levantamientos contra el régimen político vigente, que alcanzan en pocos días la totalidad de la Nación, culmina en lo que, con acierto, SÁNCHEZ AGESTA considera como uno de los más vergonzosos episodios del constitucionalismo español: el motín de La Granja.

En la noche del 12 de agosto de 1836 los sargentos de la guardia real allí destinados obligaron a la Regente a promulgar la Constitución de 1812, en tanto la Nación, reunida en Cortes, manifestase expresamente su voluntad.

El Gobierno radical-progresista de Calatrava, nombrado dos días más tarde, convocó elecciones a Cortes Constituyentes para el mes de octubre de 1836, conforme a la legislación electoral de Cádiz. Las nuevas Cortes, de mayoría progresista, designaron una Comisión, cuyo Presidente y secretario fueron, respectivamente, Argüelles y Olózaga. El mismo Argüelles, que fue sin duda el inspirador, si no el redactor, del Discurso Preliminar y de la Constitución gaditana es quien ahora defiende «con igual fervor y convicción» la reforma que se propone del texto doceañista. El 30 de noviembre se hizo público el Dictamen de la Comisión, «proponiendo a las Cortes las bases de la reforma que cree debe hacerse en la Constitución de 1812», que en síntesis eran:

- Supresión de la parte reglamentaria de la Constitución de Cádiz y de todas aquellas materias objeto de regulación por Códigos o leyes orgánicas (lo que suponía una importante reducción del texto matriz). La Comisión sin duda quería alejar del texto fundamental todos los preceptos concernientes al régimen electoral; «la ley de elecciones no corresponde a la Constitución —se afirmaba en el dictamen—, pero su base... debe consignarse en ella por ser de una importancia política muy señalada».
- Fortalecimiento de los poderes de la Corona, o por mejor decir, reconocimiento de una serie de atribuciones que se confieren al Monarca; la introducción de este principio en nuestro régimen constitucional se había producido en tiempos del Estatuto Real y la Constitución de 1837 sirve de cauce para la consolidación del régimen parlamentario en España.
- Admisión del bicameralismo. Las Cortes se estructuraban en dos cuerpos colegisladores, que gozarían de las mismas facultades, salvo en materia de contribuciones y crédito público, punto este donde la Cámara popular gozaría de cierta preeminencia.
- Supresión del régimen electoral indirecto de la Constitución doceañista por el directo. «La elección directa es la única verdadera, mientras que la indirecta ofrece una ficción en cada grado de que consta», se señalaba en el Dictamen de la Comisión. La adopción de la elección directa fue duramente criticada por Joaquín María López, quien afirmaba que no constituía propiamente una elección, mostrándose partidario, «en todo caso, de la indirecta de dos grados, porque tampoco podríamos admitirla con mayor latitud»

En el Preámbulo del Dictamen, la Comisión se inclinaba a favor de que desapareciera la incompatibilidad que establecía la Constitución gaditana entre el cargo de diputado y el de ministro, lo que suponía —en palabras de FERNÁNDEZ SEGADO— «un paso importante hacia la consolidación del régimen parlamentario», que, aunque no formalizado por el Estatuto Real, había sido *de facto* una realidad existente durante su vigencia.

Las Cortes elaboraron sobre las Bases redactadas por la Comisión un proyecto de Constitución que, como ha destacado TORRES DEL MORAL, más que una verdadera reforma de la Constitución era un edificio constitucional de nueva planta.

El nuevo texto fundamental fue aprobado por las Cortes en mayo de 1837 y, finalmente, aceptado y jurado por la Reina Gobernadora, en nombre de su hija Isabel, el 18 de junio, renovando de este modo, según dijo Argüelles, «el pacto y estrecha alianza entre la Nación y el Trono de los Reyes».

2. Naturaleza

La Constitución de 1837 ofrece los siguientes rasgos característicos:

a) Es un texto breve. Tan sólo tiene 77 artículos más dos adicionales, distribuidos en trece Títulos. En su momento la Comisión de reforma propuso en la primera de las bases la simplificación de la Constitución gaditana, limitando el articulado a los principios fundamentales y de carácter preceptivo. Con ello, el Código de 1837 ganó en precisión y adaptación.

b) Es un texto muy estimable, sobrio, completo y sistemático. Dentro de su brevedad, la Constitución contiene, de un modo perfectamente diferenciado, una parte dogmática (Preámbulo y Título I), en la que se recoge una declaración unificada de los derechos y libertades, y una parte orgánica (Títulos II al XIII) referida a los poderes públicos.

c) Es un texto flexible. Los Constituyentes no establecieron un órgano o un procedimiento especial para llevar a cabo su posible reforma.

Para Tomás Villarroya ello se debe a dos razones: de un lado, porque la experiencia había demostrado que las reformas constitucionales se habían hecho siempre al margen de los cauces de revisión; de otra, porque la reforma se confiaba a la prudencia de las generaciones venideras.

Dicho silencio se entendió en el sentido de que la Constitución podía revisarse por el mismo método que ésta establecía para modificar cualquier ley ordinaria, es decir, mediante el concurso de las Cortes y la Corona.

d) Es un texto conciliador y pretendidamente elástico, adaptable a las cambiantes circunstancias y mayorías en el poder. Los miembros de la Comisión que la preparó, como recuerda San Miguel, «no trataron de hacer precisamente lo mejor, sino lo más aceptable a la generalidad; lo que pudiera reunir más gente en derredor de la bandera de las libertades públicas».

Esta adaptabilidad, sin embargo, como hubiera sido deseable, no fue capaz de poner fin al período de convulsiones constitucionales iniciado en la Guerra de la Independencia.

e) Es un texto de notable influencia extranjerizante. Hay coincidencia en la doctrina en destacar como fuentes más directas de este texto, aparte de los españoles de 1812 y 1834, las Constituciones francesa de 1830 y belga de 1831, cuyos influjos son más que notorios. La Constitución de 1837 pertenecía, como estas dos últimas, a una nueva generación de Leyes Fundamentales que rehuían grandes proclamaciones retóricas, tenían un sentido y dimensión pragmática y dibujaban un modelo de régimen parlamentario sumamente acabado, teniendo presente la doctrina y la condición de los tiempos.

3. Principios políticos

La Constitución que enmarca el régimen nacido en 1837 es una resultante política —entiende TOMÁS Y VALIENTE— del «moderantismo» que se traduce en un acortamiento de distancias entre progresistas y moderados. La concesión «moderantista», producto del pacto entre una y otra tendencia, tendrá respuesta en dos principios básicos del régimen: la soberanía nacional y la división de poderes. Junto a ellos nos detendremos, asimismo, en otros tres principios: la libertad individual, la tolerancia religiosa y la remisión constante a las leyes ordinarias para regular instituciones y derechos.

a) La soberanía nacional

En las Cortes, el debate sobre el asunto de la soberanía nacional tuvo lugar fundamentalmente en marzo de 1837. Allí se discutió la ubicación de dicho principio en la Ley Fundamental: la Comisión Constitucional — progresismo-templado— entendía que debía situarse en el Preámbulo, fuera de su parte normativa; los progresistas-doceañistas, en cambio, sostenían que debía consagrarse en el articulado, como había hecho el texto de 1812. Lo que no se cuestionó en las filas progresistas era que la soberanía residía esencialmente en la Nación. En aquellas Constituyentes sólo la reducida minoría moderada se opuso a ello.

Olózaga justificará el emplazamiento de este principio en el Preámbulo en que «no podía convertirse en un precepto de aplicación constante o que pareciese invitación continua a rehacer o deshacer la Constitución», lo que le transformaba en una «declaración abstracta» más o menos semántica. En parecidos términos, el diputado Rada hizo hincapié en que «la Nación ha sido siempre soberana, y esto se expresa mejor en el proemio que no por un artículo particular».

Una vez aprobada la Constitución, San Miguel hizo su particular defensa de este principio en uno de sus escritos, defendiendo la soberanía nacional como un derecho natural, y, con un historicismo nacionalista muy propio del liberalismo, argumentó que era intrínseco a la esencia española, un hecho indiscutible, que, además, por si fuera poco con lo anterior, fue recuperado «a costa de torrentes de sangre» en la Guerra de Independencia. El texto de 1837 solo se limitaba a recoger «del modo más explícito» dicho principio que además es reconocido en las naciones más avanzadas de Europa.

De la soberanía nacional emanaban todos los poderes, incluido el monárquico; el nuevo texto constitucional procedía exclusivamente de unas Cortes soberanas que reconocían como Reina a Isabel II. El Monarca ejercía una parte del poder, la que la Constitución dictaminase. En contra de la opinión mayoritaria, aunque no exento de razón, TORRES DEL MORAL sostiene que no es la soberanía nacional, pese a su enunciación, sino la soberanía compartida entre el Rey y las Cortes la que informa este texto constitucional.

b) La división de poderes

El carácter rígido con que se planteaba la división de poderes en la Constitución de Cádiz, y que se traducía en una separación de los mismos, sufre ahora un freno considerable, al articular este principio (arts. 12, 45 y 63) mediante un conjunto de mecanismos que iban a permitir la colaboración y mutua interacción de los órganos constitucionales (arts. 26 y 62) que es propia de todo régimen parlamentario.

Sin embargo, la quiebra del principio de separación de poderes, plasmada fundamentalmente en la importante intervención del Monarca en el Poder Legislativo, fue evidente desde el inicio del régimen político.

c) El principio de libertad individual

La Constitución de 1837 recoge la primera regulación sistemática de los derechos y libertades en nuestro constitucionalismo. Incluidos dentro del Título I —«De los españoles»— los artículos 2.° a 11, inclusive, regulaban los derechos, libertades y deberes. La regulación quedaba despojada de todo espíritu abstracto o programático —tan propio del Código doceañista— y se caracterizaba por un pragmatismo jurídico-positivo, tal como ocurrirá con el resto del texto. De forma sistematizada se enumeraban los siguientes:

- Libertad de imprenta: «Todos los españoles pueden imprimir publicar libremente sus ideas sin previa censura, con sujeción a las leyes. La calificación de los delitos de imprenta corresponde exclusivamente a los Jurados» (art. 2.°).
- Derecho de petición (art. 3.°).
- Unidad de Códigos y jurisdicción (art. 4.°).
- Igualdad para ocupar empleos y cargos públicos (art. 5.°).
- Seguridad jurídica y personal: «No puede ser detenido, ni preso, ni separado de su domicilio ningún español, ni allanada su casa sino en los casos y en la forma que las leyes prescriban» (art. 7.°).
- Seguridad procesal y penal (art. 9.°).

Por su parte, el artículo 8.° establecía una primaria previsión de suspensión de garantías cuando «la seguridad del Estado exigiere en circunstancias extraordinarias la suspensión temporal en toda la Monarquía o en parte de ella, de lo dispuesto en el artículo anterior, se determinará por una ley», con lo que eran las Cortes quienes establecían el ámbito y el contenido de la suspensión.

A su vez, el artículo 6.° constitucionalizaba como deberes de los españoles la prestación personal —defensa de la Patria con las armas al ser llamado por la ley— y la económica «en proporción de sus haberes para los gastos del Estado».

d) Tolerancia religiosa

La regulación de las relaciones Iglesia-Estado presenta en esta Constitución un carácter ciertamente novedoso. En realidad, supuso una importante ruptura con la normativa precedente que se contenía en las Constituciones de 1808 y 1812, y aun con la que se derivaba del Estatuto Real de 1834.

Dos fueron los cambios principales que se aprecian en su texto sobre esta materia: en primer lugar, el abandono de una declaración formal de confesionalidad de la Nación; y, en segundo lugar, la supresión de la intolerancia religiosa del articulado del documento. Sobre estas dos decisiones, la nueva Constitución deja paso a una ecléctica tolerancia religiosa.

Como contrapartida de la desamortización y para mitigar los efectos de la ruptura de relaciones diplomáticas entre el Gobierno español y la Santa Sede, tras la llegada al poder de Calatrava, el artículo 11 del texto de 1837 disponía la obligación del Estado de «mantener el culto y los ministros de la religión católica que profesan los españoles». Por primera vez no se afirma la confesionalidad del Estado, sino que se admite el hecho sociológico de que la religión católica es la que profesa la ciudadanía. Esta acepción específica de la confesionalidad, que LABOA califica de «sociológica», implica un nivel de compromiso menor que la confesionalidad formal, en cuanto que no conlleva que el Estado profese ningún culto. Son los españoles individualmente los que lo hacen, la Constitución únicamente se limita a constatar este hecho y, en consecuencia, la Nación asume la obligación de mantener el culto y los ministros de la religión católica.

La fórmula empleada en el artículo 11 no es en ningún caso neutra, puesto que supone un abandono de opciones anteriores y la asunción de un nuevo marco de relaciones Iglesia-Estado, precisamente el pretendido por la ideología liberal progresista que en cierta manera subyace en el Código político. Acorde con esta circunstancia, SÁNCHEZ AGESTA deduce que en este precepto se emplea una fórmula muy significativa del ambiente espiritual y de la situación de la Iglesia del momento. JIMÉNEZ ASENSIO cree, sin embargo, que lo que realmente consagraba este precepto era una confesionalidad «presupuestaria o tutelar» del Estado.

Otros autores, entre ellos CAVERO y ZAMORA, defienden una posición más rotunda sobre el precepto en cuestión, percibiendo en el mismo «una incipiente libertad religiosa, o al menos tolerancia, mucho más acusada ahora que a comienzos de siglo».

El artículo 23 —acorde con el pensamiento «regalista» de sujetar la Iglesia al poder político—exigía la condición de seglar para ser diputado, lo que impedía el acceso del clero a la Cámara Baja.

e) Constante remisión a las leyes ordinarias para regular detalladamente las instituciones y derechos que contenía o proclamaba

El Código político de 1837 se va a remitir con mucha frecuencia a las leyes ordinarias para regular con detalle las instituciones y derechos recogidos en su articulado: la libertad de imprenta, el sistema electoral, la organización de los Ayuntamientos, Diputaciones y Milicia Nacional; los cuales —en expresión de TOMÁS VILLARROYA— «eran susceptibles de arreglos distintos sin tocar el texto de la Constitución».

Esta constante remisión, añade el citado tratadista, parecía apuntar a la aspiración de que la Constitución fuese un texto con el que pudiesen gobernar el Partido Moderado o el Progresista y desarrollar, sin alterarlo, la política propia de cada uno de ellos.

4. Los órganos constitucionales

A. Las Cortes

Una de las mayores concesiones hechas por los progresistas a favor del ideario moderado, afectaba directamente a las Cortes: admisión del bicameralismo y fortalecimiento de la posición del Monarca respecto al funcionamiento de las Cámaras.

Los Constituyentes de 1836-1837 introdujeron en nuestro país la terminología con que se va a denominar a ambas Cámaras a lo largo de toda nuestra historia parlamentaria. «Las Cortes —prescribía el artículo 13— se compondrán de dos Cuerpos colegisladores, iguales en facultades: el Senado y el Congreso de los Diputados», denominaciones que se mantienen hasta hoy.

Los progresistas de la época defendieron la implantación del sistema en argumentos de Derecho comparado, diciendo que era el vigente en Inglaterra, Francia, Bélgica, Estados Unidos y todas las repúblicas de la América hispana. Esta opción se justificó asimismo en cuanto que existe «menos riesgo para interpretar la opinión y voluntad (de la Nación) y consagrarlas como ley...». La división en dos Cuerpos o Cámaras será la constante de todas las Constituciones del siglo XIX.

El Congreso de los Diputados era una Cámara completamente electiva. «Los diputados —decía el artículo 22— se elegirán por el método directo, y podrán ser reelegidos indefinidamente».

El texto de 1837 constitucionaliza la provincia como distrito electoral (arts. 21 y 24). Cada provincia nombraba un diputado por cada 50.000 almas de su población (art. 21). La duración del mandato se fijaba en tres años (art. 25). Las condiciones para ser diputado eran: ser español, seglar, haber cumplido 25 años y tener las demás circunstancias que exigiese la Ley electoral (art. 23). Llama la atención la no exigencia de renta determinada procedente de bienes propios, como requisito previo a la elección, lo que supuso una clara innovación respecto a épocas anteriores.

La Ley Electoral de 20 de julio de 1837 estableció un sufragio censitario, al parecer de TOMÁS VILLARROYA «sumamente amplio en el número y en la variedad de electores». En la formación del cuerpo electoral se utilizó la contribución, estableciéndose una cuota de doscientos reales, incluyendo a ciertas profesiones, labradores ricos y arrendatarios varios. La Comisión entendió que así ninguna clase de propietarios quedaba fuera del cuerpo electoral pues «si se toma la propiedad como el signo de la aptitud electoral, es preciso buscarla en todas partes, bajo todas sus formas». A esto hay que añadir la instauración del voto secreto que suponía una garantía y seguridad en los comicios (art. 25).

Por tanto, los progresistas establecieron una ficción representativa por la cual unos electores capacitados escogían por método directo a unos diputados a los que no se les exigían requisitos, pero que carecían de retribución, lo cual era, de por sí, un auténtico filtro. Como ha remarcado SIERRA, el progresismo pretendió aunar gobernabilidad y participación con un sufragio limitado pero amplio, con una visión optimista de una movilización política ordenada, que se ampliaría en un futuro, lo cual les permitía prometer sin dar, unido a una concepción elitista de una sociedad que debía ser gobernada por los mejores. De acuerdo con ARTOLA, el nivel de participación pasó del 0,15 por ciento del Estatuto Real al 2,2 por ciento, porcentaje que fue subiendo paulatinamente en los años sucesivos hasta llegar en 1843 al 4,32 por ciento.

En la Cámara popular, que se reunió desde 1837 hasta 1844, es donde, en reflexión de ALCALÁ GALIANO, se sigue con escrúpulo la gestión del Ejecutivo y es en él donde se interpela a los ministros; es donde mejor que en ninguna otra institución se aprecia el auténtico pulso de la nación y es donde «está la rueda principal (...), el muelle real de la máquina gubernativa».

El Senado fue objeto de numerosas polémicas durante el proceso constituyente. Como ha relatado TOMÁS VILLARROYA, en 1837, no se quiso un Senado nobiliario porque se reputaba contrario al espíritu de igualdad propio de los tiempos; no se quiso un Senado de elección popular porque hubiese resultado un duplicado del Congreso de los Diputados, y tampoco se aceptó un Senado de nombramiento regio y vitalicia porque una equivocación en la elección de sus miembros resultaría irreparable. De esta manera, por vía de exclusión, se configuró una Cámara Alta de reclutamiento y composición mixta, en el que se trató de conjugar el carácter electivo de sus miembros con el nombramiento regio.

Los senadores eran designados por el Rey a propuesta de lista triple, de los electores que en cada provincia nombraban los diputados en Cortes (art. 15). Para ser senador se requería: ser español, mayor de cuarenta años y tener medios de subsistencia además de las circunstancias determinadas en la Ley Electoral (art. 17).

Conforme el artículo 20 tenían la condición de senadores «natos» los hijos del Rey y del heredero inmediato de la Corona mayores de 25 años. El número de senadores nunca podía exceder de las tres quintas partes del de diputados (art. 14). A cada provincia correspondía proponer un número de senadores proporcional a su población, aunque ninguna dejaría de contar al menos con un senador (art. 16). El artículo 19 trataba de dar una cierta estabilidad a la condición de senador al disponer que la Cámara se renovaría sólo por terceras partes cada vez que hubiese elección general de diputados.

El Senado fue muy criticado por los políticos de la época. PACHECO lo consideraba una de las partes más defectuosas del texto de 1837. Para BALMES, «no fue casi nunca más que un dócil instrumento de los gobiernos». LÓPEZ, por su parte, significó que esta institución «de espíritu retrógrado» no haría sino dilatar el proceso legislativo. Estos testimonios que inciden en las deficiencias de esta Cámara serían corroborados por los Constituyentes de 1844, que prontamente se propusieron su reforma.

Los ministros podían ser senadores o diputados y tomar parte en las discusiones de ambos Cuerpos colegisladores; pero sólo tendrían voto en aquel al que pertenezcan (art. 62). Sancho se refiere a la compatibilidad entre ambos empleos, como «hija de la Ilustración» y consecuencia del «profundo conocimiento que (las Cortes) tienen de lo que es un verdadero sistema representativo...». Se establecían así los pilares sobre los cuales se van a asentar los principios de un gobierno representativo, o gobierno parlamentario, que retrotraía sus orígenes a la época del Estatuto Real.

Por último, la Constitución de 1837 consagraba la inviolabilidad e inmunidad parlamentaria en el Título V. Los diputados se acogen al beneficio o prerrogativa de la inviolabilidad por aquellos votos y opiniones manifestados en el ejercicio de su encargo como parlamentarios (art. 41) y al de la inmunidad, conforme al cual los diputados (y también los senadores) no pueden ser procesados ni arrestados sin previa autorización del cuerpo al que pertenecen, «a no ser hallados *in fraganti*» (art. 42). En este supuesto la prisión o el procesamiento se debe poner en conocimiento de las Cortes «lo más pronto posible», para que las mismas resuelvan si se ha de dar o no autorización para la continuación del proceso ya iniciado o mantener el arresto preventivo del parlamentario. Las citadas prerrogativas adquirieron durante la vigencia de este texto una importancia extraordinaria en cuanto supuso la introducción formal en España del suplicatorio, entendido como autorización del Congreso de los Diputados para que uno de sus integrantes pueda ser juzgado por la jurisdicción ordinaria, perdiendo con ello el fuero especial que le otorga su condición de parlamentario.

Esta nueva regulación supone una variación sustancial con respecto al régimen de la inmunidad parlamentaria de las épocas constitucionales anteriores. Ahora no tiene ya sentido hablar del Tribunal de Cortes, regulado en el Reglamento de 1821, que se erigía en juzgadora de los diputados sospechosos de infringir la legalidad, en tanto que suponía una renuncia de los parlamentarios al fuero privilegiado que les arropaba y «ponía a salvo de los peligros que le rodean».

Las Cortes se reunían necesariamente todos los años, correspondiendo al Rey convocar, suspender, cerrar las sesiones y disolver el Congreso de los Diputados, con la obligación en este último supuesto de convocar otras Cortes y reunirlas dentro de los tres meses siguientes (art. 26). Si el Monarca dejara de reunir algún año las Cortes antes del día 1 de noviembre, éstas habrían de juntarse automáticamente (art. 27).

Con carácter extraordinario, las Cortes debían reunirse en dos supuestos: cuando vacare la Corona o cuando el Rey se imposibilitare de cualquier modo para el gobierno (art. 28). Ambas Cámaras se reunían simultáneamente, pero por separado (art. 33), y no podían deliberar en presencia del Rey (art. 34). El artículo 35 establecía, a su vez, el carácter público de las sesiones del Congreso y del Senado, salvo «en los casos que exijan gran reserva».

Las funciones de las Cortes pueden resumirse básicamente en las siguientes:

a) Funciones legislativas

La Constitución otorgaba la iniciativa legislativa al Rey y a cada uno de los Cuerpos colegisladores (art. 36). En este punto de capital importancia se aparta la nueva Constitución del texto gaditano, que confería a las Cortes la plena potestad legislativa, salvo el veto suspensivo del Monarca, que no tenía otra virtualidad que colapsar las disposiciones legales del Parlamento por un tiempo máximo que se señaló en tres años.

Aprobado un proyecto definitivamente por el Congreso se remitía a la otra Cámara. Si es que previamente no había sido ya discutido y si disienten ambos Cuerpos se constituirá una Comisión compuesta de igual número de senadores y diputados para que conferencien sobre el modo de conciliar las opiniones; el acuerdo de la Comisión se presenta a ambas Cámaras por medio de su dictamen. Si este no sufre alteración, el proyecto de ley se presenta al Monarca para su sanción, el cual puede decretarla sin más, o puede, por el contrario, hacer uso de su derecho de veto absoluto (art. 46); esta facultad prevista constitucionalmente invalidaba *de facto* toda la labor realizada por las Cortes y fue muy censurada por los diputados al tiempo de discutirse las bases de reforma constitucional. Si el Rey le negaba la sanción no podría volverse a proponer un proyecto de ley sobre el mismo objeto en aquella legislatura (art. 39).

b) Funciones económico-presupuestarias

El Congreso estaba investido de atribuciones financieras que otorgaban cierta primacía a esta Asamblea frente al Senado. Las leyes sobre contribuciones se presentan al Congreso, que las examinaba como cualquier otro proyecto presentado por el Gobierno; ahora bien, difiere de los demás proyectos en que las alteraciones que tuviese a bien hacer la otra Cámara no se incorporaban al proyecto inicial si el Congreso no mostrase la conveniencia de las mismas con su aprobación.

El artículo 72 establecía que todos los años el Gobierno debía presentar a las Cortes el Presupuesto general de los gastos del Estado para el año siguiente, así como el plan de contribuciones y medios para llenarlos. De otro lado, este precepto reconocía el principio de legalidad al exigir la autorización de la Ley de Presupuestos o de otra ley especial para imponerse o cobrarse cualquier contribución o arbitrio. Igual autorización se exigía para disponer de las propiedades del Estado y para tomar caudales a préstamo sobre el crédito de la Nación (art. 74).

c) Funciones político-institucionales

En relación con la institución monárquica los artículos 40 y 54 recogían las siguientes facultades:

- Recibir al Rey, al sucesor inmediato de la Corona y a la Regencia o Regente del Reino el juramento de guardar la Constitución y las leyes.
- Resolver cualquier duda de hecho o de derecho en orden a la sucesión a la Corona.
- Elegir Regente o Regencia del Reino y nombrar tutor al Rey menor, cuando así lo prevenga la Constitución.
- Excluir de la sucesión a aquellas personas que sean incapaces para gobernar o hayan hecho algo por lo que merezcan perder el derecho a la Corona.

d) Funciones de control

Lo más característico del Congreso de los Diputados que se constituyó bajo los auspicios de la Constitución de 1837 fue sin duda el ejercicio que de sus facultades hizo uso en orden a la fiscalización de la labor del Gobierno. El medio más explícito a la vez que enérgico de control se llevó a cabo mediante las interpelaciones que de modo reiterado fueron utilizadas a lo largo de las sesiones, El uso de las mismas es un derecho reconocido a todos y cada uno de los diputados por las cuales pueden solicitar cualquier tipo de información sobre la totalidad de los actos del Gobierno. Pero lo más característico de las interpelaciones es que fueron, por regla general, causa de inicio de un debate que, aunque no se cierre con una resolución reprobatoria de la actuación gubernativa, provocó siempre un considerable desgaste de Gabinetes y también, directa o indirectamente, cierres precipitados de distintas legislaturas.

Aparte, las Cortes se valieron de otros mecanismos para realizar un seguimiento de la conducta y gestión gubernamental: así, al tiempo del examen de los Presupuestos se pasaba revista a la totalidad de los negocios públicos atendidos por el Ejecutivo.

A las Cortes, por último, le correspondía la facultad de hacer efectiva la responsabilidad de los ministros «los cuales serán acusados por el Congreso y juzgados por el Senado» (art. 40. 4). Como bien apuntan Fraile Clivillés y Torres del Moral se trataba de una responsabilidad no política sino penal, derivada de la irresponsabilidad del Monarca y del endoso que significaba el refrendo ministerial de los actos de este; sin embargo, no es menos cierto, entiende Sánchez Agesta, la práctica de los votos de censura no reconocidos por la Constitución, pero implícitamente admitida en la facultad de disolver las Cortes, va a permitir con otras instituciones, un verdadero régimen parlamentario, ya establecido, asimismo, como práctica durante los años del Estatuto.

e) Funciones estatutarias internas

Cada una de las Cámaras, conforme al artículo 29, podían formar el respectivo Reglamento para su gobierno interior, y examinar la legalidad de las elecciones y las calidades de los individuos que la componen.

A su vez, el Congreso tenía potestad plena para nombrar entre sus miembros a su Presidente, Vicepresidentes y Secretarios (art. 30). El Senado, en cambio, elegía únicamente a sus Secretarios, siendo el Rey el que designaba al Presidente y Vicepresidente (art. 31).

B. El Rey

En la Constitución de 1837, el Rey —reitera SOLÉ TURA— se configura como un Monarca limitado, pero sin los recelos y las limitaciones que tenía en el texto gaditano. La persona del Rey era sagrada, inviolable y no sujeta a responsabilidad, que se trasladaba a los ministros (art. 44). Todo lo que él dispusiere en el ejercicio de su autoridad, debería ir firmado por el ministro a quien correspondiera, no pudiendo ningún funcionario público dar cumplimiento a lo que careciera de tal requisito (art. 61).

La presente Constitución iba, admite SÁNCHEZ AGESTA, a incrementar el principio de autoridad, aumentando el ámbito de poderes de la Corona; lo que se manifiesta en el veto legislativo absoluto (art. 39) y en la facultad de disolver el Congreso de los Diputados (art. 26). Este último derecho fue objeto de fuerte polémica, por cuanto se consideraba atentatorio a la soberanía nacional; sin embargo, como dirá BALMES, se justificó para puestos de desacuerdo entre el Ministerio y las Cortes.

Bajo la vigencia de esta Constitución, la Monarquía continuará conservando la adhesión de las clases populares, pero perderá prestigio y respeto entre los elementos políticamente activos; ya no será —aclara TOMÁS VILLARROYA— un poder que modere y arbitre sino un instrumento del que se sirven partidos y facciones para atacarse sin lealtad ni nobleza.

Con relación ya a las atribuciones concretas del Rey, podían clasificarse del modo siguiente:

a) En relación con las Cortes, correspondía al Monarca convocar, suspender y cerrar sus sesiones (art. 46).

b) En relación con la función legislativa, el Rey compartía la iniciativa legislativa con las Cámaras (art. 36) y a él le correspondía la sanción y promulgación de las leyes (art. 46).

c) En relación con la función ejecutiva, el Rey tenía las siguientes potestades: ejecutar las leyes, conservar el orden público en el interior y la seguridad del Estado en lo exterior (art. 45).

Además, estaban atribuidas al mismo las facultades consistentes en: expedir los decretos, reglamentos e instrucciones, cuidar para que se administrase pronta y cumplidamente la justicia; indultar a los delincuentes; disponer de la fuerza armada; cuidar de la fabricación de moneda; decretar la inversión de los fondos públicos y nombrar y separar libremente a los ministros; y

d) En relación con la política exterior, correspondía al Monarca la dirección de las relaciones diplomáticas y comerciales con las demás Potencias y la declaración de la guerra y la ratificación de la paz (art. 47).

Finalmente, el artículo 48 estableció ciertas limitaciones parlamentarias al poder regio, consistentes en la necesidad de una autorización legal para que el Rey pudiera enajenar, ceder o permutar parte del territorio español, contraer matrimonio o permitir que lo contrajeran aquellas personas llamadas a la sucesión, abdicar y realizar ciertos actos de política exterior y militar.

C. La Regencia

El Título VIII del texto constitucional estaba dedicado a la Regencia del Reino; órgano que, dada la condición de la minoría de edad de Isabel II, adquirió singular importancia. En general, la ordenación de esta institución supuso *a priori*, desde un punto de vista cuantitativo, una simplificación de la reforma gaditana, y, desde un punto cualitativo, una conformación de la misma básicamente distinta a la realizada por aquella. En dicho Título se reconocían las dos situaciones básicas en que el legítimo Rey desempeña su función: la minoría y la imposibilitación regia. En relación con estos supuestos, el artículo 57 disponía que cuando el Monarca se imposibilitare para ejercer su autoridad o quedase vacante la Corona por ser menor de edad el inmediato sucesor, las Cortes nombrarían una Regencia compuesta de una, tres o cinco personas.

En 1840, una vez producida la renuncia de María Cristina, las Cámaras, tras una larga controversia acerca del número de personas que debían integrar la nueva institución, nombraron Regente único al general Espartero. A su caída, tres años después, el Gobierno y las Cortes no quisieron proceder al nombramiento de otro Regente, decantándose por una solución dudosamente constitucional: adelantar la mayoría de edad de Isabel II.

El sistema de Regencia electiva quedaba asegurado asimismo en el artículo 28 del Código político al establecerse en el mismo que «las Cortes se reunirán extraordinariamente luego de que vacare la Corona, o el Rey se imposibilitare de cualquier forma»; hasta entonces, el Reino sería gobernado por el padre o la madre del Rey, y, en su defecto, por el Consejo de Ministros (art. 58).

En suma, este órgano, según el artículo 59, ejercía toda la autoridad del Rey, en cuyo nombre se habían de publicar los actos del Ejecutivo. En su justificación, la Comisión constitucional señaló de forma muy precisa que la Regencia conservaba las mismas facultades que el Monarca al entender que así lo exigía el «bien público».

Como puso de relieve PASCUAL MEDRANO, el texto de 1837 se convirtió en el primer documento de nuestra historia constitucional en el que expresamente se coloca a la Regencia como una institución que ocupa la misma posición constitucional que el Rey. En congruencia con lo anterior, el artículo 40. 1 exigía a los llamados a ser Regente el mismo juramento que al Monarca.

D. El Gobierno

La Constitución de 1837 formalizaba la institución del Gobierno o Consejo de Ministros en dos de sus preceptos; en el artículo 58, al determinar que, en ciertos casos, la Regencia provisional del Reino, correspondería al Consejo de Ministros, y en el artículo 72, al obligar al Gobierno a presentar todos los años a las Cortes el Presupuesto general de los gastos del Estado.

Al margen de estas breves referencias, el Gobierno, como órgano colegiado —advierte TOMÁS VILLARROYA—, continúa siendo pieza esencial del mecanismo institucional y protagonista decisivo en la vida política del país; en el mismo sentido, POSADA HERRERA, en 1843, señalaba que los ministros, «reunidos en Consejo, resuelven todas las cuestiones de interés general».

Escuetas, igualmente, son las alusiones a los ministros, a los que el texto fundamental dedica el Título I, que consta tan sólo de dos artículos. El primero de ellos se refería a la institución del «refrendo» (art. 61) y el segundo lo hacía a la compatibilidad entre el cargo de ministro y la condición de diputado o senador (art. 62).

Como ya hemos expuesto, la facultad de nombrar y separar a los ministros correspondía al Rey (art. 47.10); sin embargo, durante la vigencia de la Constitución de 1837 se fue asentando de forma progresiva —a pesar de la discrecionalidad operada en ciertos nombramientos— el principio de la doble confianza (Rey y Cortes), propio del régimen parlamentario.

El Reglamento del Congreso de 1838 reconocerá tácitamente la responsabilidad política del Gabinete ante las Cámaras. Cabe recordar finalmente que el texto al que dedicamos nuestra atención nada señalaba respecto a las funciones del Gobierno, aunque en algún precepto aislado se consignasen ciertas atribuciones (como la prevista por el artículo 72); no obstante, la doctrina política de entonces entendió que al ser irresponsable el Monarca y asumir la responsabilidad de sus actos los ministros, y en especial el Presidente del Consejo, parecía obligado que los poderes atribuidos al Rey fuesen ejercidos, de hecho, por el Gobierno.

E. El Poder Judicial

Denominado así por primera vez en nuestro constitucionalismo, el Poder Judicial, al que la Constitución dedicaba el Título X (arts. 63 a 68), descansaba sobre los principios siguientes:

- Exclusividad judicial: «A los tribunales y juzgados pertenece exclusivamente la potestad de aplicar las leyes en los juicios civiles y criminales; sin que puedan ejercer otras funciones, que las de juzgar y hacer que se ejecute lo juzgado» (art. 63).
- Publicidad de los juicios en materia criminal (art. 65).
- Inamovilidad de jueces y magistrados: «Ningún magistrado o juez podrá ser depuesto de su destino, temporal o perpetuo, sino por sentencia ejecutoria; ni suspendido sino por auto judicial, o en virtud de orden del Rey, cuando este, con motivos fundados, le mande juzgar por el tribunal competente» (art. 66).
- Responsabilidad: «Los jueces son responsables personalmente de toda infracción de ley que cometan» (art. 67).

Por otro lado, el artículo 64 se remitía a las leyes ordinarias en lo referente al número, organización y facultades de los tribunales, así como a los requisitos que debían cumplir los integrantes de los mismos.

F. La Administración local

A pesar del atribuido seguidismo de las previsiones del texto de 1812, el tratamiento del régimen local se reduce a tres preceptos que integraban todo el Título IX bajo el epígrafe de «De las Diputaciones Provinciales y de los Ayuntamientos» (arts. 69 a 71), frente a los veintiocho que le dedicó la gaditana. Uno, el 69, dedicado al órgano provincial: «En cada provincia habrá una Diputación Provincial compuesta del número de individuos que determine la ley, nombrados por los mismos electores que los diputados a Cortes»; otro a los municipios: «Para el gobierno interior de los pueblos habrá Ayuntamientos, nombrados por los vecinos a quienes la ley concede este derecho» (art. 70), y el tercero a ambos: «La ley determinará la organización y funciones de las Diputaciones Provinciales y de los Ayuntamientos» (art. 71).

La organización de los Ayuntamientos se rigió, en principio, por lo previsto en el Decreto de 10 de Julio de 1812, restablecido por el Real Decreto de 8 de diciembre de 1836. Pero, una vez aprobada la Constitución, el Gobierno presentó a las Cortes en febrero de 1838 dos Proyectos de Ley de organización y de atribuciones de Ayuntamientos, respectivamente que, finalmente, no prosperaron debido, básicamente, a su carácter centralizador y fuertemente intervencionista.

El 21 de marzo de 1840, presentó el ministro de la Gobernación un proyecto de ley de autorización al Gobierno para plantear el de organización y atribuciones de los Ayuntamientos, en el que en su Exposición de Motivos dice pretender «[...] arreglar la administración interior del Reino de un modo que, sin despojar a los pueblos de la justa intervención en sus asuntos domésticos, deje libre, cual conviene, la acción de la autoridad central para cumplir con las altos fines que le están encomendados».

Este Proyecto, de tendencia liberal-moderada, sancionado como Ley municipal el 14 de julio del mismo año, en primer lugar, restringió el sistema electoral permitiendo que fuesen electores, únicamente, los de más de veinticinco años mayores contribuyentes. Por otro lado, el Jefe Político nombraba los concejales oída la Diputación Provincial de entre los vecinos más votados y, posteriormente, el ministro de la Gobernación, oído el Jefe político, nombraba de entre los concejales al alcalde y a los tenientes de alcalde de las capitales de provincia, cabezas de partido judicial y municipios de más de 500 vecinos. Las sesiones del Ayuntamiento-pleno eran presididas por el alcalde, necesariamente eran a puerta cerrada (art. 55) y el propio Jefe Político tenía la capacidad de suspender al Ayuntamiento o al alcalde (art. 57). Por otra parte, el Rey, previo el oportuno expediente instruido por el Jefe Político, podía disolver los Ayuntamientos, destituir alcaldes o tenientes de alcalde y separar concejales (art. 58).

Esta ley fue la causa fundamental de la sustitución de la Regencia de la Reina por la de Espartero que, apoyándose en el rechazo a esta norma, decretó su suspensión el 13 de octubre de 1840, al entender que se había vulnerado lo previsto en el artículo 70 del texto constitucional.

G. El Consejo de Gobierno y el Consejo Real

Los Constituyentes de 1837 no acogieron ningún cuerpo consultivo. En 1843 Posada Herrera reclamaba la existencia de un órgano específico, no sólo para asesorar al Gobierno en los casos graves y arduos, sino también «para poner a cubierto el interés individual y darle una garantía contra la precipitación con que la administración suele proceder».

Tras tres intentos fallidos de regulación del Consejo de Estado, mediante Real Decreto de 11 de febrero de 1843 se creó un órgano consultivo que asumiría el nombre de Consejo de Gobierno, tal y como lo había previsto Fernando VII en su testamento, con las funciones de auxiliar al Gobierno en los asuntos que tuviera que consultarle. En su artículo segundo se establecía que se compondría de un número indeterminado de individuos con un presidente y dos vicepresidentes y que lo presidiría, siempre que asistiese, el que lo sea del Consejo de Ministros.

En 1845, la ley de 1 de enero, siguiendo el modelo del Consejo de Estado francés, con el fin de mejorar la Administración del Estado, establecía un nuevo instituto consultivo denominado Consejo Real (art. 1.º), que se compondría de los Ministros Secretarios de Estado y del Despacho, de consejeros ordinarios, de los consejeros extraordinarios que Rey autorizase para tomar en las deliberaciones del Consejo, del número de auxiliares que fueran necesarios, de un secretario general y de los empleados y dependientes que los reglamentos determinasen (art. 2.º).

5. Significado y aplicación de la Constitución

La Constitución de 1837 ha sido vista tradicionalmente como transaccional. Los historiadores han señalado que el progresismo traicionó sus principios doceañistas para pactar con el moderantismo. VARELA SUANZES-CARPEGNA defiende su transaccionalidad entre progresistas y moderados bajo tres aspectos: la confluencia doctrinal, la atenuación de principios y el pacto político. En la misma línea, NIETO afirma que «su contenido fue el resultado de una combinación de elementos moderados y progresistas» y ROMEO recalca que el texto que comentamos «debía más al cuerpo doctrinal moderado que al de sus teóricos redactores».

En cambio, AQUILLUÉ DOMÍNGUEZ se aparta de estas opiniones al entender que fue una obra netamente progresista y que como tal fue percibida en esos años por unos progresistas triunfantes tras la revolución de 1836. Por su parte, la Corona y los conservadores nunca perdonarían ni su origen revolucionario ni su contenido, que ya entre 1838 y 1840 intentaron revertir con sus proyectos legislativos —imprenta, Ayuntamientos— y su extensión de estados de sitio —Málaga, Cádiz, Cataluña, purgas en poderes locales y Milicia Nacional— hasta que, finalmente, asentados en el poder y desarticulada la oposición progresista y demorrepublicana, acabaron con ella y la sustituyeron por una más acorde a sus doctrinas, la Constitución de 1845.

La importancia de esta Constitución, confirma ORDUÑA REBOLLO, se encuentra, sobre todo, en que con ella se consolida el sistema constitucional en España, convirtiendo en realidad el principio de que el «Estado y los gobernantes se encontraban también sometidos al imperio de la ley, con limitaciones a sus poderes y con el reconocimiento de determinadas garantías y derechos a los ciudadanos».

SÁNCHEZ AGESTA al referirse al Código que nos ocupa habla de un nuevo estilo constitucional cuyo interés rebasa el punto de vista partidista, «porque cuajó fórmulas constitucionales», y TOMÁS VILLARROYA lo califica de «Constitución nueva y diferente». En la misma línea, PÉREZ-PRENDES corrobora que este texto encierra una significación muy especial en el desarrollo del constitucionalismo español ya que abre un período que denomina, acertadamente, de «consolidación constitucional».

Con el texto de 1837 —dirá POSADA— se acentúa el carácter constitucional del proceso político. Su talante conciliador pudo haber resuelto los gravísimos problemas de convivencia que tenía el país, pero, sin embargo, no fue así. Las razones de esta inoperancia hay que buscarlas, más que en el documento (técnicamente bien construido), en la abierta hostilidad que las fuerzas políticas del momento le dispensaron. Ello condujo a que las violaciones del texto fueran frecuentes y graves, lo que hizo renegar a numerosos sectores de la población de su fe constitucional.

Para VARELA SUANZES-CARPEGNA el fracaso de la Constitución fue el resultado de la ausencia de una amplia base social que viese ligados sus intereses al nuevo régimen de libertades, objetivo al que no contribuyó precisamente la obra desamortizadora.

Por otra parte, ninguna institución fue capaz de ocupar el lugar que la Constitución quería situarla, ni mucho menos de desempeñar el papel que ésta le atribuía. Así, la Corona no supo ser una suprema instancia moderadora; los Gobiernos se sucedieron sin solución de continuidad, llegando a contabilizarse once en cuatro años, y las Cortes, enfrentadas con frecuencia al Gobierno, carecieron, asimismo, de autoridad y estabilidad, no consiguiendo nunca completar el mandato de tres años que el texto constitucional les asignaba.

Una Constitución como esta, técnica y políticamente muy estimable, merecía haber tenido una larga duración. No pudo ser así. Bajo su vigencia, la vida política fue lamentable y los mecanismos constitucionales funcionaron o fueron usados de manera irregular. De este modo, explica FONT DE MORA, se fue abriendo paso una idea que ha sido frecuente en nuestra historia: atribuir a normas e instituciones constitucionales la responsabilidad de faltas que, en rigor, se debían a la conducta de los políticos, a su carencia de virtudes cívicas, al apetito de los partidos, a su afán de conseguir el poder sin reparar en medios. De esta manera, también lentamente, se fue abriendo camino la idea de que una reforma constitucional era necesaria para solucionar los males de nuestra vida política.

En cualquier caso, el texto de 1837, a pesar de sus infracciones y de su escasa vigencia, influirá decisivamente en todo el constitucionalismo posterior. Sin duda, el mayor tributo del mismo fue su carácter transaccional o de consenso. «No creemos incurrir en exageración alguna —aduce de nuevo VARELA SUANZES-CARPEGNA— si afirmamos que hasta 1978 no volvería a repetirse en nuestra historia, si siquiera en 1876, un intento tan sincero y generoso de superar la visión chata y sectaria de la cosa pública, subordinando los intereses de partido a un proyecto global de Estado, basado en la concordia y en la pacífica alternativa de las fuerzas políticas más significativas».

III. LA CONSTITUCIÓN DE 1845

1. Introducción histórica y proceso constituyente

El 31 de agosto de 1839 el general Espartero por los cristinos y el teniente general Maroto por los carlistas firmaban el Convenio de Vergara que ponía oficialmente fin a la primera guerra civil protagonizada por unos y por otros. A partir de este momento el Ejército pasó a convertirse en árbitro de la situación y Espartero en el hombre más influyente. La finalización de la guerra carlista fue el pretexto que utilizó la Reina Gobernadora para disolver las Cortes (de mayoría progresista) y convocar elecciones que ganaron los moderados.

El enfrentamiento entre los moderados —con quienes la Regente se alió fervorosamente— y progresistas, alcanzó su punto más álgido con motivo de la Ley Municipal de 1840, según la cual, en contra de lo dispuesto en la Constitución, los alcaldes eran nombrados por el Gobierno. La oposición fue violentísima desde los primeros días y, con la anuencia de Espartero, comenzaron a crearse Juntas revolucionarias en numerosas capitales de provincia. El levantamiento de Madrid, el 1 de septiembre de ese mismo año, obligó a María Cristina a encargar a Espartero (ennoblecido con el título de duque de la Victoria) la formación de un Gobierno progresista, cuyo programa recogía como puntos más destacables el nombramiento de Corregentes, la derogación de la polémica Ley Municipal, la disolución de las Cortes y la convocatoria de otras nuevas.

Ante esta situación, la Reina Gobernadora abdicó el 12 de octubre de 1840, creándose —al amparo del artículo 58 de la Constitución— un Ministerio Regencia que va a presidir desde ese momento y hasta el 8 de octubre de 1843, fecha en que se inicia el reinado de Isabel II, el general Espartero.

Como mantiene acertadamente SUÁREZ, María Cristina era para los liberales la bandera de la legitimidad frente al pretendiente carlista; finalizada la guerra y exiliado aquel, la Reina Gobernadora dejaba de tener razón de ser.

No faltaron durante la Regencia del duque de la Victoria dificultades e incidentes de todo tipo, incluidos los pronunciamientos militares como el protagonizado en 1841 por O'Donnell, De la Concha y De León que fue fuertemente reprimido y acabó con el fusilamiento de este último.

En 1842 se iba a consumar la ruptura entre Espartero y un importante sector del progresismo. El Regente encargó entonces el Gobierno al general Rodil, que tuvo que hacer frente, entre otros muchos, a dos graves problemas: la agitación social y la sublevación de Barcelona en el mes de noviembre de dicho año. El bombardeo de la Ciudad Condal por orden de Espartero le haría perder definitivamente el apoyo de las fuerzas progresistas.

La disolución de las Cortes a principios de 1843 originó un movimiento popular de protesta contra el Regente, el cual apenas contaba con el apoyo de ciertos sectores del Ejército. Poco después el general Serrano se autoproclamaba en Barcelona Ministro Universal, destituyendo a Espartero y nombrando Presidente del Consejo a Joaquín María López, quien se apresuró a hacer público un documento con las infracciones y atentados llevados a cabo por el duque de la Victoria contra la Constitución de 1837.

En el mes de julio, después de un breve encuentro armado en los alrededores de Torrejón de Ardoz, las tropas de Narváez —que, junto con O'Donnell, De la Concha y otros generales adictos al moderantismo se habían puesto al frente de la rebelión militar— derrotaron a las del general esparterista, Seoane. Ante tal cúmulo de acontecimientos, Espartero partía camino del exilio el 30 de julio de 1843.

El llamado por SEVILLA ANDRÉS «cesarismo esparterista» no fue respetuoso con la legalidad constitucional ni con las prácticas parlamentarias. En los tres años que duró su Regencia, Espartero supo granjearse la enemistad de todos (políticos, militares y sociedad civil).

Según COMELLAS, el fracaso del Ministerio Regencia no estuvo en la oposición moderada, sino en la defección del Partido Progresista; además, el progresismo en el poder se iba a dividir, como alega PALACIO ATARD, en tres grandes grupos liderados por Cortina, Olózoga y López.

El mismo día de la entrada de Narváez en Madrid (23 de julio de 1843), Joaquín María López era encargado de formar un Gobierno provisional con el sólo propósito de convocar elecciones y disolver las Juntas revolucionarias. La resistencia de la Junta de Barcelona a disolverse y la reticencia de la clase política y militar a reinstaurar a María Cristina en el Trono, llevaron al Ministerio López —en contra de lo previsto en el artículo 56 del texto constitucional— a adelantar la mayoría de edad de Isabel II a los trece años, en una sesión conjunta de ambas Cámaras el día 8 de noviembre de 1843. Dos días más tarde (10 de noviembre de 1843) la Reina-niña juraba la Constitución.

Tras los efímeros Gobiernos Olózoga y González Bravo, en mayo de 1844 se hizo cargo de la Presidencia del Consejo de Ministros el general Narváez. El acceso al poder de los moderados abría un período de gobierno de este partido (oficialmente llamado «monárquico-constitucional») durante diez años, la llamada «década moderada» (1844-1854).

El Gabinete Narváez, ante la creencia casi generalizada de que la causa de la crispación política y social estaba en la Constitución de 1837, se decantó (frente a otras opiniones surgidas en el seno de su partido) por la reforma de la misma. Con tal finalidad por Decreto de 4 de julio de 1844 convocó elecciones generales conforme a la Ley Electoral de 1837; el cambio de la circunscripción provincial por distritos uninominales reducidos motivó la abstención de los progresistas, alcanzando de esta forma las fuerzas moderadas aplastante mayoría.

En su discurso de apertura de la nuevas Cortes, el 10 de octubre, Isabel II se refería, asimismo, a la urgente necesidad de revisar el texto de 1837. El día 18 el Gobierno presentó a las Cortes el Proyecto de reforma constitucional; una Comisión encargada de examinarlo —cuyo secretario era Donoso Cortés— emitió su Dictamen el día 5 de noviembre; finalmente, después de arduas y prolijas discusiones, se aprobó la reforma que, decretada y sancionada por la Reina y las Cortes, se transformó en la Constitución de 23 de mayo de 1845.

2. Alcance y contenido de la reforma

La doctrina no se pone de acuerdo a la hora de enjuiciar el alcance de la reforma constitucional. TOMÁS VILLARROYA entiende que la revisión no fue ni profunda ni sustancial; con matices diferentes SÁNCHEZ AGESTA y COME-

LLAS opinan que la Constitución de 1845 era una verdadera reforma del texto de 1837, aunque el concepto distinto del que parte la primera le da el perfil de una Constitución original. A *sensu contrario*, SOLÉ TURA, con quien coincidimos, sostiene que, pese a ser presentada como una simple reforma de la anterior Constitución, su sentido político es notablemente distinto y siempre ha sido considerada como una Constitución diferente.

Esta subsiguiente tesis cuenta también con apoyos directos y formales. El Preámbulo, en el proyecto del Ministerio, en los dictámenes de las Comisiones de ambas Cámaras y en el texto final, señalaba que la Corona y las Cortes venían en decretar y sancionar la siguiente Constitución de la Monarquía española. La reforma de la de 1837 no se tradujo en la publicación de un texto refundido de la misma, sino de una ley fundamental que apareció como nueva y diferente. En ningún texto ni en ningún momento de la discusión se previó que se publicase una nueva edición del texto anterior, colocando las alteraciones acordadas en el lugar que por numeración le correspondiese. Al igual en numerosos discursos parlamentarios se hizo referencia a la nueva Constitución.

Por último, los documentos y proyectos que aparecen después de 1845 consideraban a la Constitución de este año como distinta de la de 1837. En este sentido, en el Proyecto de Bravo Murillo de 1852 se decía: «... a la Constitución de 1812 sucedió la de 1837 y a ésta la de 1845, adaptándose en cada una de ellas las reformas que al parecer exigían la experiencia y las necesidades de la respectiva época...». Al año siguiente, el Proyecto de Roncalli, pretendía asimismo la reforma de la Constitución de 1845. El dictamen de la mayoría de la Comisión y los votos particulares que acompañaban a las bases para preparar la Constitución *nonnata* contenían referencias, generalmente críticas, a la Constitución moderada. El Decreto de 15 de septiembre de 1856, que cierra el bienio progresista, restablecía la Constitución del 45, con un Acta Adicional que fue derogada un mes después dejando vigente en toda y sola su integridad aquella

La Constitución de 1845, obra en exclusiva de los moderados, más que un Código político para toda la Nación se va a presentar a los ojos de muchos como el programa de gobierno de dicho Partido, suprimiendo las alternativas que habían existido en épocas anteriores.

En consecuencia, las modificaciones más importantes respecto a la de 1837 consistieron en despojarla del carácter innovador y progresista que la caracterizaba. Así, el moderantismo corrigió muchos de los principios que se habían plasmado en el texto anterior, tales como las alusiones preambularias a la soberanía nacional, los relativos a la cuestión religiosa, a las libertades públicas, a las limitaciones de poder regio, al juicio por jurados y a ciertas instituciones, fundamentalmente los Ayuntamientos y el Senado.

A criterio de SOLÉ TURA, el texto de 1845 consolidó la hegemonía de la oligarquía agraria y financiera, mantuvo en segundo plano a la burguesía y permitió una explotación sin límites de la pequeña burguesía, el proletariado y el campesinado.

Por último, desde una perspectiva formal, la sistemática de la Constitución que nos ocupa es prácticamente idéntica a la de 1837. Se trata de un texto breve (80 artículos más uno adicional, agrupados en trece Títulos), completo, aunque siga recurriendo a un gran número de leyes de desarrollo, sistemático y flexible.

A. Principios políticos

Es precisamente en este apartado donde nos encontramos con algunas de las modificaciones más significativas.

Estos son los principios en los que se va a apoyar el nuevo régimen:

1.º La soberanía compartida

La reforma de 1844-45 se justificó, entre otros extremos, por la necesidad de modificar enteramente la redacción y sentido del Preámbulo de la Constitución de 1837. Si en ésta se declaraba como un hecho la soberanía nacional, en el Preámbulo del texto de 1845 se sustituyó dicho principio por el de la soberanía conjunta de la Corona y las Cortes: la Reina, «en unión y de acuerdo con las Cortes» decreta y sanciona la Constitución.

El Ministerio, en la Exposición previa al Proyecto de reforma, defendía y justificaba este último principio en los términos siguientes: «...De esta manera se procura en cuanto cabe la inapreciable ventaja de dar por base a la Constitución la voluntad acorde del Monarca y de los elegidos de la Nación, evitando pretensiones exageradas por uno y por otro extremo que suelen principiar por celos y rivalidades y terminar por escándalos y trastornos...». Pidal, por su parte, glosaba aquella en los términos siguientes: «...Lo que nosotros queremos es una ley fundamental en la cual el Poder Real y el Poder Legislativo de consuno intervengan; es decir, que no queremos dejar a un solo poder su formación, sino que queremos que tengan parte en ella el otro Poder del Estado; queremos una ley fundamental hecha por las Cortes y sancionada por una Reina en su menor edad: este será su complemento; este le dará un carácter de estabilidad...»

Sobre este principio doctrinario —ya perfilado en el Estatuto Real— quedaba asentada la nueva Constitución.

2.º La práctica desaparición del principio de la división de poderes

El dogma de la división de poderes —tibiamente consagrado en los artículos 12, 45 y 63 de la Constitución de 1837— prácticamente desaparece en la de 1845, no sólo porque se evita expresamente su referencia sino porque el aumento de los poderes regios mermó la autonomía política de las Cámaras.

Será la Corona quien monopolice el poder, y por ella las «camarillas» que influyen caprichosamente en la voluntad de la Reina.

3.° Restricción de las libertades

Al igual que su predecesora, la Constitución de 1845 consagraba los derechos y libertades en el Título I (arts. 1.° a 11), si bien introducía algunas modificaciones: el último inciso del artículo 1.° anunciaba una ley posterior que determinara los derechos que podían gozar los extranjeros una vez obtenida carta de naturaleza o vecindad; desaparecía el juicio por Jurados para los delitos de imprenta, que era la mayor garantía de libertad de expresión y, aunque permanecía la unidad de Código (art. 4.°), se suprimía la unidad de fuero.

Algunas de las garantías pensadas para la tutela de la libertad y de la propiedad —las detenciones, la prisión o el desplazamiento de domicilio— podían ser suspendidas cuando la seguridad del Estado así lo exigiese en circunstancias extraordinarias, en toda o en parte de la Monarquía (art. 8.°), sin fijar criterios limitativos en cuanto a duración o en cuanto a lo que debía entenderse por excepcionalidad.

Una ley regularía esos casos, lo que suponía, poner en manos del Gobierno, una vez más, un poderoso instrumento para controlar ese reducido tejido de derechos y de libertades. El Estado creaba los derechos; el Estado determinaba su vigencia y su aplicación, pudiendo demorar su nacimiento y suspender su concreta aplicación, provisionalmente o de modo definitivo, acogiéndose a unas circunstancias lo suficientemente flexibles y amplias como para poder prolongar en el tiempo y en su provecho esa situación de excepcionalidad que devenía así común y cotidiana. Los derechos solamente tenían sentido desde el Estado y a partir del mismo. Sin este, no había ciudadanos. La ciudadanía quedaba reducida a una cuestión del poder, a una concesión pública. Como recuerda TOMÁS Y VALIENTE, no eran los derechos los que fijaban límites al poder, sino, a la inversa, era el poder el que decía los contenidos mínimos de los derechos, su existencia misma. Era el poder el que creaba al ciudadano.

4.° Confesionalidad del Estado

La nueva Constitución apareció en pleno proceso de acercamiento de posturas entre una Iglesia recelosa y un Estado encabezado por un nuevo Gobierno de signo moderado que buscaba el apoyo de aquella para su causa como pilar indispensable para lograr la unidad nacional. Para ello el Ejecutivo tomó una actitud positiva hacia los intereses de la Iglesia mediante la elaboración de numerosas disposiciones jurídicas: la retirada de la venta de los bienes eclesiásticos que faltaban por enajenarse, decretándose su devolución a la Iglesia, el aseguramiento de las asignaciones presupuestarias, con un nivel amplísimo de garantías.

Por otra parte, se volvía a poner en funcionamiento el Tribunal de la Rota, se concedían prerrogativas en cuanto a la libertad de prensa a favor de la Iglesia en lo relacionado a los temas de religión, censura e inspección previa a las publicaciones.

El tratamiento del tema religioso difería, por tanto, sustancialmente respecto del Código de 1837. Frente a la tolerancia religiosa de este, el que ahora nos ocupa establecía una declaración formal de confesionalidad contenida en el artículo 11, a cuyo tenor: «La religión de la Nación española es la católica apostólica, romana. El Estado se obliga a mantener el culto y sus ministros». Se trata de una nueva formulación de la confesionalidad católica, que de sociológica en el texto precedente se transforma en explícita y categórica. La religión católica es ahora la de toda la Nación, y, por consiguiente, la del Estado, y no sólo la «que profesan los españoles».

«Quien se obliga a mantener el culto y los ministros —matiza FRAILE CLIVILLÉS— no es ya la Nación, sino el Estado». La fórmula escogida muestra claramente la influencia del pensamiento moderado que inspiró a los redactores del texto constitucional e implica el deber que recae sobre el Estado de financiar y proteger tanto el culto como el clero de la religión oficial. Con esta explícita declaración de confesionalidad, los Gobiernos conservadores de Narváez pretendían reconducir las relaciones con la jerarquía católica y la Santa Sede, muy deterioradas en el trienio de Regencia de Espartero (1840-1843).

La Constitución niega todo atisbo de libertad religiosa. Así lo entiende, entre otros, DE LA CUADRA-SALCEDO, para quien el documento de 1845 puede y debe incluirse entre las Constituciones españolas intolerantes. La imputación de la catolicidad a la Nación no es sino una muestra de una España católica, de forma que quien no profese ese credo no está en sintonía plena con los rasgos distintivos que la caracterizan.

Como sugiere SÁNCHEZ AGESTA, las consecuencias políticas más importantes de esta declaración habían de deducirse en el Concordato firmado, en 1851, con la Santa Sede, cuyo artículo 1.º estableció que la religión católica era la única de la Nación, con exclusión de cualquier otra.

Por parte de la Santa Sede se hicieron al Estado dos grandes concesiones: la renovación del patronato regio en condiciones semejantes a las del Concordato de 1753 que, permitía la intervención directa de la Corona en los nombramientos de obispos y en la provisión de canonjías y parroquias, y el reconocimiento de la desamortización como hecho irreversible y consumado. Esto propició que todos los Gobiernos de la Monarquía española hasta 1931 manifestaran excesivamente sus injerencias en asuntos eclesiásticos, al amparo de la legalidad concordada, sobre todo en materia económica y patrimonial. Por otro lado, la Iglesia, intentó defenderse, buscando una independencia y autonomía que nunca consiguió plenamente. Para ello trató de salvar el ejercicio libre de la jurisdicción eclesiástica, que fue garantizado por el Estado, si bien tuvo que pedir una asignación para el culto y clero que sólo podía venir de este.

Las principales secuelas de esta constatación fáctica de la unidad religiosa serían la concesión a los prelados de una amplísima injerencia en la enseñanza y el compromiso de las autoridades de ayudarles a reprimir la divulgación de las doctrinas heréticas. Este documento sirvió, a su vez, de punto de partida para el desarrollo de toda una serie de principios que poco a poco se fueron convirtiendo en leyes civiles ordinarias.

B. Los órganos constitucionales

a) Las Cortes

El Congreso de los Diputados, apenas experimentó cambios significativos con respecto a la situación anterior. El artículo 24 prolongó su mandato de tres a cinco años; decisión que se fundamentó en el deseo, por otra parte incumplido, de dar una mayor estabilidad a la vida de la Cámara.

Otro rasgo diferenciador importante con respecto al texto de 1837 era la desaparición de la provincia como circunscripción y su sustitución por juntas electorales (art. 20), lo que implicaba una elección por distritos que facilitó el control de los caciques y autoridades.

Siguiendo las coordenadas constitucionales, la Ley Electoral de 18 de marzo de 1846 instauró la elección por distritos uninominales, a la vez que redujo —al elevar las condiciones socioeconómicas en electores y elegibles— el cuerpo electoral a menos de 100.000 individuos, que equivalía a menos del uno por ciento de la población con derecho a voto.

El Senado, en cambio, fue objeto de una reforma sustancial. Desechado el Senado electivo de 1837 por inútil y el nobiliario y hereditario por inviable, finalmente se optó por una Cámara Alta con número ilimitado de miembros (art. 14) y condición vitalicia (art. 17), designada por la Corona entre las altas categorías de la Administración, el Ejército, la Iglesia, las Finanzas y la Política, poseedores, a su vez, de bienes, rentas o sueldos elevados. De este modo, en el caso de que el Rey perdiese una mayoría adicta, podía hacer nuevos nombramientos hasta su recuperación

Formaban también parte de esta Cámara los hijos del Rey y del heredero inmediato de la Corona al cumplir los veinticinco años (art. 18). En definitiva —subraya FERNÁNDEZ SEGADO—, estamos ante un Senado integrado nítidamente por las «aristocracias naturales» del país.

Por último, el artículo 19 de la Constitución de 1845 convertía al Senado en una auténtica Cámara de justicia al atribuirle una serie de facultades de naturaleza judicial, a saber:

1. Juzgar a los ministros cuando fueren acusados por el Congreso de los Diputados.
2. Conocer de los delitos graves contra la persona o la dignidad del Rey, o contra la seguridad del Estado, conforme a lo que estableciesen las leyes.
3. Juzgar a los miembros del Senado en los casos y en la forma que determinasen las leyes.

b) La Corona

La doctrina ha venido considerando que las modificaciones más profundas en el texto de 1845 se produjeron en torno al papel de la Corona. Como señala GARRORENA, la mayor obsesión del legislador constituyente fue robustecer la autoridad real frente a las propias Cortes. La Constitución configura, pues, una Monarquía limitada, en la que las Cámaras pasan a un segundo plano, dejando el primero a la Corona y tras ella al Gobierno.

Así, en 1845 se suprimió el artículo 48 de 1837 que exigía la autorización de las Cortes para contraer matrimonio real, estableciéndose ahora que el Rey «antes de contraer matrimonio, lo pondrá en conocimiento de las Cortes, a cuya aprobación se someterán las estipulaciones y contratos matrimoniales que deban ser objeto de una ley» (art. 47). Otro tanto se debía observar respecto a los esponsales del Príncipe de Asturias.

Otras manifestaciones que cabe destacar en relación con el fortalecimiento del poder real sobre las Cortes son las siguientes:

1. La desaparición de la autoconvocatoria o reunión automática de las Cámaras si el 1 de diciembre el Rey no las hubiere convocado (art. 27 de la Constitución de 1837).
2. La vinculación del Senado (recordemos vitalicio e ilimitado) a la Corona, lo que va a permitir al Monarca y a su Gobierno contar con una mayoría fiel en esta Cámara.
3. La atribución al Rey de la facultad de suspensión y disolución del Congreso de los Diputados (art. 26), que no fue utilizada como una prerrogativa regia neutral y extraordinaria, sino como instrumento favorecedor de situaciones concretas y partidistas.

c) La Regencia

En lo relativo a la Regencia, la Constitución de 1845, obra en exclusiva de los moderados rechazaba la testamentaria y la electiva del texto anterior, inclinándose por la legítima o *de iure*, a cuyo desempeño era llamado el padre o la madre del Rey y, en su defecto, el pariente más próximo a suceder en la Corona (art. 57). Tal cambio, en frase de TOMÁS VILLARROYA, se introducía por la consideración de que era más conforme con la Monarquía hereditaria; se justificaba asimismo por la necesidad de evitar las luchas de los partidos que «tan viva y encarnizada acostumbra a ser cuando se trata de conferir, siquiera sea temporalmente, el ejercicio de la suprema potestad del Estado».

Para que el pariente pudiera ejercer el cargo de Regente, necesitaba ser español, tener veinte años cumplidos y no estar excluido en la sucesión a la Corona; en cuanto al padre o la madre del Rey menor, sólo podían desempeñarla mientras permanecieran viudos (art. 58). El artículo 59 exigía, a su vez, que el Regente prestara ante las Cortes el juramento de ser fiel al Rey menor y de guardar la Constitución y las leyes. Si el Rey se imposibilitara para ejercer su autoridad, y la imposibilidad fuese reconocida por las Cámaras, ejercería la Regencia, durante el impedimento, el hijo primogénito del Monarca, y a falta de este los llamados a hacerse cargo de la institución (art. 61). No obstante, junto a ello, el texto fundamental mantenía subsidiariamente el sistema de Regencia electiva cuando «no hubiese ninguna persona a que corresponda de derecho la Regencia» (art. 60), la cual se compondría de una, tres o cinco personas. Hasta que se hiciese su nombramiento por las Cortes, el Reino sería gobernado provisionalmente por el Consejo de Ministros.

Aparte, el artículo 62 asignaba al Regente o a la Regencia toda la autoridad del Rey, en cuyo nombre se publicarían los actos del Gobierno Los llamados a desempeñar este cometido ejercían, pues, la totalidad de los poderes que la Constitución atribuía al Monarca, disfrutando igualmente de todos los derechos y prerrogativas que reconocían al mismo.

d) El Gobierno

Las alusiones constitucionales al Consejo de Ministros eran muy exiguas; en cambio, se dedicaba un Título (el IX) a los ministros que recogía literalmente lo establecido en la Norma fundamental de 1837, a saber: a) el refrendo de los actos del Rey (art. 64), y b) la compatibilidad entre el cargo de ministro y el de diputado o senador (art. 65).

La prerrogativa que otorgaba al Monarca el poder de nombrar y separar libremente a los ministros (art. 45. 10) va a ser utilizada en el régimen isabelino de forma caprichosa y arbitraria por la Reina que va a nombrar Jefe de Gobierno, al margen del sistema parlamentario, al «favorito» de turno.

La inestabilidad gubernamental será, pues, el rasgo más caracterizador del régimen político de la Constitución de 1845, llegando incluso a haber un Gobierno que duró solamente un día, el del conde Cleonard, revocado ante el clamor popular.

e) La Administración de Justicia

El Título X que en la Constitución anterior se denominó «Poder Judicial», pasa ahora a llamarse «Administración de Justicia». Se argumentó para justificar dicho cambio que no se quería que la Justicia tuviera la condición de órgano político del Estado, lo que suponía un grave atentado a la idea ya asumida de un régimen basado en la división de poderes.

En consecuencia, el Monarca en uso de sus facultades podía suspender cautelarmente a los jueces (art. 69).

f) La Administración local

En lo tocante al régimen local, la Constitución de 1845 mantiene el precedente de su antecesora y, únicamente le dedica los artículos 72, 73 y 74 que integran la totalidad del Título XI —«De las Diputaciones Provinciales y de los Ayuntamientos»—, si bien ahora desde unos planteamientos más claramente centralistas y marcadamente intervencionistas.

Con el nuevo texto los moderados dieron un paso atrás en el tímido proceso descentralizador llevado a cabo en las etapas de signo progresista. En él no se decía nada respecto a la electividad de los alcaldes, con lo que se dejaba vigente la Ley Orgánica de Ayuntamientos de 8 de enero de 1845. Esta norma preconstitucional atribuía directamente a la Reina el nombramiento de los alcaldes de las capitales de provincia y de aquellas poblaciones con más de dos mil habitantes. En las restantes, los designaba el Jefe Político o Gobernador Civil, pudiendo destituirlos si estimaba que incurrían en falta grave. Por encima de los Ayuntamientos se organizaban las Diputaciones Provinciales, para las que se mantuvo el carácter electivo.

La Ley de 1945 reservaba además al Monarca la potestad de nombrar alcalde-corregidor en lugar del ordinario donde lo considerase oportuno, con la peculiaridad en este caso de que la duración en el cargo tenía carácter ilimitado, frente a la del alcalde elegido, cuyo mandato duraba dos años. Estos mecanismos de control se acentuaban con la facultad atribuida al Jefe Político para suspender a Ayuntamientos, alcaldes y concejales, para lo que sólo debía dar cuenta inmediata al Gobierno de la Nación, el cual podía, incluso, disolverlos y destituirlos.

El artículo 74 de la Constitución introdujo, a su vez, la tutela estatal sobre municipios y provincias al establecer que la ley determinaría la intervención que hayan de tener los «Delegados del Gobierno» en las Corporaciones locales. De esta forma, todo el territorio nacional quedaba sometido a un único poder central, que transformó el resto de las instituciones en simples delegaciones administrativas que ejecutaban las decisiones emanantes de la capital del Estado.

Por último, desaparece el artículo 77 del texto de 1837 que regulaba la Milicia Nacional. Su supresión se justificará por su dependencia del poder municipal y por su carácter de fuerza de choque al servicio exclusivo del Partido Progresista. En contraposición a estos grupos urbanos de voluntarios no profesionales se creaba la Guardia Civil.

Si la Milicia era la fuerza armada del poder local democrático, la Guardia Civil, por el contrario, era un cuerpo profesionalmente dedicado a cumplir las órdenes del poder central y hacerlas obedecer al resto de los ciudadanos; una especie de ejército de ocupación —escribe LÓPEZ GARRIDO— del propio territorio nacional, en cuanto portador de una orientación antagónica al poder municipal.

Antes de finalizar este apartado, merece mencionar el efímero, pues tuvo una vigencia de cinco días, Real Decreto de 29 de septiembre de 1847, de organización de la gobernación civil del Reino, en el que se recoge un primer intento regionalizador del país con la creación de las figuras del Gobernador Civil general (para cada una de las once gobernaciones generales), el Gobernador Civil de la provincia (en sustitución de los Jefes Políticos) y los Subdelegados Civiles (en vez del Jefe Político subalterno).

El régimen local de 1845 se mantuvo en vigor hasta el verano de 1854, cuando comienza el bienio de Espartero, en el que mediante el Real Decreto de 7 de agosto, se prescribe que, visto «el ardiente deseo que tenían los pueblos de verse libres de una centralización exagerada, la necesidad universalmente reconocida de dar más ensanche al principio municipal» los Ayuntamientos y Diputaciones Provinciales se rijan por la ley de 3 de febrero de 1823 y demás normativa vigente con carácter previo a la publicación del Real Decreto de 30 de diciembre de 1843.

g) El Consejo de Estado

Por ley de 6 de julio de 1845, el Consejo Real asumió atribuciones sobre consulta de instrucciones generales para cualquier ramo de la Administración Pública, sobre el pase y retención de bulas, breves y rescriptos pontificios y preces para obtenerlos, asuntos de Real Patronato y recursos de protección del Concilio de Trento, sobre la validez de presas marítimas, asuntos contencioso-administrativos, conflictos de atribuciones entre Administraciones y entre la jurisdicción y la Administración y sobre todos los demás asuntos que la leyes especiales, reales decretos y reglamentos sometieran a su examen (art. 11). La mencionada norma sería completada por un Real Decreto de 22 de septiembre de ese año, cuyo artículo 9.° encomendaba al mencionado Consejo en Pleno los proyectos de ley, reglamentos e instrucciones, tratados y concordatos, pase regio, Real Patronato, presas, competencias, resolución final de los asuntos contenciosos y los que le atribuyera el Gobierno.

La detallada regulación legislativa a que nos hemos referido trajo como consecuencia que la Constitución de 1845 sólo se refiriera al Consejo de Estado en su artículo 15, a los efectos de la adquisición de la condición de senador. El nuevo Consejo Real ejercería las funciones consultivas y contencioso-administrativa hasta que su denominación fue sustituida por la de Consejo de Estado mediante Real Decreto de 14 de julio de 1858, cuyo artículo primero disponía literalmente que «el Consejo Real se denominará en adelante Consejo de Estado», manteniendo, al tiempo, la tradición y el prestigio de tal nombre.

Con el pronunciamiento de Vicálvaro, el Consejo de Estado fue suprimido por la «Junta de Salvación, Armamento y Defensa de Madrid», el 17 de julio de 1854, ratificado por un Real Decreto de 7 de agosto siguiente que creó un Tribunal Contencioso-Administrativo. En su composición, de carácter mixto, entre libre y por categorías, estaba representada la iglesia, el ejército y la marina, la magistratura, el fisco y la banca. Con el restablecimiento de la Constitución de 1845, tras el fin del bienio progresista, se recoge la figura del Consejo de Estado, aunque poco después el Real Decreto de 16 de octubre de 1856 restableció el Consejo Real como limitador de los poderes del Monarca. Más tarde este último organismo cambió definitivamente su denominación, mediante Real Decreto de 14 de julio de 1858, por el de Consejo de Estado, en base a «la mayor autoridad que con la tradición lleva consigo aquel título». Aparte en su artículo 2.° le reconocía el máximo rango tras el Consejo de Ministros. Por último, la Ley de 17 de agosto de 1860 definía a este órgano como «Cuerpo Consultivo Supremo del Gobierno en los asuntos de Gobernación y Administración y en los contencioso- administrativos de la Península y Ultramar», acepción que luego se mantuvo en la Ley de 1904.

La importancia del Consejo Real, y después del Consejo de Estado, en la evolución que venimos realizando, ha sido resaltada por CORDERO TORRES, quien destaca que al mencionado órgano se debe la moderna técnica administrativa y la noción de lo contencioso, al igual que su actuación como Tribunal de Competencias. Igualmente, GARCÍA-TREVIJANO le atribuye haber sentado las bases del incipiente régimen administrativo, considerándolo el forjador de nuestras principales leyes administrativas de la época.

h) El Tribunal de Cuentas

Aunque el texto de 1845 no hacía referencia alguna al Tribunal de Cuentas, en su artículo 75 establecía que «todos los años presentará el Gobierno a las Cortes el Presupuesto general de los gastos del Estado para el año siguiente, y el plan de las contribuciones y medios para llenarlos; como asimismo las cuentas de la recaudación e inversión de los caudales públicos para su examen y aprobación».

Siendo Bravo Murillo titular del Ministerio de Hacienda se aprobó la Ley de Administración y Contabilidad de la Hacienda Pública de 20 de febrero de 1850. Con ella, aparte de establecer los principios y formas de contabilidad del Estado, se pretendía configurar una serie de reglas fijas y determinadas en la gestión y cobranza de las contribuciones.

El 25 de agosto de 1851 se aprobó la Ley Orgánica del Tribunal de Cuentas del Reino. Con esta norma, manifiestan MEDINA GUIJARRO y PAJARES GIMÉNEZ, «la jurisdicción contable se inserta en su matriz, la contencioso-administrativa, por vía procesal, y se definen su extensión y límites: por una parte, el Tribunal de Cuentas conoce el juicio de las cuentas de las Corporaciones Locales; por otra, le quedan vedadas las causas criminales por determinados delitos que puedan cometer quienes tienen a su cargo el manejo de fondos públicos». A partir de esta Ley Orgánica se consolida la denominación de Tribunal de Cuentas.

3. Significado y aplicación de la Constitución

Tanto en su época, como posteriormente el texto de 1845 ha sido objeto de duras críticas. Su planteamiento moderantista, excluyente de cualquier otro, ha llevado a TORRES DEL MORAL a calificar este texto de «Constitución de partido contra otro partido».

Para SEVILLA ANDRÉS la grave falta de la Constitución de 1845 y de la política que le siguió fue su marcado carácter clasista, cerrado a toda innovación y progreso, lo que hará de ella una reforma inútil y peligrosa para la Monarquía, que quedará a merced del Senado indisoluble.

Por su parte, SÁNCHEZ AGESTA destaca del texto que comentamos el haber estabilizado unas prácticas y un juego político de las instituciones al que estaban adheridos usos viciosos y abusivos, pero que, con retoques, eclipses y violaciones implícitas, cubrió la vida española por espacio de cuatro lustros.

La Carta Magna de 1845 va a seguir y sufrir los vaivenes políticos del Partido Moderado, dividido en distintas facciones. Las disidencias en su seno explican, como luego veremos, los diversos intentos de reforma que sufriría la Constitución con Bravo Murillo en 1852, con O'Donnell en 1856, la no promulgada de 1856 del Partido Progresista y, por último, con Narváez en 1857.

El cuestionamiento de esta Constitución, concebida con cierta inmutabilidad y garantía del orden y de la estabilidad política, expuesta a numerosas reformas y modificaciones, abrió un proceso que, además de hacer más frágil el propio edificio constitucional, iba a intensificar el desmembramiento del Partido Moderado y, en consecuencia, la alteración del sistema de partidos.

A. Los Proyectos de Leyes Fundamentales de Bravo Murillo

El ejercicio continuo de poder por los moderados originó la corrupción en amplios sectores de la Administración y posteriormente la fragmentación del partido, que derivó hacia posiciones cada vez más reaccionarias.

El 30 de diciembre de 1850, Donoso Cortés pronunciaba en el Congreso de los Diputados un célebre discurso sobre el estado de la Nación en el que denunció sin piedad la corrupción administrativa, acusando con vehemencia al Gobierno de anteponer los intereses materiales a los espirituales, y de haber abocado al país a una espantosa desmoralización.

Sin pretenderlo, la denuncia de Donoso causó la dimisión de Narváez, sin duda, el hombre más representativo de toda esta época, y el nombramiento de Bravo Murillo el 14 de enero de 1851. Desde el primer momento el nuevo Gobierno se propuso una reforma constitucional y, a tal efecto, presentó el 2 de diciembre de 1852 un Proyecto sumario de Constitución acompañado de ocho leyes orgánicas complementarias (I. De la organización del Senado. II. De elecciones de diputados a Cortes. III. De régimen de los Cuerpos colegisladores. IV. De relaciones de los Cuerpos colegisladores. V. De seguridad de las personas. VI. De seguridad de la propiedad. VII. De orden público. VIII. De Grandezas y Títulos del Reino).

Sin duda alguna, el golpe de Estado de Luis Napoleón en Francia en el mes de diciembre de 1851 y que daba paso a una etapa política más conservadora (conocida en términos constitucionales con el nombre de «cesarismo» o «bonapartismo»), influyó decisivamente en el Gabinete Bravo Murillo para plantear la reforma de la Constitución de 1845 que, de haber prosperado, hubiera significado una vuelta de las estructuras políticas a moldes claramente absolutistas.

El Proyecto de Constitución era un texto muy breve; contaba tan sólo con 42 artículos y uno adicional, enmarcados en seis Títulos.

La pretensión por parte de su mentor de que tanto la ley fundamental como las leyes orgánicas fueran aprobadas o rechazadas en bloque, sin enmiendas, provocó una oposición generalizada, que obligó a la Reina a cesar a Bravo Murillo y a sustituirlo por Roncali. Del contenido de los Proyectos destacamos, en síntesis, los aspectos siguientes:

- La Ley sobre la seguridad de las personas, donde se recogía la declaración de derechos, ignoraba la libertad de prensa, la libertad de expresión del pensamiento y las garantías penales y procesales inherentes a la seguridad personal.
- La religión de la Nación española pasaba a ser «exclusivamente la católica, apostólica, romana».
- La potestad legislativa seguía compartida por el Monarca y las Cortes, aunque en casos de urgencia podía el Rey dictar disposiciones legislativas, oídos los altos organismos del Estado.
- El Presupuesto estatal dejaba de ser anual para convertirse en «permanente».
- Se rebajó el número de diputados que pasaron de 349 a 171, reforzándose la mecánica censitaria para su elección. Esta tenía lugar en distritos uninominales y sólo tenían derecho de voto los 150 mayores contribuyentes.
- El Senado pasó a tener una composición tripartita: senadores hereditarios, natos y vitalicios. Los primeros eran los Grandes de España que pagasen 30.000 reales de contribución de bienes propios; los natos, lo eran por razón de su función social y pública (en la práctica la Iglesia y el Ejército), y los vitalicios, eran designados por el Rey.
- El Monarca nombraba a los Presidentes y Vicepresidentes de las Cámaras y aprobaba sus Reglamentos.
- Las sesiones parlamentarias se celebrarían a «puerta cerrada».

Como ya expusimos, la reforma claramente involucionista de Bravo Murillo originó la protesta de todas las fuerzas políticas y unió a progresistas y moderados en una feroz oposición que obligó al Presidente del Consejo de Ministros a renunciar a su propósito y presentar la dimisión.

Estos Proyectos vinieron a simbolizar la deriva reaccionaria efectuada por determinadas fracciones del Partido Moderado, representaron el punto de partida de una etapa, si no la más agitada de la historia constitucional de nuestro país, sí al menos la más inconsistente. La década de los cincuenta, y buena parte de los sesenta, marcaron, de hecho, el periodo de mayor falta de consenso con respecto a un texto constitucional —lo que es mucho decir en un régimen como el español, caracterizado, desde sus comienzos, precisamente por su inestabilidad—, motivado por el grado de fragmentación y división operada en las fuerzas políticas tradicionales, y muy especialmente en las conservadoras.

B. La Constitución no promulgada de 1856

a) Introducción histórica y proceso constituyente

Desaparecido de la escena política Bravo Murillo, Isabel II designó al general Roncali para sustituirle. El nuevo Gobierno prosiguió los intentos de revisión constitucional y elaboró un Proyecto que, como refiere Tomás Villarroya, pasó de forma fugaz por la historia del constitucionalismo español, no llegando a ser ni siquiera dictaminado por las Cortes, a las que se presentó en marzo de 1853.

En el mes de abril otro militar, el general Lersundi, se haría cargo del Gobierno, siendo sustituido, en el mes de septiembre, por Sartorius, conde de San Luis. Ante la imposibilidad de obtener la confianza parlamentaria Sartorius decidió gobernar drástica y arbitrariamente: disolvió las Cortes, amordazó a la prensa, se ensañó con sus adversarios políticos y desterró a los militares más influyentes a guarniciones insulares o periféricas.

La reacción contra la degradación de la vida política, a la que no es ajena la actuación de la Reina Madre, María Cristina, partirá, en 1854, del propio Partido Moderado que empleará como instrumento a una fracción del Ejército acaudillada por O'Donnell, el cual, con la honestidad como bandera, acabará pronunciándose el 28 de junio.

Dos días más tarde tendría lugar un primer encuentro armado en Vicálvaro entre las tropas sublevadas y las leales al Gobierno. El resultado de la escaramuza, que se saldó sin una sola baja, no resolvió nada y O'Donnell se retiró hacia el sur en un compás de espera. El 7 de julio O'Donnell y Serrano daban a conocer un documento programático llamado «Manifiesto de Manzanares» —por estar fechado en esta ciudad—, redactado por Cánovas del Castillo. Este manifiesto reivindicaba la moralidad pública, el cese de las contribuciones arbitrarias, la desaparición de las camarillas palaciegas, la restauración de la Milicia Nacional y la creación de Juntas en toda España.

A partir de ese momento el poder se traslada a la calle. El pueblo sublevado, constituido en Juntas, inclinó la balanza en favor de la revolución. La gravedad de los acontecimientos provocó el cese de San Luis al frente del Gabinete y su sustitución, primero, por Fernández de Córdoba, que dimitirá a las cuatro horas, y más tarde por el duque de Rivas.

La caótica situación en que se encontraba el país obligó a la Reina a llamar al general Espartero, al que el exilio y posterior retirada de la política habían convertido de nuevo en un héroe. El 30 de julio, Espartero formaba un Gobierno en el que O'Donnell figuraba como ministro de la Guerra.

Un Decreto de 11 de agosto de 1854 convocó la Asamblea Constituyente que sería calificada por los historiadores como la más notable de toda la época constitucional. El resultado de las elecciones a dicha Asamblea, celebradas al amparo de la Ley Electoral de 1837 (por tanto, con sufragio censitario), otorgó representación real a todos los grupos políticos. La principal tarea de las Cortes, integradas por mayoría de la Unión Liberal, fue la de dotar a la Nación de una Carta Magna que consolidara un nuevo modelo de Estado cuyos pilares serían la soberanía nacional y la Monarquía constitucional. El 8 de noviembre de 1854 el Parlamento inició sus sesiones. Apenas comenzados los debates sobre las bases del texto constitucional, el 30 de noviembre, tuvo lugar una acalorada discusión sobre la legitimidad del trono de Isabel II. Los moderados y, sobre todo los progresistas defendieron, en todo momento, la unión de la Corona a la soberanía nacional a lo largo de los siglos, enfrentándose al Partido Demócrata para el que la Monarquía constitucional era una institución de la que la Historia había demostrado su inviabilidad, frente a un sistema republicano practicable y practicado. El 11 de diciembre se eligió una Comisión de siete miembros, presidida por el líder progresista Olózaga, que formuló 27 bases, agrupadas en 10 Títulos, para la redacción de la Constitución. Tales bases seguían fundamentalmente el modelo de 1837 y, en menor medida, de 1812.

Los movimientos sociales de protesta a causa de la desamortización emprendida por Madoz determinaron la caída de Espartero y la subida al poder de O'Donnell. El mismo día de su nombramiento (14 de julio de 1856) firmaba un Decreto que declaraba el estado de sitio, concediendo extensas facultades a los capitanes generales; poco después disolvía la Milicia Nacional y en septiembre cerraba las Cortes Constituyentes, a la vez que reponía la Constitución de 1845 con un Acta Adicional de dudosa legalidad.

De esta forma, la Constitución de 1856, arduamente elaborada y ya aprobada, a falta de ser sancionada por la Reina, no llegó a estar vigente nunca. Aun así, este texto representa la primera expresión democrática del constitucionalismo patrio.

b) Naturaleza

La Constitución *nonnata* de 1856 ofrece tres notas peculiares:

- Extensión media: consta de 92 artículos y uno transitorio, agrupados en 15 Títulos.

- Texto completo: de una parte, recoge una extensa declaración de derechos individuales (parte dogmática); de otra, regula la organización de los poderes del Estado (parte orgánica).
- Texto rígido: su reforma requiere la aprobación por dos Cortes sucesivas, las segundas con el carácter de Constituyentes (arts. 87 a 91).

c) Principios políticos

La Constitución de 1856 estaba muy influida por la de 1837, pero profundiza más en el reconocimiento de los principios políticos del programa liberal progresista. Son éstos:

1.° Soberanía nacional

Al igual que en las precedentes Cortes Constituyentes, la articulación del principio de la soberanía nacional marcó gran parte de los debates. Los progresistas defendieron la soberanía nacional, entendida en su sentido más amplio, como la preeminencia de las Cortes sobre la Corona. Veían la Monarquía como un dique de contención frente a la inestabilidad y no como un poder superior o compartido con el Parlamento, que era el que debía representar al conjunto del pueblo y asegurar el buen uso de los poderes regios. Los moderados, por el contrario, mantuvieron un régimen «de la doble confianza», que se tradujo en defender la necesidad de otorgar a la Monarquía una mayor presencia en el Poder Ejecutivo y Legislativo en pro de la estabilidad.

El texto resultante consagró solemnemente en su artículo 1.° este principio, a cuyo tenor: «Todos los poderes públicos emanan de la Nación, en la que reside exclusivamente la soberanía, y por lo mismo pertenece exclusivamente a la Nación el derecho de establecer sus leyes fundamentales». Pese a esta formulación rigurosa de la soberanía nacional, los demócratas no pudieron conseguir su consecuencia obligada: el sufragio universal.

Dentro de la creencia en la Monarquía como garante de la soberanía nacional, expuesta reiteradamente por los progresistas en todas sus intervenciones, se defendió la sanción real del texto constitucional que aprobaran las Cortes.

2.° División de poderes

El texto recoge implícitamente este principio en sus artículos 15, 49 y 67, que se conjuga con el de interacción o colaboración de poderes (arts. 28 y 66). Este axioma se configura con una vertiente de «colaboración de poderes», como lo demuestra la aceptación por los legisladores constituyentes del cargo de ministro con el ejercicio del mandato de diputado o senador (art. 66) y el derecho regio de disolver la Cámara Baja (art. 28),

3.° Acrecentamiento de los derechos individuales.

La Constitución de 1856 contiene una declaración de derechos en su Título I más amplia que la de los textos anteriores añadiendo garantías para evitar su violación.

Además, pone un especial énfasis en los temas siguientes: el restablecimiento de la libertad de expresión del pensamiento con la reimplantación para los delitos de imprenta del Jurado (art. 3.º); el acogimiento del principio de igualdad, erradicando el requisito de nobleza para la obtención de distinciones o empleos públicos (art. 6.º); la seguridad personal (art. 8.º); la supresión de la pena capital para delitos políticos (art. 11). Incluso por parte de algún diputado se llegó a plantear en el debate constitucional —aunque sin éxito— la necesidad de incluir en el texto que se estaba elaborando ciertos derechos sociales, tales como la educación y la seguridad en el trabajo.

El deber de prestación, personal y económica y el derecho de propiedad —con la prohibición de la pena de confiscación de bienes (art. 12)— eran recogidos, a su vez, en otros preceptos.

4.º Tolerancia religiosa y libertad de conciencia

La intención de los Constituyentes de 1856 fue, sin duda, recuperar la configuración institucional del Estado en el ámbito de las relaciones con la Iglesia que los liberales progresistas habían adoptado en 1837.

La «cuestión religiosa» se recogía en el artículo 14. Su regulación carece de elementos declarativos y se limita a establecer que: «La Nación se obliga a mantener y proteger el culto y los ministros de la religión católica que profesan los españoles. Pero ningún español ni extranjero podrá ser perseguido por sus opiniones o creencias religiosas, mientras no las manifestare por actos públicos contrarios a la religión».

Su párrafo primero es exactamente igual al artículo 11 del texto de 1837, de lo que debe inferirse, en expresión de FERNÁNDEZ SEGADO, que no se acepta el principio de confesionalidad del Estado, limitándose sus redactores a constatar un hecho: el de que los españoles profesan la religión católica y que finalmente, ante la inexistencia de la prohibición para el ejercicio de cualquier otro culto, debe aceptarse la existencia de un principio de tolerancia.

Sin embargo, uno de los mayores avances de la Constitución *nonnata* es el reconocimiento del principio de libertad de conciencia que se realiza en el párrafo segundo del citado artículo, el cual, según TOMÁS VILLARROYA, podría consagrar de alguna manera la libertad de cultos, siempre que no se realizasen actos públicos contrarios a la religión católica. Pero además el precepto, siguiendo al citado autor, consagraba la libertad de conciencia, es decir, el derecho de todo hombre a creer interiormente lo que quiera en materia religiosa: de seguir, en su intimidad personal, la religión que prefiera o la de no seguir ni profesar ninguna.

En todo caso, el paso era tan importante que la Santa Sede objetó que tal disposición vulneraba el Concordato de 1851, lo que era cierto, pero escasamente decisivo para el Legislador Constituyente, que, por definición, altera las bases del ordenamiento jurídico. Las relaciones diplomáticas con Roma terminaron rompiéndose.

d) Los órganos constitucionales

Conforme con los postulados progresistas, los Constituyentes de 1854-1856 establecieron importantes modificaciones en la organización institucional del régimen.

Las Cortes pasan a ser el eje del sistema político, suprimiéndose las prerrogativas regias respecto a composición, organización y funcionamiento. El Congreso de los Diputados es elegido por sufragio directo censitario en distritos provinciales (art. 25). El Senado pierde su carácter selectivo para dar paso a una Cámara electiva mediante sufragio directo censitario también, aunque muy restringido (art. 18), debiéndose renovar por cuartas partes cada vez que lo haga el Congreso (art. 22). El número de senadores sería igual a las tres quintas partes de los diputados (art. 17).

En definitiva —argumenta SOLÉ TURA—, todo el funcionamiento de las Cortes está presidido por la idea de evitar su subordinación a la Reina (reunión automática, plazo mínimo de sesiones, período máximo de suspensión, restablecimiento de la Diputación Permanente...) y garantizar la autonomía política de las Cámaras.

La *nonnata*, pese a consagrar un Parlamento con dos Cámaras no recogía, sin embargo, la existencia de distintas Diputaciones Permanentes, sino que se limitaba a la creación de una sola de carácter mixto integrada por cinco diputados y cuatro senadores. Este órgano tenía encomendada la continuidad parlamentaria cuando las Cortes no estuviesen reunidas; pero además habría de velar por la observancia de la Constitución y por la seguridad individual de los ciudadanos (art. 47). Este precepto especificaba los supuestos en que se le reconocía capacidad para convocar Cortes, facultad ésta que se consagraba como espina dorsal de la institución. Dicho llamamiento tendría lugar cuando vacare la Corona, cuando se mandase exigir contribución o préstamo no aprobada por ley presupuestaria o especial y cuando suspendidas en una o más provincias las garantías establecidas en el artículo 8.°, dejare el Rey de convocarlas.

Una novedad de especial interés que se aprecia en este texto es la instauración de un Tribunal de Cuentas (art. 42) nombrado por el Congreso de los Diputados, para examinar las cuentas y gastos del Estado.

En lo tocante a la Corona, los constituyentes pretendieron dejar a salvo la Monarquía isabelina a todo trance, contra la que se habían oído en las Cámaras y fuera de ellas voces en contra, y así el artículo 55 declaraba expresamente a Isabel II «Reina legítima de las Españas».

El poder del Rey viene a ser semejante al de la Constitución de 1837, si bien se establecieron nuevas cortapisas para el ejercicio de su autoridad, entre las que sobresale la imposibilidad regia de conceder indultos generales (art. 52. 10) y la necesidad de contar con una ley especial de autorización para conceder una amnistía o para enajenar en todo o en parte los bienes del patrimonio de la Corona (arts. 53. 4 y 8, respectivamente).

A lo ya dicho hay que añadir que la Constitución no promulgada de 1856 restablece la denominación «Poder Judicial» (Título X), consagra la independencia de jueces y magistrados y regula las tres instituciones predilectas del progresismo español: los Ayuntamientos populares (art. 75), la Milicia Nacional (art. 85) y el juicio por jurados (art. 73). Una de las cosas que más llama la atención, reconoce SÁNCHEZ AGESTA, es la mítica exaltación que los Constituyentes hacen de la libertad de prensa, sometida al jurado, y de la Milicia Nacional, identificándolas con la esencia misma de la libertad.

Respecto a la Regencia, la *nonnata* recogía la fórmula electiva establecida en 1837 y desechaba la de iure contemplada en el texto de 1845, si bien establecía algunas novedades: en primer lugar, consignaba expresamente la competencia de las Cortes en orden a renovar la imposibilidad del Monarca para ejercer su autoridad (art. 61); en segundo término, alteraba los miembros llamados por la Constitución para desempeñar la Regencia provisional hasta que las Cortes nombrasen una definitiva. Así, mientras en 1837 la Regencia debía ser ejercida por el padre o la madre del Rey y en su defecto por el Consejo de Ministros, ahora la misma correspondía al padre o la madre del Rey «con el Consejo de Ministros que hubiere al tiempo de la vacante» y, en defecto de los primeros, al igual que en aquel texto, al Consejo de Ministros en exclusiva (art. 62).

En lo concerniente al régimen local, como reacción pendular a los excesos centralistas de los moderados, la *nonnata* le dedicaba cuatro escasos artículos en su Título IX, dos de los cuales consagraban de nuevo el carácter electivo de Ayuntamientos y Diputaciones (arts. 74 y 75). El regreso de los conservadores al poder supuso una vuelta a la legislación local de 1845 y la anulación, por tanto, de los tímidos avances de la Ley de Ayuntamientos de 1856. La Ley provincial de 1863 y la municipal de 1864 no hicieron sino confirmar y reforzar las tendencias centralizadoras anteriores.

e) Significado y aplicación

El de 1856 será el último texto constitucional que vea la luz en el reinado de Isabel II. LABOA ha destacado que es uno de los documentos más interesantes y desconocidos de la historia constitucional española, y efectivamente es así.

Para Astarloa Villena, la importancia del mismo reviste un carácter bifronte; por un lado, supone la reacción progresista frente al exceso moderado de 1845 y, por otro, es prólogo del texto de 1869, la bandera del liberalismo decimonónico.

Más allá de que el texto de 1856 recogiera los propósitos e intenciones de los «puros», con Olózaga a la cabeza, lo cierto es que no logró erigirse en el modelo constitucional del progresismo y terminaría ahondando las divisiones intestinas. Y es que, en los años siguientes, y muy especialmente a lo largo del gobierno largo de la Unión Liberal, las expectativas de conseguir su ascenso legal al poder condujeron a los progresistas a adoptar una postura más accidental y menos dogmática en el terreno constitucional, dando pie a la atemperación de sus proposiciones y al abandono de sus máximas normativas.

Hasta mayo de 1863 el progresismo no retomará una actitud abierta y claramente rupturista con la Constitución de 1845. A partir de entonces, el Partido Progresista, abandonará el carácter templado, mesurado y conciliador asumido durante ese largo lustro para adoptar, nuevamente, un irremisible carácter revolucionario, con miras a un próximo proceso constituyente.

C. El Acta Adicional de O'Donnell

Mediante un Decreto de 15 de septiembre de 1856, el Ministerio O'Donnell restablecía la Constitución de 1845 a la que se añadió un Acta Adicional de 16 artículos, cuyo principal inspirador fue Ríos Rosas.

Para TOMÁS VILLARROYA la publicación de dicha Acta por Decreto era de dudosa regularidad, pues suponía una reforma de la Constitución que sólo podía operarse mediante el consenso de la Corona y las Cortes.

El Acta pretendía hacer una lectura más liberal de la Constitución de 1845, recogiendo algunos preceptos de la *nonnata* de 1856, por lo que venía a suponer una solución intermedia entre progresistas y moderados. Las novedades más destacables del Acta Adicional eran las siguientes:

- La calificación de los delitos de imprenta se atribuía a los Jurados (art. 1.º).
- Se limitaba el número de senadores que, en la primera creación, no podía exceder de 140; aunque, luego se le concedía al Monarca la facultad de nuevos nombramientos, una vez abiertas las Cortes (art. 3.º).
- La duración mínima de las reuniones anuales de las Cortes quedaba fijada en cuatro meses (art. 6.º).
- La inmunidad parlamentaria se reforzaba en el sentido de que sin previa autorización del Congreso no se podía dictar sentencia contra los diputados hallados «*in fraganti*» (art. 8.º).
- Se acotaban los poderes del Rey al necesitar estar autorizado por una ley especial para conceder indultos generales o amnistías y para enajenar en todo o en parte el patrimonio de la Corona (art. 9.º), así como para contraer matrimonio (art. 10.º).
- Se establecía la institución del Consejo de Estado, que deberá oír el Rey en los casos que determinasen las leyes (art. 11).
- Se reforzaba la independencia del Poder Judicial (art. 12).
- En el orden local, el Rey sólo podría designar alcaldes en los pueblos de más de 40.000 habitantes (art. 13).

Para sustituir a O'Donnell, que apenas llevaba tres meses al frente del Gobierno, la Reina llamó a Narváez con un fin explícito: derogar el Acta Adicional y restablecer en su integridad la Constitución de 1845, para borrar cualquier huella progresista, lo que se hará mediante Decreto de 14 de octubre de 1856.

La vuelta al poder de Narváez ponía en evidencia no solo la situación crítica en la que se encontraban los moderados, sino la verdadera transformación que estaba sufriendo el sistema de partidos y la necesidad de superar las deficiencias y limitaciones de un régimen político que, ya entonces, expresaba una preocupante caducidad. El duque de Valencia, acostumbrado a personificar las esencias del moderantismo, se creyó capaz de aglutinar en torno a su Ministerio las diversas banderías en las que se descomponía el partido, tomando este objetivo como eje de su política. Pero esta tarea resultaba imposible de alcanzar, entre otras razones, por las insalvables contradicciones en las que habían entrado las distintas corrientes que formaban el partido moderado y las líneas de fuga que unas y otras se habían marcado y que, difícilmente, estaban dispuestas a corregir.

Por otra parte, la utilización que unos y otros habían hecho de la Corona, concebida como el principal mecanismo de adquisición y conservación del poder, hacía depender cualquier acción del Gobierno de una Reina que, precisamente por su dependencia e ineptitud, gozaba ahora de mayor autonomía al servirse de sus divisiones internas. Esta situación, como explica BURDIEL, que primaba cada vez más los mecanismos extraparlamentarios a favor de Isabel II y del Poder Ejecutivo, provocaba un mayor grado de conflictividad y enfrentamiento en el seno del Partido Moderado, dificultando el establecimiento de procedimientos de consenso y de programas políticos que permitieran una mínima cohesión entre sus principales líderes.

La defenestración de O'Donnell y de su política conciliatoria suponía un nuevo —y peligroso— intento por parte de Isabel II de lograr por la vía de la reacción un régimen que, sobre un partido sumiso y dividido, asegurara la preeminencia de la Corona.

D. La Ley Constitucional de Reforma de 1857

El Gabinete Narváez muy pronto iba a iniciar el cuarto intento de reforma constitucional, limitada prácticamente a la composición del Senado, según el patrón previsto en el Proyecto de Bravo Murillo de 1852. La nueva Ley Constitucional de Reforma fue aprobada por las Cortes el 17 de julio de 1857 y afectaba a los artículos 14, 15, 16, 17, 18 y 28 de la Constitución de 1845.

La reforma de 1857 pretendió convertir el Senado en una institución de intermediación entre la Cámara Baja y la propia Corona. Creaba tres clases de senadores: hereditarios, natos y de nombramiento real. La novedad radicaba precisamente en los senadores hereditarios (arts. 14 y 17). Tendrían tal consideración todos los Grandes de España con rentas superiores a 20.000 reales procedentes de bienes inmuebles; su introducción se justificó por la consideración de que era conforme a la Monarquía hereditaria y contribuiría a dotar de estabilidad a la misma.

La reforma que Narváez se vio obligado a defender le supuso un compromiso político mayor del esperado. La necesidad de satisfacer las aspiraciones reaccionarias de la fracción neocatólica, de neutralizar las influencias de la camarilla y contentar las veleidades de la propia Reina le abocaron a una apuesta reformista que obtuvo mayores oposiciones y contrariedades de las que pensaba. Las connotaciones políticas —efectivas y simbólicas— de su breve articulado despertaron muchas reticencias en el seno del Partido Moderado, que no compartió ni la oportunidad ni la conveniencia de alterar la Constitución en los términos planteados. La modificación del Senado, puntualiza SÁNCHEZ LEÓN, dando entrada y aplicación a los principios donosianos relativos a las «aristocracias legítimas» resultaba inmotivada y extemporánea, antes fruto de la definición de una línea de conducta política, inspirada claramente en el neocatolicismo, que de una necesidad real o de una utilidad manifiesta. De hecho, en esas fechas, nadie cuestionaba —incluidos los propios progresistas— la naturaleza y condición de la Cámara Alta, satisfechos con su discreto e irrelevante papel político, que había evitado el extender sobre la misma cualquier batalla política y, al mismo tiempo, prescindir de todo factor de inestabilidad que pudiera derivarse de su actuación institucional.

El duque de Valencia caería en octubre de 1857, y tras dos breves Gobiernos de Armero y de Istúriz, iba a acceder a la Presidencia del Consejo el general O'Donnell, el 30 de junio de 1858, manteniéndose al frente del Ejecutivo hasta los primeros días de marzo de 1863. Su figura aparece íntimamente vinculada a la Unión Liberal. Ésta más que un partido era una agrupación de partidos, provenientes del ala derecha del progresismo que se situaba a sí misma en el centro del espectro político, con un programa ecléctico «apto para resolver definitivamente las cuestiones y procurar el bien general del país».

El retraso en la realización de las promesas de 1858, como la reforma constitucional, la ampliación de las bases electorales, la libertad de prensa o la descentralización, provocó la disidencia y la deserción en las filas de la Unión Liberal; poco después de la crisis provocada por la intervención en México, O'Donnell, falto de apoyo de la Reina, presentó su dimisión el 28 de febrero de 1863. Desde esta fecha hasta septiembre de 1868 se sucederán nada menos que ocho Ministerios. Uno de ellos, el presidido por Mon, el 20 de abril de 1864 derogó la Ley Constitucional de 1857, restableciendo en toda su pureza la Constitución de 1845.

El retorno al primitivo texto constitucional apuntaba el principio del fin del régimen isabelino. Isabel II que, como afirma DURÁN, había desplazado «el centro del poder del Gabinete y las Cortes al palacio y a la calle», convirtiéndose en Reina de un único partido, tenía los días contados.

IV. BIBLIOGRAFÍA

Aquillué Domínguez, D.: «La Constitución de 1837: ¿una Constitución transaccional?», en *Revista Historia Autónoma*, n.º 6, 2015, págs. 45-59.

Araque Hontagas, N.: «Las primeras elecciones celebradas con el Estatuto Real de 1834». en *Cuadernos de Historia contemporánea*, n.º 33, 2010, págs. 95-108.

Benet, J. y **Martí, C.**: *El movimiento obrero durante el bienio progresista (1854-1856)*, Curial, Barcelona, 1976.

Burdiel, I.: *La política de los notables (1834-1836)*, Edicions Alfons el Magnànim, Valencia, 1987.

Isabel II. Una biografía (1830-1904), Taurus, Madrid, 2010.

Cabeza Sánchez Albornoz, F.: *Los sucesos de 1848 en España*, Fundación Universitaria Española, Madrid, 1981.

Cánovas Sánchez, F.: *El Partido Moderado, Centro de Estudios Políticos y Constitucionales*, Madrid, 1982.

Casanova Aguilar, I.: «Los Constituyentes de 1854. Origen y fisonomía general», en *Revista de Estudios Políticos, nueva época*, n.º 37, 1984, págs. 135-172.

Aproximación a la Constitución nonnata de 1856, Secretariado de Publicaciones de la Universidad de Murcia, Murcia, 1985.

Colomer Viadel, A.: *El sistema político de la Constitución española de 1837*, Publicaciones del Congreso de los Diputados, Madrid, 1989.

Comellas, J. L.: *Los moderados en el poder. 1844-1854*, CSIC, Madrid, 1970.

Coronas González, J. R.: «El comisionado regio, asesor parlamentario ministerial (1834-1835)», en *Revista de las Cortes Generales*, n.º 18, 1989, págs. 171-189.

Durán de la Rúa, N.: *La Unión Liberal y la modernización de la España isabelina. Una convivencia frustrada, 1854-1868*, Akal, Madrid, 1979.

Eiras Roel, A.: *El Partido Demócrata español, 1849-1868*, Rialp, Madrid, 1961.

Fernández Segado, F.: «Pragmatismo jurídico y concertación política: dos ideas clave en la obra de los constituyentes de 1837», en *Revista de Derecho Político*, n.º 20, 1983-1984, págs. 3-65.

García Atange, M. V.: «Crónica parlamentaria de la Constitución de 1837», en *Revista de Derecho Político*, n.º 20, 1983-1984, págs. 171-183.

Garrorena, A.: *El Ateneo de Madrid y la teoría de la Monarquía liberal*, Instituto de Estudios Políticos, Madrid, 1974.

Janke, P.: *Mendizábal y la instauración de la Monarquía constitucional en España (1790-1853)*, Siglo XXI, Madrid, 1974.

Jover, J. L.: «Situación social y poder político en la España de Isabel II», en *Política, diplomacia y humanismo popular en la España del siglo XIX*, Turner, Madrid, 1976, págs. 229-344.

«La era isabelina y el sexenio democrático (1834-1874)», en la obra *Historia de España* de Menéndez Pidal, tomo XXXIV, Espasa Calpe, Madrid, 1981, págs. IX-CLXII.

Kiernan, V. G.: *La revolución de 1854 en España*, Aguilar, Madrid, 1970.

Marcuello Benedito, J. I.: «La política del poder moderador de la Corona en la época de Isabel II», en *Revista de Estudios Políticos, nueva época*, n.º 55, 1987, págs. 197-236.

«Las Cortes y los factores de crisis política de la Monarquía de Isabel II (1845-1868)», en *Anuario de Historia del Derecho español*, n.º 58, 1988, págs. 81-172.

«Sistema constitucional, práctica parlamentaria y alternativas conservadoras en el liberalismo isabelino», en *Hispania*, Vol. LIII, n.º 183, 1993, págs. 237-276.

«Próceres y senadores en el reinado de Isabel II», en la obra *El Senado en la Historia*, Madrid, 1995, págs. 113-144.

La Constitución de 1845, Iustel, Madrid, 2007.

Marichal, C.: *Spain (1834-1844), A New Society*, Madrid, 1977.

La revolución liberal y los primeros partidos políticos en España. 1834-1844, Cátedra, Madrid, 1980.

Martí Gilabert, F.: *Iglesia y Estado en el reinado de Isabel II*, Eunate, Pamplona 1996,

Medina Muñoz, M. A.: «La reforma constitucional de 1845», en *Revista de Estudios Políticos*, n.º 203, 1975, págs. 75-106.

«Las Cortes en la Constitución de 1845», en *Revista de Estudios Políticos*, n.ºs 208-209, 1976, págs. 131-148

Monerri Molina, B.: *Las Cortes del Estatuto Real (1834-1836)*, Dykinson, Madrid, 2019.

Nohlen, D.: «Ideas sobre el Gobierno parlamentario y práctica constitucional en la España de la época del Estatuto Real (1833-1837)», en *Revista de Estudios Políticos*, n.º 162, 1968, págs. 93-120.

Pro Ruiz, J.: El *Estatuto Real y la Constitución de 1837*, Iustel, Madrid, 2010.

Revista de Derecho Político, n.º 20, 1983, monográfico sobre la Constitución de 1837.

Revista de Derecho Político, n.º 39, 1994, monográfico sobre la Constitución de 1845.

Rodríguez Alonso, M.: «El Estatuto Real de 1834. El embajador británico en la preparación y redacción definitiva del texto», en *Revista de Estudios Políticos, nueva época*, n.º 44, 1985, págs. 189-203.

Sevilla Andrés, D.: «El proyecto constitucional de Bravo Murillo», en *Revista General de Legislación y Jurisprudencia*, vol. XXII, 1951, págs. 363-394.

Tomás Font De Mora, M. A.: «La preparación de Constitución de 1845», en *Revista de Estudios Políticos, nueva época*, n.º 73, 1991, págs. 229-242.

«El Preámbulo de la Constitución de 1845», en *Revista de Derecho Político*, n.º 39, 1994, págs. 81-106.

Tomás Villarroya, J.: «Las reformas de la Constitución de 1812 en 1836», en *Revista del Instituto de Ciencias Sociales*, n.º 4, 1964, págs. 171-203.

«El cuerpo electoral en la ley de 1837», en *Revista del Instituto de Ciencias Sociales*, n.º 6, 1965, págs. 157-205.

El sistema político del Estatuto Real, Instituto de Estudios Políticos, Madrid, 1968.

«El proceso constitucional (1843-1868)», en *La era isabelina y el sexenio democrático (1834-1874)*, Tomo XXXIV de Historia de España de Menéndez Pidal, Espasa Calpe, Madrid, 1981, págs. 197-370.

El Estatuto Real de 1834 y la Constitución de 1837, Fundación Santa María, Madrid, 1985.

Tuñón de Lara, M.: *¿Qué fue de la década moderada? (1844-1854)*, Siglo XXI, Madrid, 1976.

«En torno a la rebelión de los sargentos de La Granja. 1836», en *Estudios de Historia Contemporánea*, Hogar del Libro, Barcelona, 1982, págs. 11-19.

Varela Suanzes-Carpegna, J.: «La Constitución española de 1837: una Constitución transaccional», en *Revista de Derecho Político*, n.º 20, 1983-1984, págs. 95-106.

Zamora García, F. J.: «Iglesia y Estado en el constitucionalismo isabelino», en *Ius Canonicum*, vol. 58, n.º 116, págs. 741-780.

CAPÍTULO CUARTO

EL SEXENIO DEMOCRÁTICO

SUMARIO:

I. Introducción histórica: La Revolución de septiembre de 1868.

II. Alcance y carácter de la Revolución.

III. La Constitución de 1869: Proceso constituyente. - Naturaleza. Principios políticos. - La declaración de derechos. - Los órganos constitucionales. - Significado y aplicación de la Constitución.

IV. La Primera República.

V. El Proyecto de Constitución Federal de 1873: Naturaleza. - Principios políticos. - Los órganos constitucionales.

VI. La República autoritaria.

VII. Bibliografía.

I. INTRODUCCIÓN HISTÓRICA: LA REVOLUCIÓN DE SEPTIEMBRE DE 1868

El estadillo revolucionario de 1868 inicia un breve pero intenso período de la historia española que se va a caracterizar por la ruptura con la etapa anterior. A comienzos de la década de los sesenta el régimen isabelino había entrado en una fase de descomposición irreversible, que se iba a agudizar en los años siguientes. La conducta desordenada y frívola de la Reina, la corrupción administrativa, los fraudulentos juegos electorales y la casi inactividad de la vida parlamentaria, agudizaron las contradicciones de un sistema político totalmente obsoleto. A ello hay que añadir la desintegración y el desgaste de la Unión liberal y del Partido Moderado, auténticos pilares del reinado de Isabel II, y el retraimiento del Partido Progresista, marginado sistemáticamente a la hora de formar gobierno; opuestos abiertamente a la Monarquía borbónica se encontraban los carlistas y el Partido Demócrata, de fuerte convicción republicana.

A este clima de inestabilidad política y social se unirá la crisis económica y financiera de mayo de 1866, manifestada en numerosas quiebras empresariales, en la restricción de créditos y en la vertiginosa caída de los valores bursátiles, que llevó a la ruina a numerosas familias; estos hechos alejaron definitivamente a la burguesía de la Corona, posibilitando así los acontecimientos revolucionarios. A la falta de trabajo producida por el hundimiento de la economía hay que añadir la crisis de abastecimiento y la escasez que padeció el país desde 1866. La falta de pan originada por las malas cosechas de las dos temporadas siguientes, consideradas como las peores del siglo, tuvo como consecuencia la brusca aparición del hambre en el mismo año de la Revolución.

Por último, las clases populares, sumergidas en unas penosas condiciones de vida, y que habían sufrido como nadie los estragos de la epidemia de cólera de 1865, se aproximaban cada vez más a soluciones republicanas, lo que a su entender traería, de forma un tanto ilusoria, la pronta resolución de la cuestión social.

La primera fisura del sistema se producía el 10 de abril de 1865 al reprimir el Gabinete Narváez de forma brutal una manifestación de estudiantes que se había iniciado al anochecer, causando nueve muertos y más de cien heridos. Los estudiantes, a los que se habían unido también obreros e intelectuales, protestaban por las destituciones de Castelar de su cátedra de Historia de España, de la Universidad de Madrid, y del rector de la misma, Pérez Montalbán. Ambos ceses eran consecuencia de la publicación del artículo titulado «El rasgo», de Castelar, donde criticaba duramente a la Reina, de querer apropiarse de bienes inalienables que pertenecían al patrimonio del Estado.

La llamada «Noche de San Daniel» no sólo puso en evidencia el grave descontento popular contra el Gobierno sino también la necesidad de agrupar un amplio espectro de fuerzas políticas para derribar a Narváez. A partir de ese momento un sinfín de pronunciamientos se extenderá por todo el país.

El primer ensayo de derrocamiento del Gobierno no tardaría en llegar: el 3 de enero de 1866, militares progresistas con Prim a la cabeza se sublevaban en Villarejo de Salvanés, sin éxito, al no encontrar apoyo suficiente en otras guarniciones ni haberse preparado de antemano la participación de la sociedad civil, que resultará posteriormente decisivo. Con todo, pese al fracaso, esta acción iba a cimentar el mito del general a la vez que su papel como cabeza visible de la oposición al régimen.

El movimiento insurreccional más importante será el protagonizado por los sargentos del cuartel de San Gil el 22 de junio de 1866, cuya represión arrojó un saldo de 66 militares juzgados y pasados por las armas en pocos días. Estos sangrientos sucesos supondrán el fin de O'Donnell como hombre de gobierno y el aislamiento definitivo de Isabel II.

Esta serie ininterrumpida de fracasos, y el regreso de Narváez a la política activa, llevó a progresistas y demócratas, a iniciativa de Prim, a reunirse el

16 de agosto de 1866 en la ciudad belga de Ostende. El conocido como «Pacto de Ostende» tenía como finalidad «destruir todo lo existente en las altas esferas del poder, nombrándose en seguida una Asamblea constituyente bajo la dirección de un Gobierno provisional, la cual decidiría la suerte del país, cuya soberanía era la ley que representase, puesto que sería elegida por sufragio universal directo».

Como ha puesto de relieve Tuñón de Lara, era la primera vez en la historia moderna de nuestro país, que se llegaba a firmar un pacto de unidad de acción, que reunía a sectores sociales muy heterogéneos, con un objetivo común de interés nacional y estableciendo que la última palabra correspondía a la voluntad popular.

Casi un año después (30 de junio de 1867), tenía lugar un nuevo encuentro en Bruselas en el que se tomaban medidas más concretas sobre las acciones que, de cara al derrocamiento de los Borbones, debían emprenderse, se ratificaban los compromisos ya contraídos y se reconocía al general Prim como líder indiscutible del movimiento insurreccional. El levantamiento, fijado para la noche del 15 al 16 de agosto, fracasaba una vez más.

La muerte de O'Donnell el 5 de noviembre de 1867 significó la integración de los unionistas en la alianza contra la Monarquía isabelina. La de Narváez, el 23 de abril de 1868, aceleró el proceso de descomposición y precipitó lo que ya era inevitable. Su sucesor, González Bravo, adoptó una política despótica y fuertemente represiva. El cierre de las Cortes y el cariz de dictadura civil que adoptó su Gobierno sirvió de estímulo para apurar la insurrección.

A la altura del verano de 1868, alejada de la mayoría sociológica de país, el baluarte de la Corona residía en sectores de la vieja nobleza latifundista y en la Iglesia casi en su totalidad, cuyos valedores cerca de trono eran el confesor de la Reina, padre Claret, y sor Patrocinio, conocida popularmente como la «monja de las llagas».

El 3 de julio, un artículo titulado «La última palabra», publicado en «La Nueva Iberia», vino a significar la esperada señal de que por fin unionistas, progresistas y demócratas habían llegado a un acuerdo. El Gobierno reaccionó ordenando la detención y posterior destierro de generales unionistas tan significativos como Serrano, Dulce, Zabala, Echagüe, Caballero de Rodas y Fernández de Córdoba, lo que contribuyó a fortalecer un acuerdo que se había logrado sobre bases precarias. El último obstáculo para el triunfo de los revolucionarios había sido removido.

El 17 de septiembre de 1868, Prim llegaba a Cádiz y el 18 se produce la sublevación de la escuadra del almirante Topete, surta en la bahía de aquella ciudad, al grito de «Viva España con honra».

La proclama llamada de «la España con honra», redactada como programa revolucionario por López de Ayala, afirmaba la decisión de no cejar hasta que la Nación recobrase su plena soberanía y prometía al pueblo la creación de «un Gobierno provisional que represente todas las fuerzas vivas del país, asegure el orden en tanto que el sufragio universal eche los cimientos de nuestra regeneración política y social».

La sustitución de González Bravo como Jefe de Gobierno por el marqués de La Habana fue inútil. Los insurrectos, a los que no tardaron en unirse los generales desterrados meses antes, ocuparon Sevilla y se dirigieron hacia Madrid, símbolo del poder político, mientras las fuerzas leales a Isabel II, mandadas por el marqués de Novaliches, jefe militar del distrito de Andalucía, intentaron sin fortuna cortar el paso a los revolucionarios. La victoria del general Serrano en el puente de Alcolea, cerca de Córdoba, el 28 de septiembre, supuso el triunfo definitivo de las tropas sublevadas.

A partir de este momento, y a lo largo y ancho de la geografía española, surgieron innumerables Juntas provisionales revolucionarias, cuyos componentes incitaban al pueblo a sumarse a la revolución. El 29 de septiembre, el Comité revolucionario de Madrid dio paso a una Junta revolucionaria en la que participaban, por terceras partes, unionistas, progresistas y demócratas. Al día siguiente, Isabel II, «la de los tristes destinos», cruzaba la frontera con Francia, sin renunciar a la Corona. «En gran parte este destronamiento de Isabel — razona SÁNCHEZ AGESTA— fue provocado por sus propias torpezas como gobernante y por el desorden de su vida privada que minó su prestigio entre los políticos y aún en la misma opinión del hombre de la calle; en parte fue también el fracaso del régimen representativo y de los propios partidos que debían de soportar el Gobierno constitucional. Los pronunciamientos, el falseamiento del sufragio y las camarillas habían viciado los supuestos mismos de la representación; la confianza regia tenía que soportar íntegra las responsabilidades del Gobierno y utilizó frecuentemente este margen de arbitrio para satisfacer sus caprichos o los de consejeros privados de torpe consejo».

Inmediatamente después de la entrada triunfal de Serrano en la capital, el 3 de noviembre, la Junta de Madrid le nombró ministro universal, encargándole la formación de un Gobierno provisional que debía convocar y presidir las elecciones a Cortes Constituyentes. En él figuraron como hombre fuerte Prim, al que se encomendó la cartera de la Guerra, Topete en Marina, Sagasta en Gobernación y Ayala en Ultramar.

Para no perder el sentido revolucionario, la Junta de Madrid se atribuyó la tutela del Gobierno provisional, adoptando el nombre de Junta Superior de Gobierno, pero la decisiva acción de Prim y Sagasta terminó con esta incómoda dualidad de poder al disolver todas las Juntas revolucionarias a partir del 19 de octubre.

Con la disolución de las Juntas, que, en opinión de FERNÁNDEZ ALMAGRO, «encarnaban mejor que el Gobierno el espíritu de la revolución», terminaba la primera fase del Sexenio democrático.

II. ALCANCE Y CARÁCTER DE LA REVOLUCIÓN

La Revolución septembrina supuso el intento más realista, más palpable y duradero del progresismo español para llevar a la práctica su ideología por la única vía que permitía el control, prácticamente absoluto, del moderantismo de los resortes del poder político: el levantamiento militar. Era el modo usual de esos momentos a uno y a otro lado del arco parlamentario. No había otros caminos, ni alternativas.

El movimiento 1868 fue —en lúcida reflexión de MARTÍNEZ MARTÍNEZ—, «por fin, auténtica revolución, esto es, contundente giro del orden político, social y jurídico, violento, incontrolable, con abierto cuestionamiento del estado de cosas, con derivas radicales y llamadas al orden y a la moderación desde arriba, las que acaban por consolidarse y por consolidar el mundo recién inaugurado». Y supuso además la plasmación por vez primera de un programa constitucional novedoso que, en cierta forma, suponía una enmienda a la totalidad, una revisión o impugnación general a todo lo que hasta entonces los hombres del Partido Moderado habían construido desde el lejano año de 1834 y con el ejemplo arquetípico del texto constitucional de 1845, el vigente en aquel entonces.

Los nuevos tiempos inaugurados en 1868 —añade el citado autor— caminaban hacia una afirmación de la libertad, concebida en el sentido de autonomía personal, social y política, con proyección fuera del círculo más íntimo, privado y familiar de cada sujeto para ascender a las cimas del Estado y, desde allí, proceder a su correcta dirección. El pensamiento liberal giraba, por fin, hacia la libertad y hacia los derechos, lo que de inmediato iba a traer consecuencias aparejadas para los poderes, para las instituciones.

El cambio político nacido en la bahía de Cádiz fue algo más que el mero derrocamiento de una dinastía. Los hombres y los grupos que dieron la vida a la Revolución de septiembre de 1868 —llamada «Gloriosa» en recuerdo de la que en Inglaterra había logrado sustituir a los Estuardo por los Orange un par de siglos antes— pretendieron además llevar adelante una serie de transformaciones estructurales del contexto político y económico, que democratizasen las estructuras del Estado y destruyesen las trabas que se oponían a la modernización del sistema capitalista surgido; la necesidad, en fin, de realizar lo que, enfáticamente calificaban de «profunda revisión de todo lo existente».

Como ha apuntado TOMÁS VILLARROYA la revuelta septembrina trajo consigo un radicalismo plural que la diferenciaba netamente de los pronunciamientos y motines anteriores. En parecidos términos se manifiesta SÁNCHEZ AGESTA, para quien la revolución significó un nuevo sentido del liberalismo, al que se puede llamar «liberalismo radical», en contraposición con el liberalismo doctrinario, que había imperado casi sin contradicción desde los orígenes del constitucionalismo español.

Doctrinaria era, por consiguiente, la Monarquía constitucional concebida como un pacto entre el Rey y la representación nacional, así como la tesis del sufragio restringido por la capacidad económica o intelectual y la limitación de los derechos individuales. Por contra, el liberalismo radical afirmará el carácter exclusivo de la soberanía nacional, el sufragio universal y el carácter absoluto e ilimitado de los derechos.

La Revolución de 1868 que, para ARTOLA, no es sino la repetición radicalizada en sus demandas, de la de 1854, y para FERNÁNDEZ ALMAGRO, la revolución europea de 1848, retrasada en el tiempo, supuso la implantación, en toda su potencialidad, de las bases demoliberales a fin de atraer al sistema político burgués a las capas populares, todavía sin presencia política activa, vetada por el restrictivo y severo sufragio censitario.

Los sucesos de Cádiz despertaron en las clases populares un entusiasmo y un apoyo que las llevaron a mostrar su firme decisión de influir en la vida política española y a reconocer como suyos muchos de los motivos que se esgrimieron para justificar el levantamiento.

En suma, la significación histórica fundamental de «La Gloriosa» radica, seguramente, en el hecho de que en ella se dio el último episodio de la revolución liberal-capitalista del siglo XIX y el primero de la revolución del proletariado que, en el siglo XX, habría de convertirse en el eje principal, a cuyo través discurrirán las luchas por el cambio social.

Pese a ello, como dice JOVER, 1868 no fue sino «la manifestación súbita de una carga de esperanzas, de utopías, de impulso revolucionario» que, lamentablemente, se quedó en impulso, aunque germinalmente llevara implícitas algunas de las más valiosas conquistas de lo que comúnmente se entiende por Estado democrático.

III. LA CONSTITUCIÓN DE 1869

1. Proceso constituyente

Los fundamentos y propósitos del Gobierno provisional de Serrano (integrado por unionistas y progresistas) quedaron recogidos en el Manifiesto dirigido a la Nación el 25 de octubre de 1868, en el que se concretaban las aspiraciones de la Revolución, recogidas en dos ideas básicas: el restablecimiento del sufragio universal, «como demostración más evidente y palpable de la soberanía del pueblo»; la confirmación de la libertad como fuerza motriz del proceso revolucionario (libertad religiosa, libertad de enseñanza, libertad de imprenta y libertades de reunión y asociación pacíficas), reconocidas como «dogmas fundamentales por la Revolución española», y la preferencia por la fórmula monárquica «no vacilamos en decir... que la fórmula monárquica es la forma que imponen con irresistible fuerza la consolidación de la libertad y las exigencias de la Revolución».

Este último punto provocaría la escisión del ala izquierda del Partido Demócrata (Figueras, Castelar, Barcia, Pi y Margall...) y la creación del Partido Republicano Federal, cuyo norte constituía la defensa del sistema republicano de gobierno.

Una vez consolidada su autoridad, el Gabinete presidido por el general Serrano resolvió hacer frente a los problemas inmediatos del país, cumpliendo con la máxima rapidez posible tres objetivos muy concretos: poner en marcha el proceso constituyente; elegir a los Ayuntamientos, Diputaciones Provinciales, jueces de paz y otros cargos administrativos, e intentar solucionar la angustiosa situación de Hacienda.

El 12 de noviembre, se formulaba un «programa de conciliación», sobre el que progresistas, unionistas y demócratas estaban de acuerdo, que incluía un índice de materias que más tarde pasarían a la Constitución, sentando las bases siguientes:

1. Soberanía nacional y sufragio universal.
2. Seguridad individual.
3. Inviolabilidad del domicilio y de la correspondencia.
4. Derechos de reunión y asociación pacíficas.
5. Libertad de prensa y de enseñanza.
6. Libertad religiosa.
7. Unidad de legislación y fueros.
8. Institución del Jurado.

Tres días antes, el Decreto de 9 de noviembre establecía el sufragio universal para los varones mayores de 25 años, y del que asegura MARTÍNEZ CUADRADO que «abre a la sociedad española el destino de la modernidad política: la participación en las decisiones políticas, la praxis democrática, el voto directo y secreto». Dicha norma fijaba la circunscripción provincial y no el distrito unipersonal como núcleo electoral, con el fin de conseguir unas elecciones menos matizadas. El sufragio era de mayoría simple a una sola vuelta.

Otro Decreto de 6 de diciembre, determinaba la fecha de las elecciones para los días 15 a 18 de enero de 1869 y la primera reunión de las Cortes Constituyentes para el 11 de febrero.

Los comicios dieron el triunfo a la coalición monárquico-democrática (progubernamental) que consiguió 236 escaños; los republicanos obtuvieron 85 escaños y 20 los carlistas. Según lo previsto, el 11 de febrero de 1869 tuvo lugar la apertura simbólica de las Cortes, que se constituyeron el 22 del mismo mes, bajo la presidencia de Rivero, jefe de filas del Partido Demócrata.

Los Constituyentes encargaron a Serrano la formación de un nuevo Ministerio, que quedó configurado de forma idéntica al provisional y pasó a denominarse «Poder Ejecutivo».

El 2 de marzo se creaba una Comisión Constitucional, compuesta por 15 miembros (5 unionistas, 5 progresistas y 5 demócratas), presidida por Olózaga, a la que se confió la tarea de preparar una nueva Constitución.

En un tiempo inusitadamente rápido, el 30 de marzo se presentó el Proyecto a las Cortes, que fue aprobado el 1 de junio. Dos puntos de fricción centraron los debates parlamentarios: la cuestión religiosa, que enfrentó a los librepensadores demócratas y a las agrupaciones católicas, y la forma de gobierno, ampliamente contestada por la representación republicana en el hemiciclo.

Finalmente, el 6 de junio era promulgado el texto definitivo, publicándose el día siguiente en la *Gaceta de Madrid*, si bien las Cortes no se disolvieron hasta el 3 de enero de 1871, un día después de que Amadeo de Saboya jurase la Norma Fundamental.

El Código político de 1869, según Solé Tura y Aja, puede considerarse la primera Constitución democrática de nuestra historia, precediendo en varias décadas conquistas semejantes de otros países europeos.

El interregno de vacancia en la Corona creado con la aprobación del texto constitucional fue afrontado por las Cortes con el establecimiento de una Regencia. El 15 de junio, el general Serrano fue elegido Regente, quien, a su vez, encargó a Prim la formación de un Gobierno. Ahora el problema residía en buscar un candidato óptimo que aceptase reinar en un país dominado por la inestabilidad política y fuera aceptado por las cancillerías de Europa.

2. Naturaleza

Cuatro son las características que podemos entresacar del presente texto:

a) Es una Constitución de extensión media:

Consta de un breve Preámbulo, once Títulos, 112 artículos y dos Disposiciones transitorias. La primera transitoria establece que la ley que se haga para regular el procedimiento de elección de la persona del Monarca pasaría a formar parte del texto constitucional; la segunda, autoriza al Ejecutivo para dictar las disposiciones pertinentes en el Orden Judicial, hasta que se promulgue la Ley Orgánica de los Tribunales.

La parte orgánica, al contrario que la parte dogmática, es excesivamente prolija. En el conjunto del articulado encontramos bastantes preceptos casuistas, detallados y un tanto superfluos a veces.

b) Es una Constitución completa y sistemática:

Ello es así porque a lo largo de su articulado regula todas las materias propias de un Código político. Los dos primeros Títulos conformaban la parte dogmática, del tercero al décimo la parte orgánica y el último estaba enteramente dedicado a la reforma constitucional.

c) Es una Constitución rígida:

El Título XI (arts. 110 a 112) contemplaba un procedimiento de reforma agravado orgánicamente, muy parecido al recogido en el texto de 1856 (sistema de «doble aprobación»), y, en consecuencia, distinto del previsto para la modificación de leyes ordinarias.

d) Es una Constitución con notables influencias foráneas:

Carro Martínez, y con el prácticamente toda la doctrina, coinciden en señalar el paralelismo entre la Constitución de 1869 y la belga de 1831; también es significativa la influencia del texto norteamericano de 1787 y, entre los españoles, el de 1812.

3. Principios políticos

Fiel reflejo de las ansias de libertad y de cambio presentes en la Revolución del año anterior, la Constitución de 1869 incorpora una serie de principios novedosos y sin precedentes en nuestro Derecho público. Veamos los más importantes:

a) La democracia

El principio democrático se traduce en el reconocimiento de la soberanía nacional y en su lógica consecuencia, el sufragio universal. Su íntima relación queda plasmada en el Preámbulo del texto constitucional: «La Nación española y en su nombre las Cortes Constituyentes, elegidas por sufragio universal... decretan y sancionan la siguiente Constitución».

Ahora bien, los Constituyentes de 1869 no se limitaron, como hicieron los de 1837, a proclamar la soberanía nacional en el Preámbulo, sino que la llevaron, a su vez, al articulado. Y así, el artículo 32 preceptuaba: «La soberanía reside esencialmente en la Nación, de la cual emanan todos los poderes». Una redacción que recordaba lo que había dispuesto el artículo 25 de la Constitución belga de 1831.

De acuerdo con el principio de soberanía nacional, el futuro Monarca, todavía sin determinar, se configuraba en el texto de 1869 como un poder constituido no constituyente, a diferencia de lo que había ocurrido en 1837 y desde luego en el Estatuto Real y en la Constitución de 1845.

Otro tanto sucede con el sufragio, que pasó a estar positivizado como derecho en el artículo 16 en los términos siguientes: «Ningún español que se halle en el pleno goce de sus derechos civiles podrá ser privado del derecho de votar en las elecciones de senadores, diputados a Cortes, diputados provinciales y concejales».

La consagración constitucional del sufragio —en palabras de Tomás Villarroya— fue considerada como «la conquista más preciada de la Revolución de septiembre: como el tránsito de un régimen doctrinario a un régimen de signo y contenido democrático».

Con la instauración del sufragio universal masculino el cuerpo electoral alcanzó los cuatro millones de personas (aproximadamente la cuarta parte de la población total del país). Esto suponía un cambio cualitativo de enorme importancia. Antes de 1868, los electores que podían intervenir más o menos efectivamente en la designación de los hombres que habían de gobernar no pasaba de unas 150.000 personas.

b) Los derechos individuales como derechos naturales e ilegislables

El liberalismo más radical, tanto de filiación demócrata como progresista, consideró los derechos individuales como naturales, inalienables e ilegislables. Por primera vez se va a garantizar en un Código constitucional los derechos individuales, así como reconocer la más plena libertas para los españoles. Estos derechos están tan vinculados a la naturaleza humana como la respiración o la circulación de la sangre.

La expresión «ilegislable», utilizada en el debate constituyente, venía a significar, no un necesario silencio del legislador, sino que los derechos reconocidos en el Título I del texto constitucional no podían ser susceptibles de restricciones por la ley ni de medidas preventivas que dificultaran su ejercicio; los abusos a que pudieran dar lugar sólo deberían sancionarse *a posteriori* por los tribunales.

A esta filosofía responde el artículo 22, a cuyo tenor: «No se establecerá ni por las leyes ni por las autoridades disposición alguna preventiva que se refiera al ejercicio de los derechos definidos en este Título».

Además, los Constituyentes dieron un sentido muy expansivo a la tabla de derechos, al señalar el artículo 29 que «la enumeración de los derechos consignados en este Título no implica la prohibición de cualquier otro no consignado expresamente». Con la aprobación de este precepto, dirá CARRO MARTÍNEZ, se alcanza el techo de la democracia, El Proyecto constitucional era aún más claro y contundente: «Será lícito todo lo que no esté expresamente prohibido por las leyes».

Moret, miembro de la Comisión Constitucional, explicó que tal precepto se justificaba por la consideración de que, bajo las Constituciones anteriores, se había entendido que los derechos que no estaban expresamente reconocidos en ellas, no podían ejercitarse.

Cánovas repudia abiertamente tal concepción de los derechos individuales. Partiendo de la acepción de los derechos contemplados por la Constitución, iba a demandar la existencia de límites claros y concretos. Como explica SÁNCHEZ AGESTA, lo que el político malagueño rechaza no son los sumandos, sino la suma; no los derechos, sino la síntesis con que han de comprenderse los mismos dentro de la organización total del Estado. Faltos de un desarrollo legislativo que organicen cada uno de esos derechos, Cánovas denuncia su indisciplina como una fuente de desorden social y como causa de la violación de esos mismos derechos.

Como ha determinado CARRO MARTÍNEZ, «quizá la mayor exageración democrática consista en remontar los derechos individuales por encima del poder legislativo».

c) La Monarquía democrática como forma de gobierno

El problema de la cualificación de la forma de gobierno constituyó, junto con el sufragio y la libertad de cultos, una de las cuestiones más debatidas por los Constituyentes.

Después de tensos, largos y apasionados debates se aprobó, por 214 votos contra 55, el artículo 33, conforme al cual: «La forma de gobierno de la Nación española es la Monarquía». Como señaló Olózaga, Presidente de la Comisión constitucional, la Monarquía que ponía en planta la nueva Constitución no era una «Monarquía paccionada», en la que «el Rey por sí solo era una parte (y) la Nación no era más que otra», sino que «ahora la Nación es todo; ahora constituimos el país... y no necesitamos pacto alguno... La Nación se constituye a sí misma...».

Hecha la opción constitucional por la Monarquía, por exigencias del proceso revolucionario —subraya TORRES DEL MORAL—, ésta tenía que ser una Monarquía democrática, lo que, en un Estado representativo, vale como decir una Monarquía parlamentaria.

Desde el punto de vista del Derecho público se va a subordinar el rango político del Rey al primado de la soberanía nacional. En consecuencia, la Monarquía no será otra cosa que la forma de gobierno que los constituyentes han considerado oportuno establecer; es decir, un poder constituido.

La práctica política posterior a la entrada en vigor de la Constitución, sobre todo tras el acceso al Trono de Amadeo I, los políticos, deduce CALERO, convirtieron al Monarca en el «guardián de la Constitución», en el «punto fijo» al que todos dirigieron sus miradas para que resolviera «los continuos conflictos» que produjeron «los actores de un sistema político fuertemente polarizado y con un mínimo de consenso». El resultado, continúa CALERO, fue que don Amadeo «no fue un Rey pasivo; le hubiese gustado, pero se vio forzado a actuar como todo lo contrario; pero es igualmente cierto que fue muy neutral, por cuanto no mostró preferencias por una y otra política concreta, sino por el grupo que más eficaz y democráticamente pudiera gobernar dentro de la Constitución».

Las causas del fracaso de la Monarquía democrática hay que buscarlas sobre todo en el sistema de partidos y en el falseamiento de las elecciones, que trajeron consigo una lamentable inestabilidad política y un claro contraste entre lo que establecía el texto constitucional (y las buenas intenciones que habían mostrado quienes lo habían elaborado) y la práctica política.

d) La colaboración de poderes

Los artículos 34, 35 y 36 se refieren, respectivamente, al Poder Legislativo, al Ejecutivo y al Judicial. Formalmente, pues, el principio de la división de poderes está enunciado con mayor nitidez que en otros textos. El Legislativo ahora va a corresponder en exclusiva a las Cortes; el Ejecutivo, en cuanto a su titularidad al Rey, y en cuanto a su ejercicio a los ministros; y el Poder Judicial a los tribunales.

Ello, no obstante, y pese a lo enunciado, el principio de división de poderes no se va a formalizar como separación rígida, sino al contrario, como colaboración estrecha, en especial, entre el Legislativo y el Ejecutivo. Y es que de la sistemática general del articulado se desprende inequívocamente la existencia de un régimen parlamentario cuyas dos afirmaciones más destacadas son: el derecho de censura que corresponde a ambos Cuerpos colegisladores y el de interpelación de cada uno de sus miembros (art. 53), respecto, como es obvio, de los ministros, y el derecho del Rey a disolver una o más Cámaras (art. 42).

e) La descentralización

Por primera vez, el texto de 1869 introduce la descentralización como uno de los principios constitutivos de la organización del Estado.

La agitación federalista que en forma de sublevaciones recorrió el país desde el mes de diciembre de 1868 y la presión parlamentaria de los partidos que defienden la opción federal, llevó a la inserción de este elemento estabilizador de las tensiones existentes entre el poder central y los antiguos reinos o regiones.

Consciente de su importancia, la Comisión redactora de la Constitución se referirá en su Dictamen a la descentralización en los siguientes términos: «el único norte y el solo estímulo que decida la marcha de los Gobiernos».

Lamentablemente, esta loable aspiración quedó en un mero objetivo a cumplir; sin embargo, el propósito descentralizador fue, sin duda alguna, uno de los más importantes hallazgos del régimen político de 1869.

f) La libertad de cultos

Si bien la Constitución no promulgada de 1856 había apuntado tímidamente el reconocimiento de este derecho, el artículo 21 de la de 1869 lo va a proclamar con toda claridad. No sin razón recuerda CARR que fue en el ámbito religioso donde la Revolución tuvo sus más profundas consecuencias. Desde los primeros días las Juntas revolucionarias exigían esta libertad y también el Gobierno provisional la había incluido en su Manifiesto.

En la discusión del polémico artículo 21, en expresión de PETSCHEN, se enfrentaron el pensamiento liberal, católico o no, que defendía la libertad religiosa con argumentos religiosos, y el pensamiento tradicionalista, que defendía la unidad religiosa con argumentos políticos; o si se quiere, matiza SÁNCHEZ AGESTA, el racionalismo, defendido por la escuela krausista, y el catolicismo.

Al final, se llegó a una fórmula sincrética, cuya redacción es la siguiente:

> «La Nación se obliga a mantener el culto y los ministros de la religión católica.
>
> El ejercicio público o privado de cualquier otro culto queda garantizado a todos los extranjeros residentes en España, sin más limitaciones que las reglas universales de la moral y del derecho,
>
> Si algunos españoles profesaren otra religión que la católica, es aplicable a los mismos todo lo dispuesto en el párrafo anterior».

Queda así instaurada la libertad religiosa, si bien se elude cualquier pronunciamiento respecto a la confesionalidad o el laicismo estatal.

Pese a que la redacción dada al artículo 21 de la Constitución no colmó las expectativas de los defensores de la libertad religiosa, no hay duda de que significó en el terreno de las relaciones Iglesia-Estado un paso cualitativo importante hacia el distanciamiento. No hay en él una explícita separación de esferas, pero el propósito de la Comisión constitucional fue establecer lo que pudiéramos denominar una separación imperfecta o incompleta a través de la supresión de la confesionalidad sustancial recogida en el texto de 1845, aun matizada por la renovación del vínculo económico entre ambas potestades, con lo cual se retrasaba el *status* de plena separación que las circunstancias, al menos por el momento, aconsejaban aplazar. Aquí reside, al decir de PETSCHEN y PERLADO, el tan ponderado carácter «transaccional» de dicho precepto.

La aprobación del artículo 21 —ha escrito TOMÁS VILLARROYA— dejó su huella: desde 1869 la religión ya no será un factor integrador de la convivencia nacional, sino un motivo más para la división y la discordia civil. Se comparta o no esta opinión, lo cierto es que la aprobación del mencionado precepto sirvió de excusa para un nuevo levantamiento carlista.

Como desarrollo directo de los preceptos constitucionales relacionados con la cuestión religiosa se estableció un Registro Civil de nacimientos, matrimonios, filiaciones y muertes que hasta entonces habían cubierto los registros parroquiales (Ley de 17 de junio de 1870). La libertad de cultos obligó a extender la protección penal a otros cultos no católicos y, por ende, a un nuevo tratamiento de los delitos religiosos. Por su parte, la Ley de Matrimonio Civil de 18 de junio de 1870 dispuso como obligatoria esa forma matrimonial para todos los contrayentes, dejándose a los católicos en libertad para celebrar, aparte, el matrimonio canónico. Estas y otras medidas legislativas contribuyeron a allanar el tortuoso camino hacia la separación entre la Iglesia y el Estado.

4. La declaración de derechos

Bajo el epígrafe «De los españoles y sus derechos», el Título I (arts. 1 al 31) recoge una extensa y completa declaración de derechos y libertades, que supera ampliamente las de los Códigos constitucionales promulgados hasta ese momento. El propio enunciado del Título incluye, por vez primera, la palabra «derechos». Para CARRO MARTÍNEZ, el citado Titulo es el más nuevo y original de toda la Constitución.

En el Preámbulo de la propia Constitución se afirmaba que las Cortes Generales, elegidas por sufragio universal, decretaban y sancionaban la Constitución «deseando afianzar la justicia, la libertad y la seguridad, y proveer al bien de cuantos vivan en España».

El texto que analizamos, afirma TOMÁS VILLARROYA, regulaba con generosidad todos y cada uno de los derechos que reconocía; y si, en relación a alguno, consideraba necesario fijar su extensión y limites, cuidaba de hacerlo por sí mismo.

Junto a la regulación de derechos recogidos en otras Constituciones (especialmente en la *nonnata* de 1856), la de 1869 consagra derechos hasta entonces desconocidos en nuestro constitucionalismo, como la inviolabilidad de la correspondencia, el sufragio universal, la libre expresión de pensamiento, la libertad de trabajo para los extranjeros y los derechos de reunión, asociación y petición colectiva.

Ante todo, advierte TOMÁS Y VALIENTE, el juego político quedaba abierto al pueblo, al mismo tiempo que las asociaciones de defensa profesional o de clase (sindicatos) gozaban de protección constitucional.

Siguiendo a FERNÁNDEZ SEGADO se pueden agrupar los derechos y libertades contemplados en el Título I del texto constitucional en tres grupos:

a) Derechos civiles: dentro de los cuales podemos entresacar éstos:

- El principio de seguridad personal (art. 2.º), en virtud del cual «ningún español ni extranjero podrá ser detenido ni preso sino por causa de delito».
- La garantía judicial de la libertad (art. 4.º), por la que «ningún español podrá ser preso sino en virtud de mandamiento de juez competente».
- La garantía del *habeas corpus* (arts. 3.º y 12), por la que «todo detenido será puesto en libertad o entregado a la autoridad judicial dentro de las veinticuatro horas siguientes al acto de detención. Toda detención se dejará sin efecto o elevará a prisión dentro de las setenta y dos horas de haber sido entregado el detenido al juez competente».

  En cuanto al artículo 12, su párrafo segundo preveía la imposición de penas para el que decretase la detención o prisión sin sujetarse a las prescripciones legales.
- La garantía procesal y penal (art. 11): «Ningún español podrá ser procesado ni sentenciado sino por el juez o tribunal a quien, en

virtud de leyes anteriores al delito, competa el conocimiento, y en la forma que éstas prescriban».

- La libertad de residencia y domicilio (art. 6.º): «Ningún español podrá ser compelido a mudar de domicilio o de residencia sino en virtud de sentencia ejecutoria».
- La inviolabilidad de la correspondencia (art. 7.º): «En ningún caso podrá detenerse ni abrirse por la autoridad gubernativa la correspondencia confiada al correo, ni tampoco detenerse la telegráfica».
- El derecho de propiedad, regulado por el artículo 13, en virtud del cual, «nadie podrá ser privado temporal o perpetuamente de sus bienes y derechos, ni turbado en la posesión de ellos, sino en virtud de sentencia judicial».

  En desarrollo de este derecho, los artículos 14 y 15 se van a referir a la expropiación forzosa de bienes, que no podrá verificarse sino «por causa de utilidad común y en virtud de mandamiento judicial, que no se ejecutará sin previa indemnización regulada por el juez con intervención del interesado».

- La libertad de enseñanza (art. 24), según el cual «todo español podrá fundar y mantener establecimientos de instrucción o de educación sin previa licencia».
- La libertad de establecimiento en territorio español y de ejercicio en él de industria por parte de los extranjeros (art. 25).
- La libertad de movimientos (art. 26): «A ningún español que esté en el pleno goce de sus derechos civiles podrá impedirse salir libremente del territorio ni trasladar su residencia y haberes a país extranjero, salvas las obligaciones de contribuir al servicio militar o el mantenimiento de las cargas públicas».

b) Derechos públicos. Son básicamente estos tres:

- El derecho a «emitir libremente sus ideas y opiniones, ya de palabra, ya por escrito, valiéndose de la imprenta o de otro procedimiento semejante» (art. 17, párrafo 2.º).
- El derecho de reunión pacífica (art. 17, párrafo 3.º y art. 18). El artículo 18 determinaba que «toda reunión pública estará sujeta a las disposiciones generales de policía. Las reuniones al aire libre y las manifestaciones políticas sólo podrán celebrarse de día».
- El derecho de asociación (art. 17, párrafo 4.º y art. 19). El artículo 17 reconocía el derecho de «asociarse para todos los fines de la vida humana que no sean contrarios a la moral pública», mientras que el artículo 19 contemplaba la posibilidad de imponer la pena de disolución a «toda asociación cuyos individuos delinquieren por los medios que las misma le proporcione».

c) Derechos políticos. Cabe distinguir en este bloque los que siguen:

- El derecho de sufragio (art. 16), al que ya hemos dedicado nuestra atención en otro lugar.
- El derecho de petición (art. 17, párrafo 5.º), que se concreta en el «derecho de dirigir peticiones individual o colectivamente a las Cortes, al Rey y a las autoridades», derecho que, según el artículo 20, «no podrá ejercerse colectivamente por ninguna clase de fuerza armada».
- El derecho a ejercer empleos o cargos públicos según su mérito o capacidad y con independencia de la religión que se profese (art. 27).

La regulación de los deberes en el texto de 1869 no era, sin embargo, nada original. Se constitucionalizaba la defensa de la Patria con las armas, al ser llamado por ley, y la contribución a los gastos estatales en proporción a los haberes (art. 28).

La suspensión de garantías estaba prevista en el artículo 31. Para la suspensión —en toda o parte de la Nación— del principio de seguridad personal garantizado en el artículo 2.º, de la inviolabilidad domiciliaria del artículo 5.º, de la libertad de residencia y domicilio, artículo 6.º, y de la libertad de expresión, del derecho de reunión y del de asociación —tres primeros párrafos del artículo 17— se requería una ley, sin intervención gubernativa, como ocurría en las suspensiones de garantías de anteriores textos. Declarada la suspensión, el territorio afectado se regiría por la ley de orden público previamente establecida, con tres limitaciones comunes a ambas leyes —la genérica y previa de orden público y la específica de suspensión—: imposibilidad de ampliación material de la suspensión, pues se trataba de una enumeración de máximos, prohibición de extrañamiento y deportación de los españoles o de destierro a más de 250 kilómetros de su domicilio, y prohibición de que cualquier autoridad impusiera penas distintas a las legalmente previstas.

5. Los órganos constitucionales

A. Las Cortes

En la discusión constituyente se planteó una vez más la polémica sobre la composición monocameral o bicameral de la Cortes. Aunque la primera solución parecía la más acorde con el espíritu radical de la Revolución septembrina, se impuso la opción bicameral. «Las Cortes —decía el artículo 38— se componen de dos Cuerpos colegisladores, a saber: Senado y Congreso. Ambos Cuerpos son iguales en facultades, excepto en los casos previstos en la Constitución».

a) El Congreso

La Constitución dedicaba únicamente dos artículos a la regulación de esta Cámara (arts. 65 y 66). El primero de ellos determinaba que «el Congreso se compondrá de un diputado al menos por cada 40.000 almas de población, elegido con arreglo a la ley electoral».

La Ley Electoral de 23 de junio de 1870, a la cual se remitía el texto fundamental, optó por el sistema «unipersonal y por distritos». Cada provincia se dividía en tantos distritos electorales cuantos fuesen los diputados que se que debieran elegir, resultando electo en cada distrito el candidato que hubiese obtenido mayor número de votos.

El artículo 66 contemplaba los requisitos necesarios para ser elegido diputado: «ser español, mayor de edad y gozar de todos los derechos civiles»; requisitos que coinciden con los contemplados por el artículo 16 para el ejercicio del derecho de voto, y que el artículo 4.° de la Ley Electoral de 1870 unificaba formalmente al decir que «son elegibles para diputados a Cortes todos los electores».

El Congreso se renovaba totalmente cada tres años (art. 39); sin embargo, el Rey podía disolver anticipadamente la Cámara.

b) El Senado

La sección segunda del Título III (arts. 60 a 64) se refería al Senado. Esta Cámara —enfatiza TOMÁS VILLARROYA—, tenía una naturaleza compleja, pues, por razón de su origen, era de elección popular; por razón de su composición, era o pretendía ser una asamblea seleccionada; y por razón de su naturaleza, tenía una cierta dimensión federal inspirada en la Constitución americana.

Los senadores, contrariamente a lo que parecía evidente conforme al espíritu revolucionario, se elegían por sufragio universal indirecto en segundo grado. En una primera etapa los distritos municipales elegían compromisarios que, junto con los de la Diputación, constituían la Junta electoral provincial. En una segunda etapa cada Junta electoral elegía cuatro senadores por provincia (art. 60).

Pese a ser electivo, explica BERTELSEN, el texto de 1869 va a pretender una Cámara Alta seleccionada al mantener en buena medida el sistema de categorías que tiene su fuente en la Constitución de 1845. Y es que para ser elegido senador se requería tener cuarenta años y desempeñar o haber desempeñado funciones públicas relevantes (art. 62); además serían elegibles los cincuenta mayores contribuyentes por contribución territorial y los veinte mayores por subsidio industrial y comercial de cada provincia (art. 63).

Como ha acentuado SÁNCHEZ AGESTA, el Senado de 1869 quedó como un último refugio del sentido minoritario del doctrinarismo. Esta Cámara había de renovarse por cuartas partes cada vez que hiciere el Congreso; sin embargo, la renovación sería total cuando fuera lo disuelta por el Rey (art. 64).

Significar por último que diputados y senadores representaban a la Nación en su conjunto, y «no exclusivamente a los electores que los nombrasen» (art. 40).

c) Funcionamiento de las Cortes

El funcionamiento de las Cortes se regía por los siguientes principios:

1. Reunión anual: «Las Cortes se reúnen todos los años. Corresponden al Rey convocarlas, suspender y cerrar sus sesiones, y disolver uno de los Cuerpos colegisladores o ambos a la vez» (art. 42).
2. Período mínimo de sesiones: «Las Cortes estarán reunidas a lo menos cuatro meses cada año (...) El Rey las convocará, a más tardar, para el día 1.° de febrero» (art. 43).
3. Limitación de la prerrogativa regia de suspensión de las Cortes: «Una sola vez en cada legislatura podrá el Rey suspender las Cortes sin el consentimiento de éstas» (art. 71).
4. Limitación de la facultad regia de disolución de las Cámaras: «En el caso de disolución de uno o ambos Cuerpos colegisladores, el Real Decreto contendrá necesariamente la convocatoria de las Cortes para dentro de tres meses» (art. 72).
5. Reunión automática: «Las Cortes se reunirán necesariamente luego que vacare la Corona o que el Rey se imposibilitare de cualquier modo para el gobierno del Estado» (art. 44).
6. Reunión simultánea: «No podrá estar reunido uno de los Cuerpos colegisladores sin que lo esté también el otro, excepto el caso en que el Senado se constituya en tribunal» (art. 46).
7. Deliberación separada: «Los Cuerpos colegisladores no pueden deliberar juntos, ni en presencia del Rey» (art. 47).
8. Publicidad de las sesiones: «Las sesiones del Senado y las del Congreso serán públicas, excepto en los casos que necesariamente exijan reserva» (art. 48).

d) Funciones de las Cortes

Las funciones de las Cámaras pueden ser clasificadas en legislativas, financieras, políticas, de control y estatutarias.

1.° Funciones legislativas

En orden al procedimiento legislativo correspondía a las Cortes:

- La iniciativa legislativa (compartida con el Rey) (art. 54).
- La potestad de hacer las leyes (deliberación y aprobación) (art. 39).

Para la votación de las leyes se requería en cada Cuerpo colegislador la presencia de la mitad más uno del número total de sus miembros (art. 51).

Ningún proyecto de ley podía aprobarse por las Cortes sino después de haber sido votado, en cada una de las Cámaras (art. 52); se exceptuaba de esta regla general «los Códigos o leyes que por su mucha extensión no se presten a la discusión por artículos», pero aun en este supuesto, los proyectos debían someterse íntegramente a las Cortes (art. 52).

Aunque como principio las Cámaras son iguales, el artículo 50 introduce ciertas desigualdades entre ellas; así, los proyectos de ley sobre contribuciones, crédito público y fuerza militar tenían que presentarse antes en el Congreso que en el Senado, prevaleciendo en estas materias los criterios del Congreso.

2.° Funciones financieras

Aparecen recogidas específicamente en el Título IX «De las contribuciones y de la fuerza pública» y son éstas:

- La discusión y aprobación del Presupuesto anual (art. 100).
- La aprobación del balance del último ejercicio (art. 101).
- La aprobación de una ley de autorización para que el Gobierno pudiese disponer de las propiedades del Estado, y para tomar caudales a préstamo sobre el crédito de la Nación (art. 103).

3.° Funciones políticas

El artículo 58 enumera las siguientes:

- Recibir al Rey, al sucesor inmediato de la Corona y a la Regencia, el juramento de guardar la Constitución y las leyes.
- Resolver cualquier duda de hecho o de derecho que ocurra en orden a la sucesión de la Corona.
- Elegir a la Regencia del Reino, y nombrar el tutor del Rey menor cuando lo previene la Constitución.
- Nombrar y separar libremente los ministros del Tribunal de Cuentas del Reino, sin que el nombramiento pueda recaer en ningún senador ni diputado.

4.° Funciones de control

Carente de antecedentes constitucionales, el artículo 53 del texto de 1869 iba a formalizar de manera definitiva la responsabilidad política de los ministros al prescribir que «ambos Cuerpos colegisladores tienen el derecho de censura, y cada uno de sus individuos el de interpelación».

5.° Funciones estatutarias

En el aspecto organizativo, el artículo 45 otorgaba un alto grado de autonomía a las Cámaras, facultando a cada una de ellas para:

- Elaborar el respectivo reglamento para su gobierno interior (potestad autorreglamentaria).
- Examinar la legalidad de las elecciones y la aptitud legal de los individuos que la compongan.
- Nombrar, al constituirse, su Presidente, Vicepresidente y secretarios.

Dada la inexistencia de un órgano que asumiera funciones de continuidad parlamentaria, se creó un ente de difícil calificación jurídica que operó únicamente en el período de *vacatio* de las Constituyentes de 1869 con el nombre de Comisión Permanente de las Cortes. Su origen se encuentra en una proposición presentada por la mesa de la Cámara el 15 de julio de ese año en la que se señalaba que «... una comisión compuesta de ocho individuos, que designará el Presidente de la Asamblea, auxiliará a la Mesa en todos los asuntos que ocurran durante este período. La Mesa, en unión de esta Comisión, queda autorizada para reunir las Cortes antes del día 1.° de octubre si así lo exigiesen, a su juicio, las circunstancias». No se trata, pues, de un órgano ni principal ni independiente dentro de la estructura parlamentaria, sino de un ente subsidiario, carente de atribuciones propias, cuya única misión era la de prestar ayuda, asistencia y consejo a la Mesa.

B. El Rey

En las Constituyentes de 1869 los tres partidos que apoyaron la Revolución de septiembre coincidieron en concebir al Rey como un «poder moderador», «armónico» y «neutral», por encima de los partidos políticos, que a esas alturas eran ya una realidad consustancial al Estado liberal. Así se expresó Ríos Rosas, al sostener que el Monarca era un poder que representaba «la unidad del Estado (...), un poder que sirve de vínculo, respetando su integridad y su independencia, a todos los demás poderes; un poder que dirime en primera instancia las contiendas que se suscitan entre los demás poderes, por ejemplo, entre el Poder Legislativo y el Poder Ejecutivo; este poder, poder armónico, poder mediador, poder inspector y poder moderador... tiene que ser imparcial, neutral... ni ha de depender de las opiniones de un partido determinado».

En parecidos términos que sus predecesoras, el texto de 1869 declaraba que la persona del Rey era inviolable e irresponsable políticamente, por lo que sus actos necesitaban para su validez el refrendo ministerial, de acuerdo con el artículo 67.

El Rey va a aparecer como un Monarca constitucional, cuyas atribuciones, conforme a lo establecido en el artículo 35, debían ser ejercidas por sus ministros.

Por lo que atañe a los poderes concretos de la Corona, podían ser clasificados de la forma que sigue: a) En relación con las Cortes, correspondía al Monarca convocar, suspender y cerrar sus sesiones, y disolver uno de los Cuerpos colegisladores, o ambos a la vez (art. 42). b) En relación con la función legislativa, el Rey compartía la iniciativa legislativa con ambas Cámaras (art. 54); además le pertenecía la sanción y promulgación de las leyes (art. 34). c) En relación con la función ejecutiva, el titular de la Corona tenía las siguientes potestades: la ejecución de las leyes (art. 69), la elaboración de los reglamentos para el cumplimiento y aplicación de las leyes (art. 75), la disposición de las fuerzas armadas (art. 70), la dirección de las relaciones diplomáticas y comerciales (art. 73. 4), la acuñación de moneda (art. 73. 1), la concesión de empleos civiles y militares con arreglo a las leyes (art. 73. 2), la concesión de honores y distinciones (art. 73. 3), el cuidado de que en todo el Reino se administrara pronta y cumplida justicia (art. 73.5), la facultad de indultar a los delincuentes con arreglo a las leyes (art. 73. 6), la conservación del orden público interior y seguridad del Estado en lo exterior (art. 69), y, por último, el libre nombramiento y separación de los ministros (art. 68).

Finalmente, el artículo 74 imponía una serie de restricciones a la autoridad regia. Este precepto exigía que el Monarca estuviese autorizado por una ley especial para enajenar, ceder o permutar cualquier parte del territorio español, incorporar cualquier otro territorio al territorio español, admitir tropas extranjeras en el Reino, ratificar los tratados de alianza ofensiva, los especiales de comercio, los que estipulen dar subsidios a una potencia extranjera, y todos aquellos que puedan obligar individualmente a los españoles, conceder amnistías e indultos generales, contraer matrimonio y permitir que lo contraigan las personas que sean súbditos suyos y tengan derecho a sucederle en la Corona, según la Constitución, y abdicar la Corona.

Ante la falta de un Rey, los Legisladores constituyentes de 1869 incorporaron al texto constitucional una Disposición Transitoria, la primera, según la cual, la ley que se hiciera para elegir la persona del Rey pasaría a formar parte de la Constitución.

Esta situación llevó a las Cortes Constituyentes a designar, el 15 de julio de 1869, Regente del Reino, en tanto estuviese vacante la primera magistratura del Estado, al general Serrano, quien, hasta entonces había sido Presidente del Poder Ejecutivo.

En virtud de lo dispuesto en la Disposición Transitoria se aprobó la Ley de 10 de junio de 1870, cuyo artículo 11 disponía que «las actas de las sesiones en que se verifique la elección y se preste juramento por el Rey elegido formarán parte integrante de la presente ley y se adicionarán con ella a la Constitución». Conforme a esta norma, el 16 de noviembre de 1870, Amadeo de Saboya, duque de Aosta, era elegido Rey de España.

C. La Regencia

A esta institución, la Constitución le dedicaba el Título V (arts. 82 a 86), estableciendo el modelo de Regencia electiva (art. 83), abandonando, por tanto, la Regencia *de iure* de 1845. Será además el último documento constitucional de nuestra historia que siga dicho criterio a la hora de regular esta institución.

La Constitución de «La Gloriosa» determinaba expresamente que eran las Cortes las llamadas a reconocer la imposibilidad del Rey para ejercer su autoridad (art. 83). La Regencia, al igual que en 1837, estaba integrada por una, tres o cinco personas; hasta entonces el Reino sería gobernado provisionalmente por el padre o la madre del Rey y, en su defecto, por el Consejo de Ministros (art. 84).

A su vez, el artículo 85 introducía un límite temporal a la reforma constitucional, inédito hasta el momento, prohibiendo que durante el tiempo que durase la Regencia no podía «hacerse variación alguna en la Constitución».

El Regente, por su parte, mantenía al igual que en los textos preexistentes, los mismos poderes, atribuciones y *status* que el Monarca legítimo, con la excepción de la iniciativa de la reforma constitucional que sí tenía este (art. 110).

D. El Gobierno

Corresponde a la Constitución que nos ocupa el privilegio de la institucionalización del Gobierno o Consejo de Ministros en el Derecho público histórico español. A pesar de que el Título VI vuelve a ceñirse a la denominación «De los ministros», las referencias constitucionales al Gobierno son más abundantes que en los textos precedentes (arts. 84, 95, 100 y 101).

Por lo demás, dicho Título (arts. 87 a 90) se refería al refrendo ministerial (art. 87), a la responsabilidad penal de los ministros ante las Cortes por «los delitos que cometan en el ejercicio de sus funciones» (art. 89) y a la prohibición de asistir a las sesiones de las Cortes los ministros que no pertenecieran a uno de los Cuerpos colegisladores (art. 88). De este último precepto, cabe deducir, como es obvio, la compatibilidad entre el cargo de ministro y el mandato de diputado o senador.

Conviene recordar, asimismo, que el artículo 53 formalizaba, por primera vez en nuestros textos, la responsabilidad política de los miembros del Gobierno.

E. El Poder Judicial

Tras reconocer en el artículo 36 que «los tribunales ejercen el Poder Judicial», la Constitución dedicó el Título VII (arts. 91 a 98) a este poder.

Como constata Carro Martínez, el Poder Judicial va a verse reforzado por primera vez considerablemente; se le tratará de dar aquella independencia y aquella parte de irresponsabilidad que corresponde a todo verdadero poder. La garantía de independencia va a venir dada por la forma de ingreso en la carrera judicial que se hará por oposición (art. 94) y por la modificación del sistema de nombramientos (arts. 94 y 95).

El Título que ahora analizamos fue objeto de desarrollo por medio de la Ley Orgánica del Poder Judicial, inicialmente prevista como provisional, pero que se mantuvo en vigor durante más de cien años.

El Poder Judicial quedaba caracterizado por los siguientes principios:

a) Independencia e inamovilidad judicial: «Los magistrados y jueces no podrán ser depuestos sino por sentencia ejecutoria o por Real Decreto acordado en Consejo de Ministros, previa consulta del Consejo de Estado, y al tenor de lo que se disponga en la mencionada Ley Orgánica. Tampoco podrán ser trasladados sino por Real Decreto expedido con los mismos trámites...» (art. 95).

b) Responsabilidad: «Los jueces son responsables personalmente de toda infracción de ley que cometan, según lo que determine la ley de responsabilidad judicial. Todo español podrá entablar acción pública contra los jueces o magistrados por los delitos que cometieren en el ejercicio de su cargo» (art. 98).

c) Exclusividad: «A los tribunales corresponde exclusivamente la potestad de aplicar las leyes en los juicios civiles y criminales» (art. 91, párr. 19).

d) Unidad legislativa o unidad de códigos y unidad de fuero: «Unos mismos códigos regirán en toda la Monarquía, sin perjuicio de las variaciones que por particulares circunstancias determinen las leyes. En ellos no se establecerá más que un solo fuero para todos los españoles en los juicios comunes, civiles y criminales» (art. 91, párrafos 3.° y 4.°).

e) Jerarquía normativa: «Los tribunales no aplicarán los reglamentos generales, provinciales y locales sino en cuanto estén conformes con las leyes» (art. 92).

En congruencia con su carácter progresista, el texto de 1869 restableció el juicio por jurados para «todos los delitos políticos y comunes que determine la ley. La ley determinará también las condiciones necesarias para desempeñar el cargo de jurado» (art. 93).

F. La Administración local

La Revolución de 1868 introdujo una nueva configuración del régimen local que retrotraía a la Ley Municipal de 1856. Esta medida, tomada por el Gobierno Provisional constituido en septiembre, se reprodujo en el Decreto de 21 de octubre 1868, a la vez que se establecía una ley provincial que se ajustaba a la aprobada en el bienio progresista.

La regulación que de los entes locales hizo la Constitución de 1869 se limitó a dos preceptos en dos Títulos distintos: el 37, incluido en el Título II «De los Poderes Públicos» y el 99, dentro del Título VIII «De las Diputaciones Provinciales y Ayuntamientos».

En el primero de dichos preceptos se establecía que la gestión de los intereses peculiares de los pueblos y de las provincias corresponde respectivamente a los Ayuntamientos y Diputaciones Provinciales, con arreglo a las leyes.

Los Constituyentes de 1869 no se limitaron a remitir a la ley la regulación del régimen local, sino que estableció en el extenso artículo 99, unos principios concretos partiendo del criterio general del «gobierno y dirección de los intereses peculiares de la provincia o del pueblo por las respectivas Corporaciones», En dicho precepto se establecían los siguientes principios directores de la organización y atribuciones de las Diputaciones Provinciales y Ayuntamientos:

- Autogobierno de las Corporaciones.
- Publicidad de las sesiones.
- Publicación de los Presupuestos, cuentas y acuerdos corporativos.
- Intervención o fiscalización del Rey, y en su caso de las Cortes, al objeto de impedir que las Diputaciones y los Ayuntamientos puedan extralimitarse en sus atribuciones en perjuicio de los intereses generales.
- Armonización del sistema impositivo local con el del Estado.

En desarrollo de tales postulados se promulgaron las leyes municipal y provincial de 20 de agosto 1870; la primera amplió el sufragio universal a los comicios locales, elevó sustancialmente el número de cargos representativos en las Corporaciones locales, e introdujo por primera vez en nuestro Derecho local la noción de municipio «la asociación de todas las personas que residen en un término municipal», reservándole la competencia sobre los intereses peculiares de los pueblos. En un sentido similar, la ley provincial concedió una mayor autonomía de las Diputaciones frente a la figura del Gobernador Civil.

G. El Consejo de Estado

Esta institución sería recogida por el texto constitucional que establecía la referencia de la presidencia del Consejo como uno de los requisitos que daban acceso a la condición de senador (art. 62), al tiempo que le otorgó competencias importantes en materia judicial, como la propuesta de nombramiento al Rey de jueces y magistrados (art. 94), consulta para el nombramiento de magistrados del cuarto turno, deposición y traslado de jueces (art. 95) y ascensos (art. 97).

Su composición era mixta, entre libre y por categorías, con representación de la iglesia, el ejército y la marina, la diplomacia, la magistratura, el fisco, la cultura oficial y académica, los intereses Ultramarinos y los elementos del Consejo.

En 1873, el Decreto de 26 de noviembre procedería a su reorganización y, un año más tarde, un nuevo Decreto de 31 de enero, le atribuirá las funciones reconocidas a favor del Tribunal Supremo relativas al nombramiento de personal judicial en Ultramar.

H. El Tribunal de Cuentas

En relación con el control financiero del Estado, el artículo 101 del texto fundamental disponía que «el Gobierno presentará al mismo tiempo que los presupuestos, el balance del último ejercicio, con arreglo a la ley. Cuando las Cortes se reúnan el 1.° de febrero, los presupuestos habrán de presentarse al Congreso dentro de los diez días siguientes a su reunión». El Ejecutivo necesitaba «estar autorizado por una ley para disponer de las propiedades del Estado y para tomar caudales a préstamo sobre el crédito de la Nación» (art. 103).

De modo expreso, dentro del Título III «Del Poder Legislativo», el artículo 58, en su apartado 5.° señalaba que correspondía a las Cortes «nombrar y separar libremente los ministros del Tribunal de Cuentas del Reino, sin que el nombramiento pueda recaer en ningún senador ni diputado». De esta forma se pretendía no depender del Gobierno y tener la posibilidad de llevar un control más eficiente sobre la Administración financiera del Estado.

A propuesta de Figuerola se aprobaría la Ley de Administración y Contabilidad de la Hacienda Pública de 25 de junio de 1870, en la que se incluía un capítulo dedicado a la Intervención.

6. Significado y aplicación de la Constitución

El Código político de 1869, marcadamente liberal y democrático, supone, en palabras de Carro Martínez, «la empresa constitucional de mayor altura llevada a cabo en el siglo XIX».

Sáez Miguel, por su parte, cree que «lo que en muchas ocasiones ha sido considerada como una victoria del sector democrático no fue sino la plasmación del ideal progresista en toda su amplitud, la muestra más acabada de estos planteamientos y la prueba más palpable de su enorme elasticidad, capaz de satisfacer, al menos en estos primeros momentos del Sexenio, a sus compañeros de coalición, pero que, en ningún momento, supusieron una traición a los ideales que habían defendido históricamente».

Según Jover, esta Constitución confiere, en medida e intensidad variables, unidad al sexenio revolucionario, la cual estuvo vigente a lo largo de todo su transcurso. Y es que la Federal de 1783 no pasó de Proyecto, y la República pretoriana de 1874 se abstuvo de derogar la citada Norma Fundamental.

El republicanismo de la época mostrará, su rechazo al texto constitucional, desde la misma presentación del Proyecto, por considerarlo poco democrático. Sánchez Ruano y Figueras, por ejemplo, sostuvieron no ya que el mismo no fuese democrático, sino que era doctrinario. Una postura muy similar a la defendida por Castelar, quien, en una muestra más de su magnífica capacidad oratoria, no dudó en definirla como «Constitución monárquica sin Monarca; Constitución democrática sin democracia». Independientemente del mayor o menor valor que puedan atribuirse a estos razonamientos para explicar la posición de los republicanos, quizás resentidos por su exclusión de la Comisión constitucional, lo cierto es que la aceptación del nuevo Código implicaba el abandono de muchos de los principios que habían formado históricamente la columna vertebral de su ideario.

Una vez aprobada la Constitución, las fuerzas políticas fueron incapaces de formar una alianza de gobierno que pudiera aplicarla con decisión. Se consideraba que era fruto de unos compromisos que ya se habían roto y se pensó más en defender los propios intereses que en consolidar el régimen. Aun así, apostilla LÓPEZ CORDÓN, aunque la obra constitucional de 1869 no satisfizo a nadie por considerarla algunos demasiado avanzada y otros excesivamente tímida, y fuera contestada incluso con las armas por ambos lados del espectro político, el carlista y el federal, constituye el mejor exponente de las preocupaciones y de los modelos de la burguesía que había dirigido la Revolución hasta entonces y refleja, a pesar de las indecisiones y los titubeos, un talante ético renovador y el optimismo de quienes todavía confiaban en dirigir el país, respetando las reglas del juego que ellos mismos habían establecido.

La decisión de las Cortes de instaurar una Monarquía planteó al Gobierno de Prim una de sus mayores dificultades: la búsqueda de un Rey para España. Diversas eran las opciones posibles, y todas con muchos inconvenientes para ser aceptadas. Entre los candidatos (se barajaron nada menos que catorce) se encontraban el duque de Montpensier, Antonio María de Orleans, cuñado de Isabel II, apoyado por Serrano y los unionistas; Fernando de Sajonia Coburgo, ex Rey consorte de Portugal, propuesto por progresistas y demócratas, y el Príncipe alemán Leopoldo de Hohenzollern, respaldado por Bismarck.

Tras el fracaso de las diferentes candidaturas, Prim llegó a ofrecer el trono al general Espartero. Éste, enfermo y viejo, rechazó la propuesta. Reanudadas nuevamente las gestiones, después de no pocos obstáculos e iniciales reservas, Amadeo de Saboya, hijo del Rey de Italia, Víctor Manuel II, aceptaba el ofrecimiento, condicionándolo al beneplácito de las grandes potencias.

La elección de Amadeo tuvo lugar el 16 de noviembre de 1870. De un total de 344 diputados únicamente contó con el voto expreso de 191. Otros 100 se manifestaron en contra y 19 se abstuvieron. Como recuerda CARR, el nuevo Rey de España nunca lo fue de todas las fuerzas que se habían confabulado en la Gloriosa Revolución sino sólo de los progresistas y demócratas.

El 27 de diciembre de 1870 Prim era asesinado en la calle del Turco de Madrid por un grupo de francotiradores, privando al Monarca, que desembarcaba poco después en Cartagena, de su principal valedor e indispensable sostén.

El hasta entonces Regente, general Serrano, fue el encargado de formar el primer Gobierno de Amadeo I, en el que estaban representados los tres partidos de la coalición revolucionaria (unionistas, progresistas y demócratas).

Muy pronto los progresistas (que eran de hecho los únicos amadeístas) se escindieron en dos facciones: los radicales y los progresistas conservadores (o «constitucionalistas»), capitaneados, respectivamente, por Ruiz Zorrilla y Sagasta.

Al Gabinete de concentración de Serrano le sigue el 24 de julio de 1871 el Gobierno Ruiz Zorrilla, que apenas se mantiene dos meses. Comienza entonces lo que los historiadores han denominado «Ministerios-puente». A Ruiz Zorrilla le sucede el general Malcampo (24 de septiembre-21 de diciembre) y a este Sagasta. El escándalo del traspaso de dos millones de reales del presupuesto del Ministerio de Ultramar al de Gobernación, al parecer con fines electorales, provocó la dimisión de Sagasta, con lo que la formación de Gobierno —después de un breve ensayo de apenas veinte días del general Serrano (26 de mayo-13 de junio de 1872)—, volvió a las manos de Ruiz Zorrilla, tras requerir el Rey los servicios de Espartero que se negó en redondo.

Las tres elecciones a Cortes y los seis Gabinetes que se sucedieron durante los dos años y dos meses del reinado amadeísta mostraron lo que ya sería una constante en todo el Sexenio: la falta de un consenso entre los políticos para la situación concreta de cada momento, debido, en buena parte, a la excesiva fragmentación de los partidos (DE AMICIS llegó a enumerar la existencia de treinta y dos).

Por otra parte, el estallido de la tercera guerra carlista, las intentonas armadas republicanas en el otoño-invierno de 1872 y la radicalización del problema cubano, motivado por la discusión del proyecto abolicionista de la esclavitud, completaban el ambiente de inestabilidad en que estaba inmerso el país.

Ante tal cúmulo de acontecimientos y consciente de su escasa popularidad, Amadeo —siempre respetuoso con la Constitución que había jurado— encontró la excusa para renunciar a la Corona en la llamada «cuestión de los artilleros». Tras la firma, en contra de su voluntad, del Decreto de disolución del Cuerpo de Artillería, motivado por el enfrentamiento entre el general Hidalgo y la oficialidad de esa Arma, Amadeo I presentaba, el 11 de febrero de 1873, su abdicación.

Ese mismo día el duque de Aosta entregaba al Presidente del Consejo de Ministros, Ruiz Zorrilla, un mensaje dirigido al Congreso en el que renunciaba a la Corona, por sí y por sus hijos y sucesores. A la citada misiva iban a contestar las Cortes con una declaración que había redactado Castelar en su nombre en el que se recogía que éstas «declaran unánimemente que V. M. ha sido fidelísimo guardador de los respetos debidos a las Cámaras (...). Mérito glorioso, gloriosísimo, en esta época de ambiciones y de dictaduras».

Al margen de la retórica, la experiencia de implantación de una nueva dinastía había fracasado.

IV. LA PRIMERA REPÚBLICA

En la sesión del Congreso del día 11 de febrero de 1873, su Presidente, Rivero, tras la lectura del mensaje regio, propuso que Congreso y Senado se reunieran en una sola Cámara para que «unidos ambos Cuerpos colegisladores y representando la soberanía nacional, acuerden lo conveniente acerca de este documento y del ejercicio de su autoridad».

La propuesta fue aceptada y Congreso y Senado se reunieron en aquella misma fecha en Asamblea Nacional y aprobaron un mensaje aceptando la renuncia del Monarca.

Todo este rápido proceso, sostiene TOMÁS VILLARROYA, se tramitó de manera políticamente noble; pero también de manera dudosamente constitucional. De una parte, el artículo 47 de la Constitución prohibía la deliberación conjunta de las Cámaras, y, de otro, el artículo 74. 7°, exigía que el Rey estuviera autorizado por una ley especial para abdicar la Corona, en tanto que lo que se hizo fue tan sólo un intercambio de mensajes.

En la misma sesión del día 11, se presentó una proposición suscrita por Pi y Margall, Salmerón y Figueras, cuyo texto decía: «La Asamblea Nacional reasume todos los poderes y declara como forma de la Nación, la República, dejando a las Cortes Constituyentes la organización de esta forma de gobierno». Dicha propuesta fue aprobada en votación nominal por 258 votos contra 32.

La adopción de la forma republicana, una vez excluidas las Casas de Borbón y de Saboya, se presentaba como la única opción posible, dado el agotamiento de toda posibilidad monárquica. Castelar en una de sus brillantes intervenciones, pudo decir: «Con Fernando VII murió la Monarquía tradicional; con la fuga de doña Isabel, la Monarquía parlamentaria, con la renuncia de don Amadeo de Saboya, la Monarquía democrática. Nadie ha acabado con ella; ha muerto por sí misma. Nadie trae la república, la traen todas las circunstancias; la trae una conjuración de la sociedad, de la naturaleza y de la historia».

Fue —certifica LACOMBA— la primera vez que se producía un cambio de régimen sin violencia, sin un solo disparo, sin la espada de un militar.

Sin embargo, desde una perspectiva constitucional, FERRANDO BADÍA, no ha dudado en señalar que el cambio de régimen constituyó un «acto ilegal». La aprobación de la república significaba la derogación del artículo 33 del texto de 1869, que establecía la forma monárquica, y ello se hizo sin respetar los cauces previstos en los artículos 110 y siguientes del citado cuerpo legal, que regulaban el procedimiento de reforma constitucional. El propio Pi y Margall, años más tarde, afirmaría: «Es verdad que la república no había nacido de combates ni de tumultos; pero no lo es menos que tampoco debía a la ley su origen».

La República, se ha sostenido con acierto, no fue traída por unas Cortes republicanas sino monárquicas; nació de la conjunción de republicanos y monárquicos y se vio como la salida más conservadora a la crisis institucional vigente. Como apunta ARTOLA, la decisión de la Asamblea Nacional en favor de la república vino a darles a los republicanos inesperadamente el poder cuando más lejos se encontraban de conquistarlo.

El nuevo régimen emergió en unas condiciones de improvisación y sorpresa que condicionaron sus momentos iniciales, caracterizados por una situación de precaria estabilidad entre dos Gobiernos de mayoría radical y la Asamblea de predominio federal. La república, incide ESPADA BURGOS, nacía, además, con una peligrosa indefinición expresa en la propia proposición votada por la Asamblea al dejar a las futuras Cortes Constituyentes «la organización» de esa forma de gobierno.

El mismo día 11 de febrero se procedió a la designación de Figueras Presidente del Poder Ejecutivo. Un mes más tarde se aprobaba la ley sobre «convocatoria de Cortes Constituyentes, suspensión de sesiones y reforma de la Ley Electoral», la cual establecía el retorno al unicameralismo (art. 1.º) y ampliaba el derecho electoral a todos los españoles varones mayores de veintiún años. Con esta ley se daba cumplimiento a la vieja promesa republicana de otorgar el voto a la población joven que se presumía adoptaría un comportamiento político más radical, y por ende republicano.

Los cambios de mayo supusieron el triunfo de los candidatos republicano-federales, que obtuvieron, según datos de MARTÍNEZ CUADRADO, 374 actas sobre un total de 391 escaños. No obstante, la nota de mayor relevancia la constituyó el masivo abstencionismo (más del 60 por ciento). La apertura de las Cortes Constituyentes tuvo lugar el 1 de junio y días más tarde, por abrumadora mayoría de 218 votos contra 2, se aprobaba una proposición de ley con el siguiente artículo único: «La forma de gobierno de la Nación española es la República democrática federal».

A Figueras le sustituyó Pi y Margall el 11 de junio de 1873, que solamente contaba con el apoyo de los republicanos federales, permaneciendo en el ejercicio de su cargo hasta el día 18 de julio, en que se ve obligado a dimitir al no querer emplear la violencia para sofocar el movimiento cantonalista. Su sucesor, Salmerón, se mantendrá al frente del Ejecutivo hasta el 6 de septiembre, fecha en que abandonaría el poder al negarse a firmar varias sentencias de muerte. La elección de Castelar como cuarto Presidente de la república significó un escoramiento hacia el autoritarismo; gobernó por decreto a fin de lograr el mantenimiento del orden y suspendió para ello las garantías constitucionales.

Cuando las sesiones parlamentarias se reabrieron el 2 de enero de 1874, Castelar fue derrotado por escaso margen al solicitar el voto de confianza. El día siguiente, las tropas del general Pavía, en connivencia con el Presidente del Ejecutivo, disolvían por las armas las Cortes Constituyentes. Finalizaba así, *manu militari*, la azarosa vida de la Primera República. En nueve meses nada menos que cuatro Presidentes y seis Gobiernos se habían sucedido en el ejercicio del poder. Como ha dicho HEADRICK, este breve paréntesis republicano supone uno de los períodos más confusos de la historia contemporánea española. Aspiraciones utópicas, luchas de facciones, disgregaciones, banderías, insurrecciones, rebeliones y guerras civiles estrangularon el país. Una revolución, añade FERNÁNDEZ SEGADO, sin rumbo ni mando, tuvo como única consecuencia la reorganización y el fortalecimiento de las fuerzas reaccionarias.

El golpe de Pavía no era sino consecuencia de esa especie de «vocación salvadora» de la que se ha sentido revestido el Ejército español; el retorno —insiste CARR— a la clásica teoría del liberalismo militar según la cual, en momentos de disolución social y de Gobierno pervertido, el Ejército representaba la voluntad nacional; bajo esta misma bandera, el general Franco aniquilaría otra República.

Aunque nadie hable todavía de sustituir el régimen político sino de acabar con la disgregación y el desorden reinantes, el Gobierno de Serrano, formado tras el golpe, combatido a derecha e izquierda, y falto de apoyo de los alfonsinos y de los intransigentes, apenas tuvo más misión que cerrar el ciclo del proceso revolucionario. El camino hacia la restauración borbónica se encontraba ahora más despejado que nunca.

V. EL PROYECTO DE CONSTITUCIÓN FEDERAL DE 1873

En la sesión del día 20 de junio de 1873 se debatió el nombramiento de la Comisión que había de encargarse de redactar el Proyecto de Constitución. Esta Comisión, compuesta por veintisiete miembros, y presidida por Castelar, que haría de ponente, llevó a cabo la redacción del Proyecto en breve tiempo. Presentado a las Cortes el 17 de julio, los debates se iniciaron el día 11 de agosto y duraron sólo tres días. El texto es obra de la «mayoría republicano benevolente», cuya ideología política encarna.

De acuerdo con TORRES DEL MORAL, los graves momentos que vivía el país, con tres frentes por atender —el carlista, el cantonal y el cubano—, hizo que se abandonara finalmente la tarea constituyente, por lo que la Constitución Federal de la república nunca llegó a promulgarse.

La fracción «intransigente» (Díaz Quintero y Cala) presentó, a su vez, otro Proyecto constitucional que, sin embargo, no fue objeto de debate alguno.

1. Naturaleza

El Proyecto constitucional de la Primera República presenta los siguientes caracteres formales:

a) Es un texto de extensión media. Consta de 117 artículos, distribuidos en 17 Títulos, precedidos por uno a modo de «Título preliminar» no articulado sobre los derechos naturales y por un Preámbulo. El último Título se refería a la reforma de la Constitución.

b) Es un texto completo y sistemático. El documento deslinda nítidamente las partes dogmáticas (Título preliminar y Títulos I al IV) y orgánica (Títulos V al XIV).

c) Es un texto rígido. El último Título dedicado a la reforma, establece un procedimiento específico —de «doble aprobación»— para llevarla a cabo.

El Parlamento acordaba la modificación constitucional, indicando el precepto o preceptos que hubieran de alterarse, tras lo cual el Congreso y el Senado quedaban disueltos, debiendo convocar el Presidente de la República nuevas Cortes que tendrían el carácter de «Constituyentes» (las cuales debían reunirse dentro de los tres meses siguientes), si bien tan sólo para deliberar acerca de la reforma, continuando con el carácter de Cortes ordinarias,

d) Es un texto de notoria influencia foránea. Aparte de las muchas similitudes que guarda con la Constitución de 1869, cabe citar el notable influjo que en este Proyecto ejerce la Constitución de Estados Unidos, concretamente en lo que atañe a la organización territorial del Estado y a la división de poderes.

2. Principios políticos

La Comisión constitucional, en su dictamen, afirmaba que el Proyecto pretendía satisfacer tres exigencias:

1. La conservación de la libertad y de la democracia, conquistada por la Revolución septembrina.
2. La confirmación de una división territorial que, «derivada de nuestros recuerdos y de nuestras diferencias», asegurase una sólida federación, y con ella la unidad nacional.
3. Una clara división de los poderes públicos, de tal forma que «no pudiesen nunca confundirse ni menos concentrarse para mermar un derecho o para establecer una dictadura».

Veamos, a continuación, como se desarrollaron estos propósitos en el texto constitucional que ahora estudiamos.

a) La proclamación de la «República federal» como forma de gobierno

El artículo 39, norma de apertura del Título III («De los Poderes públicos») prescribía que «la forma de gobierno de la Nación española es la república federal». Como advierte FERNÁNDEZ SEGADO choca ante todo la imprecisión técnica de considerar como forma de gobierno la «república federal», siendo así que el término «federal» se refiere a la forma de Estado.

El carácter «compuesto» del Estado o Federación de Estados que se diseña en el Proyecto de 1873 es una consecuencia, para TRUJILLO, del reconocimiento expreso del pluralismo de esferas autónomas (individual, municipal, regional y nacional), que constituye la trama social de la «Nación española». Así, el artículo 40 otorgará al principio federativo la base o fundamento de toda la organización política y social del nuevo régimen político: «En la organización política y social de la Nación Española todo lo individual es de pura competencia del individuo; todo lo regional es del Estado, y todo lo nacional de la Federación».

Torres del Moral ha destacado que la fórmula federal que se comprende en los artículos 39 y 40 se adscribe a la tendencia «benévola» o «moderada» (de inspiración pimargalliana) que parte de la existencia de la Nación española frente a la tendencia «intransigente» que demandaba un federalismo de abajo-arriba, comenzando por los municipios hasta llegar a un pacto nacional.

El Proyecto proponía como Estados de la República a los antiguos Reinos españoles, con algunas modificaciones y la inexplicable omisión de León. «Componen la Nación española —dirá el artículo 1.º. 1— los Estados de Andalucía Alta, Andalucía Baja, Aragón, Baleares, Canarias, Castilla la Nueva, Castilla la Vieja, Cataluña, Cuba, Extremadura, Galicia, Murcia, Navarra, Puerto Rico, Valencia y Regiones Vascongadas». A todos los Estados miembros de la Federación se les reconocía un poder constituyente subordinado, por cuanto debían someter sus Constituciones a la sanción de las Cortes federales (art. 102), teniendo que ajustarse a lo previsto en la Constitución federal que le sirve de techo y marco de referencia (art. 93).

En cuanto a la distribución de competencias, tema crucial en un Estado compuesto, el Proyecto opta por el sistema de determinar las que corresponden al Estado central, considerando las demás como propias de los Estados federales (cláusula de competencia residual). No obstante, se establecían como límites de los poderes estatales los derechos individuales, la forma democrática republicana, la unidad e integridad nacional y la Constitución federal (art. 99).

Dentro de cada Estado, los municipios (Título XIV) gozaban de plena «autonomía administrativa, económica y política», eligiéndose a las autoridades municipales por sufragio universal (art. 106).

Finalmente, las Cortes federales reflejaban también esta estructura territorial a través de un Senado representativo de los Estados federales como luego veremos.

El Proyecto constitucional —mantiene, con razón, Torres del Moral— no era marcadamente federal, sino que adoptaba en ocasiones criterios que el Derecho y la doctrina posteriores han calificado como de autonomía regional.

En cualquier caso, al margen de debates semánticos, es preciso convenir con Jiménez Asensio que dicho Proyecto representaba sobre el papel un cambio de magnitud revolucionaria en relación con el estado de cosas existente anteriormente. Esto es, de un país con unos esquemas administrativos que se guiaban por el centralismo más rancio, se quería pasar a configurar un Estado políticamente descentralizado.

b) La soberanía popular

La soberanía popular —otra de las grandes novedades del Proyecto— quedaba plasmada tanto en el Preámbulo como en el texto articulado. Según el primero, era la Nación española, reunida en Cortes Constituyentes, la que decretaba y sancionaba el Código fundamental. Por su parte, el artículo 42 disponía de forma significativa que «la soberanía reside en todos los ciudadanos, y se ejerce en representación suya por los organismos políticos de la república constituida por medio del sufragio universal».

Frente a la «soberanía nacional» de las Constituciones progresistas, el Proyecto de 1873 da entrada, por primera vez en nuestra historia, a la fórmula de la «soberanía popular». Esta mutación, subraya TRUJILLO, no obedecía a que en el pensamiento de los republicanos se hubiese disuelto la Nación a causa de la forma federal del Estado; sino a la concepción «individualista y libre» de la persona en la teoría de Pi y Margall y que hacía del ciudadano sujeto-partícipe de la soberanía, pero que, sin embargo, no ejerce directamente sino a través de los organismos siguientes: el Municipio; el Estado regional; el Estado federal o Nación. La soberanía de cada organismo reconoce por límites los derechos de la personalidad humana. Además, reconoce los derechos del Estado, y el Estado los derechos de la Federación (art. 45).

Y como consecuencia de todo ello, el artículo 41 proclamará el carácter «electivo, amovible y responsable» de todos los poderes.

c) La división de poderes

Consagra este principio el artículo 45 al determinar que «el poder de la Federación se divide en Poder Legislativo, Poder Ejecutivo, Poder Judicial y Poder de relación entre estos Poderes». El Poder Legislativo será ejercido exclusivamente por las Cortes (art. 46). El Poder Ejecutivo será ejercido por los ministros (art. 47). El Poder Judicial será ejercido por jurados y jueces, cuyo nombramiento no dependerá jamás de los otros Poderes públicos (art. 48). El Poder de relación será ejercido por el Presidente la República (art. 49).

Esta división no se constitucionaliza —aduce FERNÁNDEZ SEGADO— como una colaboración, sino, por el contrario, como una rígida separación. Buena prueba de ello añade este autor, nos la ofrecen la incompatibilidad entre el cargo de ministro y el mandato de diputado o senador (art. 65), la imposibilidad por parte del Ejecutivo de disolver las Cortes, la irresponsabilidad política de los ministros en particular, y del Gobierno en general, pues este tan sólo depende de la confianza del Presidente de la República, y la elección del Jefe del Estado por el pueblo, no por las Asambleas.

A fin de evitar que esta separación rígida pudiese bloquear el funcionamiento de la Federación, se atribuía al Presidente de la República el llamado «poder de relación» que aparecía implícitamente reconocido como «moderador» de los otros al «personificar el Poder supremo y la suprema dignidad de la Nación» (art. 82. 11).

d) El acogimiento de una serie de «derechos naturales»

En materia de derechos y libertades, admite Torres del Moral, el Proyecto de 1873 acentuó el *iusnaturalismo* racionalista de la Constitución de 1869. En efecto, el Título Preliminar proclamaba una serie de derechos como naturales, anteriores y superiores a toda legislación positiva, la cual no podía cohibirlos ni mermarlos. Eran éstos, el derecho a la vida y a la dignidad y seguridad de la vida, la libertad de pensamiento y de conciencia, la libertad de enseñanza, los derechos de reunión y asociación pacíficas, las libertades de trabajo, industria, comercio interior y crédito, el derecho de propiedad, la igualdad ante la ley, y el derecho a ser jurado y a ser juzgado por los tribunales de Jurado, así como a la libre defensa en juicio.

El Título II «De los españoles y sus derechos», tras reproducir literalmente 22 artículos de los 31 de los que constaba el Título I del texto de 1869, introdujo como nuevos el artículo 23, referido a la moralidad de los espectáculos, el artículo 25, que garantizaba las asociaciones licitas, los artículos 34 a 37, en los que regulaba la «cuestión religiosa», y el artículo 38, que declaraba abolidos los títulos de nobleza.

e) El laicismo

El intento de separación Iglesia-Estado fue sin duda, en expresión de Cárcel Ortí, la iniciativa de mayor envergadura que tomaron los Gobiernos republicanos, y hubiera sido la de mayor trascendencia de haberse aprobado. El Proyecto constitucional intentaría institucionalizar tal propósito y así, después de declarar el artículo 34 que «el ejercicio de todos los cultos es libre en España», el precepto siguiente afirmará que «queda separada la Iglesia del Estado» (art. 35). Por su parte, el artículo 36 prohibirá «a la Nación o al Estado federal, a los Estados regionales y a los municipios subvencionar directa ni indirectamente ningún culto», y el artículo 37 otorgaba con carácter exclusivo a las autoridades civiles el registro de nacimientos, matrimonios y defunciones.

Como puede observarse, este posicionamiento de absoluta laicidad del Proyecto iba más allá de la Constitución de 1869, lo que provocó la irritación de la Santa Sede. La propia Comisión dio buena cuenta de ello al reconocer que «la libertad de cultos allí tímida y aun vergonzosamente apuntada, es aquí un principio claro y concreto. La Iglesia queda... definitivamente separada del Estado».

Al mismo tiempo que se discutía el texto constitucional, el ministro de Gracia y Justicia, Moreno Rodríguez, presentó a las Cortes un proyecto de ley sobre separación Iglesia-Estado, que no llegó a aprobarse. En él se reconocía por parte del Estado el derecho de la Iglesia católica a regirse con plena independencia y a ejercer libremente su culto, con derecho de asociación, manifestación y enseñanza, garantizados por la legislación republicana; igualmente se le reconocía el derecho de adquirir y poseer bienes. El Estado, por su parte, renunciaba al ejercicio del privilegio de presentación para los cargos eclesiásticos vacantes o que vacaren en lo sucesivo, sin perjuicio de los derechos de patronato laical. Y se disponía que correspondería al fuero común la persecución y castigo de los delitos que pudieran cometerse por parte de clérigos.

3. Los órganos constitucionales

A. Las Cortes

El Poder Legislativo se componía de dos Cuerpos: Congreso y Senado (art. 50). Se trata en realidad, de un bicameralismo imperfecto, por cuanto el Senado tenía facultades inferiores al Congreso.

El Congreso representaba a la totalidad de la Nación: «El Congreso se compondrá de diputados, debiendo haber uno por cada 50.000 almas, y siendo todos elegidos por sufragio universal directo» (art. 51). Para ser miembro de esta Cámara, el artículo 69 exigía «el carácter de ciudadano y tener veinticinco años».

El Senado reconocía la existencia de los Estados regionales: «Los senadores serán elegidos por las Cortes de sus respectivos Estados, que enviarán cuatro por cada Estado, sea cualquiera su importancia y el número de sus habitantes» (art. 52). Para pertenecer a esta Asamblea se requería ser ciudadano español y tener cuarenta años de edad (art. 69).

El periodo de legislatura era el mismo para ambas Cámaras: «Las Cortes se renovarán en su totalidad cada dos años» (art. 53). Tanto en su funcionamiento como en su organización, las Cámaras gozaban de una gran autonomía frente al Ejecutivo.

Las funciones, como hemos dicho, no eran las mismas para ambos Cuerpos. El Congreso, constata TRUJILLO, aparecía como el verdadero órgano legislativo, y el Senado quedaba reducido a una Cámara de control —no frente al Ejecutivo, sino frente al Congreso—, armada de un derecho de veto suspensivo, control que era independiente del que, por vía jurisdiccional, se encomendaba al Tribunal Supremo.

La iniciativa legislativa se atribuía al Presidente de la República, al Poder Ejecutivo y al Congreso. El Senado carecía de ella (art. 70). Correspondía a este exclusivamente «examinar si las leyes del Congreso desconocen los derechos de la personalidad humana, o los poderes de los organismos políticos, o las facultades de la Federación, o el Código fundamental» (art. 70).

Como aclara FERNÁNDEZ SEGADO, el Senado venía a ejercer «un cierto control de legalidad, distinto por supuesto del control de constitucionalidad que preveía el artículo 77, y que correspondía al Tribunal Supremo». Dicho control permitía retener la entrada en vigor de una ley hasta un plazo de tres años (veto suspensivo), a cuyo término, de persistir el Senado en la declaración de ilegalidad, se promulgaría en el acto por el Presidente, sin perjuicio de que el Tribunal Supremo de la Federación pudiera declarar en su aplicación la constitucionalidad o no de la ley en cuestión.

En lo que a las atribuciones del Orden Judicial se refiere, el Congreso acusaba ante el Senado al Presidente y a los ministros; el Senado, por su parte, declaraba si había lugar o no la formación de causa, correspondiendo al Tribunal Supremo juzgarlos y sentenciarlos (arts. 60 y 67).

La Primera República ofrece una muestra de continuidad parlamentaria de sumo interés hasta el punto de que la vida del órgano específico que la encarna supone para Ferrando Badía el límite cronológico de uno de los períodos de su propio desarrollo. Al disolverse las Cortes mediante Ley de 11 de marzo de 1873 se recogía una Comisión a nombrar por la Asamblea y cuyo funcionamiento se prolongaría hasta la constitución de las Cortes Constituyentes (art. 5.º). En esa norma no se fijaba el número de sus integrantes ni el criterio para proceder a su elección. El 22 de marzo se llegó a una solución de compromiso que implicaba, en primer lugar, que dicho órgano se componía de veinte individuos en unión de los que integraban la Mesa de la Cámara. El acuerdo incluía también una lista de las personas inicialmente designadas y que debían obtener el respaldo de la Asamblea.

La Comisión carecía de facultades legislativas, siendo su misión «puramente de inspección y vigilancia sobre la política general del país, a fin de convocar la Asamblea en el caso de que circunstancias extraordinarias lo exigieran según lo dispone el artículo 6.º de la ley de suspensión de sesiones y convocatoria de Cortes Constituyentes». La principal labor de este órgano se concretó en el férreo control sobre la gestión del Gobierno que no era, al parecer de FIGUEROLA, sino «ejercer su derecho y cumplir su mandato. preguntando y aconsejando al Gobierno» para determinar si procedía o no reunir de nuevo la Asamblea y suspender la convocatoria electoral.

La disolución de la Comisión por elementos federales armados impidió la proyección temporal de la Asamblea hasta las Constituyentes, tal como disponía la Ley de 11 de marzo, lo que para COMÍN COLOMER suponía «una vulneración de los preceptos por los que se regía la República».

B. El Poder Ejecutivo

El Proyecto de 1873 disocia por primera vez la Jefatura del Estado del Poder Ejecutivo que, conforme al artículo 71, era «ejercido por el Consejo de Ministros, bajo la dirección de su Presidente, el cual será nombrado por el Presidente de la República».

Las facultades del Consejo de Ministros estaban contempladas en el artículo 72; de entre ellas, podemos destacar las siguientes:

1. Disponer del Ejército de mar y de tierra para seguridad interior y defensa exterior de la Federación.
2. Distribuir los ingresos y hacer los gastos con arreglo a las leyes.
3. Emplear todos los medios legítimos para que se cumpla y respete la ley.
4. Presentar a las Cortes memorias anuales sobre el estado de la Administración Pública, y proponer a su deliberación y sanción las leyes que le parezcan convenientes.
5. Enviar a cada Estado regional un delegado con encargo expreso de vigilar el cumplimiento de la Constitución y de las leyes, y de los decretos y reglamentos federales.
6. Dar reglamentos para la ejecución de las leyes.

El sistema institucional se organiza, según SOLÉ TURA, de forma intermedia entre el presidencialismo y el parlamentarismo. A semejanza de aquel, el Presidente nombra al Gobierno, que no responde ante las Cámaras. Pero en cambio la función ejecutiva corresponde íntegramente al Gobierno, sin que el Presidente de la República pueda intervenir.

C. El Presidente de la República: el «poder de relación»

El Proyecto dedica los Títulos XII y XIII a este Poder de relación que será ejercido por el Presidente de la República federal (art. 49). Junto a él habrá un Vicepresidente encargado de reemplazarlo cuando se inhabilitare por muerte, por larga enfermedad o por virtud de sentencia judicial (art. 82, párrafo primero).

Presidente y Vicepresidente son elegidos por sufragio universal indirecto de segundo grado, por un procedimiento que, como hace notar TRUJILLO, está inspirado en el artículo 2.° de la Constitución norteamericana.

Para su elección se constituye un cuerpo de compromisarios elegidos en los Estados (art. 83). Cuatro meses antes de expirar el mandato presidencial (art. 86), se reúnen en la capital del Estado respectivo estos electores de segundo grado y designan sus candidatos para la Presidencia y Vicepresidencia, remitiendo los resultados del escrutinio al Presidente del Congreso (arts. 85 y 87). Resultarán proclamados Presidente y Vicepresidente quienes reúnan la mayoría absoluta de los votos para uno y otro cargo. Caso de no darse esta mayoría, las Cortes elegirán entre las dos personas que hubieren obtenido mayor número de sufragios.

Para ser Presidente se requiere la ciudadanía española y tener más de treinta años; su mandato dura cuatro años y no cabe la reelección inmediata (art. 81).

Al Jefe del Estado el Proyecto constitucional le otorga una serie de atribuciones que, aunque de diversa naturaleza, son, continúa TRUJILLO, las de un «cuarto poder» o «poder moderador», cuyo contenido es mantener la unión y el equilibrio entre los distintos Estados que forman la Federación.

El artículo 82 enumera estas facultades, a saber:

1. Promulgar dentro de los quince días siguientes a su aprobación definitiva las leyes que decreten y sancionen las Cortes, salvo el caso de que éstas declaren la promulgación urgente.
2. Hacer, en caso de una disidencia sobre la promulgación de las leyes entre el Senado y el Congreso, a este último las observaciones que juzgue necesarias.
3. Convocar las reuniones extraordinarias de las Cortes cuando lo requiera así el estado de la Nación.
4. Dirigir mensajes a los poderes públicos recordándoles el cumplimiento de sus deberes legales.
5. Nombrar y separar con toda libertad al Presidente del Poder Ejecutivo.
6. Nombrar los embajadores, ministros y agentes diplomáticos.
7. Recibir los embajadores, ministros y agentes diplomáticos de las demás naciones.
8. Sostener las relaciones internacionales.
9. Conceder indultos.
10. Cuidar que sean garantizadas las Constituciones particulares de los Estados.
11. Personificar el Poder supremo y la suprema dignidad de la Nación, y a este fin se le señalará por la ley sueldos y honores, que no podrán ser alterados durante el período de su mando.

D. El Poder Judicial

A él se refiere el Título X, en cuya introducción no articulada se proclama que «el Poder Judicial no emanará ni del Poder Ejecutivo ni del Poder Legislativo». Como lógica derivación de tal principio, el Proyecto constitucional prohíbe «al Poder Ejecutivo, en todos sus grados, imponer penas, ni personales ni pecuniarias, por mínimas que sean. Todo castigo se impondrá por el Poder Judicial».

Desde el punto de vista organizativo cabe distinguir:

- Tribunales municipales, elegidos directamente por el pueblo y encargados de entender en la corrección de las faltas, juicios verbales y actos de conciliación.

- Tribunales de distrito, cuyos miembros eran nombrados mediante oposición.
- Audiencias, compuestas por los jueces de distrito ascendidos a magistrados en concurso público.
- Tribunal Supremo compuesto por tres magistrados de cada Estado.

A más de esto se establecía la institución del Jurado para toda clase de delitos (Título X. 4.º).

Entre las atribuciones del Tribunal Supremo Federal hay que destacar especialmente la de velar por la constitucionalidad de las leyes. En efecto, el artículo 77 confería a este Tribunal en pleno la facultad de suspender los efectos de las normas aprobadas por el Legislativo contrarias a la Constitución.

Los legisladores de 1873 —en frase de FERNÁNDEZ SEGADO— «se adelantarán en más de medio siglo a la que en nuestro país habrá de ser constitucionalización definitiva del control de la constitucionalidad de las leyes».

Aparte, el Proyecto atribuye al Tribunal Supremo, entre otras, estas competencias:

a) Entender y decidir en los litigios entre los Estados.

b) Entender en los conflictos entre los Poderes públicos de un Estado.

c) Entender en las causas formadas al Presidente y a los ministros en el ejercicio de sus cargos, en los asuntos en que la Nación sea parte.

d) Conocer de los conflictos que se susciten sobre la interpretación de los tratados (arts. 78 y 79).

En consonancia con todo lo anterior, el artículo 101 determina que «los Estados no podrán jamás apelar a la fuerza de las armas unos contra otros, y tendrán que someter sus diferencias a la jurisdicción del Tribunal Supremo Federal».

Resta añadir que prácticamente se recoge el modelo de justicia constitucional «norteamericano», lo que no dejaba de suponer un gran avance para la época, habida cuenta de que la mayor parte de las Constituciones acogían el sistema francés.

E. La Administración local

El Proyecto le dedicaba su Título XIV (arts. 106 a 109) a la regulación del municipio, no así a la provincia a la que no se nombraba, ya que en el artículo 100, incluido en el Título XIII, titulado «De los Estados», se establecía que éstos podrían regular «a su arbitrio, y bajo sus expensas, su organización territorial». El artículo 106 declaraba, por primera vez en la historia de nuestro país, que los municipios tenían dentro de su ámbito «autonomía administrativa, económica y política». Es, por tanto, este documento el primero que hace tal declaración respecto a la autonomía municipal. Además, expresa la necesaria elección democrática por sufragio universal de «sus gobiernos o sus alcaldes, que ejercerán el poder ejecutivo municipal» y de sus Ayuntamientos, «que darán reglas sobre los asuntos municipales».

En los siguientes preceptos se ahondaba en la autonomía municipal al declarar que los alcaldes y Ayuntamientos «darán cuenta de sus gastos al concejo, o común de vecinos, en la forma que ellos mismos establezcan» (artículo 107) y al eliminar la tutela estatal sobre las Corporaciones locales, reiteradamente mantenida en los Códigos anteriores y posteriores, haciendo depender su suspensión de los tribunales competentes, así como la sustitución de sus miembros de una decisión del electorado expresada mediante sufragio universal (art. 108). Las competencias municipales se dejaban ala libre regulación de los Estados miembros de la República Federal, que debían hacerlo a través de sus respectivas Constituciones (art. 108).

Novedoso es también el artículo 109 en el cual se recogía la posibilidad de acudir en alzada a las Asambleas de los Estados y, vía denuncia criminal ante los tribunales de distrito, en caso de repartos desiguales de contribuciones o exigencias desproporcionadas en relación a los haberes de algún ciudadano.

VI. LA REPÚBLICA AUTORITARIA

Ante el fracaso para formar un Gabinete de amplia coalición, en buena medida por la oposición de Castelar y de Cánovas, Pavía, que en un principio no había descartado convertirse en un dictador, acabó cediendo el poder al general Serrano. El nuevo Ejecutivo, constituido por conservadores, radicales y republicanos unitarios, publicó el 9 de enero de 1874 un «Manifiesto», cuya finalidad fue justificar ante la opinión pública el acto de fuerza de Pavía, y legitimar la acción del Ministerio. Así se afirmaba, entre otros extremos:

- Que el desalojo del Congreso era la «ejecutoria fiel y resuelta de la voluntad de una Nación».
- La asunción por el Poder Ejecutivo de toda la autoridad política con facultades extraordinarias.
- La formulación de duras críticas a las Cortes Constituyentes «incapaces de formar un gobierno duradero... creando efímeros y menospreciados poderes y contribuyendo al triunfo de la más horrible anarquía».
- La fidelidad a los principios revolucionarios de septiembre y al texto de 1869, a la que declaraba en vigor, pero se suspendía temporalmente en sus efectos «para que en realidad y en verdad resplandezca y domine, una vez vencida, como esperamos, la anarquía material y moral que hoy nos devora».

- El propósito de garantizar la propiedad y el orden a las clases conservadoras.
- El deseo de mantener unas buenas relaciones con la Iglesia y de respetar los principios religiosos.

La consigna fundamental de la política de Serrano era el restablecimiento del orden a cualquier precio. Para conseguir este propósito el Gobierno, después de disolver las Constituyentes (Decreto de 8 de enero), hizo lo propio con la sección española de la Internacional (Decreto de 10 de enero), y reforzó la estructura tradicional del Ejército. También se cerraron los clubs alfonsinos y se restableció la pena de muerte.

Pero a la altura de 1874 no bastaba la ambición de Serrano, al que movían aspiraciones parecidas a las que habían convertido a Mac Mahon en Presidente de la República francesa, para que se consolidase el nuevo régimen. Como refiere PALACIO ATARD, este tenía frente a sí la guerra carlista, la de Cuba y la marejada creciente del monarquismo alfonsino.

Serrano, reconoce HEADRICK, combatido tanto por la izquierda como por la extrema derecha, sólo podía contar con la esperanza de ganarse el apoyo de las clases conservadoras, de los latifundistas, de los altos mandos del ejército, de los aristócratas y de la burguesía acaudalada. Todos estos grupos sentían ansias de estabilidad y paz; no obstante, vacilaban en darle su apoyo mientras durara el conflicto carlista.

La voluntad de hacer desaparecer el frente carlista del Norte, llevó al duque de la Torre a ponerse al frente de las tropas que allí combatían. reservándose la Presidencia del Poder Ejecutivo, mientras que la del Consejo de Ministros sería confiada al general Zavala (26 de febrero de 1874), quien, una vez levantado el sitio de Bilbao, fue sustituido por Sagasta (3 de septiembre). La reorganización ministerial no va a cambiar el curso de los acontecimientos que se avecinan.

La empresa de restaurar la Monarquía constitucional, que cada vez iba contando con más adeptos, prosiguió durante ese año de 1874. Desde la Revolución de 1868, Cánovas era su gran promotor. El Príncipe de Asturias, entonces en el exilio, mediante un Real Decreto expedido el 22 de agosto de 1873, le había nombrado jefe del partido alfonsino, con el beneplácito de Isabel II.

El 29 de diciembre de 1874, el general Martínez Campos se pronunciaba en Sagunto por la Monarquía. El levantamiento contó con el decisivo apoyo del teniente general Jovellar, jefe del Ejército del Centro, mientras que el Gobierno de Sagasta lo condenó al día siguiente; ese mismo día Serrano se vio obligado a dejar el poder,

Con la proclamación de Alfonso XII se ponía fin al «Sexenio» y comenzaba la Restauración. Una vez más —dirá CARR— la existencia de un régimen político en España depende fundamentalmente de la posición que adopte el Ejército frente al mismo.

VII. BIBLIOGRAFÍA

ANDRÉS-GALLEGO, J.: «La Revolución de Septiembre y el Estado de la Restauración», en *Historia General de España y América*, t. XVI-2, Rialp, Madrid, 1981, págs. 3-69.

ANGUERA, P.: *El general Prim: biografía de un conspirador*, Edhasa, Barcelona, 2003.

BOLAÑOS MEJÍAS, C.: *El reinado de Amadeo de Saboya y la Monarquía constitucional*, UNED, Madrid, 1999.

BOZAL, V.: *Juntas revolucionarias. Manifiestos y proclamas de 1868*, Edicusa, Madrid, 1968.

CALERO, A. M.: *Monarquía y democracia en las Cortes de 1869*, Centro de Estudios Políticos y Constitucionales, Madrid, 1988.

CARRO MARTÍNEZ, A.: *La Constitución española de 1869*, Ediciones Cultura Hispánica, Madrid, 1952.

CATALINAS, J. L. y **ECHENAGUSTA, J.**: *La Primera República. Reformismo y revolución social*, Alberto Corazón Editor, Madrid, 1973.

CLAVERO, B.: «Por una historia constituyente: 1869, de los derechos a los poderes», en *Revista del Centro de Estudios Constitucionales*, n.º 7, 1990, págs. 79-97.

COMÍN COLOMER, E.: *Historia de la Primera República*, Ed. AHR, Barcelona, 1956.

DE CABO, C.: *La República y el Estado liberal*, Tucar, Madrid, 1977.

DE LA FUENTE MONGE, G.: *Los revolucionarios de 1868. Elites y poder en la España liberal*, Marcial Pons, Madrid, 2000.

EIRAS ROEL, A.: «Nacimiento y crisis de la democracia en España: la Revolución de 1868», en *Cuadernos Hispanoamericanos*, n.º 231, 1969, págs. 592-627.

ENÉRIZ OLAECHEA, F. J.: «El Proyecto de Constitución Federal de la I República Española (1873)», en *Revista Jurídica de Navarra*, n.º 37, 2004, págs. 113-146.

EXTRAMIANA, J.: *Historia de las Guerras Carlistas*, Haranburu, Zarautz,1980.

FERNÁNDEZ RÚA, J. L.: *1873. La Primera República*, Tebas, Madrid, 1975.

FERRANDO, J.: *La Primera República española*, Edicusa, Madrid, 1973.

Fuente Monge, G.: «La Revolución de septiembre de 1868 en España: estado de la cuestión», en *Populismo, caudillaje y discurso demagógico*, C.I.S.- Siglo XXI, Madrid, 1987, págs. 27-72.

Gallego, A.: «La Revolución de Septiembre y el Estado de la Restauración», en la obra *Historia General de España y América*, tomo XVI-2, Rialp, Madrid, 1981, págs. 3-70.

Gómez Ochoa, F.: «El liberalismo conservador español del siglo XIX», en *Sagasta y el Liberalismo Progresista en España*. Catálogo de la Exposición, Cultural Rioja, Logroño, 2002, págs. 51-68.

González Casanova, J. A.: *Federalismo y autonomía. Cataluña y el Estado español, 1868-1938*, Crítica, Barcelona, 1979.

González Rodríguez, H.: «La forma de gobierno en el debate constituyente de 1869», en *Revista de Derecho Político*, n.ºs 55-56, 2002, págs. 365-410.

Gutiérrez Lloret, R. A.: «Revolución de 1868, sexenio democrático y cantonalismo, Nuevas aportaciones», en *Anales de la Universidad de Alicante. Historia contemporánea*, n.ºs 10-11, 1993-1994, págs. 197-203.

Hennessy, C. A. M.: *La República federal en España Pi y Margall y el movimiento republicano federal, 1868-1874*, Los Libros de la Catarata, Madrid, 2010.

Jover Zamora, J. M.: *Realidad y mito de la Primera República*, Espasa Calpe, Madrid, 1991.

Jutglar, A.: *Federalismo y revolución. Las ideas sociales de Pi y Margall*, Universidad de Barcelona. Facultad de Filosofía y Letras, Barcelona, 1966.

Lacomba, J. A.: *La Primera República. El trasfondo de una revolución fallida, Guadiana,* Madrid, 1973.

López Cordón, M. L.: *La Revolución de 1868 y la Primera República, Siglo XXI*, Madrid, 1976.

López González, J. L.: «La Primera República española: desunión e inestabilidad políticas en el debate parlamentario», en *Revista de Estudios Políticos, nueva época*, n.º 78, 1992. págs. 303-330.

Martínez Martínez, F.: «La nueva vida constitucional en 1869: entre (más) derechos y (menos) poderes», en *Memoria y civilización*, n.º 23, 2020, págs. 127-165.

Mlllán Chivite, J. L.: *Revolucionarios, reformistas y reaccionarios (Aproximación a un estudio de la generación de 1868)*, Universidad de Sevilla, Sevilla, 1979.

Oltra, J.: *La influencia de la Constitución norteamericana en la española de 1869*, Instituto de Estudios Administrativos, Madrid, 1972.

Ouet Palá, A.: *El conflicto social y la legitimación de la Monarquía ante la Revolución de 1868*, Ministerio de Trabajo y Seguridad Social, Madrid, 1989.

Pérez Ayala, A.: «La I República. Marco político y proyecto constitucional», en *Revista de Estudios Políticos, nueva época*, n.º 105, 1999, págs. 29-71.

Pérez Roldán, C.: *El Partido Republicano Federal, 1868-1874*, Endymion, Madrid, 2001.

Peña González, J.: *Cultura política y Constitución de 1869*, Centro de Estudios Políticos y Constitucionales, Madrid, 2002.

Piqueras Arenas, J. A.: *La revolución democrática. Cuestión social, colonialismo y grupos de presión*, Ministerio de Trabajo y Seguridad Social, Madrid, 1992.

Ruiz Sánchez, J. L.: «El impacto del Sexenio: Radicalización y tolerancia (1868-1874)», en *Historia de la Iglesia de Sevilla,* Castillejo, Sevilla, 1992, págs. 669-689.

Sáez Miguel, P.: «La Constitución de 1869, ¿democrática o progresista?», en *El lenguaje político y retórico de las Constituciones españolas. Proyectos ideológicos e impacto mediático en el siglo XIX*, In Itinere Fundación Práxedes Mateo-Sagasta, Oviedo, 2015.

Sánchez Recio, G. (coord.): *Castelar y su tiempo*, Actas del Congreso celebrado en Petrer del 28 al 30 de abril de 1999, Ayuntamiento de Petrer, 2001.

Trujillo, G.: *Introducción al federalismo español. Ideología y formulas constitucionale*s, Edicusa, Madrid, 1967.

Tuñón de Lara, M.: «El problema del Poder en el Sexenio 1868-1874», en *Estudios sobre el siglo XIX español*, Siglo XXI, Madrid, 1972, págs. 83-153.

Vilches García, J.: «"La Federal" como utopía. La construcción de la República imaginada en el Sexenio Revolucionario (1868-1874)», en *Revista de Estudios Políticos*, n.º 180, 2018, págs. 49-75.

CAPÍTULO QUINTO

LA RESTAURACIÓN

SUMARIO:

I. La Restauración de la Monarquía: Introducción histórica.

II. Las bases del sistema canovista.

III. La Constitución de 1876: Proceso constituyente. - Naturaleza. - Principios políticos. - Los órganos constitucionales. - Significado y aplicación de la Constitución.

IV. La estructura de poder en la Restauración: Oligarquía y caciquismo.

V. La crisis de la Restauración.

VI. La Dictadura de Primo de Rivera.

VII. Los Proyectos Constitucionales de 1929: Proceso constituyente. - El Anteproyecto Constitucional. - Significado y valoración del Anteproyecto.

VIII. La caída de la Monarquía.

IX. Bibliografía.

I. LA RESTAURACIÓN DE LA MONARQUÍA: INTRODUCCIÓN HISTÓRICA

Existe unanimidad entre los autores en designar con el nombre de Restauración la etapa de la historia de España que se inicia con el establecimiento de la dinastía borbónica en 1874. No hay, en cambio, el mismo consenso para establecer su punto final. Para algunos se sitúa en 1902, con la mayoría de edad de Alfonso XIII. Otros marcan la fecha de 1917, cuando tiene lugar la crisis constitucional más importante del siglo XX español. Finalmente, hay quien cree conveniente prolongar la pervivencia del sistema a 1923 e incluso —como nosotros— a 1931.

Pero no es sólo una dinastía la que se restablece en nuestro país; como refiere JOVER ZAMORA, la Restauración supone, además, la vuelta al poder de la misma burguesía de base agraria latifundista que dirigiera los destinos de la Nación desde la época moderada, así como el retorno a un constitucionalismo de tipo doctrinario que constituye la forma más característica y persistente del liberalismo español durante el siglo XIX.

Después de seis años de inestabilidad política, el período restauracionista había de ser norma, equilibrio y estabilidad, final de un estado de excepción, no solamente en el curso de la vida española, sino también en el concierto de los pueblos europeos. Su principal artífice, Cánovas del Castillo, cuya entrada en la vida política la hizo de la mano de los «puritanos», había participado en todos los acontecimientos recientes defendiendo los postulados liberal-conservadores. Fue ministro de Gobernación en el Gobierno Mon (1864) y de Ultramar en el último Gabinete O'Donnell (1865). Diputado a Cortes en 1868, fue designado en 1873 jefe del partido alfonsino y gozaba de la absoluta confianza de Isabel II (que había abdicado en su hijo el 25 de julio de 1870) y del futuro Rey. Gracias al consejo del político malagueño, el Príncipe Alfonso entró en contacto con la mayoría de las casas reales de Europa, se familiarizó con la vida parlamentaria británica y recibió la instrucción militar suficiente para ser Rey de un país en el que los jefes militares habían tenido un protagonismo destacado en los últimos años.

El 1 de diciembre de 1874 Alfonso de Borbón firmaba en la ciudad inglesa de Sandhurst un «Manifiesto», redactado por Cánovas, en el que se recogía el espíritu legalista y civil que se intentaba conferir a la obra restauracionista. El documento, tras definir la Monarquía como «constitucional», «hereditaria» y «representativa», finalizaba con el siguiente párrafo: «Sea la que quiera mi suerte, ni dejaré de ser buen español, ni, como todos mis antepasados, buen católico, ni como hombre del siglo verdaderamente liberal».

El Manifiesto de Sandhurst puede ser considerado como la piedra angular del discurso de presentación ante la opinión pública española del príncipe Alfonso como futuro y comprometido Monarca constitucional. Su restauración en el Trono debía simbolizar, entre otras cosas, una ruptura con las malas formas y costumbres del reinado efectivo de su madre, y la unión entre todos los españoles al margen de sus ideologías políticas.

En contra de las pretensiones de Cánovas que deseaba que la reinstauración monárquica se produjese civilmente, el 29 de diciembre, el general Martínez Campos, al frente de la brigada Dabán, en el lugar de Las Alquerietas, cerca de Sagunto, proclamaba Rey de España a Alfonso XII. El pronunciamiento se produjo sin derramamiento de sangre y sin oposición de otros generales, reacios a abandonar el frente del Norte para enfrentarse a los sublevados. El Gobierno de Madrid no opuso resistencia y Serrano, después de tantear infructuosamente a sus compañeros de armas, traspasó la frontera.

La Restauración venía de las manos de un Ejército, que desde el golpe de Pavía había abandonado sus veleidades liberales para vincularse ahora decididamente a las clases conservadoras. Precio muy alejado del programa de Cánovas que, por el contrario, pretendía en todo momento limitar el protagonismo militar y relegarle a las exclusivas labores castrenses.

Para TOMÁS VILLARROYA la aceptación inmediata y generalizada de los acontecimientos producidos se explica por varias razones ligadas entre sí: la extenuación del país después de tantos cambios y anarquías; el deseo de acabar con el continuo y progresivo desorden desencadenado a raíz de la Revolución de 1868; la necesidad de poner fin a una situación —la del general Serrano al frente del Estado— que se juzgaba interina e inestable; la simpatía suscitada por la figura lejana, pero juvenil y atrayente, del nuevo Rey, y, sobre todo, la política hábil, paciente, pragmática, de Cánovas del Castillo que había preparado los caminos de la Restauración conciliando voluntades, apagando recelos y difundiendo la esperanza de que una Monarquía renovada y conciliadora podría traer consigo la paz y el descanso que tanto necesitaba España.

El 31 de diciembre se constituyó al efecto un Ministerio-Regencia, presidido por Cánovas, que tomó una serie de medidas urgentes para evitar la más mínima inestabilidad: decretó un plan preventivo de censura de prensa, limitó la libertad de expresión prohibiendo contundentemente cualquier crítica a la Corona, a la familia real y al nuevo régimen e inició conversaciones con la jerarquía eclesiástica con el fin de debilitar los apoyos al carlismo.

Este escenario se atenuó un tanto a partir del 18 de mayo cuando un nuevo Real Decreto mantenía las restricciones a las libertades públicas, pero anunciaba que las «autoridades» concederían su permiso «a los partidos legales»; esto es, a los que habían aceptado la Monarquía restaurada, «para celebrar reuniones públicas», y autorizaba a la prensa «para plantear y discutir las cuestiones constitucionales», excepto las relativas a la forma de gobierno monárquico-constitucional.

Este Real Decreto lo había aprobado el Gobierno a instancias de un grupo de disidentes del Partido Constitucional, encabezado por Alonso Martínez. Esta discrepancia, de capital importancia para el proceso constitucional de 1876, se había formalizado en un Manifiesto publicado el 14 de mayo de ese mismo año, en el que se acusaba a la mencionada fuerza política, dirigida por Sagasta, de mantener una ambigua y peligrosa actitud respeto de la Monarquía restaurada, a la que los disidentes reiteraban su firme apoyo.

El 14 de enero de 1875 Alfonso XII llegaba a Madrid, donde sería objeto de un clamoroso y entusiasta recibimiento, procedente de Francia. Confirmado por el Monarca en su cargo, Cánovas formaría su primer gobierno.

Cinco días más tarde el joven Rey marchaba al frente del Norte, en compañía del general Jovellar, para dirigir la lucha contra los carlistas. El 28 de febrero de 1876 las fuerzas alfonsinas del general Primo de Rivera Sobremonte conquistaban Estella; el día anterior, el pretendiente Carlos VII abandonaba el territorio español por el puerto de Valcarlos. Era el fin de la guerra. A partir de ahora, Alfonso XII será conocido con el sobrenombre de «El Pacificador». Este hecho propició que las potencias europeas y la Santa Sede reconocieran formalmente la Monarquía borbónica.

La Restauración, como régimen político, ha suscitado comentarios encontrados. Mientras que existe una corriente de pensamiento que considera aquel fenómeno como la panacea de todos los males políticos sufridos por España durante el siglo XIX (SÁNCHEZ AGESTA, FRAGA IRIBARNE, COMELLAS, etc.); para otros (MADARIAGA, ARTOLA, SOLÉ TURA, etc.) representaba ya en la época en que se implantó un sistema de principios doctrinarios caduco y regresivo.

II. LAS BASES DEL SISTEMA CANOVISTA

De su dilatada experiencia política, Cánovas fue extrayendo un profundo escepticismo respecto de las fórmulas políticas, de las ideologías, de las teorizaciones. El gran empresario de la «fantasmagoría», como le llamó ORTEGA Y GASSET, sabía lo que quería y con mentalidad de verdadero estadista supo manejar hábilmente los hilos de la trama y crear algo que, con todos sus defectos y escaso aliento, sirvió para cubrir el paso del siglo XIX al XX.

Muy aficionado a la historia, basó en ella gran parte de su actuación de hombre de Estado, en la que no faltaron grandes dosis de pragmatismo y de eclecticismo. «Gobernar es transigir», dice, y lo hace, pero con la habilidad necesaria para que sus transigencias redunden siempre en favor de sus objetivos. Es un artista del compromiso, que prefiere siempre a imponer la autoridad.

De nuevo ORTEGA, durísimo crítico de esta experiencia política y de su principal protagonista, dirá que Cánovas fue un «profesor de corrupción, que corrompió hasta lo incorruptible». Sus rígidos esquemas, simplistas y dogmáticos, anulaban todas las salidas con ficciones jurídicas y artilugios políticos que creaba a su medida y sin más ambición que ir saliendo del paso. Su talante político, mezcla de ese escepticismo con el oportunismo, el doctrinarismo y el pragmatismo, le lleva a un concepto de la gobernación, sostiene COMELLAS, como «un arte de circunstancias, en el que lo fundamental es el acuerdo concreto y no el principio básico».

Cánovas concibe la política como «adaptación», como el arte de aplicar en cada momento «una parte ideal» del gobernante. Gobernar, es para él, «concertar hasta donde es hacedero voluntades y hechos diferentes, con el propósito de que toda fuerza moral y física coincida para la realización de los fines útiles y justos que los hombres anhelamos». Y esta idea de la gobernación inspirará la construcción del edificio de la Restauración.

Considera que la Nación es una creación histórica, obra de Dios por medio de los hombres a través de los tiempos con un destino propio. Hay una voluntad objetiva de la Nación al margen del sufragio, pero ello no le lleva al nacionalismo exaltado, tan en boga en esa época, tal vez porque lo templa con un pesimismo que está detrás de toda su conducta. Para el estadista malagueño sólo dos principios políticos han de quedar intactos y defenderse: el monárquico y el de las Cortes, que han de ser independientes.

Como destaca SÁNCHEZ AGESTA, el tema de la soberanía es el primero que va a revelar a Cánovas la profundidad de la doctrina de la «Constitución interna» y que es anterior a toda Constitución escrita. El principio viene, en síntesis, a proclamar que la soberanía de la Nación se localiza en «el trono con el pueblo», y en las dos formas que constituyen su representación real, es decir, el Rey y las Cortes. Ni éstas ni aquel pueden ser discutidos, porque son la forma visible de la soberanía misma, ni tampoco discutir entre sí porque son entidades incompletas, que necesitan obrar juntamente para ser realmente soberanas.

La consecuencia práctica que Cánovas deducirá del principio comentado será verdaderamente trascendente. Cánovas, comenta FERNÁNDEZ SEGADO, exigirá que los poderes y la existencia de la institución monárquica queden al margen de la deliberación constitucional. Esta será, según SÁNCHEZ AGESTA, la esencial diferencia con la Monarquía democrática de 1869: ésta era la forma de gobierno que la Nación adoptaba al aprobar la Constitución, aquella preexiste a la Constitución, y las Cortes no pueden discutirla, ni votarla.

Otro aspecto importante de la personalidad de Cánovas era su admiración por el sistema anglosajón del Parlamento y su modelo de partidos (el *two party system*). Con todas las diferencias entre ambos países, cree, sin embargo, que es el más adecuado para España. Como señala ARTOLA, uno de los objetivos fundamentales de la primera etapa de gestión de Cánovas era el de integrar la opinión monárquico-constitucional en dos grandes agrupaciones políticas, destinadas a actuar alternativamente, como gobierno y oposición, dentro de un amplio consenso, en cuanto a medios y fines. Ello dará lugar a un régimen político muy tranquilo, de equilibrio consensuado entre el Legislativo y el Ejecutivo, con alternancia pacífica de los partidos en la gobernación del Reino e, incluso, sin necesidad de convocatoria electoral para llegar al cambio de gobierno. El sistema será posible gracias a una Ley Electoral que mantiene un artificial bipartidismo. Éste se apoya en dos formaciones políticas, ambas fundamentalmente centristas: el Partido Conservador Liberal (Cánovas) y el Partido Liberal Constitucional (Sagasta).

Los dos son partidos de notables, es decir, personalidades políticas que actúan como banderín de enganche y que tienen el carisma suficiente para atraer multitudes en los momentos de convocatoria electoral. El partido como organización prácticamente no existe; hay —en palabras de PEÑA GONZÁLEZ— una estructura piramidal que, partiendo del cacique local, llega hasta el diputado y el Gobierno, caso de que el Rey le dé el «encargo» o la «leal oposición» a la Corona, caso que ésta haya elegido a sus rivales.

El Partido Conservador se presenta como heredero directo de los moderados y unionistas. El Partido Liberal, llamado primero «constitucional» y después «fusionista», estaba compuesto por los antiguos progresistas.

Fuera del sistema quedaban los carlistas (que tras su último fracaso militar iniciarán una peculiar travesía del desierto parlamentaria, para mantener viva la causa), los republicanos de Salmerón —«legalistas»—, Castelar —«posibilistas»— y de Ruiz Zorrilla (partidarios de un pronunciamiento), los federales y, sobre todo las renacidas organizaciones obreras que no se ven representadas en los partidos triunfantes ni en los perdedores. Al margen igualmente se situarán las nuevas formaciones políticas: socialistas (el Partido Socialista Obrero Español se funda el 2 de mayo de 1879), anarquistas y comunistas.

La muerte de Alfonso XII en noviembre de 1885 situará al régimen en una coyuntura extremadamente difícil, que hará necesario el llamado Pacto de El Pardo. Ante la eventualidad de una larga Regencia, constata ARTOLA, Cánovas no encontrará otra solución para evitar que el Partido Liberal se desintegrara, que entregarle el poder; sólo así podría impedirse que los demócratas rebasaran a Sagasta en la carrera por volver a sus aspiraciones iniciales (Constitución de 1869, sufragio universal y aun, tránsito legal a la república), con el consiguiente riesgo de que surgiese una coalición antimonárquica.

Así, dos días más tarde Sagasta pasaba a presidir el Consejo de Ministros. Por su parte, Romero Robledo encabezaba, como consecuencia de dicho acuerdo, una escisión en el Partido Conservador.

Con todo, la política de turno en el gobierno funcionó aceptablemente hasta 1909 y en ello está su mayor mérito. En un principio, los períodos fueron quinquenales, los conservadores de 1875 a 1880 y luego los liberales otro lustro. Después las etapas serían de dos años hasta el asesinato de Cánovas por el anarquista italiano Angiolillo (8 de agosto de 1897). Le sucedió Azcárraga y a este Sagasta hasta que en 1899 subió al poder Silvela, el nuevo jefe de los conservadores. En medio hubo un breve gobierno de la «izquierda dinástica», con Posada Herrera y el general López Domínguez.

El relevo entre los dos grupos políticos, liberal-conservador (Cánovas se opuso siempre a una tercera opción), se produce unas veces por falta de cohesión interna del propio partido, otras por pérdida de la confianza real, casi nunca por el voto adverso. El cambio de gobierno lleva unida la disolución de las Cámaras, de ahí las excesivamente frecuentes consultas electorales, con elevado índice de abstención y toda clase de maniobras dirigidas desde el Ministerio de Gobernación.

Los dos grandes partidos actúan desde el Gobierno sin existir en realidad como tales, carentes de estructura, de normas, de organización. Más que el modelo británico se sigue lo que se ha conocido con el nombre de «submodelo meridional». En estas condiciones, afirma SÁNCHEZ AGESTA, el gobierno parlamentario es una ficción. No obstante, hasta su quiebra en

1898, el denominado «turno pacífico» de los partidos dinásticos sustituyó al pronunciamiento como instrumento de cambio político.

En suma, el bipartidismo restauracionista cubrió una época con mejores resultados prácticos inmediatos que prestigio político. Le faltó profundidad, ideales elevados y sinceridad política, pero tuvo la dosis suficiente de modernidad como para tratar de salvar nuestras calamidades decimonónicas.

III. LA CONSTITUCIÓN DE 1876

1. Proceso constituyente

Tan pronto como el régimen apareció consolidado, se planteó el problema de elaborar un nuevo texto constitucional. Los moderados deseaban la reposición de la Constitución de 1845, los partidarios de Sagasta, por su parte, pedían la continuidad de la de 1869. Ninguna de ellas parecía hallarse en condiciones de ser restablecida o continuada; ninguna de las dos, advierte TOMÁS VILLARROYA, por su condición partidista, podía servir de instrumento para una reconciliación firme y duradera. Por esta razón se optó por redactar una Constitución a la que contribuyeran hombres de todas las tendencias políticas integradas en la nueva situación. Como ha destacado SÁNCHEZ AGESTA, en vez de hacer una Constitución de partido, como otras veces sucedió a lo largo del siglo, quería Cánovas un texto que fuera la base jurídica de un «régimen de partidos».

Así el 20 de mayo de 1875 Cánovas convocó en el Senado una reunión de 600 antiguos parlamentarios, bajo la presidencia de Mayáns, la cual aprobó por unanimidad una propuesta en la que se declaraba necesario el afianzamiento de la Monarquía de Alfonso XII. A esa importante asamblea acudieron cerca de 350 personas que procedían del Partido Moderado y de la Unión Liberal. No asistieron, en cambio, los seguidores de Sagasta, pero sí algunos disidentes de su formación política, entre los que cabe destacar a Alonso Martínez. En esa misma sesión se nombró una «Comisión de notabilidades compuesta de 39 individuos» a quienes correspondería formular las bases de «una legalidad común». Esta propuesta se aprobó por unanimidad.

El 26 de mayo en la sede de la Cámara Alta tuvo lugar la primera cita de la «Comisión de Bases Constitucionales», más conocida como «Comisión de los Notables». Allí se tomó la decisión de crear una Subcomisión de nueve miembros, presidida por Alonso Martínez, con el encargo de estudiar y proponer al pleno de la Comisión de Bases Constitucionales «el método que debía seguirse en el desempeño de su cometido y los demás que creyesen conveniente a este fin». El principal escollo con el que se enfrentó la Subcomisión fue la redacción del artículo 11, que regulaba la cuestión religiosa, siempre delicada y entonces de vital importancia política para el Gobierno, que se había propuesto atraer a la Santa Sede para neutralizar el apoyo de la Iglesia a los carlistas.

El 12 de julio el Anteproyecto de Constitución comenzó a debatirse en el seno de la Comisión de Bases Constitucionales, que dos semanas más tarde lo aprobó. Constaba de trece Títulos y 89 artículos, más otro transitorio.

La convocatoria de Cortes Constituyentes planteó el problema del sistema electoral que debía utilizarse. Visceralmente le repugnaba a Cánovas el sufragio universal, pero a fin de evitar posibles tachas a la futura Constitución, quiso, de alguna manera, borrar la imagen de pronunciamiento que dio a la Restauración el acto de Sagunto y la precipitación de Martínez Campos. Por ello, y con carácter excepcional, las elecciones fueron convocadas con arreglo a la Ley Electoral de 1870. Con el fin de no enfrentarse a quienes le apoyaban y como le parecía conveniente no ser el directo responsable de la utilización del sufragio universal, Cánovas llegó a un acuerdo con el general Jovellar (septiembre de 1875), para que le sucediera temporalmente en la Presidencia del Gobierno.

Convocadas las elecciones y confeccionadas las listas, Jovellar dimitió y Cánovas accedió nuevamente al poder (2 de diciembre). El Decreto de convocatoria incluyó, en su exposición de motivos, la declaración expresa de que el sufragio universal se adoptaba por «esta sola vez».

Las elecciones, que se realizaron del 20 de enero al 15 de febrero de 1876, arrojaron un alto índice de abstención (en torno al 60 por ciento). Todo salió según los deseos de Cánovas y a medida de la extraordinaria y corruptora capacidad organizativa del ministro de la Gobernación, Romero Robledo. Como estaba previsto, la mayoría de los elegidos pertenecía al Partido Conservador y sólo cuatro republicanos (Castelar, Anglada, Sandoval y Olavarrieta) obtuvieron escaño.

El 15 de febrero de 1876, Alfonso XII abría las Cortes, leyendo un discurso sobre «la obra de pacificación y reconstrucción» que el Gabinete estaba llevando a cabo. Las Cámaras estaban presididas por el marqués de Barzanallana en el Senado y por Posada Herrera en el Congreso.

El 27 de marzo, Cánovas daba lectura en el Congreso al Proyecto de Constitución que él mismo había articulado sobre las bases del Anteproyecto de los «Notables». De acuerdo con el criterio de aquel, y pese a la protesta de Castelar, se decidió no someter a votación los artículos alusivos al Rey, sus ministros, la sucesión, la minoría de edad y la Regencia.

Finalmente, el 24 de mayo de 1876, por 276 votos contra 40 (entre ellos, el de Sagasta), el Congreso aprobó el Proyecto constitucional y el 22 de junio lo hizo el Senado, por 130 votos contra 11. El 30 de junio el texto era sancionado por el Monarca, siendo publicado en la *Gaceta de Madrid* el 2 de julio.

2. Naturaleza

Formalmente el texto de 1876 responde a los siguientes rasgos:

a) Es una Constitución breve. Consta tan sólo de 89 artículos, distribuidos en 13 Títulos, a los que hay que añadir un artículo transitorio, referido a la elegibilidad de los representantes de la isla de Cuba. Esta concisión, en opinión de FERNÁNDEZ SEGADO, hay que conectarla necesariamente con la flexibilidad y con el carácter abierto del texto, y, desde luego, y en una perspectiva mucho más amplia, con esa idea tan querida a Cánovas de concebir la política como la ciencia de lo mudable, de lo relativo y de lo contingente.

En determinadas materias (Administración de Justicia, organización de los Ayuntamientos y las Diputaciones Provinciales, contribuciones, fuerza militar, etc.), la brevedad de la norma constitucional hará posible con más facilidad la permanencia y estabilidad constitucionales.

b) Es una Constitución flexible. Al igual que los textos de 1834, 1837 y 1845, carece de un Título específico dedicado a la reforma constitucional. Su modificación podía llevarse a cabo por ley ordinaria, sin necesidad de tener que recurrir a ningún procedimiento específico.

c) Es una Constitución abierta, capaz de recibir distintas interpretaciones y derivar en leyes complementarias de muy variado sentido.

d) Es una Constitución completa y ordenada. La parte dogmática venía integrada por el Título I «De los españoles y sus derechos», mientras que los Títulos II al X conformaban la parte orgánica, regulándose en ellos las Cortes (Títulos II, III, IV y V), el Rey (Títulos VI, VII y VIII), la Administración de Justicia (Título IX) y la Administración Local (Título X). Por último, los Títulos XI, XII y XIII contemplaban, respectivamente, los aspectos financieros y tributarios del Estado, la fuerza militar y el gobierno de las provincias de Ultramar.

Pese a ser un texto completo, lo cierto es que recurre con frecuencia a la normación de determinadas cuestiones mediante leyes de desarrollo.

De igual modo, todas las instituciones están sistemáticamente ordenadas, aunque brevemente reflejadas en su articulado. Con todo, ello no es óbice para que, en determinados aspectos especialmente polémicos, el texto no entre a una regulación en detalle (por ejemplo, el sufragio).

e) Es una Constitución elástica. Ello permitirá —apunta TOMÁS VILLARROYA— gobernar a distintos partidos y realizar políticas diferentes; y en apoyo de este juicio el citado autor recoge la siguiente manifestación de Silvela: «Bajo esta Constitución pueden realizarse todas las políticas posibles dentro del sistema monárquico-constitucional. El Proyecto de Constitución no es más que un conjunto de instituciones con virtualidad suficiente para que esas posibilidades se desarrollen».

3. Principios políticos

El edificio jurídico-normativo construido en 1876 se asienta sobre los principios siguientes:

1.º La soberanía compartida

Cánovas, como punto de partida, se acogió a la doctrina —ya conocida en el constitucionalismo español, pero que ahora adquiere plena vigencia— de la «Constitución interna», y que en esencia consiste en reconocer la preexistencia de dos instituciones, la Monarquía y las Cortes, al documento escrito que es obra del acuerdo de su voluntad. Esta soberanía compartida —que Cánovas consideraba parte de la «Constitución interna» o histórica de la Nación española — conllevaba una situación de equilibrio entre el Monarca y las Cortes, que compartían las principales funciones políticas del Estado, aunque en el esquema canovista la Corona era el verdadero eje de las decisiones estatales. Estas instituciones, recuerda SÁNCHEZ AGESTA, no son sustitutivo sino supuesto mismo de una Constitución escrita, porque son el poder constituyente soberano en que ésta se basa. En consecuencia, comparten conjuntamente la soberanía.

En la fórmula promulgatoria del texto de 1876 queda reflejada la concepción liberal-doctrinaria que acabamos de exponer:

> «Don Alfonso XII, por la gracia de Dios Rey constitucional de España, a todos los que las presentes vieren y entendieren, sabed: que en unión y de acuerdo con las Cortes del Reino actualmente reunidas, hemos venido en decretar y sancionar la siguiente Constitución de la Monarquía Española».

Como ha resaltado TOMÁS VILLARROYA, dicha fórmula ha sido el soporte de la teoría que ve en el texto de 1876 una Constitución pactada entre la Corona y las Cortes.

Ahora bien, matiza TORRES DEL MORAL, el aparente equilibrio institucional de la "Constitución interna" se vencía claramente del lado de la Corona. En efecto, las amplias facultades del Rey sobre las Cortes mostraban con rotundidad que más que de «soberanía compartida» se trataba de «soberanía regia», al no ser las Cortes más que un órgano estatal colaborador que, de no someterse al Ejecutivo —al Monarca—, sería disuelto o suspendidas sus sesiones.

2.º El reconocimiento transaccional de los derechos y de las libertades

De acuerdo con MERINO MERCHÁN, la causa de la larga pervivencia del régimen político de la Restauración se encuentra en el carácter transaccional de la parte dogmática de su texto constitucional, concebida como carta abierta al compromiso y a la adaptación, conforme a la filosofía canovista de concebir la política como «el arte de aplicar en cada momento los ideales del gobernante».

El Título I «De los españoles y sus derechos» mantenía una estructura exterior semejante al texto de 1869, pero desconocía algunos derechos recogidos en aquel y recortaba la existencia de otros. Básicamente, la declaración de derechos, aduce MARTÍNEZ SOSPEDRA, es una combinación de los textos de 1837-1845 y del de 1869, bien que con neto dominio de esta última: en efecto, respecto de ésta, los redactores de la de 1876 procedieron las más de las veces a condensar sus disposiciones y sobre todo a eliminar el carácter radical que el artículo 29 de la Constitución de «La Gloriosa» daba al conjunto de la declaración de derechos (el cual declaraba abierto el propio catálogo de derechos).

Sin embargo, el reconocimiento constitucional no venía acompañado de las necesarias garantías. Era una consecuencia lógica de concebir los derechos como concesiones del poder público, que tanto el legislador como incluso el Gobierno podían limitar mediante leyes y reglamentos. Una concepción que Cánovas ya había expuesto en las Constituyentes de la Revolución septembrina, enfrentándose a la tesis de Moret y Castelar. Esto explica la obsesión de los hombres del 69 y su pretensión de poner de nuevo en vigor este Código político, frente a la tesis mantenida por los moderados que preferían el de 1845. Al final se llega a una transacción y se incluyen los derechos, pero se regularán por ley a medida que las circunstancias lo aconsejen (art. 14). Esta remisión, apostilla SOLÉ TURA, comportó, en la mayoría de los casos, un sometimiento del ejercicio de los derechos proclamados por la Constitución al arbitrio de los gobernantes.

Las ambivalencias del texto constitucional le iban a permitir —al menos en el primer cuarto de siglo de vigencia— una gran capacidad de adaptación a las diferentes coyunturas históricas, posibilitando, en orden a los derechos y libertades, una legislación que en la primera etapa canovista sería sustancialmente restrictiva, en tanto que, más adelante, durante el Gobierno liberal de Sagasta, se desarrollará una legislación que, en expresión de JOVER ZAMORA, vendrá a instalarse en el surco abierto por los legisladores del Sexenio.

En este sentido hay una progresiva regulación legal, cuyos hitos más significativos son los siguientes: el reconocimiento del derecho de reunión por Ley de 15 de junio de 1880, la libertad de imprenta regulada por Ley de 7 de enero de 1870 y, más tarde, por la de 26 de julio de 1883, la Ley de Asociaciones de 30 de junio de 1887 y la de Sufragio Universal de 24 de junio de 1890.

Por otra parte, los derechos más importantes podían ser suspendidos en circunstancias especiales por medio de una ley o por una decisión del Gobierno si las Cámaras no estaban reunidas. Esta práctica, reconoce SOLÉ TURA, resultó frecuente: entre 1876 y 1917 hubo diecinueve interrupciones y a partir de aquella fecha el estado de excepción fue la situación normal.

La suspensión de garantías suprimía, respecto a 1869, la remisión a la ley de orden público, así como la prohibición de deportación o destierro, y añadía la posibilidad de que, en caso de urgencia, y no estando reunidas las Cortes, pudiera el Gabinete acordar la suspensión de garantías, «sometiendo con acuerdo a la aprobación de aquellas lo más pronto posible» (art. 17).

3.º La colaboración de poderes

El texto de 1876 no contiene una taxativa enunciación del principio de separación de poderes, tal y como, por ejemplo, se hiciera en la Constitución de 1869. Tan sólo, por una parte, el artículo 18 atribuye «la potestad de hacer las leyes a las Cortes con el Rey», y el artículo 76 prescribe que «a los tribunales y juzgados pertenece exclusivamente la potestad de aplicar las leyes en los juicios civiles y criminales, sin que puedan ejercer otras funciones que las de juzgar y hacer que se ejecute lo juzgado». También olvida la constitucionalización de los mecanismos de interacción entre los distintos poderes.

Ahora bien, dichas lagunas van a ser rellenadas por una serie de prácticas consuetudinarias que complementan la Constitución, tales como —según SÁNCHEZ AGESTA— el llamado «régimen de las dos confianzas» o de la doble confianza y el régimen del turno de partidos. El Gabinete debía contar no sólo con la confianza regia, sino también con la parlamentaria. A la desconfianza parlamentaria en el Gobierno podía el Monarca responder con la disolución de las Cámaras o con la suspensión de sus sesiones. En normalidad de circunstancias este control parlamentario del Gobierno podía dar lugar no ya a una renovación de sus miembros o de su Presidente, sino también a un cambio del partido en el poder.

Los usos y convenciones constitucionales, al parecer de FERNÁNDEZ SEGADO, van a propiciar que el Legislativo y el Ejecutivo estén vinculados por un principio de colaboración que, si bien en un primer momento es el característico de todo régimen parlamentario, en la praxis política y dada la notoria corrupción electoral, va a venir distorsionado de modo significativo, en especial por la posibilidad regia de otorgar la confianza conjuntamente con el decreto de disolución. Tal circunstancia será un elemento disfuncional en la buena marcha del régimen parlamentario en España. Pero, como ha escrito SÁNCHEZ FÉRRIZ, mientras aquellos usos y prácticas consuetudinarias se mantuvieron también continuó en pie el texto constitucional, pero cuando fueron desvirtuados, su degeneración y ruina llevó aparejada la de la Constitución escrita.

4.º La tolerancia religiosa

La cuestión religiosa volvió a ser objeto de enconada polémica en el proceso constituyente restauracionista. Castelar y Sagasta defendieron en esta materia el patrón constitucional de 1869; Moyano y Vidal, al contrario, demandaban una regulación similar a la de 1845. Cánovas, en realidad, era reacio a admitir una auténtica libertad religiosa y a cuestionar la ecuación que formulara en su juventud MENÉNDEZ PELAYO: español igual a católico. Si para él la función primordial del Estado era la de proteger los derechos individuales, revela LÓPEZ GARRIDO, este propósito requería un Estado monárquico muy robusto y la fortaleza de la religión.

Una vez más, Cánovas se inclinó por una solución ecléctica y transaccional. De una parte, acepta la confesionalidad del Estado con la obligación subsiguiente de mantener el culto y sus ministros, de otra, presionado por las embajadas alemana e inglesa para que se respetara el derecho de los protestantes, reconocerá la tolerancia religiosa. El resultado final fue un impreciso artículo 11, que decía textualmente:

> «La religión católica, apostólica y romana, es la del Estado. La Nación se obliga a mantener el culto y sus ministros.
>
> Nadie será molestado en territorio español por sus opiniones religiosas, ni por el ejercicio de su respectivo culto, salvo el respeto debido a la moral cristiana.
>
> No se permitirán, sin embargo, otras ceremonias ni manifestaciones públicas que las de la religión del Estado».

Gracias a la ambigua formulación de este precepto se puede concebir la aparente contradicción entre el respeto a la religión oficial del Estado y la libertad de los ciudadanos a ejercer su personal opción religiosa. Su falta de precisión y flexibilidad, especifica SÁNCHEZ AGESTA, permitirá que su interpretación se incline a un lado o a otro según fuera el Gobierno en ejercicio, ya que el alcance de la tolerancia será regulado por órdenes ministeriales.

MARTÍNEZ SOSPEDRA cree que el artículo 11 incorpora la misma solución adoptada por el texto constitucional de 1856, aunque con terminología distinta y con una importante variación: la de 1876 es la primera Constitución española que declara abiertamente no ya la unidad religiosa, sino el Estado confesional. No es de extrañar, por tanto, que la redacción de este artículo, así como su base teórica, haya pasado luego íntegramente al Fuero de los Españoles de 1945 y al Concordato de 1953, en plena Dictadura franquista.

Por lo demás, la Iglesia española no supo adaptarse a esta nueva situación. La desamortización había reducido sus capacidades económicas, obligándola a abandonar la misión altruista y benéfica que secularmente había desempeñado; ello la llevará a convertirse en la educadora de las clases medias y burguesas, prescindiendo totalmente de los problemas de las nuevas clases urbanas asalariadas. Sólo así se puede entender el fenómeno anticlerical tan arraigado entre las capas sociales menos favorecidas y tan bien utilizado como reclamo por el movimiento obrero y el anarquismo.

4. Los órganos constitucionales

A. Las Cortes

La Constitución de 1876, insiste TOMÁS VILLARROYA, pretendía hacer suyo el patrimonio que era común a los diferentes textos fundamentales que le habían precedido; por esta razón el sistema bicameral fue aceptado, sin gran discusión, por los Constituyentes. Así, el artículo 19 prescribe que: «Las Cortes se componen de dos Cuerpos colegisladores iguales en facultades: el Senado y el Congreso de los Diputados».

a) El Congreso de los Diputados

El Título VI (arts. 27 al 31) hacía referencia a esta Cámara: «El Congreso de los Diputados —señala el artículo 27— se compondrá de los que nombren las Juntas electorales, en la forma que determine la ley. Se nombrará un diputado al menos por cada cincuenta mil almas de población».

Conforme al artículo 30 los diputados eran elegidos por cinco años. La fijación de este plazo se inspiraba en el deseo de dar estabilidad al mandato parlamentario y a la duración de las Cortes; deseo que en la práctica resultó malogrado. A su vez, el párrafo final del artículo 31 establecía la compatibilidad entre el cargo de ministro y el ejercicio del mandato de diputado. Lo cual era consecuencia casi obligada del sistema parlamentario a que se contraía el régimen político restauracionista.

El artículo 28 disponía que los diputados serían elegidos por el método que determinase la ley. Como ha enfatizado FERNÁNDEZ SEGADO, ni una sola condición contempla este precepto en relación con el sufragio; ello originará que durante la vigencia del Código político que nos ocupa se promulguen cinco leyes electorales, de las cuales, las dos primeras serán meramente coyunturales (Ley de 8 de febrero de 1877 —circunscrita a la elección de los senadores— y Ley de 20 de julio de 1877) y las tres restantes constituirán el soporte electoral del régimen (Leyes de 28 de diciembre de 1878, 26 de junio de 1890 y 8 de agosto de 1907).

La Ley de 28 de diciembre de 1878, acorde con el pensamiento canovista, restableció, por última vez en España, el sufragio activo restringido en base a que tan sólo la riqueza y la instrucción o capacitación legitimaban para el ejercicio del derecho de voto. El número de electores quedó reducido a unos 850.000, y en años sucesivos disminuyó aún más, al ser exigidos de modo más estricto los requisitos legales.

Por la Ley de 26 de junio de 1890 se consagró de nuevo el sufragio universal. En su artículo 1.º se dirá que «son electores para diputados a Cortes todos los españoles varones mayores de veinticinco años que se hallen en el pleno goce de sus derechos civiles y sean vecinos de un municipio en el que cuenten dos años al menos de residencia». El censo electoral ascendió a cerca de cinco millones de personas.

Entre las novedades introducidas por esta Ley Electoral cabe reseñar las del voto corporativo y voto restringido. Por la primera, las Universidades, las Sociedades Económicas de Amigos del País y las Cámaras de Comercio, Industria y Agrarias podían elegir un diputado por cada 5.000 electores de que se compusiesen (art. 24); por la segunda, «en los distritos en que deba elegirse un diputado, cada elector no podrá dar válidamente su voto más que a una persona; cuando se elijan más de uno, hasta cuatro, tendrá derecho a votar a uno menos del número de los que hayan de elegirse; a dos menos si se eligieran más de cuatro y a tres menos si se eligieran más de ocho» (art. 22). Con esta última disposición se pretendía que las minorías pudieran alcanzar representación.

La Ley Electoral de 1907, constituyó un intento por parte de Maura de frenar la corrupción electoral, al pretender con ella, en frase de MARTÍNEZ CUADRADO, «corregir y mejorar los mecanismos del sufragio, purificarlo, perfeccionar su técnica estadística y jurídica, robustecer las garantías del ciudadano y de los grupos políticos que concurrían al mismo». Sin embargo, el polémico artículo 29 de esta misma norma constituirá el paradigma de la corrupción electoral en sí misma: «En los distritos donde no resultaren proclamados candidatos en mayor número de los llamados a ser elegidos, la proclamación de candidatos equivale a su elección y les releva de la necesidad de someterse a ella». Con un precepto de tal naturaleza, concluye FERNÁNDEZ SEGADO, los acuerdos entre los partidos podían conducir a soslayar la intervención del cuerpo electoral. El caciquismo y la oligarquía encontrarán en este artículo un terreno baldío para imponer sus dictados y suplantar la soberanía apoyada en el sufragio universal por intereses personalistas que acabarán matando al régimen.

b) El Senado

Aunque tradicionalmente se ha venido considerando al Senado de 1876 como una mixtura del vitalicio de 1845 y el electivo de 1869, lo cierto es que la Cámara Alta que diseñan los Constituyentes de la Restauración va a ser una institución relativamente original que responde a una ordenación ecléctica.

El artículo 20 distingue tres clases de senadores: senadores por derecho propio, senadores vitalicios y senadores electivos.

Eran senadores por derecho propio, de acuerdo con el artículo 21: los hijos del Rey y del sucesor inmediato de la Corona que hubiesen llegado a la mayoría de edad; los Grandes de España que tuviesen una renta anual de 60.000 pesetas; los capitanes generales del Ejército y los almirantes de la Armada; el patriarca de las Indias y los arzobispos; los Presidentes del Consejo de Estado, del Tribunal Supremo, del Tribunal de Cuentas del Reino, del Consejo Supremo de la Guerra y el de la Armada, después de dos años de ejercicio.

En base al artículo 22, los senadores vitalicios habían de ser nombrados por el Rey entre las más altas personalidades de la Política, de la Economía, de la Diplomacia, del Ejército, de la Iglesia y de la Ciencia, siempre que disfrutasen de rentas o sueldos elevados. Este precepto comportará, mantiene MARTÍNEZ SOSPEDRA, la configuración del Senado como la Cámara de las clases dominantes: altos funcionarios, élite cultural, aristocracia terrateniente y alta burguesía rural, mercantil e industrial, con una prima en favor de los sectores agrarios que, por soportar una menor presión fiscal, tienen mayores facilidades para acreditar la renta exigida. El número de senadores por derecho propio y vitalicios no podía exceder de 180, siendo ese mismo número el de los senadores electivos (art. 20). De esta forma, la Cámara Alta quedaba integrada por un total de 360 miembros.

El tercer grupo de senadores lo integraban los elegidos por las Corporaciones del Estado y los mayores contribuyentes del Reino, a través de un sufragio restringido e indirecto regulado en la Ley de 8 de febrero de 1877. Estos senadores debían pertenecer necesariamente a una de las diferentes categorías contempladas en el artículo 22 de la Constitución; criterio restrictivo criticable por cuanto, como dice TOMÁS VILLARROYA, suponía una limitación a la libertad de los electores y porque, de alguna manera, contradecía las aspiraciones de que el Senado condensase la representación de todas las clases sociales del país.

El artículo 24 del texto constitucional establecía que este tipo de senadores se habían de renovar «por mitad cada cinco años, y en totalidad cuando el Rey disuelva esta parte del Senado».

Para tomar asiento en esta Cámara se requería ser español, tener treinta y cinco años cumplidos, no estar procesado criminalmente ni inhabilitado en el ejercicio de sus derechos políticos, y no tener los bienes intervenidos (art. 26).

He de señalar finalmente que el mandato senatorial era compatible con el cargo de ministro de la Corona. No obstante, los senadores no podían admitir empleo, ascenso que no fuera de escala cerrada, títulos ni condecoraciones, mientras estuviesen abiertas las Cortes (art. 25).

c) Funcionamiento de las Cortes

El Título V regulaba el funcionamiento de las Cámaras. De su lectura cabe destacar los siguientes extremos:

1. Las Cortes debían reunirse como mínimo una vez al año, correspondiendo al Rey la facultad de convocarlas (art. 32). Si bien, a diferencia de la Constitución de 1869, la de 1876 no estableció la obligación del Monarca de convocar a las Cortes (el 1 de febrero como fecha tope) ni la automática reunión de éstas en defecto de convocatoria.
2. Tampoco decía nada el texto constitucional acerca de la duración de las sesiones anuales de los Cuerpos colegisladores, lo que facilitó frecuentes suspensiones arbitrarias.
3. El artículo 32 permitía al Rey suspender las sesiones de las Cámaras, sin contrapartida alguna. Asimismo, le facultaba para disolver simultánea o separadamente la parte electiva del Senado y el Congreso de los Diputados, con la obligación, en este caso, de convocar y reunir al Cuerpo o Cuerpos disueltos dentro de tres meses. Pero, como subraya FERNÁNDEZ SEGADO, la praxis política demostraría que la disolución de las Cortes se iba a producir con una frecuencia muy superior a la que debe reputarse normal; y así, puntualiza TOMÁS VILLARROYA, desde 1876 a 1923 las Cortes serían disueltas en veinte ocasiones, con lo que tendrían una duración media de poco más de dos años.

4. Además de la reunión anual ya referida, las Cortes tenían que ser convocadas necesariamente luego que vacare la Corona, o cuando el Rey se imposibilitare de cualquier modo para el Gobierno (art. 33).
5. El artículo 38 venía a exigir las reuniones simultáneas de ambos Cuerpos colegisladores, pues, salvo el caso de que el Senado ejerciera funciones judiciales, no podía estar reunida una Cámara sin que lo estuviera también la otra.
6. Ninguno de los Cuerpos colegisladores podían deliberar juntos ni en presencia del Rey (art. 39) y sus sesiones habían de ser públicas, salvo «en los casos que exijan reserva», supuestos en los que «podrá celebrarse sesión secreta» (art. 40).

d) Funciones de las Cortes

Si bien el artículo 19 estableció la igualdad de facultades entre ambas Cámaras, en la práctica, la prevalencia legislativa del Congreso sobre el Senado era inmensa. Además, siguiendo las pautas establecidas en las Constituciones anteriores, el artículo 42 de la de 1876 recogería la primacía del Congreso sobre el Senado en materia de contribuciones y crédito público.

Las atribuciones de las Cortes pueden ser agrupadas en cinco grupos diferenciados: funciones legislativas, financieras, políticas, de control y estatutarias.

1.° Funciones legislativas

La potestad legislativa era ejercida por las Cortes con el Rey (art. 45). Por su parte, el artículo 41 atribuía al Monarca y a cada uno de los Cuerpos colegisladores la iniciativa de las leyes.

De acuerdo con los precedentes establecidos en los textos de 1837, 1845 y 1869, el artículo 43 prescribía que «las resoluciones en cada uno de los Cuerpos colegisladores se toman a pluralidad de votos; pero para votar las leyes se requiere la presencia de la mitad más uno del número total de los individuos que lo componen». Ningún proyecto podía entrar en vigor sin la aprobación por ambas Cámaras y la sanción regia; de tal forma que «si uno de los Cuerpos colegisladores desechara algún proyecto de ley o le negare el Rey la sanción no podrá volverse a proponer otro proyecto de ley sobre el mismo objeto en aquella legislatura» (art. 44).

2.° Funciones financieras

Según el artículo 85 competía a las Cortes el examen, la votación y la aprobación, en su caso, del Presupuesto general de gastos y el plan de contribuciones y medios para llenarlos. Ambos debían ser presentados anualmente por el Gobierno, y si no pudieran ser votados antes del primer día del año económico siguiente, regirían los del anterior.

A su vez, el Gobierno necesitaba estar autorizado por una ley para disponer de las propiedades del Estado y tomar caudales a préstamo sobre el crédito de la Nación (art. 86).

3.º Funciones políticas

El artículo 45 especificaba las siguientes:

- Recibir al Rey, al sucesor inmediato de la Corona y a la Regencia o Regente del Reino, el juramento de guardar la Constitución y las leyes.
- Elegir Regente o Regencia del Reino y nombrar tutor al Rey menor, cuando lo previene la Constitución.
- Hacer efectiva la responsabilidad criminal de los ministros, los cuales serán acusados por el Congreso y juzgados por el Senado.

A estas atribuciones hay que añadir la de fijar todos los años, a propuesta del Rey, la fuerza militar permanente de tierra y mar (art. 88).

4.º Funciones de control

La Norma Fundamental de 1876 suprimió de su articulado toda referencia al derecho de censura que recogiera el texto de 1869. Pese a ello, advierte FERNÁNDEZ SEGADO, la responsabilidad política ministerial ante las Cortes será la piedra angular del sistema parlamentario de la Restauración. Una votación adversa ante una cuestión esencial —continúa— tenía como consecuencia, por mor de la implícita retirada de la confianza parlamentaria que ello implicaba, la dimisión del Gabinete o, en su caso, la disolución de las Cortes, siendo lo decisorio a este respecto la prerrogativa regia.

5.º Funciones estatutarias

El artículo 34 reconocía a las Cortes competencias autonormativas y estatutarias para la elaboración de sus respectivos reglamentos para su gobierno interior, y para examinar las calidades de las personas que la habían de componer, así como la legalidad de su elección.

Esta autonomía era más intensa para el Congreso que para el Senado. La Cámara Baja tenía facultades para nombrar a su Presidente, Vicepresidente y secretarios (art. 35); sin embargo, en el Senado, el Rey nombraba para cada legislatura, de entre los propios senadores, el Presidente y Vicepresidente de la alta Cámara, que sólo podía, por sí misma, elegir a sus secretarios (art. 36); con ello se retornaba a la fórmula de la Constitución de 1845.

B. El Rey

Los redactores de la Constitución, influidos por la doctrina canovista, consideraron que la Monarquía no era, entre nosotros, una mera forma de gobierno, sino la médula misma del Estado. De ahí que, desde esta perspectiva, no nos pueda parecer extraño que Cánovas, oficiosamente, sugiriese a la Comisión del Congreso que, en su dictamen, propusiera la exclusión de los Títulos referentes a la institución monárquica del examen y discusión de las Cortes. Como explica ÁLVAREZ CONDE, el principio monárquico-hereditario era el auténtico eje de la «Constitución interna».

Con inusitado énfasis, la Constitución de 1876 predicaba que la persona del Rey era sagrada, inviolable e irresponsable políticamente (arts. 48 y 49). Ningún mandato del Rey podía llevarse a efecto si no estaba refrendado por un ministro, que por sólo este hecho se hacía responsable (art. 49, párrafo segundo).

El Título VII «De la sucesión a la Corona», tras vincular la Monarquía hereditaria a la dinastía borbónica (art. 59), conformaba el orden sucesorio al Trono de España, el cual seguiría el orden regular de primogenitura y representación, con preferencia a la línea a la posterior, el grado próximo al remoto, el varón sobre la hembra y la de más edad a la de menos (art. 60). Extinguidas las líneas de los descendientes legítimos, sucederían las líneas colaterales y sus legítimos descendientes (art. 61). Y si llegaran a extinguirse todas las líneas, las Cortes harían nuevos llamamientos, «como más convenga a la Nación» (art. 62).

En cuanto a las facultades del Rey, el texto constitucional, razona TOMÁS VILLARROYA, dibujaba las líneas propias de una Monarquía parlamentaria, es decir, las facultades atribuidas formalmente al Monarca se ejercían, de hecho, por sus ministros responsables. Este concreto principio parlamentario fue observado con escrupulosa fidelidad durante los años del reinado de Alfonso XII y de la Regencia de María Cristina. Con Alfonso XIII cambiaría sustancialmente la situación. El nuevo Rey, añade TOMÁS VILLARROYA, por temperamento, por gusto de la política activa, por la desintegración de los partidos, por la falta en estos —a partir de ciertos momentos— de jefes indiscutibles, no se resignará o no podrá ser una pieza pasiva en el régimen parlamentario.

Expuesto lo anterior, clasificaremos las atribuciones concretas del Monarca del modo siguiente:

a) En relación con las Cortes, el Rey abría y cerraba sus sesiones (art. 37) y podía disolver simultánea o separadamente la parte electiva del Senado y el Congreso (art. 32). Esta última facultad —la disolución regia del Parlamento— debía emplearse, en teoría, aclara FERNÁNDEZ SARASOLA, para resolver las discrepancias políticas entre el Parlamento y el Gobierno, y suponía —también en teoría— una apelación al cuerpo electoral para que resolviese la controversia suscitada. Sin embargo, el Monarca utilizó este poder como mecanismo al servicio del artificial turno de partidos que se había instaurado entre Cánovas y Sagasta desde el Pacto de El Pardo. Aun cuando no hubiera conflictos interorgánicos (entre Cortes y Gobierno) ni tampoco entre la mayoría parlamentaria gobernante (descomposición del partido mayoritario), el Rey utilizaba la disolución cuando consideraba que el partido gobernante se había perpetuado en el poder en demasía, y le correspondía, por tanto, verse relegado a la oposición.

b) En relación con la función legislativa, el titular de la Corona compartía con las Cortes la iniciativa legislativa (art. 41); asimismo, sancionaba y promulgaba las leyes (art. 51) y disponía del derecho de veto (art. 44).

c) En relación con la función ejecutiva, al Monarca le correspondían, entre otras, las potestades que pasamos a enumerar: la ejecución de las leyes (art. 50), el mando supremo del Ejército y Armada (art. 52), la conservación del orden público en lo interior y la seguridad del Estado en lo exterior (art. 50), la expedición de decretos, reglamentos e instrucciones que fuesen conducentes a la ejecución de las leyes (art. 54. 1), el cuidado de que en todo el Reino se administrara pronta y cumplidamente la justicia (art. 54. 2), la facultad de indultar a los delincuentes con arreglo a las leyes (art. 54. 3), la competencia para declarar la guerra y hacer ratificar la paz (art. 54. 4), la dirección de las relaciones diplomáticas y comerciales con las demás potencias (art. 54. 5), la acuñación de moneda (art. 54. 6), la concesión de empleos civiles y honores y distinciones de todas clases (art. 54. 8) y, por último, el libre nombramiento y separación de los ministros (art. 54.9).

De otro lado, los artículos 55 y 56 establecían una serie de limitaciones a la autoridad regia; en virtud de dichos preceptos, el Rey necesitaba estar autorizado por ley especial para la realización de los actos siguientes: enajenar, ceder o permutar cualquier parte del territorio español; incorporar cualquier otro territorio al suelo español; admitir tropas extranjeras en el Reino; ratificar tratados de alianza ofensiva, de comercio y todos aquellos que pudieran obligar individualmente a los españoles; abdicar la Corona, y otorgar contratos y estipulaciones matrimoniales.

Por lo que se refiere al matrimonio del Rey y del Príncipe de Asturias, éstos, antes de contraerlo, debían ponerlo en conocimiento de las Cortes; se trataba, pues, siguiendo en su literalidad la fórmula acuñada en 1845, de una mera comunicación formal. La única prohibición explícita venía en realidad contemplada por el párrafo final del artículo 56:

> «Ni el Rey ni el inmediato sucesor pueden contraer matrimonio con persona que por ley esté excluida de la sucesión a la Corona».

C. La Regencia

El Título VIII de 1876 transcribe casi literalmente el mismo Título de la de 1845. Los Constituyentes optaron desde un primer momento por la Regencia legítima o *de iure* en la convicción de que esta era la fórmula más acorde con la Monarquía recién instaurada. Este órgano se constituía en estos dos supuestos: cuando el Rey fuera menor de edad y cuando el Rey se imposibilitare para ejercer su autoridad. En el primer supuesto, el padre o la madre del Monarca, y en su defecto el pariente más próximo a la sucesión, ejercía la Regencia mientras durase la minoría de edad regia (art. 67), exigiéndose como requisitos: ser español, tener veinte años cumplidos y no estar excluido de la sucesión a la Corona (art. 68). En el segundo supuesto, siempre que la imposibilidad fuera reconocida por las Cortes, desempeñaba la Regencia, durante el impedimento, «el hijo primogénito del Rey, siendo mayor de dieciséis años; en su defecto, el consorte del Rey, y a falta de este, los llamados a la Regencia» (art. 71).

Si no hubiera ninguna persona a quien correspondiera *de iure* la Regencia, la nombraban las Cortes, y se componía de un número impar de personas (una, tres o cinco). En consecuencia, como sostiene acertadamente FERNÁNDEZ SEGADO, la Regencia electiva tenía un carácter subsidiario respecto de la Regencia *de iure*. Hasta que se hiciese ese nombramiento, gobernaría provisionalmente el Reino el Consejo de Ministros (art. 70).

El llamado a ejercer el cargo de Regente estaba obligado a prestar ante las Cortes el juramento de ser fiel al Rey menor y de guardar la Constitución y las leyes (art. 69). Una vez constituida la Regencia, ésta ejercía toda la autoridad del Rey, en cuyo nombre se publicaban los actos del Gobierno (art. 72).

Durante la vigencia de este Código político los preceptos a que nos hemos referido tuvieron prolongada aplicación. En este sentido, la temprana muerte de Alfonso XII, el 25 de noviembre de 1885, daba lugar a la Regencia de su segunda esposa, María Cristina de Habsburgo-Lorena, que se alargaría hasta el inicio del reinado de Alfonso XIII, el 17 de mayo de 1902.

D. El Gobierno

La Constitución de 1876 refundía en un solo Título VI: «Del Rey y sus ministros» la institución monárquica y los ministros, a quienes únicamente dedicaba dos artículos.

Conforme al artículo 54. 9, correspondía al Monarca nombrar y separar libremente a los ministros; no obstante, en la práctica era el Presidente del Gobierno quien confeccionaba la lista ministerial, y siempre sobre la base de los principios propios del régimen parlamentario.

Los dirigentes de los dos partidos dinásticos coincidían en que la formación y cese del Gobierno no debía obedecer nunca al capricho personal del Rey, sino a las demandas de la opinión pública y a los intereses de la Nación y del mismo Trono, lo que exigía que ningún partido ejerciese en régimen de monopolio el poder, con el apoyo de la Corona, como había sucedido con el Partido Moderado durante el reinado de Isabel II.

Aun así, sin renegar de la doctrina de la doble confianza, es innegable que, para Cánovas, como antes para los moderados, la confianza más relevante era la del Monarca, a quien competía nombrar «libremente» el Gobierno e intervenir en su orientación política, incluso contra una determinada mayoría parlamentaria, pues al Jefe del Estado le correspondía disolver, también «libremente», las Cortes, con el refrendo, eso sí, del Presidente del Consejo de Ministros

Al frente de los ministros se encontraba la figura del Presidente del Consejo, que, siguiendo precedentes constitucionales, va a ser desconocida por el texto que analizamos; sin embargo, aparte de que tácitamente era evocada en los artículos 70 y 85, el cargo no solo existía, sino que fue precisamente bajo la vigencia de este texto cuando esta magistratura adquirió su perfil definitivo. Desde la Restauración, dirá TOMÁS VILLARROYA, la Presidencia del Gobierno tiene poder y funciones cada vez mayores: traza las líneas fundamentales de la política a seguir; dirige el proceso unificador y racionalizador de toda la actuación administrativa; prepara y adopta las decisiones de carácter interministerial; adquiere, cada día con mayor precisión, rasgos de modernidad.

La principal característica de los Gabinetes de la Restauración es que sus Presidentes eran civiles y jefes de un partido político. Esta primacía se mantuvo hasta 1917. Los «espadones» militares, tan relevantes durante el siglo XIX, sólo desempeñaron este cargo de forma transitoria (Jovellar, Martínez Campos).

En cuanto a la institución del Gobierno, el Título VI únicamente se refería a los ministros, pero, al igual que las Constituciones de 1837, 1845 y 1869, reconocía su existencia fuera del mismo (así, los artículos 70, 72, 85, 86 y 89 hacían mención a este órgano colegiado). Ello contrastaba con la importancia que el Gobierno tuvo a lo largo de la época restauracionista como centro del poder político y vertebrador de la vida nacional.

Con independencia de la responsabilidad penal prevista en el artículo 45.3 de la Norma Fundamental, la responsabilidad política acaba acrisolándose en los inicios del período de la Restauración, formalizándose posteriormente en prácticas y convenciones constitucionales no escritas. En realidad, admite MERINO MERCHÁN, la recepción de la institución parlamentaria de control político del Gobierno ante las Cámaras en el Derecho público español se hará en los años de la Restauración.

Ahora bien, conviene matizar al respecto que, al considerarse al Rey como jefe del Ejecutivo, seguía en vigor la teoría de la doble confianza: la regia y la parlamentaria. No obstante, precisa TORRES DEL MORAL, el funcionamiento del sistema hizo que la primera fuera determinante de la continuidad del Gobierno y la segunda realmente secundaria. En efecto, añade este autor, la falta de arraigo y el carácter no escrito del parlamentarismo en el régimen que estudiamos conferían a la responsabilidad del Gobierno una naturaleza demasiado vaporosa, dándose casos de Gobiernos derrotados en importantes votaciones parlamentarias que no dimitían por encontrarse respaldados por la confianza regia; en otras ocasiones, el acuerdo entre los líderes de los dos partidos prevalecía sobre la opinión de las Cortes.

Digamos para terminar que el Reglamento del Congreso de los Diputados de 1918, recogía como instrumentos de control de la Cámara sobre el Gobierno: las interpelaciones, las preguntas y el voto de censura.

Por la primera, cualquier diputado tenía el derecho de interpelar a los miembros del Gobierno, anunciándolo con anterioridad, de palabra o por escrito; pero esperando en ambos casos de un modo explícito el objeto de la interpelación (art. 166 del Reglamento). De resultas de la interpelación podían los diputados presentar las proposiciones que creyeran convenientes en la misma sesión o en la inmediata (art. 170). Por la segunda, los diputados podían dirigir preguntas al Gabinete sobre asuntos de interés público, para que aquel contestara si lo tuviera por conveniente. Finalmente, el artículo 203 estipulaba que «la proposición de voto de censura se formulará por escrito, firmado por siete diputados y después de apoyada por uno de sus autores, si fuese tomada en consideración pasará a las Secciones para el nombramiento de Comisión».

E. La Administración de Justicia

El Título IX de la Constitución de 1876, al igual que lo hiciera la de 1845, lleva por epígrafe «De la Administración de Justicia»; denominación más acorde con el pensamiento canovista que la de «Poder Judicial» presente en el texto anterior.

Los artículos 74 a 81, comprensivos de dicho Título, se limitan a recoger los principios siguientes:

a) Unidad de Códigos y unidad de fuero: «Unos mismos Códigos regirán en toda la Monarquía, sin perjuicio de las variaciones que por particulares circunstancias determinen las leyes. En ellos no se establecerá más que un solo fuero para todos los españoles en los juicios comunes, civiles y criminales» (art. 75).

b) Exclusividad judicial: «A los tribunales y juzgados pertenece exclusivamente la potestad de aplicar las leyes en los juicios civiles y criminales, sin que puedan ejercer otras funciones que las de juzgar y hacer que se ejecute lo juzgado» (art. 76).

c) Publicidad de los juicios en materia criminal: «Los juicios en materias criminales serán públicos, en la forma que determinen las leyes» (art. 79).

d) Inamovilidad de jueces y magistrados: «Los magistrados y jueces serán inamovibles y no podrán ser depuestos, suspendidos ni trasladados, sino en los casos y en la forma que prescriba la Ley Orgánica de Tribunales» (art. 80).

e) Responsabilidad: «Los jueces son responsables personalmente de infracción de ley que cometan» (art. 81).

El Gobierno Maura, en 1907, a través del ministro de Gracia y Justicia, marqués de Figueroa, pretendió alcanzar una cierta estabilidad y objetividad en el organigrama de la justicia municipal mediante un proyecto de ley destinado específicamente a este ramo de la Administración. De hecho, fue una medida más dentro de los intentos de sanear la vida política, aunque como reconociera diez años después su mentor, el empeño no consiguió el objetivo pretendido.

En cualquier caso, el contenido de la ley —tal como resultó aprobada— pretendía romper con el anterior estado de cosas: en cada término municipal tendría que haber un juez y un tribunal, formado por el juez y dos adjuntos; en aquellos que hubiere más de un Juzgado de Primera Instancia debían contar también con igual número de jueces municipales; el nombramiento de éstos y de sus adjuntos se debía realizar por las Salas de Gobierno de las Audiencias Territoriales, con la asistencia de los Decanos de los Colegios de Abogados y de Notarios. El mandato de los jueces duraba cuatro años y podían ser reelegidos indefinidamente; el de los adjuntos oscilaba entre los dos y los seis meses.

Como hiciera la Constitución de 1845, la de 1876 ignoró el Jurado; pese a ello, es bajo el régimen de la Restauración cuando esta institución arraiga en España y cuando, pese a sufrir restricciones y suspensiones, rigió de manera consecutiva más tiempo: desde la Ley de 20 de abril de 1888, que lo instauró siendo Alonso Martínez ministro de Gracia y Justicia, hasta el Decreto de 21 de septiembre de 1923 que lo suspendió. Tras la caída de Primo de Rivera, será su sucesor (el almirante Aznar) quien lo restablezca de nuevo el 11 de abril de 1931.

F. La Administración local

El período de la Restauración significó en el ámbito local, al igual que en el resto de la vida política española, un giro radical frente a la etapa anterior. La Constitución de 1876 volvió a recoger escasamente el régimen local en su articulado, dejando para una ley posterior la regulación de las elecciones locales y la organización y atribuciones de Ayuntamientos y Diputaciones

El Titulo X «De las Diputaciones Provinciales y de los Ayuntamientos», con ligeros retoques, reproduce la regulación contenida al amparo del texto constitucional de 1869. Así, se mantienen las tradicionales Corporaciones locales, de carácter electivo: en cada provincia, una Diputación Provincial, y en los pueblos, alcaldes y Ayuntamientos. Conforme al artículo 84 la organización y atribuciones de las Diputaciones Provinciales y Ayuntamientos se regirían por sus respectivas leyes, las cuales deberían ajustarse estos cuatro principios:

a) Autogobierno de las Corporaciones.

b) Publicación de los Presupuestos, cuentas y acuerdos de las mismas.

c) Intervención y fiscalización del Rey, o en su caso de las Cortes, a fin de impedir que las Diputaciones y los Ayuntamientos se extralimitasen en sus atribuciones en perjuicio de los intereses generales permanentes.

d) Armonización del sistema tributario local con el estatal.

Como puede observarse, estos principios son una mera reproducción de los que recogía el artículo 99 del texto precedente, si bien en el que nos ocupa no se alude al principio de publicidad de las sesiones de las respectivas Corporaciones.

Al amparo de las disposiciones contenidas en la Constitución, se dictó la Ley de Régimen Local, de 2 de octubre de 1877, que estaría vigente hasta los Estatutos de Calvo Sotelo, por lo que es la de más larga duración de la historia del régimen local en España. Esta ley que ejemplificó la nueva orientación que se produjo en la vida política de nuestro país, significó la vuelta al sufragio censitario, a lo que se añadió la designación del alcalde de las capitales de provincia por el Rey entre los concejales electos, la absorción por parte del Gobernador Civil de las competencias de las Comisiones Provinciales, a quien se le atribuía igualmente la facultad de suspender Ayuntamientos, el poder del alcalde para suspender acuerdos de la Corporación municipal, y, por último, el control económico de las Corporaciones locales por parte del Gobernador Civil.

Tras el fin de las guerras carlistas, la Ley de 21 de julio de 1876 abolió los fueros de las provincias vascongadas que fueron sustituidos por un régimen de concierto, en virtud del cual aquellas provincias se obligaban «a presentar el cupo de hombres que les corresponda» para la prestación del servicio militar, y a satisfacer «las contribuciones, rentas e impuestos ordinarios y extraordinarios, consignados en los Presupuestos Generales del Estado». Extremos que concretaría el Real Decreto de 28 de febrero de 1878.

Por su parte, el Título XIII de la Constitución de 1876 se ocupaba «del gobierno de las provincias de Ultramar», las cuales, según el artículo 89 del citado texto, se gobernarían por «leyes especiales», si bien se autorizaba al Gobierno para aplicar a esos territorios, «con las modificaciones que juzgue convenientes y dando cuenta a las Cortes, las leyes promulgadas o que se promulguen para la Península». Concluía este precepto señalando que «Cuba y Puerto Rico serán representadas en las Cortes del Reino en la forma que determine una ley especial, que podrá ser diversa en cada una de las dos provincias».

En 1907 Maura planteó la necesidad de reformar el poder local para conseguir tres objetivos: terminar con el caciquismo, moralizar la vida pública y descentralizar la Administración para que fuera más eficaz. Con tal fin se redactó la Ley de Administración Local. La reforma pretendía otorgar más atribuciones a los Ayuntamientos en materia de educación, sanidad, obras y orden públicos, acercando la administración a los ciudadanos. Se limitaba el nombramiento gubernamental de alcaldes a los municipios de más de 20.000 habitantes, aunque en el debate parlamentario, el Gobierno de Maura aceptó una mayor limitación: solamente se nombraría a los alcaldes de poblaciones que superasen los 150.000 habitantes, en concreto, las grandes ciudades como Madrid, Barcelona, Sevilla, Valencia y Málaga.

Un último aspecto importante de la ley tenía que ver con la posibilidad de que se creasen Mancomunidades, a saber, asociaciones de Diputaciones, como un primer paso para generar cierto autogobierno regional, intentando atraerse a la *Lliga Regionalista*.

Aunque Maura se empeñó en buscar el consenso y en que se aprobara, esta ley se enfangó en las Cortes y no salió adelante. Los sectores más extremistas de la oligarquía dominante, aunque también de los liberales, republicanos y socialistas, por diversos motivos fueron sus más acérrimos detractores. Algunos historiadores consideran que hubo un claro obstruccionismo parlamentario. Cuando se entraba en el final del proceso legislativo, en el verano de 1909, estalló la crisis de la Semana Trágica, que terminó con el «Gobierno largo» y con el propio Maura como Presidente del Consejo de Ministros, y el intento de reforma local no prosperó.

G. El Consejo de Estado

Con la Restauración, el Consejo de Estado, a criterio de TRIGUERO ORTIZ, ganó estabilidad administrativa, aunque perdió los últimos restos de su papel gubernativo, reduciéndose el tono de sus consultas hasta llegar a comienzos del siglo XX a transformarse en un negociado de ciertos expedientes. En 1875 se restableció la Sección de lo Contencioso, si bien mediante la Ley de Santamaría de Paredes de 1888 se separó definitivamente dicha Sección del Consejo, creándose un Tribunal especial, que pertenecía a dicho Consejo. A partir de entonces, este órgano se redujo a lo meramente consultivo.

Por lo demás, la composición de este Cuerpo en el período que nos ocupa era por categorías, con representación de directores generales y altos funcionarios. Sus Secciones, sin contar la Contencioso-Administrativa, terminaron por reducirse a cuatro (Estado y Gracia y Justicia, Guerra y Marina, Hacienda y Ultramar, y Gobernación y Fomento).

La Constitución de 1876 sólo recoge superficialmente la institución del Consejo de Estado, aludiendo a la condición de senador por derecho propio de su Presidente y nombramiento real o elección popular para ser senador en caso de Consejeros de Estado (art. 21).

La reforma más importante de este organismo se llevó a cabo mediante Ley de 5 de abril de 1904 cuyo artículo 1.º lo define como «cuerpo supremo consultivo del Gobierno en los asuntos de Gobernación y Administración»; al mismo tiempo añadía el citado precepto que «precede a todos los demás Cuerpos del Estado, después del Consejo de Ministros, y es impersonal su tratamiento». A la vez, el artículo 2.º reducía su volumen mediante una composición por categorías, con todos los ministros de la Corona en ejercicio, un Presidente, ocho consejeros ex ministros de la Corona y cuatro consejeros permanentes, nombrados todos por el Rey.

5. Significado y aplicación de la Constitución

En 1876 se intentó redactar una Constitución con la que pudiesen identificarse los partidos liberales que aceptasen la Monarquía de Alfonso XII. No se trataba, en argumentación de Silvela, de concebir la Ley Fundamental como un «programa de política», sino como un «conjunto de instituciones con virtualidad suficiente» para que pudiesen realizarse «todas las políticas posibles dentro del sistema monárquico-constitucional».

De los textos constitucionales españoles, el de 1876 es el que ha tenido una duración más prolongada; bajo su vigencia, además, se consiguió una relativa estabilidad política, debida, en gran medida, a su carácter transaccional; pero, sobre todo, como refiere TOMÁS VILLARROYA, a que Cánovas procuró apuntalar los mecanismos constitucionales con determinados apoyos y costumbres de ética dudosa, pero de eficacia considerable.

La sorprendente perdurabilidad del texto se explica, precisamente, por su carácter políticamente no constitutivo; en palabras de TOMÁS Y VALIENTE. «duró tanto como consecuencia de su degradación y de su carácter meramente formal. Los procesos políticos inicialmente encauzados por los pactos políticos extraconstitucionales, pero nunca por la propia Constitución, quedaron siempre al margen de ella. Duró, pero no sirvió para organizar el Estado, reconocer derechos, estructurar la Nación como sociedad política soberana y dar entrada pacífica a las nacientes exigencias de democracia que protagonizaban unos partidos dejados fuera del sistema».

Según POSADA, el documento que comentamos dejaba mucho a la acción interpretativa, a la adaptación de los poderes públicos y, sobre todo, a las leyes no constitucionales, así se explica que haya servido como norma fundamental en los primeros años de la Restauración, en que se manifestaron más estrictamente los influjos iniciales del doctrinarismo, tanto en las leyes como merced a la distinción de los partidos en legales e ilegales y luego, especialmente, desde la Regencia, en que la política se inspiró con menos reservas en los principios de la Revolución de 1868.

El hecho de que un mismo texto constitucional abarcara periodos tan distintos como la Monarquía de Alfonso XII, la Regencia de María Cristina y el reinado de Alfonso XIII, es lo suficientemente ilustrativo de la flexibilidad del mismo. Aún más, escribe MARÍAS, quizá el mejor elogio que quepa hacer de la Constitución de 1876 es que, con todos sus defectos, fue capaz de resistir la tremenda crisis de 1898.

Desde otro punto de vista, PÉREZ PRENDES ha destacado que fue precisamente el «lastre doctrinarista» del texto de 1876 el que provocó el colapso constitucional que concluyó con la vida de la Monarquía restaurada. A su entender, el pacto constitucional de 1876 no dotó al Estado de los mecanismos idóneos para afrontar la entonces denominada «cuestión social» ni tampoco las tensiones separatistas. El fracaso de la obra de Cánovas, aclara

SECO SERRANO, radica en los límites de su «apertura»; en su incapacidad para asimilar, o para captar, las bases sociales de la nueva revolución alumbrada por la Internacional.

En efecto, las exigencias sociales y regionalistas superaron con mucho la capacidad de respuesta del sistema; la demanda de modernización social y política crecía incesantemente, mientras el régimen quedaba cada vez más rígido y disfuncional. Pero no fueron estas las únicas razones que provocaron el hundimiento del sistema político de la Restauración; ello se debió, asimismo, a sus propias contradicciones internas: el exclusivismo y la fragmentación de los dos partidos turnantes, la institucionalización del caciquismo, la dicotomía entre la España oficial y la España real, la oligarquización progresiva del bloque dominante, la difícil articulación entre los grupos de intereses oligárquicos sobre diversos ámbitos territoriales y sociales.

La Monarquía, que pudo haberse transformado a través del sufragio universal, se convertirá, en reflexión de ORTEGA Y GASSET, en una sociedad de socorros mutuos —de la que el Rey será el gerente— que habían formado unos cuantos grupos para usar del poder público: los grandes capitales, la alta jerarquía del Ejército, la aristocracia de sangre, la Iglesia. La Constitución de 1876 —añadía— significaba la organización formal de la desnacionalización del Estado. Acaso, admite con razón TORRES DEL MORAL, en 1876 era válida la conciliación canovista, pero no su estiramiento y desasosegada evolución durante cincuenta años, que fue más bien un ininterrumpido camino hacia el agotamiento y la descomposición del régimen.

Con todo, no fue tanto el texto constitucional, como la ausencia de auténticos hombres de Estado en el primer tercio del siglo XX, lo que impidió una salida viable y no traumática al régimen restauracionista.

Ante la evidente inadaptabilidad de la Constitución a los nuevos fenómenos sociales, económicos y políticos, surgieron numerosos intentos de reforma constitucional. Muy brevemente, y siguiendo la periodificación establecida por GARCÍA CANALES, pasamos a examinar los siguientes:

a) Durante el reinado de Alfonso XII y la Regencia de María Cristina —hasta 1902— los intentos de reforma son teóricos, postulándose el texto de 1869, y provienen en su mayoría de las fuerzas políticas no integradas en el régimen de la Restauración.

b) Desde 1902 a 1917, se produce un cambio sustancial. La propuesta de reforma constitucional va a ser utilizada como arma política. La revisión del texto es solicitada no sólo por los grupos situados fuera del sistema sino también por los partidos dinásticos; así, Moret, nombrado el 1 de diciembre de 1905, Presidente del Consejo de Ministros, propondrá formalmente un año más tarde una reforma de la Constitución en sentido progresista, aunque no se llevará a cabo.

c) A partir de 1917, fecha en que se inicia el hundimiento del edificio restauracionista, la preocupación reformista embarga a publicistas y políticos de la época. El intento más serio de afrontar la reforma del texto y pasa a ser lugar frecuentado en la opinión pública y en la literatura política constitucional tuvo lugar en 1922, bajo la Presidencia de García Prieto, pero sería abandonado ante el temor de una reacción en contra del Ejército, profundamente sensibilizado por el desastre de Annual en 1921. Se perdía de esta forma la última oportunidad para la supervivencia del régimen; en 1923 el general Primo de Rivera le asestará el golpe definitivo.

IV. LA ESTRUCTURA DEL PODER EN LA RESTAURACIÓN: OLIGARQUÍA Y CACIQUISMO

Uno de los más graves problemas que desnaturalizaron el sistema representativo de este período fue, sin duda, el clientelismo y el caciquismo, dirigidos por el Gobierno, que trastocaban la base misma del sistema, al convertir a los partidos políticos en asociaciones dirigidas por el cacique local, y al Parlamento, de resultas, en un órgano totalmente deslegitimado por unas fraudulentas elecciones; unos adulterados comicios que pretendían sostener, en expresión de Posada, «un turnismo de partidos, artificial e ilegítimo». En el mismo sentido, Goicoechea, desde las filas del maurismo, hablaba de «simulación reemplazante» para referirse a la suplantación de la verdadera voluntad electoral a través del caciquismo.

La España de la Restauración tal como realmente existió, ha puesto de manifiesto Tuñón de Lara, no puede concebirse sin el caciquismo. Fue, sin duda, un fenómeno sociopolítico que abarcó el último cuarto del siglo XIX y los comienzos del XX. Propio de un país mayoritariamente rural, el caciquismo se caracterizó por el ejercicio arbitrario del poder local; llegó a alterar las leyes escritas y desnaturalizó las funciones electorales, administrativas y judiciales (sobre todo a través del juicio por jurados). Un examen del caciquismo nos hace distinguir entre lo que podríamos llamar caciquismo «persuasivo» (que cuenta con el consenso de la población que considera el hecho como normal o inevitable); este tipo de caciquismo persiste hasta muy tarde en vastas zonas agrarias donde abunda el campesinado parcelario (Galicia, Castilla la Vieja, etc.). En las zonas latifundistas (especialmente Andalucía) intervino cada vez más un segundo caciquismo que llamaríamos «coactivo»; para deformar los resultados electorales se empleaban medidas de arriba abajo o utilizaba la fuerza pública, etc.

El cacique es el hombre influyente en el sentido local de la palabra. Recibe su poder de su influencia entre la clase política; no necesariamente es rico ni terrateniente. Lo importante era que tenía una clientela formada por miembros de todos los estratos sociales a la que repartía sus favores a cambio de su sumisión política.

En un país subdesarrollado, con un sector primario, en el campo de la actividad económica, abrumadoramente superior a la suma de los otros dos, secundario y terciario, y con índices de analfabetismo que sobrepasan el sesenta por ciento de la población, el fraude o la ficción electoral se dan proporcionalmente a los datos que reflejan estas estructuras. Será, pues, en la zona rural donde este fenómeno, agravado por la articulación centralizada de la máquina administrativa, adquiera su plenitud; si bien quiebra en las ciudades, donde la educación política o una mayor honestidad impide el engaño y la manipulación.

Probablemente, puntualiza COMELLAS, no existe más fraude electoral bajo la Restauración que bajo regímenes anteriores; lo que ocurre es que ahora es un fraude, por decirlo de alguna manera, institucionalizado.

Para que la alternativa en el Gobierno se hiciera según la voluntad del Monarca y de los líderes de los dos grandes partidos, cada formación política contaba con una tupida red de caciques que, de acuerdo con el Gobernador Civil, en la capital de cada provincia, confeccionaban la lista de los candidatos gubernamentales —«los encasillados»—, y aseguraban su victoria electoral. Esta «farsa democrática y electoral», como la denomina VICENS VIVES, servía perfectamente los intereses de una oligarquía dirigente para mantenerse en el poder.

Los elementos del proceso electoral son, según descripción de JOVER ZAMORA, cuatro; a saber: Gobierno central (con el ministro de la Gobernación al frente), los Gobernadores Civiles, representantes locales del poder central pero, a su vez, portavoces calificados de la oligarquía político-económica de las provincias, los candidatos lanzados desde Madrid o elevados hacia el escaño en base a la fuerza que poseen en la jurisdicción electoral y, por último, los electores mismos, sometidos a un complejo proceso de manipulación o compra de su voto.

Las causas de este sistema oligárquico y caciquil, en opinión de SOLÉ TURA, hay que buscarlas en estos tres niveles:

a) La estructura social que permite a los propietarios agrarios un dominio omnipotente sobre el campesinado, sometido a ellos para obtener un trabajo y sobrevivir;

b) El sistema de bipartidismo artificial, que impide la representación de intereses distintos a los de las clases dominantes a través del turno liberal-conservador, y

c) El marco constitucional y legal. El Gobierno sólo depende de la voluntad del Rey, que con el decreto de disolución de las Cortes pone en manos del partido gubernamental la fabricación de una nueva Cámara adicta.

A la hora de lograr sus objetivos, los caciques no se detienen ante barrera alguna; la intimidación, las amenazas, el soborno, las urnas con doble fondo, los «pucherazos», etc. son algunas de las prácticas y medios utilizados por aquellos para obtener la mayoría. El control ejercido por los caciques sobre los votantes alcanzó tal perfección que consiguió fingir las apariencias de una democracia parlamentaria y llegar a implantar el sufragio universal en 1890, sin perder los resortes que permitían elaborar los resultados desde el Ministerio de la Gobernación. Con razón repetirá Maura que el sistema caciquil era «el feudalismo bastardo de una estructura decadente».

Pero el caciquismo no se limitaba al proceso electoral, sino que extendía su tupida red a lo largo y ancho de toda la vida política y social. Así, el cacique era con frecuencia el agente mediador ante las diversas Administraciones; un intermediario que cambiaba votos por favores. A través de él se concretaban las posibilidades de obtener determinadas prebendas, que iban desde la obtención de empleos en la corrupta burocracia central o local, hasta la determinación de exenciones, subvenciones o simples resoluciones favorecedoras de intereses concretos.

La ruptura del bipartidismo que tiene lugar tras la muerte de Cánovas y Sagasta no arregla el problema, sino que facilita aún más el ejercicio de la ficción y permite también un aumento de la actividad política de la Corona. Así, Alfonso XIII olvidará con frecuencia sus limitaciones constitucionales, hasta el extremo que la oposición acuñaría el término «borbonear» para definir la intromisión real en el juego parlamentario.

Estamos, pues, en presencia de lo que JOVER ZAMORA llama «falsificación permanente de la realidad política» que conduce a que, al margen de la Constitución formal, está operando una especie de «Constitución real» que suplanta a la anterior en un sistema que funciona de arriba-abajo y en el que los líderes políticos, en colaboración con el Monarca y de espaldas a la ciudadanía, preparan los resultados electorales. La consecuencia es obvia: en vez de depender el Gobierno de las Cortes elegidas popularmente, éstas dependían del Gobierno que convocaba las elecciones.

La clase política de la Restauración no sólo no rompió esta estructura oligárquica y caciquil, sino que, en su afán de conseguir y conservar el poder, la sustentó y se apoyó en ella. Esto llevará a COSTA a proclamar que la Constitución de España no es el texto de 1876 sino «la oligarquía y el caciquismo».

V. LA CRISIS DE LA RESTAURACIÓN

Alfonso XIII, cuyo reinado se inicia el 17 de mayo de 1902, hereda un país profundamente conmocionada por el desastre colonial de 1898. España, repetirá Silvela, está sin pulso; como un enfermo al que le falta vitalidad, aliento, ganas de vivir y crecer.

En 1898, la explosión del acorazado «Maine» en La Habana fue el pretexto de la intervención estadounidense en Cuba y el preludio de una grave crisis en la sociedad española, cuyas convulsiones internas marcaron la historia a lo largo del siglo XX. La derrota forzó al Ejecutivo a firmar un humillante tratado de paz en París el 10 de diciembre de ese año por el que perdía, a favor de Estados Unidos, sus últimas posesiones americanas y del Pacífico. Aunque el imperio colonial español había desaparecido en 1824, a los españoles de entonces les daba la sensación de que el verdadero desastre se había producido ahora con la pérdida de Cuba, Puerto Rico y Filipinas.

La derrota militar de Ultramar mostró el fracaso del sistema canovista y la inviabilidad del mismo si no se variaban en sustancia sus mecanismos; también provocó una crítica despiadada al régimen —corrupto e ineficaz— de la Restauración. Desde entonces nuestro país entra en una continua pendiente de desprestigio, incapacidad y descontento, con grandes y graves crisis que amenazan hundir a la Corona en 1909, 1917 y 1923. Como subraya JOVER ZAMORA, ello hará que España viva entre el pasmo y el marasmo; que pase de un polo a otro sin solución de continuidad.

Del 26 al 31 de julio de 1909 Barcelona será testigo de uno de los peores conflictos sociales de su historia, provocado por la movilización de reservistas para la guerra de África. Los movimientos de protesta, opuestos a una nueva tentativa colonial, esta vez en el continente africano, acusarán al Gobierno de enviar a los pobres —los hijos de la burguesía adinerada compraban la exclusión al servicio militar— a defender las concesiones mineras de Marruecos. Anarquistas, socialistas y sindicalistas se unen a esta campaña y provocan una huelga que adquiere tintes sangrientos y anticlericales (con la quema de 42 conventos e iglesias): la llamada «Semana Trágica».

Esta crisis evidenció la fragilidad del pacto restauracionista y, sobre, todo del turno pacífico que resultó maltrecho por la actitud de Moret y la solución dada a los acontecimientos por Alfonso XIII. Los sinceos y constructivos esfuerzos de Canalejas por recomponer la confianza entre los partidos y dar paso a un «regeneracionismo» autentificador y progresista, teniendo como interlocutor a Maura, no fructificaron, tal vez por su prematura muerte. A partir de ahora va a ser prácticamente imposible hablar, como antes, de bipartidismo en un sentido estricto y correcto.

Desde 1913, los nuevos políticos, encajados dentro del periodo denominado de «decadencia», se ven en la necesidad de hacer frente a mayores dificultades que sus predecesores. Si por un lado la conflagración mundial provocó unos años de alza económica, por otro contribuiría a acrecentar has tensiones, quizás hasta entonces solapadas, de una época de transición a la industrialización en el seno de una sociedad agraria, apareciendo como problema a resolver la protesta obrera. La inestabilidad interna se agravaría con la guerra de Marruecos. La «regeneración desde arriba» será sustituida por los «Gobiernos de gestión».

La pacificación interior, según el modelo de convivencia liberal-burguesa, se halla frente a la marea creciente de las luchas sociales, incluido el terrorismo anarquista y la represión de la patronal organizada. El centralismo borbónico sufre los embates regionalistas, particularmente catalanes, pero tiende a generalizarse en una especie de rebelión de la periferia.

En 1917 tiene lugar la crisis más profunda de la Monarquía desde 1898. Dura hasta 1923, en que adopta como salida de la misma la supresión del régimen parlamentario. Como revela LACOMBA, en 1917 las nuevas formas, todo lo que había estado latente en los años anteriores irrumpió en la vida activa, impulsado por la revuelta realidad que creó la guerra de Europa y las convulsiones de España. Vértice de confluencia de los infinitos problemas, viejos y nuevos, 1917, añade, fue, en definitiva, el año clave para entender la crisis contemporánea de España. El conflicto es la conjunción de tres agentes de cambio: las Juntas Militares de Defensa, la Asamblea de Parlamentarios de Cataluña y la huelga general revolucionaria.

El Ejército, a través de las Juntas Militares de Defensa, derriba al Gabinete de García Prieto, que es sustituido por el del conservador Dato. El movimiento juntero era un pronunciamiento pacífico dentro del concepto de disciplina militar, una protesta de los oficiales por debajo del grado de coronel contra los generales y los políticos, contra los sueldos bajos y contra los ascensos por méritos de guerra en Marruecos. Pese al carácter moderado de sus peticiones, la acción de las Juntas sirvió para poner de manifiesto el descontento de gran parte del estamento castrense con la política restauracionista.

Por otro lado, la reacción de los catalanistas, con motivo de la clausura del Parlamento, culminó con la convocatoria de una Asamblea de Parlamentarios, auspiciada por Cambó y Prat de la Riba. El objetivo era reclamar del Gobierno la apertura de un proceso constituyente para solucionar el caos constitucional que vivía el país. En un primer momento se reunieron en Barcelona, el día 5 de julio de 1917, todos los diputados y senadores de la región catalana; días después, el 19 de julio, lo hicieron los parlamentarios de toda España, a excepción de los mauristas. Los asambleístas propugnaban el reconocimiento de las Juntas Militares y un Gobierno de concentración nacional que convocase Cortes Constituyentes. Al ser disueltos por la fuerza pública, convocaron una nueva reunión que tendría lugar en Madrid en octubre de ese mismo año. La resolución de otros y más acuciantes problemas obligaron al movimiento asambleario a autodisolverse poco después.

La Asamblea pudo haber sido la solución para que el régimen monárquico emprendiese su reforma y hubiese continuado funcionando por la vía democrática, representando la verdadera «voluntad nacional», y, desde esta posición comenzar la urgente modernización de España. De nuevo, la ceguera del Rey y de sus ministros lo impidió.

El tercer desencadenante de la crisis fue la huelga general y revolucionaria, cuyo comienzo tuvo lugar el 13 de agosto. Con anterioridad el Pacto de Zaragoza entre la UGT y la CNT había establecido la acción conjunta de ambas centrales en el plano sindical y reivindicativo. A ello se unió la alianza de socialistas, ugetistas y reformistas de Melquíades Álvarez para pedir la abdicación del Monarca y el triunfo de la huelga convocada en los ferrocarriles de la Compañía del Norte.

Los huelguistas, en un documento dirigido a la opinión pública, requerían la formación de un Gobierno provisional que asumiera los Poderes Ejecutivo y moderador, y, preparase, previas las modificaciones imprescindibles en una legislación viciada, soluciones que abordasen en plena libertad los problemas fundamentales de la Constitución política del país. A pesar del fracaso de la huelga, quedará patente el poder de movilización de las organizaciones sindicales; para la clase obrera supondrá un ensayo de la revolución.

El balance final de los acontecimientos arrojó un saldo de 71 muertos, cerca de 150 heridos y más de 2.000 detenidos. Dato, por exigencias del Ejército, tuvo que dimitir. Su renuncia supondrá el fin del turnismo pacífico, la impotencia institucional y el desprestigio del poder público. A partir de aquí se acaba el modelo político sostenido por el texto constitucional de 1876 y se abre un período de agitada vida política y social que acabará con la propia Constitución y la Monarquía.

Como bien sostiene JOVER ZAMORA, fue una pena que los gobernantes españoles desaprovechasen la ocasión para la reforma constitucional en 1917. Si el riesgo que se corría era mucho, no era menos cierto que, de cerrarse esa vía, la única pacífica que cabía, cualquier otra solución —y así sucedió— tendría que ser más traumática.

En 1923, el Gabinete de García Prieto anunciaba una revisión constitucional. La oportunidad, sin embargo, fue desaprovechada. La bajeza de la política y la intransigencia y alarmismo de los grupos sociales que se sintieron amenazados por los intentos de reforma (la Iglesia, ante la corrección del artículo 11; la clientela senatorial, la burguesía por el anuncio de la modificación del régimen de propiedad inmueble y, en general, la clase política beneficiaría del *statu quo* político, a los que les molestaban los cambios electorales, el reforzamiento de las Cortes y la racionalización de la suspensión de garantías) se conjuntaron frente a aquellos propósitos. Herederos de las inquietudes de la izquierda burguesa, los nuevos ministros acogen una directriz que ya no es la tradicional: la que se había ido imponiendo conforme avanzaba la Restauración, y particularmente durante el reinado de Alfonso XIII Agotados los partidos antaño turnantes, las dos facciones, con sus múltiples tendencias y escisiones internas, ya no eran las «las dos caras de la misma moneda». Por desgracia, en septiembre de ese mismo año, la apuesta por el cambio desde el propio sistema se desvanecería para siempre.

A pesar del intento del último Gobierno constitucional de la Monarquía, los muros del edificio canovista amenazaban ruina. Entre 1918 y 1923 España sufre problemas en los cuatro órdenes fundamentales: económicos, sociales, militares y políticos; raíces todos ellos de la Dictadura de Primo de Rivera. El golpe de septiembre de 1923 prolongará la agonía de la Corona por unos años. Después certificará su defunción.

VI. LA DICTADURA DE PRIMO DE RIVERA

El acto de fuerza protagonizado por Primo de Rivera, capitán general de Cataluña, el 13 de septiembre de 1923, da paso a una nueva situación —la Dictadura— que se va a prolongar hasta 1930 y que contiene muchas de las claves para entender el final del reinado de Alfonso XIII. El nuevo régimen se presentó como un breve intermedio destinado a regenerar las instituciones de la Monarquía liberal. En las primeras declaraciones del dictador y en el propio manifiesto dirigido «al País y al Ejército», hecho público el día anterior, se alude a la provisionalidad del régimen, a su situación de excepcionalidad para librar al país de la vieja política y encauzarle, en una labor de cirujano, hacia otros rumbos. Primo se compromete a salvar a la Patria «de los hombres de la política, de los hombres que por una u otra razón nos ofrecen el cuadro de desdichas e inmoralidades que empezaron el año 98 y amenazan a España con un fin próximo, trágico y deshonroso». Este documento proclama la constitución de un Directorio Inspector Militar con carácter provisional y enumera los problemas a resolver: terrorismo, propaganda comunista, impiedad, agitación separatista, Marruecos, inflación, desorden económico, inmoralidad política, exploración de las responsabilidades contra el Estado. Se afirma también que el movimiento se hace en nombre del Rey, en un claro intento de comprometerle y recabar toda la legitimidad encarnada en la Corona.

El Manifiesto es, en apreciación de MALERBE, «un cajón de sastre» donde se admite todo lo necesario para atraerse a sectores diversos: Ejército, burguesía catalana, clase media y en general a la opinión pública conservadora.

El golpe de Estado y el nuevo régimen dictatorial impuesto por Primo de Rivera contaron, en sus primeros meses, recuerda MARÍN ARCE, con la aceptación e incluso el agrado de la sociedad española y de gran parte de los políticos de la Restauración. Las primeras reacciones de los liberales fueron, en términos generales, recriminatorias del acto ilegítimo del 13 de septiembre, pero sin mostrar la más mínima beligerancia hacia la Dictadura. La insurrección había conseguido que las dos grandes formaciones políticas en que se sustentaba el sistema de la Restauración prácticamente desaparecieran como organizaciones. Se puede decir que el largo proceso de descomposición de los partidos de turno había llegado a su término. De hecho, los jefes de los antiguos partidos, plenamente conscientes de que sus organizaciones no podían sobrevivir, anunciaron desde los primeros momentos del golpe la disolución de sus respectivas formaciones.

Las interpretaciones sobre el golpe militar insisten en concebirlo bien como producto de la debilidad de la autoridad civil, desencadenante de actitudes golpistas (CARR o TUSELL), bien como manifestación de la actitud levantisca casi permanente en el ejército español, en oposición al poder civil (BUSQUETS, CARDONA o BALLBÉ).

En la primera explicación se insistió en el golpe como la solución arbitrada por las consecuencias políticas del desastre de Annual en la crisis de la Restauración. FERNÁNDEZ ALMAGRO considera este hecho como manifestación grave del progresivo e irreversible deterioro del sistema parlamentario español, y las consecuencias del mismo como uno de los factores que contribuyeron a derribarlo. Desde otra perspectiva, la militarización de la política del orden público -papel que la Constitución canovista concedía a las Fuerzas Armadas como defensoras del orden interior, y el recurso del sistema a éstas frente al empuje del movimiento obrero para resolver los conflictos de orden público- provocó en la mentalidad castrense española la defensa de valores consustanciales al profesionalismo militar: disciplina, jerarquía y autoridad y, consecuentemente, aceptación e interiorización de su papel como defensores del orden interior, papel en el que profundizaron los militares con motivo de los graves enfrentamientos sociales que habían tenido lugar entre 1917-1923. Asimismo, agrega BALLVÉ, se extendió entre los sectores más sensibilizados del Ejército, del que Primo de Rivera era uno de sus claros exponentes, un arbitrismo regeneracionista que propendía a soluciones populistas y de intervencionismo estatal, por lo que en la mentalidad militar española de los primeros años veinte se da paralelamente: un conservadurismo de defensa de los fundamentos sociales y políticos del régimen y un regeneracionismo económico y social de corte reformista.

La manera de acceder al poder fue, opina TUSELL, típicamente decimonónica. Sin embargo, DE LA CIERVA cree que presenta una peculiaridad importante, pues quien toma el poder no es sólo un general, sino el Ejército español, representado por él y junto a él. Lo cierto es que todas las fuerzas armadas se implican en la aventura política y administrativa del nuevo régimen, que respaldó el Monarca —cuya complicidad en el golpe está hoy fuera de duda— desde el primer momento, constituyendo lo que Maeztu llamaba una «Monarquía militar».

Alfonso XIII, sabedor consciente de las consecuencias constitucionales que ello llevaba, nombró a Primo Presidente de un Directorio castrense. De esta manera, legitimando una revuelta militar incruenta, decidió el destino de la institución monárquica.

El pronunciamiento primorriverista —«ilegal pero necesario», llegó a escribir PRADERA— fue recibido en un principio no solo bien, sino incluso con entusiasmo. El nuevo régimen dictatorial contó con la aceptación e incluso agrado de la sociedad y de gran parte de los políticos de la Restauración. La respuesta de los liberales fue, como ya señalamos, condenatoria del levantamiento, pero sin mostrar la más mínima beligerancia hacia la Dictadura. El golpe de Estado había conseguido que las dos grandes formaciones políticas en que se sustentaba el sistema de 1876 prácticamente desaparecieran como organizaciones. Podría decirse que el largo proceso de descomposición de los partidos «turnistas» había llegado a su término. De hecho, sus dirigentes, plenamente conscientes de que sus organizaciones no podían sobrevivir, anunciaron la disolución de sus respectivas agrupaciones.

Como recuerda SOLÉ TURA, aparte de las protestas de los partidos y sindicatos obreros, no encuentra resistencia porque nadie está dispuesto a defender el tinglado de la Restauración. En cualquier caso, la expectativa benevolente de los primeros días se iba a transformar, poco a poco, en decepción y, finalmente, en abierta ruptura que afectó, incluso, a las relaciones de los políticos dinásticos con el Rey.

La del marqués de Estella es la tercera Dictadura de la historia contemporánea de España. En 1849, Narváez protagoniza la primera, después, otro general, Serrano, asume plenos poderes en 1874.

Desde el punto de vista constitucional, no cabe atribuir al régimen primorriverista el carácter de Dictadura, entendida en el sentido genuino de su tradición romana, como una forma de defensa activa de la Constitución, limitada en el tiempo y consentida y establecida para defender el orden público que se supone violado. Para Friedrich, el establecimiento de una dictadura por causas justificadas y la superación de la misma con el restablecimiento del orden constitucional previamente amenazado, es la prueba de fuego de todo sistema democrático. Al amparo de una Dictadura constitucional legítima y justificada en su origen, afirma PEÑA GONZÁLEZ, se ha acabado en dictadura a secas porque, con motivo de la crisis y en el caldo de cultivo de la misma, la autoridad prevalece y se impone sobre la libertad, aun cuando la crisis se supera. En el caso de Primo de Rivera, el deseo de mantenerse en el poder, una vez superada la situación crítica que motivó su pronunciamiento, hace que no pueda hablarse propiamente de Dictadura constitucional.

El régimen dictatorial, asegura PERFECTO, no fue un mero interregno entre la Restauración y la Segunda República, sino un período muy fluido y cambiante, donde se experimentaron, discutieron y elaboraron toda una serie de teorías político-sociales, tanto de raíz autóctona como europea, que influirán decisivamente en los años posteriores (durante la época republicana y franquista), por lo que, en la Dictadura, tan importante es lo que se destruye como lo que emerge por primera vez.

MORODO ha definido, en el plano sociopolítico, el régimen de Primo, como la influencia de dos vertientes: el regeneracionismo y el bonapartismo. Del primero tiene el dictador el carácter de un «cirujano de hierro» —aquel con el que soñaba Costa— capaz de solucionar, al margen de los políticos, los «males de la Patria» denunciados por Mallada. Del segundo escoge la técnica. Así, en suma, se puede conceptuar, concluye el citado profesor, la Dictadura de 1923 como «la institucionalización del regeneracionismo con la técnica bonapartista».

Para SEOANE, «Primo de Rivera no era un estadista que actuase de acuerdo con unos programas perfectamente definidos. Era un gobernante pragmático, que trataba de poner solución a los problemas a medida que éstos se iban presentando y, en muchas ocasiones, actuaba por impulsos y un poco 'a tientas', guiado por la intuición».

En los seis años largos del régimen dictatorial cabe distinguir dos etapas bien delimitadas y con rasgos específicos: el Directorio Militar (septiembre de 1923-diciembre de 1925) y el Directorio Civil (diciembre de 1925-enero de 1930).

Primera etapa: el Directorio Militar

En esos primeros años, el régimen concentró su actividad en la resolución de los principales problemas concretos que habían generado la inestabilidad institucional previa al pronunciamiento, como las cuestiones de orden público y el conflicto de Marruecos. La política del dictador tendrá como meta la eficacia de la política de hechos para lo que llevará a cabo su misión regeneracionista.

El 15 de septiembre se promulgaban tres Reales Decretos de suma importancia para el asentamiento y configuración del nuevo sistema político. El primero de ellos declaraba disueltos el Congreso y la parte electiva del Senado. El segundo suspendía temporalmente determinadas garantías constitucionales (arts. 4.°, 5.°, 6.° y 9 y párrafos 1, 2 y 3 del 13 del texto fundamental), a la vez que extendía a todo el país el estado de guerra proclamado en las guarniciones sublevadas. También se sustituyeron todos los Gobernadores Civiles, cuyos cargos quedaron encomendados a los Gobernadores Militares.

Finalmente, el tercero de los Reales Decretos conformaba la estructura del naciente Poder Ejecutivo; integrado por un general de brigada por cada una de las regiones y un contraalmirante de la Armada. Su artículo 1.° designaba a Primo de Rivera como «Presidente del Directorio Militar encargado de la gobernación del Estado», con poderes para proponer al Monarca «cuantos decretos convengan a la salud pública», los cuales «tendrán fuerza de ley». Por su parte, el artículo 3.° confería al Presidente las «facultades de Ministro único» que, como tal, había de someter a la firma regia, previo asesoramiento del Directorio, las resoluciones de todos los Departamentos.

Ninguno de los demás integrantes del Directorio podía despachar directamente con el Monarca (Real Decreto de 2 de diciembre de 1923). De esta forma se evitaba un eventual reparto de poder entre los miembros del Directorio.

La destrucción del aparato político del sistema anterior y, en definitiva, todo vestigio de democracia parlamentaria hacia la que el impulsor del golpe sentía una profunda e indeclinable aversión, se iba a completar con la adopción de las siguientes medidas: la extensión a toda España del Somatén, milicia civil catalana que había tenido cierta importancia en la represión de los conflictos sociales en años anteriores, y que constituirá un estruendoso fracaso (Real Decreto de 17 de septiembre de 1923); la suspensión del funcionamiento de los Tribunales de Jurado (Real Decreto de 21 de septiembre de 1923); la disolución de los Ayuntamientos «semilla y fruto de la política partidista y caciquil», siendo designados a partir de ahora por sorteo entre los mayores contribuyentes en igual número que los concejales (Real Decreto de 30 de septiembre de 1923); la fiscalización de la vida administrativa por los delegados gubernamentales, militares instalados en las cabeceras de los partidos judiciales (Real Decreto de 21 de octubre de 1923); la disolución de las Diputaciones (excepto las de Vascongadas y Navarra), en claro gesto anticatalán, dirigido contra la Mancomunidad (Real Decreto de 13 de enero de 1924), etc.

El Ejército asume, así, una responsabilidad civil de extraordinaria envergadura, vertebrando en solitario todo el andamiaje político administrativo del Estado. Esta militarización de la vida pública contribuyó a conseguir una relativa calma social en el primer bienio de la Dictadura.

Hasta 1924 el Directorio Militar contó con indudables apoyos en ciertos sectores de población; pero a partir de esta fecha se produce lo que FERNÁNDEZ SEGADO llama, utilizando la terminología de Schmitt, el tránsito de la «dictadura comisarial o comisoria» a la «dictadura soberana»; lejos de constituir un breve paréntesis en la marcha constitucional, el régimen empieza a echar sus propias raíces institucionales, tomando como modelo el movimiento fascista italiano (no en vano, Alfonso XIII, en uno de sus viajes a Roma, llegará a presentar al general golpista como «su Mussolini»).

En un intento de hallar el correlato político institucional a su régimen personalista, Primo de Rivera crea la Unión Patriótica, agrupación en la que régimen trataba de incorporar, según su particular retórica, a las gentes «de ideas sanas» y a los hombres «de buena fe» que estuvieran dispuestos a propagar «ideales de orden y justicia». El propio dictador la definió en una ocasión como «un partido político, pero apolítico, que ejerce una función políticos administrativa». La Unión Patriótica, única formación legalmente reconocida, se concebía como una «Liga ciudadana», cuyo lema, «Patria, Religión, Monarquía», propuesto por el propio dictador, resumía bien el tipo de Estado que postulaba su régimen. Un Estado nacionalista, en el terreno político y en el económico, autoritario e intervencionista.

A la cabeza de esta formación, construida sobre una base jerárquica, estaba el mismo dictador como Jefe Nacional. Para ayudarle, se creó un Directorio Nacional y una Asamblea. así como una red de cincuenta Asambleas y Directorios Provinciales y cientos de células locales repartidos por todo el país para controlar y organizar las demostraciones públicas en las ocasiones precisas.

Para TUÑÓN, la Unión Patriótica nació muerta, carente de principios definidos y de organización estructural. En definitiva, dicha organización no fue sino un movimiento artificial creado desde las entrañas del poder para lograr un encuadramiento político a favor de la Dictadura.

Fruto del estrecho nacionalismo español del que hicieron gala los hombres de la Dictadura, en 1924 se disolvió la Mancomunidad de Cataluña y al año siguiente se aprobó un Estatuto Provincial. Dos medidas que no hacían sino reforzar el carácter centralista del Estado, pese al municipalismo del Estatuto Municipal del año anterior, redactado por Calvo Sotelo, antiguo maurista y sin duda el político más cualificado intelectualmente del régimen.

Segunda etapa: el Directorio Civil

La verdadera consecuencia de la victoria de Alhucemas (septiembre de 1925) fue la sustitución, por el Real Decreto de 3 de diciembre de 1925, del Directorio Militar por un Gobierno de carácter civil. Esta norma en su Exposición de Motivos señalaba que, tras ese breve eclipse del régimen de gabinete, reaparecía el Consejo de Ministros, el cual debía actuar investido de las máximas prerrogativas, aun las legislativas, con el fin de que no quedaran sin abordar, por carencia de ellas, ninguno de los problemas candentes. A su vez, el artículo 2.° restablecía el cargo de Presidente y los de ministros. La Dictadura inicia entonces un segundo ciclo cuya tarea principal es la consolidación del régimen mediante un partido único y una nueva Constitución.

Esta nueva fase se va a caracterizar por una menor presencia del Ejército en la dirección y por el planteamiento de objetivos más amplios de desarrollo económico, reforma social y reconstrucción política para los que se requería mayor intervención y penetración del régimen en la sociedad.

En el nuevo Gobierno, presidido por Primo, figuraba como Vicepresidente y ministro de la Gobernación el general Martínez Anido, y una serie de civiles caracterizados genéricamente por sus conocimientos técnicos; entre ellos, Calvo Sotelo (Hacienda), Aunós (Trabajo) y el conde de Guadalhorce (Fomento).

Se trata, clarifica PEÑA GONZÁLEZ, del primer ensayo de una especie de gobierno tecnocrático en la historia de España. Sus miembros son esencialmente mauristas y ex carlistas; de esta forma, adiciona FERNÁNDEZ ALMAGRO, la Dictadura queda vinculada en definitiva a la extrema derecha.

Muy pronto el régimen va a ser testigo de una notable emergencia de la oposición. El 11 de febrero de 1926 quedaba constituido el grupo de Alianza Republicana, bajo la presidencia de Lerroux (Partido Radical), que reúne a Azaña (Acción Republicana), Ayuso (Partido Republicano Federal), Domingo (Republicanos Catalanes), a los que se vinculan Castrovido (en nombre de la prensa republicana) e intelectuales de la talla de Marañón, Blasco Ibáñez, Ortega y Gasset, etc.

El desasosiego de algunos militares desembocó en el intento de sublevación del 24 de junio de 1926 —la «Sanjuanada»—, que se saldó con las detenciones de los generales Aguilera y Weiler. En la trama civil se encontraban políticos (Romanones y Melquiades Álvarez), intelectuales (Marañón), así como los líderes republicanos y anarcosindicalistas. Sin embargo, el Partido Socialista se negó a colaborar en el movimiento.

Los objetivos que animaban a los rebeldes quedaban reflejados en este párrafo del Manifiesto: «Restablecimiento de la legalidad constitucional. Reintegración del Ejército, para la mejor defensa de sus prestigios, a sus peculiares fines. Mantenimiento del orden y adopción de medidas que garanticen la constitución de unas Cortes libremente elegidas y que, por ser soberanas, necesitan expresar la verdadera voluntad nacional».

Ese mismo verano se produce la primera desavenencia de importancia dentro de las Fuerzas Armadas, a propósito del arma de Artillería. La génesis del conflicto tiene lugar en junio de 1926, fecha en la que un Real Decreto suprime la escala cerrada de los cuerpos de Artillería e Infantería. La reacción de Primo fue inmediata: decretó el estado de guerra, suspendió de empleo y sueldo a la totalidad de los oficiales y se relevó de obediencia a los soldados. El hecho fue importante por cuanto demostró que el consenso en el seno del estamento militar distaba mucho de ser una incontrovertida realidad.

El mantenimiento del orden público provocará una normativa excepcional, siendo de reseñar el Real Decreto de 16 de mayo de 1926 que, como puso de relieve GONZÁLEZ POSADA, culmina la destrucción del régimen jurídico-constitucional; así, el artículo 1.º concede facultades extraordinarias al Gobierno para imponer medidas sancionadoras y disciplinarias, sin otro límite que el que señalen las circunstancias y el bien del país, la rectitud y el patriotismo. Esa disposición se verá completada con otro Real Decreto de 14 de octubre de 1926, sobre suspensión de sentencias declaradas firmes por la Sala Tercera del Tribunal Supremo o por los Tribunales Provinciales Contencioso-Administrativos.

Un paso decisivo en el proceso de institucionalización del régimen lo dará el Real Decreto de 12 de septiembre de 1927, por el que se crea Asamblea Nacional Consultiva, de signo corporativo y en la que deberían tener asiento los intereses sociales, profesionales y económicos de la Nación.

El número de miembros de este organismo oscilaba entre 325 y 375, nombrados todos ellos por Real Orden de la Presidencia, acordada en Consejo de Ministros.

La composición de la Asamblea obedecería a estos criterios:

1. Un representante municipal y otro provincial por cada una de las provincias españolas.
2. Un representante por cada organización provincial de la Unión Patriótica.
3. Los representantes del Estado a quienes se confiera el carácter de asambleístas.
4. Una representación por derecho propio, en virtud de las categorías que se ostente o cargos que se ejerzan.
5. Una serie de representaciones diversas: de la cultura, la producción, el trabajo, el comercio y demás actividades de la vida nacional (art. 16).

La Exposición de Motivos del Real Decreto describe las funciones meramente consultivas de la Cámara: «no legislará, no compartirá soberanías; pero, por encargo del Gobierno y aun por iniciativas propias, colaborará en su obra con carácter e independencia garantizados por su origen, por su composición y por sus fueros...». Por su parte, el artículo 19 le asigna el cometido de preparar y presentar escalonadamente al Gobierno, en un plazo de tres años, y con carácter de anteproyectos, una legislación general y completa.

Dado su mero carácter consultivo y de sometimiento al control gubernamental, este órgano careció de todo poder e influencia política real dentro del régimen. Quizás su mayor logro fue la reacción que provocó en su contra. No consiguió integrar a las fuerzas opositoras al régimen: liberales, socialistas, una parte importante de los conservadores y un amplio sector de la intelectualidad se negó a aceptar su nombramiento. En consecuencia, parece acertado el juicio de duque de Maura cuando asevera que la Asamblea resultó «como institución estéril y como pasatiempo aburrido».

El fracaso de la «Sanjuanada» en la noche del 24 de junio, festividad de San Juan, y el propósito de Primo de Rivera de institucionalizar el régimen, mediante la convocatoria de la Asamblea Nacional Consultiva, anunciado el 5 de septiembre de 1926 en forma de Manifiesto dirigido al país provocará una nueva toma de posición de los políticos constitucionalistas, pasando a encabezar la oposición el otrora Presidente del Partido Conservador, Sánchez Guerra. Como sustenta SECO SERRANO, a partir de esa fecha todo el futuro quedó condicionado a la sanción o no del proyecto del marqués de Estella por el Rey.

A partir de 1927 la Dictadura entra en una situación crítica irreversible; el PSOE sale de su ambiguo colaboracionismo e inicia un giro hacia la oposición, el movimiento republicano gana adeptos y credibilidad y los apoyos tradicionales son cada día más escasos. A la nueva arremetida de Primo contra los artilleros, le suceden las rebeliones de los estudiantes (aglutinados en torno a la Federación Universitaria Escolar —FUE—, fundada en enero de ese mismo año), intelectuales y profesores que dañan muy seriamente el sistema. El Gobierno, a base de detenciones, suspensiones y medidas de carácter policíaco, resiste como puede. Al mismo tiempo seguían las conspiraciones y la situación económica se iba deteriorando de forma progresiva.

La crisis final del régimen estuvo motivada por el distanciamiento y enfrentamiento de dos organizaciones que habían sido apoyos sociales decisivos y que constituían sus aliados por excelencia: las organizaciones patronales, descontentas con las reformas fiscales promovidas por Calvo Sotelo, y los sindicatos católicos que se vieron perjudicados por la forma que adoptó el modelo corporativo. La propia política militar había ido provocando que importantes sectores del estamento militar (Artillería, Ingenieros, Sanidad, cuerpos especiales de la Armada) se alejaran de la Dictadura, entre otras cuestiones por la arbitrariedad en la aplicación de nuevas regulaciones, o por la decidida política «pro-africanista» del régimen a partir de 1925 frente a las solicitudes de los «junteros».

En enero de 1929 se frustraba un nuevo intento conspiratorio, a cuyo frente se había puesto Sánchez Guerra. En el mes de noviembre, ante el cariz de los acontecimientos, el propio Monarca llegó a proponer a Primo de Rivera su sustitución por el duque de Alba como cabeza visible de un gobierno de transición, a lo que el general se opuso.

El anuncio de otra conjura militar, esta vez dirigida por Goded con el concurso de la aviación, que, a sabiendas del Rey y del Gabinete, se preparaba para finales del mes de enero de 1930, llevó al dictador, el 26 de enero de 1930, a consultar a los jefes militares si seguía contando con su confianza para permanecer en el poder; a diferencia de 1923, la respuesta es totalmente negativa. Abandonado *in extremis* por todos, Primo de Rivera presenta su dimisión el día 28. Esa misma noche, Alfonso XIII encargaba al general Berenguer la formación de un nuevo Gobierno.

Pese a todo, los múltiples frentes de oposición a la Dictadura no fueron los que provocaron la desaparición del régimen; la caída final de este se produjo por la propia crisis interna que experimentaba, provocada por dos circunstancias estrechamente relacionadas entre sí: la pérdida de apoyos sociales y políticos, lo que GÓMEZ NAVARRO llama pérdida de legitimidad, y la incapacidad para encontrar una salida política y constitucional.

VII. LOS PROYECTOS CONSTITUCIONALES DE 1929

1. Proceso constituyente

Entre el 11 de octubre de 1927 y el 21 de enero de 1930, la Sección Primera de la Asamblea Nacional Consultiva discutió y elaboró un Anteproyecto de Constitución de la Monarquía española y cinco Anteproyectos más de leyes orgánicas (del Poder Ejecutivo, de las Cortes del Reino, del Poder Judicial, del Consejo del Reino y de Orden Público).

Las bases ideológicas del Anteproyecto de Constitución se apoyan, según MORODO, en el autoritarismo personalista, propio del totalitarismo político, presupuesto al que responde el artículo 4.º: «El Estado ejerce la soberanía, como órgano permanente representativo de la Nación». Dicho precepto que marca en nuestra historia constitucional una novedad y un precedente representa, para el mentado autor, la negación de los principios demo-liberales de la soberanía nacional, pero también supone la negación de la soberanía real y de la concepción doctrinal intermedia de la soberanía compartida. A su vez, el artículo 6.º añadía que «el sistema constitucional del Estado español» respondía «al doble principio de diferenciación y coordinación de poderes».

Además, el artículo 102.4 determinaba que «la unidad del Estado español, la subsistencia de la Monarquía constitucional hereditaria como forma de gobierno y la atribución del poder legislativo al Rey con las Cortes no podrán en ningún caso ser objeto de revisión».

Otros fundamentos ideológicos que cabe destacar del Anteproyecto son: a) La concepción intervencionista del Estado; b) El corporativismo socioeconómico; c) La concepción política corporativa como dogma que, de nuevo en palabras de MORODO, pretende quebrar la tradicional concepción de la representación política demoliberal y plantear un sistema que sustituya la elección democrática por una representación estamental o de clases.

La Constitución, como norma fundamental de la Monarquía, tenía un rango superior a las demás leyes. De esta superioridad, sostiene TOMÁS VILLARROYA, derivaban dos efectos:

a) El carácter rígido del texto que no podía ser modificado por una ley ordinaria, sino con arreglo a un procedimiento *ad hoc*, regulado en el artículo 104 del Anteproyecto; además determinadas cuestiones esenciales quedaban al margen de cualquier posible reforma constitucional (la unidad del Estado, la Monarquía constitucional hereditaria como forma de gobierno y la atribución del Poder Legislativo al Rey con las Cortes) (art. 102. 4).

b) El artículo 103 establecía un control de la constitucionalidad de las leyes, que se encomendaba al Consejo de Estado.

2. El Anteproyecto constitucional

Se trataba de un texto de extensión media (104 artículos repartidos en 11 Títulos) que definía a España como un Estado unitario (art. 1.º). Por su parte, el artículo 11 consagraba la confesionalidad católica del Estado, aunque toleraba el ejercicio privado de otros cultos. A su vez, el Título III (arts. 21 a 31) regulaba los derechos y deberes de los españoles contemplados de forma amplia, si bien los artículos 29, 30 y 31 remitían a futuras leyes el desarrollo de los mismos

A. Principios políticos

El documento gravitaba sobre los siguientes principios:

1.º Atribución estatal de la soberanía

La pretendida reforma constitucional de 1929 refuerza, ante los embates democráticos y autonomistas, la idea de la soberanía como atributo del Estado. Según el texto de la Asamblea Nacional, «España es una Nación constituida en Estado políticamente unitario» (art. 1.º); «el Estado ejerce la soberanía, como órgano permanente representativo de la Nación» (art. 4.º); «la soberanía es indivisible. El Estado no podrá, bajo ninguna forma, cederla, compartirla ni delegarla total o parcialmente» (art. 5.º). El Rey «ha de mantener la unidad y soberanía del Estado» (art. 43) y tiene, junto con su Gobierno, la iniciativa exclusiva de las leyes constitucionales, incluida la de reforma (art. 62).

A criterio de MORODO, la prescripción del artículo 4.º, políticamente, va a significar en primer lugar la negación del principio demoliberal de la soberanía nacional; en segundo término, el rechazo asimismo del postulado de la soberanía real; por último, la refutación también de la concepción doctrinal intermedia, desarrollada por el doctrinarismo, de la soberanía compartida. Esta innovación jurídico-política va a conducir, en definitiva, a la sustitución del Monarca por el Estado, y de otra, al no señalarse a quien corresponde el ejercicio de esa soberanía, va a llevar al autoritarismo personalista.

La Dictadura culmina, pues, al parecer de GONZÁLEZ CASANOVA, la concepción canovista de la soberanía que identifica la nacional con la de un Estado sometido al principio monárquico. El Rey lo personifica, posee el poder de constituirlo; su Gobierno ejerce en exclusiva la soberanía (unidad de poder y coordinación de funciones), la cual no puede ser compartida, cedida o delegada en otras entidades (obviamente las regiones). Entendida así, la soberanía estatal abrirá paso tanto al concepto de «caudillaje», como a la «Monarquía limitada» del franquismo.

2.º Concepción política corporativa

En opinión de MORODO, son varias las ideas que llevan a esta conclusión: primero, la quiebra de la tradicional concepción de la representación política demoliberal; segundo, el planteamiento de un sistema — corporativo o semicorporativo— que sustituya la elección democrática por una representación estamental o de clases.

3.º La declaración de derechos

El Título III (arts. 22 a 31) regulaba los «deberes y derechos de los españoles y de la protección otorgada a su vida individual y colectiva». Del propio enunciado pueden extraerse las siguientes conclusiones: la anteposición de los deberes a los derechos y a la protección de una «vida colectiva», que parecen destinados a intentar superar la regulación demoliberal del pasado.

La regulación que de los deberes realiza el artículo 22 incluye como novedades la inclusión del deber de los padres de escolarizar a sus hijos, para recibir instrucción primaria, y el de desempeñar los cargos que se declaren, por ley, de aceptación forzosa y el de obedecer los mandatos legales de la autoridad competente, «coadyuvar a su debido cumplimiento y procurar el descubrimiento de los delitos de carácter público».

Influido por la *Carta di Lavoro* italiana, el Anteproyecto consagraba una especial protección de los españoles dentro y fuera de España. La libre contratación de trabajo se entendía vulnerada cuando en el contrato «se establecen jornadas agotadoras, salarios usurarios o condiciones de trabajo nocivas para la salud» (art. 28, párrafo 2.º). El Estado proveería, «con el concurso de las clases interesadas, por el seguro o por otros medios, a la conservación de la salud y capacidad de trabajo del obrero manual o intelectual, y a las consecuencias económicas de la enfermedad, la vejez y los accidentes que procedan del riesgo profesional» (art. 28, párrafo 5.º). A su vez, el matrimonio y la familia quedaban bajo la protección del Estado y ordenaba que las leyes debían amparar a la juventud «contra la explotación, la ignorancia y el abandono moral» (art. 24). Además, el artículo 58 extendía a la mujer el derecho de sufragio directo.

Por último, según el artículo 31, los derechos, cuya enumeración era curiosamente más amplia que la de 1876, podían ser limitados o suspendidos temporalmente por el Gobierno en aras del particular concepto primorriverista del interés público.

4.º La oficialidad y estatalidad de la religión católica

El artículo 11 del Anteproyecto prescribía que «la religión Católica, Apostólica, Romana, es la del Estado. La Nación se obliga a mantener el culto y sus ministros», no permitiéndose «otras ceremonias ni manifestaciones públicas que las de la religión del Estado»

B. Los órganos constitucionales

En cuanto a la organización de poderes, el primer punto de obligada referencia es el principio constitucional de «diferenciación y coordinación» de los mismos (art. 6.º). Dicho esto, a continuación, examinaremos brevemente los órganos contemplados en el Anteproyecto.

1) El Rey

El artículo 35 disponía que al comienzo de cada reinado el Monarca debía prestar juramento ante las Cortes de guardar la Constitución y las leyes.

En cuanto a las atribuciones de la Corona, junto a las tradicionales facultades en el orden legislativo (iniciativa compartida con las Cortes, sanción y promulgación de las leyes y exclusividad con el Gobierno para legislar en materia de defensa nacional, política exterior y reforma constitucional) y en el ámbito ejecutivo (potestad de ejecutar las leyes, cuidar que se administre pronta y cumplida justicia, velar por la defensa nacional, asegurar la continuidad de la política exterior en las relaciones diplomáticas y comerciales con las demás Potencias y de la política interior en los asuntos económicos y sociales y mantener la unidad y soberanía del Estado), se le reconocía al Rey una función moderadora, en cuya virtud ejercía las prerrogativas que requiriese el mantenimiento de la independencia y armonía de todos los poderes.

2) La Regencia

En lo tocante a este órgano, el Anteproyecto, aun manteniendo en líneas generales el modelo de Regencia legítima, es en muchos aspectos ciertamente original. Así, en el supuesto de Regencia por minoría del Rey señala que el padre o madre, abuelo o abuela (lo que no se había previsto nunca en ninguna de nuestras Constituciones), y, en defecto de todos ellos el heredero de la Corona, según el orden establecido en el documento constitucional, entren a ejercer la Regencia, siempre y cuando unos y otros permanezcan viudos y el heredero haya cumplido veinte años (art. 37).

En los casos de ausencia de Rey o de incapacidad física para el ejercicio de sus funciones, aquel «podrá», oído el Consejo del Reino, designar a una o varias personas, de entre las que el Anteproyecto llama al desempeño de la Regencia, para que ejerzan temporalmente las mismas (art. 38). De igual modo, si la incapacidad procede de una enfermedad que no permita al Monarca la designación a que nos hemos referido, ésta podrá realizarse por el Gobierno, oído también el Consejo del Reino (art. 38).

Adicionalmente, el Anteproyecto, al igual que lo hicieran las Constituciones de 1845 y 1876, dejaba abierta la posibilidad de llegar a una Regencia electiva en el supuesto de que ésta no se pudiese cubrir con las personas destinadas para ello (art. 40); lo que era improbable que sucediera.

3) Las Cortes

A diferencia de las Cortes de la Restauración, el texto establecía un Parlamento unicameral (art. 54), pero en el que los diputados ostentasen dos tipos de representatividad distinta. Por una parte, habría diputados con una representatividad política, elegidos por sufragio universal directo; por otra, existirían diputados dotados de una representatividad especial, nombrados por el Rey y por los Colegios profesionales. Frente a la representación general y abstracta del liberalismo, el nuevo parlamentarismo se basaría en una Asamblea con una representación parcialmente orgánica, en la que estarían presentes diversas asociaciones y corporaciones.

El número total de diputados era de 412, seleccionados a través de tres procedimientos distintos: a) La mitad de los miembros serían elegidos por sufragio universal directo (incluidas las mujeres), por provincias (a razón de uno por cada cien mil almas) y en Colegio nacional único. b) Treinta diputados serían de nombramiento real y condición vitalicia. c) Los demás serían elegidos en Colegios especiales de profesiones o clases (art. 58).

El Anteproyecto, reflexiona TOMÁS VILLARROYA, procuraba establecer una cierta separación entre el Gobierno y las Cortes que favoreciese la estabilidad del primero: de una parte, declaraba la incompatibilidad entre el cargo de ministro y la condición de diputado; y de otra, prescribía que las Cortes no podían adoptar acuerdos que significasen confianza o censura respecto al Ejecutivo.

Las Cortes debían reunirse una vez al año y por un período mínimo de cuatro meses (art. 59); con ello se quería evitar los largos y abusivos interregnos parlamentarios que se habían producido bajo la vigencia del texto de 1876. Su mandato duraba cinco años.

Aparte de las funciones legislativas, correspondía a las Cortes el examen de los Presupuestos y cuentas del Estado, la declaración de guerra, la ratificación de los tratados y concordatos y la fijación de las bases para la organización de los distintos poderes estatales. La Cámara, a su vez, elaboraba sus reglamentos de régimen interior y tenía facultades para nombrar al Presidente, Vicepresidente y secretarios de la misma (art. 61).

La forma de organizar el Parlamento propuesta en el Proyecto de 1929 no era sino la plasmación del programa político de la Unión Patriótica. Todo ello con el objeto de construir una Cortes totalmente renovadas que no contuvieran resquicio de los vicios del parlamentarismo de la Restauración. Dicho de otro modo: una Asamblea nueva, que no fuese el simple foro del enfrentamiento partidista; un hemiciclo sin extremismos, formada por una clase política remozada que se sujetaría a una ideología común, y no al imperativo de la disciplina de partido.

4) El Gobierno

El Título VII del Anteproyecto (arts. 68 a 74) estaba dedicado al Poder Ejecutivo, cuya titularidad, pese al reconocimiento del Consejo de Ministros, correspondía al Monarca; de sus actos respondían los ministros responsables a través del refrendo.

El artículo 71 contemplaba una serie de supuestos en los que era preceptiva la intervención del Consejo de Ministros; de entre ellos podemos destacar los que siguen:

1. Convocatoria y disolución de las Cortes, suspensión y clausura de las sesiones.
2. Acuerdos relativos a altos nombramientos.
3. Expedientes de naturalización y de indulto.
4. Resolución de conflictos entre los distintos Departamentos, sobre materia común a varios de ellos.
5. Conflictos graves de orden público y de política exterior.
6. Aprobación de reglamentos generales y de presupuestos y proyectos de ley que hayan de presentarse a las Cortes.
7. Cualesquiera otros que la Constitución y las leyes les encomienden.

5) El Consejo del Reino

Este órgano, sin precedentes en el constitucionalismo español, tenía por misión principal asesorar al Rey y al Gobierno en los asuntos de gran trascendencia política y administrativa.

Formaban parte del Consejo del Reino 36 miembros, la mitad no electivos y la otra mitad electivos. De los 18 consejeros natos, nueve lo eran por derecho propio (el Arzobispo de Toledo, el Capitán General del Ejército de Tierra y el de la Armada, los Presidentes del Consejo de Estado, Tribunal Supremo de Justicia, Tribunal Supremo de la Hacienda Pública, Consejo Supremo del Ejército y Marina, el Fiscal Supremo de Justicia y el Decano Presidente de la Diputación Permanente de la Grandeza), y los nueve restantes eran designados por el Rey entre personas de diferentes categorías. De los 18 electivos, una tercera parte era elegida en Colegio nacional único, y las otras dos terceras partes en Colegios especiales profesionales o de clase.

Sus atribuciones, muy amplias, podían agruparse en estos tres bloques:

a) Potestades de gobierno: ser oído en la designación de Regente temporal, en los casos de disolución anticipada de las Cortes, en el nombramiento de los Jefes de Gobierno y en la adopción de facultades extraordinarias por parte del Gabinete (cuando se suscitaren dudas en orden a la sucesión de la Corona, antes de declarar la guerra o firmar la paz, antes de suscribir determinados tratados internacionales, etc.) (art. 50).

b) Potestades judiciales: resolver las competencias y recursos de queja entre los representantes del órgano ejecutivo y los del judicial; conocer de los recursos por inconstitucionalidad o ilegalidad de las leyes y de las disposiciones de carácter general; juzgar a los ministros de la Corona, Consejeros del Reino y magistrados del Tribunal Supremo; resolver sobre la validez de la elección de los diputados (art. 47).

c) Potestades legislativas: el Consejo dispone de un veto devolutivo sobre las leyes; interviene en la tramitación de los Decretos-leyes (arts. 52 y 53).

En definitiva, anota García Canales, estamos ante un órgano colegiado para la asistencia al Rey de una Monarquía constitucional (limitada).

6) El Poder Judicial

El Anteproyecto dedicaba el Título X (arts. 93 a 101) al Poder Judicial. Tras reconocer su independencia con respecto a los otros poderes, el artículo 93 señalaba que «compete exclusivamente a tribunales y juzgados la potestad de aplicar las leyes y disposiciones de carácter general en los juicios civiles, criminales, contencioso-administrativos y cualesquiera que les encomienden las leyes». Se determinaba la existencia de un único fuero para todos los ciudadanos (art. 94) y se regulaba la justicia gratuita para los que fuesen declarados pobres en los juicios civiles (art. 95).

El Poder Judicial era el responsable de ejercer el control sobre los funcionarios de justicia, velando por el cumplimiento de sus atribuciones (art. 97). Los jueces y magistrados serían responsables de las infracciones cometidas (art. 100) y se creaba un Ministerio Fiscal como órgano de comunicación entre el Poder Ejecutivo y el Judicial (art. 101),

7) La Administración local

Una de las primeras medidas de Primo de Rivera en el ámbito local consistió en el cese de todas las antiguas autoridades locales que fueron sustituidas por los denominados «Vocales asociados», compuestos en su mayor parte por las fuerzas vivas de las distintas localidades del país. El vacío legal creado fue cubierto por los Estatutos Municipal y Provincial de Calvo Sotelo. El primero parte de la consideración del municipio como entidad natural, subrayando que «no es hijo del legislador», sino un «hecho social de convivencia, anterior al Estado, y anterior también, y además superior a la Ley». Se reconocía la «plena personalidad de las entidades municipales» y, consecuentemente, «su capacidad jurídica integral», lo que posibilitaba la adopción de un Reglamento de funcionamiento municipal.

El Estatuto Provincial de 1925 superó la antigua concepción de la provincia como simple circunscripción del Estado, convirtiéndola en entidad local con fines específicos y propios. La Presidencia de la Diputación se desvinculó de la figura del Gobernador Civil y se atribuía a la provincia-entidad local competencias propias. En su articulado se recogían por vez primera «obligaciones mínimas» en materia de sanidad y beneficencia. No obstante, la configuración de la provincia no va tan lejos como la del municipio, del que se hace depender su organización.

El Anteproyecto de 1929 reconocía a los municipios la posibilidad de mancomunarse, con el objetivo de llegar a conseguir unos intereses que les sean comunes, siempre que sus territorios colinden (art. 89), opción que también se daba a las Diputaciones Provinciales (art. 90).

Tanto Diputaciones como Ayuntamientos tendrían que atenerse a una serie de normas generales señaladas en el artículo 92 que, entre otras, eran las siguientes: mantenimiento de la soberanía del Estado y publicación de los Presupuestos y cuentas municipales. El Poder Ejecutivo, conforme el citado precepto, tenía la facultad de suspender los acuerdos de los entes locales que se extralimitaran en sus atribuciones, correspondiendo a los tribunales la corrección de las lesiones de derechos que pudieran producirse.

C. Significado y valoración

La publicación del Anteproyecto se producía en un mal momento para el régimen. La agitación universitaria, las rebeliones de Valencia y Ciudad Real, la agudización del conflicto artillero, la crisis de la peseta, el creciente descontento de amplios grupos sociales eran las manifestaciones de la crisis. En esta situación, y sin censura de prensa, el rechazo del proyecto de reforma fue casi unánime. Maura cree que Primo de Rivera pensó que el Anteproyecto solucionaría milagrosamente los problemas de la Dictadura, como el «toque de trigémino» del doctor Asuero que hacía furor aquellos días.

Sobre este Anteproyecto se han vertido opiniones muy distintas y contrapuestas, casi todas negativas. Lo cierto es que provocó un rechazo casi general. Calero Amor, por su parte, destaca que el documento no gustó ni convenció a casi nadie: al sector más politizado de la opinión pública porque era escasamente democrático; al Dictador porque otorgaba demasiados poderes al Monarca y al Consejo del Reino; al Rey, porque este último limitaba considerablemente su campo de actuación.

Frente a él, los conservadores y los liberales moderados defienden la permanencia de la Constitución de 1876, argumentando que el Anteproyecto rompe el equilibrio Rey-pueblo, abriendo un peligroso proceso constituyente en el que todo, incluso la Monarquía o la libertad de cultos, podría cuestionarse, volviéndose a las luchas constitucionales del siglo XIX. Al mismo tiempo, la izquierda liberal y democrática, monárquica o republicana, rechazaba, junto al Anteproyecto, la Constitución de 1976, pidiendo su reforma democrática en Cortes Constituyentes. Los sectores más moderados de esta tendencia, como los liberales Royo Villanova o Elorrieta, moderaban sus críticas al texto canovista aduciendo que desde Sagasta estaba evolucionando hacia la democracia, con lo que bastaba una pequeña reforma, similar a la proyectada por la Asamblea de Parlamentarios de 1917. Por su parte, el diario «El socialista» decía que el Anteproyecto, al cerrar todos los caminos al pueblo, le obligaría a luchar por su soberanía.

Todas estas voces denunciaban en el Anteproyecto la anulación de la soberanía nacional o de la cosoberanía del pueblo. En este sentido, algunos lo denominaban Carta otorgada, similar a la Constitución de Bayona o al Estatuto Real de 1834 (Arias de Velasco, Gómez Baquero o González de Enterríos). Otros, entre los que destacan Zulueta y Andrade, lo veían emanación de la Dictadura, para perpetuarse sobre otras bases. No faltó tampoco quien resaltó su carácter retrógrado, impropio de pueblos cultos y civilizados y opuesto a los aires democráticos de las Constituciones de la posguerra (Domingo y Sánchez Rivera).

La inmensa mayoría de las opiniones que se vierten en la prensa de esos días tachan abiertamente al Anteproyecto de absolutista. Para argumentar esta opinión acuden a tres aspectos fundamentales del texto, sobre los que se explayan en múltiples editoriales, artículos y opiniones: la negación de la soberanía nacional, el recorte de las garantías de los derechos y la anulación de la voluntad popular debido a la composición de las Cortes y a la considerable merma de sus atribuciones y competencias, que no cesan de enumerar, dando como resultado la pérdida de su carácter soberano o cosoberano. La soberanía queda en el Rey y en su Gobierno, irresponsable como él.

Para MONTERO el texto no tiene un interés ideológico definido, en el sentido de que no representa una versión española del fascismo, ni siquiera las ideas políticas del dictador. Gabriel Maura, sin embargo, veía en él la posibilidad de volver a la normalidad, siempre y cuando el texto fuere sometido a una Asamblea electiva. El rápido fracaso del Anteproyecto ante la opinión, que concentró a todas las oposiciones, cada vez más crecidas, condujo al régimen a un callejón sin salida.

VIII. LA CAÍDA DE LA MONARQUÍA

Aceptada la dimisión de Primo de Rivera, Alfonso XIII encargó al general Berenguer, jefe de su Cuarto Militar, la formación de un Gobierno con la misión expresa de restablecer la Constitución de 1876 y convocar elecciones libres. El nuevo Ministerio, formado íntegramente por conservadores (Estrada, el duque de Alba, Argüelles, Wais, Matos, Sangro, el contraalmirante Carvia y el general Marzo) adoptó una serie de medidas de carácter aperturista: reintegración en sus puestos docentes de los profesores y catedráticos expulsados durante la Dictadura, legalización de la FUE concesión de una amplia amnistía, restablecimiento en sus derechos de la Junta Directiva del Ateneo madrileño, disolución de la Asamblea Nacional, constitución de Ayuntamientos y Diputaciones elegidos democráticamente...

Pero la lentitud que imprimió el Ejecutivo a su acción política fue perjudicial para su intento de volver a la normalidad. Como señala CARR, el transcurso de más de un año antes de la convocatoria de Cortes invalidaría de raíz cualquier posibilidad de éxito de la «solución Berenguer». Es posible que si hubiera tenido más decisión y rapidez en su gestión habría podido evitar el abandono de la Monarquía por parte de significados hombres de la derecha liberal (Miguel Maura, Alcalá-Zamora, Sánchez Guerra, Ossorio y Gallardo). A estas fugas se unieron en la primavera de 1930, los ataques de personalidades antidinásticas como Prieto y Unamuno, que vinculaban públicamente al Rey con el sostenimiento de la Dictadura y con las corruptelas que había generado. Ello y la aparición de numerosos partidos republicanos, así como la intensificación de actividades de los ya existentes, hizo que poco a poco el Gabinete se desplazara hacia una posición de defensa de la Corona, utilizando a veces métodos autoritarios, entre los que destaca la abolición durante largos períodos de los derechos fundamentales, lo que le valió el calificativo de «Dictablanda».

En un intento de reinstaurar, apoyado en dos hombres de talla (el catalanista conservador Cambó y el liberal Santiago Alba), un turno bipartidista, semejante al que diera equilibrio a los primeros años de la Restauración, el Monarca ofreció al dirigente liberal en una entrevista celebrada en su exilio parisino en el mes de junio de 1930 la Presidencia del Consejo de Ministros; lejos de comprometerse, el político zamorano rechazó la oferta.

Entre tanto las huelgas obreras y estudiantiles se sucedían sin cesar en todo el país: A ello se sumó la crisis económica, que se tradujo en el crecimiento del paro, especialmente en Cataluña y Andalucía, y la depreciación de la peseta.

Las fuerzas republicanas que venían conspirando activamente, conscientes de coordinar sus esfuerzos, iban a llegar a un acuerdo en pro de «conseguir la instauración y consolidación de la república en España». El conjunto de iniciativas culminó con el acuerdo conocido como Pacto de San Sebastián, logrado el 17 de agosto de 1930. Ese día se reunieron en el Circulo Republicano de la ciudad donostiarra, bajo la presidencia de Sasiaín, Azaña (Acción Republicana), Lerroux (Alianza Republicana), Domingo, Albornoz y Galarza (Partido Radical Socialista), Alcalá Zamora y Maura (Derecha Liberal Republicana), Casares Quiroga (Organización Republicana Gallega Autónoma), Carrasco Formiguera (Acción Catalana), Mallol (Acción Republicana de Cataluña) y Aiguader (*Estat Catalá*). Los socialistas Prieto y De los Ríos asistieron a título particular y Ortega y Gasset y Sánchez Román en calidad de invitados. Los asistentes acordaron la creación de un Comité Ejecutivo, presidido por Alcalá Zamora y dedicado a coordinar un movimiento revolucionario.

Formaban parte del mismo Maura, Prieto, De los Ríos, Domingo, Albornoz y Azaña, miembros más tarde del primer Gabinete republicano.

En la capital guipuzcoana —curiosamente— no se redactó ningún documento escrito en que quedara reflejada una coincidencia o un programa. Según MAURA, así fue porque se trató de un «pacto entre caballeros», que después sería minuciosamente cumplido. Entre los acuerdos alcanzados figuraban los siguientes:

- Establecer una República, incluso por la fuerza si fuere preciso.
- Garantizar la libertad religiosa y política.
- Convocar elecciones a Cortes Constituyentes.
- Reconocer a las regiones históricas su autonomía, cuyos Estatutos deberían ser aprobados por las Cortes.

El acuerdo con los socialistas se hizo esperar. Por fin, en octubre, las directivas del PSOE y de la UGT se comprometieron con el movimiento conspirador para la instauración del régimen republicano. Un mes más tarde lo hacía la CNT.

El 15 de noviembre el diario «El Sol» publicaba un artículo —«el error Berenguer»— firmado por Ortega y Gasset, que alcanzaría una gran repercusión popular. Sus palabras finales eran una declaración abierta contra el sistema: «¡Españoles: vuestro Estado no existe! ¡Reconstruidlo!... *¡Delenda est Monarchia!*».

En octubre de 1930, el Comité Revolucionario se convirtió en Gobierno Provisional de la República, comenzando a preparar un alzamiento general republicano, que quedó fijado para el 15 de diciembre. Sin embargo, la falta de organización y coordinación, llevaron a los capitanes Galán y García Hernández a sublevarse en Jaca tres días antes de lo previsto, siendo derrotados por las tropas gubernamentales y ejecutados tras un consejo de guerra; la liturgia republicana tenía ya sus mártires. En Madrid, las autoridades detuvieron a los dirigentes del Comité y abortaron una nueva intentona golpista, dirigida por el general Queipo de Llano y el comandante Ramón Franco, en el aeródromo de Cuatro Vientos (15 de diciembre).

El 10 de febrero de 1931, Ortega y Gasset, Marañón y Pérez de Ayala, fundaban, mediante un sonoro Manifiesto, la «Agrupación al Servicio de la República», que no era propiamente un partido, sino una asociación de intelectuales reclamados por la urgente necesidad de organizar una «formidable presión de la opinión pública... cuyos esfuerzos atenderán a unificar a todos los españoles de oficio intelectual para que formen un copioso contingente de propagandistas y defensores de la República española».

En este clima de malestar general, el Gobierno se reafirmó en su propósito de convocar elecciones, que quedaron fijadas para el día 1.º de marzo (Decreto de 8 de febrero de 1931). Los primeros en declarar su abstención fueron los «constitucionalistas» (Sánchez Guerra, Álvarez, Bergamín, Burgos Mazo, Villanueva), el 29 de enero. El 30 adoptaron idéntico acuerdo los republicanos, seguidos el día 3 de febrero por los socialistas. Poco después, a través de un comunicado, Romanones y García Prieto exigían Cortes Constituyentes como condición para participar en el proceso electoral. Y a la vez, Cambó aconsejaba al Rey la anulación de los comicios y la formación de un Ministerio de concentración presidido por Alba. La dimisión de Berenguer no tardaría en llegar (14 de febrero de 1931); al mismo tiempo quedaba suspendida la convocatoria a Cortes.

Tras las sucesivas negativas de Alba, Sánchez Guerra y Álvarez, el Monarca encargó el que había de ser su último Gobierno al almirante Aznar, figura anodina de quien MAURA y FERNÁNDEZ ALMAGRO dijeron que «llegaba geográficamente de Cartagena y políticamente de la luna». La principal figura del Ejecutivo, conformado el 18 de febrero de 1931, su auténtico inspirador, era el conde de Romanones, junto al que ocupaban carteras personajes como García Prieto, Bugallal, De la Cierva, Gascón y Marín, Ventosa y Berenguer. Hombres, en suma, matiza TUÑÓN DE LARA, de la oligarquía de un lado, y de la más rancia y antigua nobleza, del otro.

Como refiere GIL PECHARROMÁN, el Gobierno concentraba en sus miembros todos los vicios de la vieja política y su formación no contribuyó precisamente a acrecentar la popularidad de la Monarquía.

El Consejo de Ministros, en su declaración del día siguiente, anunciaba su decisión de convocar tres elecciones sucesivas, primero municipales, luego provinciales, finalmente generales con carácter constituyente. Un Decreto de 16 de marzo fijaba para el día 12 de abril las elecciones a concejales. El juicio por los sucesos de Jaca (13 de marzo) y la vista de la causa en el Tribunal Supremo contra los integrantes del Gobierno Provisional (20 de marzo) se convirtieron en auténticos reclamos republicanos.

Conforme a lo previsto, el 12 de abril de 1931 tenía lugar la celebración de las elecciones municipales en toda España. Estos comicios —en los que la participación superó el 67 por ciento de los electores— se convirtieron, desde primera hora, en un plebiscito sobre la forma de gobierno. Lo que se votaban no eran concejales sino la opción entre Monarquía y República. En el fondo, admiten MAURA y FERNÁNDEZ ALMAGRO, sólo había dos papeletas: la ministerial, que quería decir Alfonso XIII, sí, y la de la oposición, que significaba tanto como Alfonso XIII, no.

Los resultados dieron, en todo caso, el triunfo moral a las candidaturas republicanas, aunque no el numérico: de los 81.099 concejales a elegir —según el cálculo de MARTÍNEZ CUADRADO—, 39.248 (67 comunistas, 4.813 socialistas y 34.368 republicanos) fueron antimonárquicos, frente a 41.224 monárquicos; si bien muchos de estos habían sido proclamados por el artículo 29 de la Ley de 1907, que evitaba la votación donde únicamente hubiera una candidatura. El voto urbano, el más difícil de manipular, era republicano, lo que hará que sus candidatos triunfen en 41 de las 50 capitales de provincias y en otras grandes poblaciones. Fue, precisa TORRES DEL MORAL, el voto de los profesionales, de las clases medias urbanas y del proletariado industrial el eje decisorio del cambio de régimen.

En la noche del mismo día 12, el ministro de la Guerra, general Berenguer, cursaba un telegrama a los jefes militares, recomendando que respetaran «los destinos de la Patria... y la suprema voluntad nacional». El Rey, en vano, tratará, de formar un Gobierno presidido por Melquiades Álvarez. A fin de evitar males mayores, el Consejo de Ministros, por iniciativa de Romanones, acordaba en la tarde del día 13, un traspaso ordenado de poderes al Gobierno Provisional de la República. La muchedumbre, mientras tanto, en la calle festejaba la llegada del nuevo régimen. La negativa del Director General de la Guardia Civil, general Sanjurjo, a reprimir las manifestaciones, precipitó los acontecimientos.

En las primeras horas de la mañana del 14 de abril se proclamaba la República en la localidad vasca de Eibar. Al mediodía, en Barcelona, Companys y Maciá proclamaban la «República catalana» y poco más tarde la bandera tricolor ondeaba en numerosos Ayuntamientos de España. A las ocho y media de la noche, Alcalá-Zamora, desde el balcón central del Ministerio de la Gobernación en la madrileña Puerta del Sol, saludaba a los españoles en nombre del Gobierno Provisional. Quince minutos después, tras dirigir un Mensaje al país en que afirmaba que «las elecciones del domingo me revelan claramente que no tengo hoy el amor de mi pueblo», Alfonso XIII salía de Palacio por la puerta del Campo del Moro rumbo a Cartagena y de allí a Marsella (al destierro).

Como ha remarcado ORTEGA Y GASSET, la República advino con la sencillez y plenitud con que se producen los fenómenos biológicos, nadie la trajo; a ello colaboraron todos los españoles, incluidos los monárquicos, que se quedaron paralizados por el convencimiento de que la Monarquía carecía ya de justificación. España —revelará el almirante Aznar— se había acostado monárquica y se despertaba republicana.

IX. BIBLIOGRAFÍA

ÁLVAREZ CONDE, E.: «La Constitución española de 1876», en *Revista de Estudios Políticos, nueva época*, n.º 3, 1978, págs. 79-100.

Anales de la Real Academia de Jurisprudencia y Legislación, n.º 4, 1976, monográfico sobre la Constitución de 1876.

ARTOLA, M. y otros: *La España de la Restauración. Política, economía, legislación y cultura*, Siglo XXI, Madrid, 1985.

AURELL I CARDONA, J.: «La regencia de María Cristina (1885-1902)», en *Historia de España contemporánea*, Sello Editorial, Madrid, 2009, págs. 433-457.

BENOIST, CH.: *Cánovas del Castillo, la Restauración renovadora*, Ed. Literarias, Madrid, 1931.

BEN-AMI, S.: *La dictadura de Primo de Rivera, 1923-1930*, Planeta, Barcelona, 1984.

BERENGUER, D.: *De la Dictadura a la República Las memorias de un militar*, 2.ª ed., Tebas, Madrid, 1975.

BERGARECHE GROS, A.: *El concepto de Constitución interna en el constitucionalismo de la Restauración española*, 1.ª ed., 1.ª imp., Centro de Estudios Políticos y Constitucionales, Madrid, 2002.

CARR, R.: *España: de la Restauración a la democracia, 1875-1980*, Ariel, Barcelona, 1983.

CHEYNE, J. G.: *Joaquín Costa, el gran desconocido*, Ariel, Madrid, 1971.

COMELLAS. J. L.: «El sistema político de Cánovas», en *Revista de Estudios Políticos*, n.º 122, 1960, págs. 105-112.

Cánovas, Cid, Madrid, 1965.

COMELLAS, J. L. y **CARRILLO-LINARES, A.**: *La Restauración como experiencia histórica*, Universidad de Sevilla, Sevilla, 2018.

Costa, J.: *Oligarquía y caciquismo. Colectivismo agrario y otros escritos*, Alianza, Madrid, 1966.

Cuenca Toribio, J. M. y **Miranda García, S.**: «Sociología ministerial de la Restauración», en *Revista de Estudios Políticos, nueva época*, n.º 78, 1992, págs. 71-104.

Díaz Fernández, P.: «La dictadura de Primo de Rivera. Una oportunidad para la mujer», en *Espacio, tiempo y forma*. Serie V, Historia contemporánea, n.º 17, 2005, págs. 175-190.

Espada Burgos, M.: *Alfonso XII y los orígenes de la Restauración*, CSIC, Madrid, 1975.

Fernández Almagro, M.: *Historia del reinado de don Alfonso XIII*, Montaner y Simón, Barcelona, 1934.

Cánovas. Su vida y su política, Tebas, Madrid, 1972.

Forcadell Álvarez, C. y **Suárez Cortina, M.** (coords.): *La Restauración y la República. 1874-1936*, Marcial Pons, Madrid, 2015.

Fuentes, J. F.: «Clase media y bloque poder en la España de la Restauración», en *Revista de Estudios Políticos, nueva época*, n.º 85, 1994, págs. 121-142.

Gallego, J. A.: *El socialismo durante la Dictadura: 1923-1930*, Tebas, Madrid, 1977.

«El Estado de la Restauración II», en *Revista de Derecho Político*, n.º 8, 1981, págs. 137-168.

García Canales, M.: *El problema constitucional en la Dictadura de Primo de Rivera*, Centro de Estudios Políticos y Constitucionales, Madrid, 1980.

García Delgado, J. L. (ed.): *La España de la Restauración. Política, economía, legislación y cultura*, Siglo XXI, Madrid, 1985.

García Escudero, J. M.: De Cánovas a la República, Rialp, Madrid, 1951.

Gómez Navarro, J. L.: *El régimen de Primo de Rivera. Reyes, dictadores y dictaduras*, Cátedra, Madrid, 1991.

Gómez Ochoa, F.: «Ideología y cultura política en el pensamiento de Antonio Cánovas del Castillo», en *Revista de Estudios Políticos, nueva época*, n.º 108, 2000, págs. 143-166.

González Calleja, E.: *La España de Primo de Rivera: La modernización autoritaria 1923-1930*, Alianza, Madrid, 2005.

González Martínez, C.: «La Dictadura de Primo de Rivera: una propuesta de análisis», en *Anales de Historia Contemporánea*, n.º 16, 2000, págs. 337-408.

LACOMBA, J. A.: *La crisis de 1917,* Ciencia Nueva, Málaga, 1970.

LARIO, A.: «Alfonso XII. El Rey que quiso ser constitucional», en *Ayer*, n.º 52, 2003, págs. 15-38.

LINZ, J. J.: «La Asamblea Nacional del Primo de Rivera», en *Política y sociedad. Estudios en homenaje a Francisco Murillo Ferrol, Centro de Investigaciones Sociológicas y Centro de Estudios Políticos y Constitucionales*, vol. 2, 1987, págs. 559-582.

MARTÍ GILABERT, F.: «La Iglesia y la Dictadura de Primo de Rivera (1923-1929)», en *Anuario de Historia de la Iglesia*, n.º 2, 1993, págs. 151-178.

MARTÍNEZ CUADRADO, M.: *La burguesía conservadora (1874-1931)*, Alianza, Madrid, 1973.

MAURA, M.: *Así cayó Alfonso XIII*, 7.ª ed., Ariel, Barcelona, 1995.

MAURA GAMAZO, G.: *Bosquejo histórico de la Dictadura*, 2 vols., Tip. de Archivos, Madrid, 1930.

MAURA, G. y **FERNÁNDEZ ALMAGRO, M.**: *Por qué cayó Alfonso XIII. Evolución y disolución de los partidos históricos durante su reinado*, Ed. Ambos Mundos, Madrid, 1948.

MAURICE, J. y **SERRANO, C.**: *Joaquín Costa: crisis de la Restauración y populismo (1875-1911)*, Siglo XXI, Madrid, 1977.

MILÁN GARCÍA, J. R.: *Sagasta o el arte de hacer política*, Biblioteca Nueva, Madrid, 2001.

MORODO, R: «La proyección constitucional de la Dictadura: La Asamblea Nacional Consultiva», en *Boletín Informativo de Ciencia Política*, n.ºs 13 y 14, 1973, págs. 83-89.

OLLERO VALLÉS, J. L.: *Sagasta. De conspirador a gobernante*, Marcial Pons-Fundación Práxedes Mateo-Sagasta, Madrid, 2006.

PERFECTO GARCÍA, M. A.: «Regeneracionismo y corporativismo en la Dictadura de Primo de Rivera», en *Las derechas en la España contemporánea*, Anthropos y UNED. Barcelona, 1997, págs. 177-196.

Revista de Derecho Político, n.º 8, 1981, monográfico sobre el sistema político de la Restauración.

ROBLES EGEA, A.: «Formación de la conjunción republicano socialista de 1909», en *Revista de Estudios Políticos, nueva época*, n.º 29, 1982, págs. 145-162.

ROMERO MAURA, J.: «El caciquismo: tentativa de conceptualización», en *Revista de Occidente*, n.º 127, 1973. págs. 15-44.

Sánchez Férriz, R.: «El artículo 11 de la Constitución de 1876», en *Revista de Estudios Políticos, nueva época*, n.º 15, 1980, págs. 119-146.

La Restauración y su Constitución política, Universidad de Valencia, Valencia, 1984.

«Cánovas y la Constitución de 1876», en *Revista de Estudios Políticos, nueva época*, n.º 101, 1998, págs. 9-43.

Seco Serrano, C.: *Alfonso XIII y la crisis de la Restauración*, Ariel, Barcelona, 1969.

Tomás Villarroya, J.: «La reforma del Reglamento del Congreso de los Diputados en 1918», en *Revista del Instituto de Ciencias Sociales*, n.º 21, 1973, págs. 11-59.

Tusell, J.: *La Dictadura de Primo de Rivera y la Segunda República*, Folio, Zaragoza, 2009.

Tusell, J. y **García Queipo de Llano, G.**: «La Dictadura de Primo de Rivera como régimen político. Un intento de interpretación», en *Cuadernos del ICE*, n.º 10, 1979, págs. 37-64.

Alfonso XIII. El Rey polémico, Taurus, Madrid, 2001.

Tusell, J. y **Portero** F. (eds.): Antonio Cánovas y el sistema político de la Restauración, Biblioteca Nueva, Madrid, 1998.

Ull Pont, E.: «El sufragio censitario de la Restauración», en *Revista de la Facultad de Derecho de la Universidad Complutense*, n.º 44, 1972, págs. 125-169.

Varela Ortega, J.: *Los amigos políticos: partidos, elecciones y caciquismo en la Restauración (1875-1900)*, Marcial Pons, Madrid, 2001.

Varela Suanzes-Carpegna, J.: *La Constitución de 1876*, Iustel, Madrid, 2009.

Yllán Calderón, E.: *Cánovas del Castillo. Entre la Historia y la Política*, Centro de Estudios Constitucionales, Madrid, 1985.

CAPÍTULO SEXTO

LA SEGUNDA REPÚBLICA

SUMARIO:

I. Los primeros pasos del Gobierno Provisional.

II. La Ley de Defensa de la República.

III. El proceso constituyente.

IV. La Constitución de 1931: Naturaleza. - Principios políticos. - Los órganos constitucionales. - Significado y aplicación de la Constitución.

V. Los distintos períodos del régimen republicano.

VI. Bibliografía.

I. LOS PRIMEROS PASOS DEL GOBIERNO PROVISIONAL

El 14 de abril de 1931 supuso un cambio sustancial en la vida política del país. La llegada de la República no sólo representó el relevo de la clase dirigente, sino la sustitución de muchas de las instituciones vigentes con la Monarquía. La transición hacia una normalidad constitucional acorde con los principios democráticos que inspiraban el nuevo régimen implicaba necesariamente levantar en muy poco tiempo un entramado legal y organizativo capaz de viabilizar el proyecto republicano. A tal efecto, en la noche del mismo 14 de abril, el Comité Revolucionario promulgó un Decreto designando a Alcalá-Zamora Presidente del Gobierno Provisional de la República, cargo que llevaba aneja la Jefatura del Estado. A la mañana siguiente la *Gaceta* oficial publicaba la lista de altos cargos, el texto del Estatuto Jurídico por el que se regiría el Ejecutivo hasta la entrada en vigor de la Constitución, así como la concesión de una amplia amnistía.

Integraban el primer Gabinete republicano las siguientes personas: Presidente, Alcalá-Zamora (Derecha Liberal Republicana); Estado, Lerroux (radical); Gobernación, Maura (Derecha Liberal Republicana); Hacienda, Prieto (socialista); Justicia, De los Ríos (socialista); Guerra, Azaña (Acción Republicana); Marina, Casares Quiroga (ORGA); Fomento, Albornoz (radical-socialista); Economía, D'Olwer (*Partit Republicano Catalá*); Trabajo, Largo Caballero (socialista); Instrucción Pública, Domingo (radical socialista); Comunicaciones, Martínez Barrio (radical).

Fundamentalmente, afirma Tuñón de Lara, se trataba de un Gobierno de intelectuales emanados de medios de la pequeña burguesía, con tres representantes de un partido obrero (y una central sindical) que representaba aproximadamente a la mitad o un poco más de los trabajadores afiliados a organizaciones de clase.

La primera preocupación del Gobierno Provisional fue establecer las bases jurídicas a las que debería someter su actuación futura; para ello se autolimitó normativamente mediante un Estatuto Jurídico, destinado a garantizar el Estado de Derecho y la puesta en marcha de las instituciones democráticas de la República. Cambiar por completo las estructuras del país no era tarea fácil ni tampoco puede asegurarse que lo desearan los gobernantes republicanos. Como ha escrito Maura, el camino escogido había sido el de «respetar las bases del Estado monárquico, su estructura tradicional y acometer, paulatinamente, las necesarias reformas para obtener una democratización de los resortes de la Administración estatal». En realidad, los hombres del Gobierno Provisional no escogieron el camino reformista por capricho; si hubieran anunciado su voluntad de protagonizar una auténtica revolución, las fuerzas que componían el bloque dominante, a pesar de que la Monarquía carecía de salidas políticas, habría escogido la vía desesperada del aplastamiento. Sobraban generales para ello.

Para Robinson, el texto del Estatuto Jurídico resumía las condiciones mínimas de la conjunción republicano-socialista; reflejaba los puntos de vista, bastante vagos, de radicales y derechistas liberales y proclamaba la instauración de un Estado sobre la base de un complejo de normas válidas hasta tanto las Cortes que con carácter de Constituyentes debían elegirse, no aprobaran una nueva Constitución. Un documento, pues, moderado de tono y de contenido, en cierto modo continuista, pero que dejaba entreabiertas las puertas a futuras y profundas reformas.

En síntesis, el Estatuto establecía en sus seis artículos los siguientes principios:

a) Sometimiento de la actuación colegiada e individual del Gobierno a la sanción de las Cortes Constituyentes.

b) Depuración de responsabilidades por el ejercicio del Poder no sometido a normas constitucionales (desde 1923).

c) Reconocimiento de las libertades de creencias y cultos, lo que implicaba el carácter aconfesional del Estado.

d) Consagración de los derechos individuales (al menos de los plasmados en anteriores Constituciones), sindicales y corporativos, «base del nuevo Derecho Social».

e) Garantía de la propiedad privada y revisión del Derecho agrario.

f) Posibilidad de someter temporalmente las libertades ciudadanas a un régimen de fiscalización gubernativa.

En apenas tres meses, el Gobierno Provisional promulgó una serie de Decretos de notoria importancia y amplia repercusión. Varias materias fundamentales fueron objeto de estas medidas, entre ellas el trabajo en el campo, el Ejército, la educación y la modificación de la normativa electoral.

Largo Caballero, al frente del Ministerio de Trabajo, trató de mejorar las condiciones laborales del campesinado, especialmente en las zonas latifundistas. Sus disposiciones establecían la obligatoriedad para los patrones agrícolas de emplear preferentemente los braceros vecinos del municipio (Decreto de Términos Municipales); prohibían desahuciar a los pequeños arrendatarios de fincas, en espera de la reforma agraria; ampliaban al campo los efectos de la Ley de Accidentes de Trabajo; fijaban la jornada laboral en ocho horas; obligaba a los propietarios a cultivar sus tierras «según los usos y costumbres de la región» (Decreto de Laboreo Forzoso); y extendían a la economía agraria el sistema de Jurados Mixtos de arbitraje en asuntos laborales.

Estas medidas, del más tímido reformismo, representaron, en palabras de MALEFAKIS, una revolución sin precedentes para la vida rural española, algo que para un patrono del campo podía asemejarse al apocalipsis.

Los Decretos de Azaña crearon, a su vez, profundo malestar en las Fuerzas Armadas. El titular del Ministerio de la Guerra traía el doble propósito de modificar el Ejército, para que sirviera eficazmente a sus fines —la defensa de la soberanía nacional— y para que quedara inutilizado como fuente de pronunciamientos militares y de envilecimiento de la vida política. Puesto a ello, exigió a todos sus miembros un juramento de fidelidad a las instituciones republicanas (Decreto de 23 de abril) o el pase a la reserva, caso de negarse, con los haberes íntegros correspondientes al grado que tuvieran al día de su cese (Decreto de 25 de abril). Acogiéndose a estas disposiciones abandonaron el servicio activo cerca de 10.000 jefes y oficiales.

Otros Decretos derogaron la Ley de Jurisdicciones de 1906, anularon los ascensos por elección o por méritos de campaña durante la Dictadura, suprimieron las Capitanías Generales transformándolas en Divisiones Orgánicas, así como el Consejo Supremo de Guerra y Marina y la Academia General Militar de Zaragoza, dirigida por el general Franco.

En la obra del Ministerio —dirá más tarde el propio Azaña— «no se ha buscado más que dotar a la República de una política militar, que no existía en nuestro país desde finales del siglo XVIII. Para ello había que deshacer lo antiguo, suprimir lo sobrante, transformar el presupuesto y además abrir los caminos para el porvenir».

En Instrucción Pública, Domingo acordó una serie de medidas destinadas a reforzar la presencia y el control del Estado en un sector como el educativo, dominado hasta entonces por la Iglesia; de entre ellas podemos destacar las que siguen: creación de 6.570 escuelas y 7.000 puestos de maestros, cuyos sueldos se aumentaron considerablemente; creación del Patronato de Misiones Pedagógicas (Decreto de 29 de mayo), destinado a extender la cultura entre la población rural; reorganización de la enseñanza del Magisterio; supresión de la obligatoriedad de la formación religiosa en las escuelas.

Más adelante, un Decreto de 8 de mayo de 1931, firmado por Maura, modificaba la Ley Electoral de 1907 «al sólo efecto —según refería el artículo 1.º— de la elección para Cortes Constituyentes».

La revisión consistió fundamentalmente en rebajar la mayoría de edad electoral de veinticinco a veintitrés años (aunque el sufragio activo femenino se pospuso a la decisión de las Constituyentes), reputar elegibles a las mujeres y a los sacerdotes y fijar la circunscripción provincial, salvo las ciudades con más de 100.000 habitantes, que tendrían su distrito propio. Habría un diputado por cada 50.000 habitantes o fracción superior a 30.000. Un mecanismo compensatorio sólo permitiría a los electores votar el ochenta por ciento de los puestos, a fin de que los restantes fuesen para las listas minoritarias. Para ser elegido diputado era preciso haber obtenido al menos el veinte por ciento de los sufragios emitidos. Si ninguna candidatura obtenía ese porcentaje, se procedía a una segunda vuelta, en la que sólo era necesario obtener la mayoría relativa de votos. Con tales disposiciones se pretendía fortalecer los partidos grandes y reducir los pequeños, forzándolos a coaligarse, aunque en la práctica resultó muy difícil alcanzar ese veinte por ciento y la mayor parte de los partidos se vieron obligados a concurrir a la segunda vuelta para obtener un escaño o incluso a una tercera, puesto que el decreto electoral permitía que un candidato se presentase por diferentes circunscripciones y optar por una de ellas cuando fuese elegido en varias, con lo que el acta vacante se cubría mediante nueva votación.

Por otra parte, se eliminaba el artículo 29 de la Ley de 1907 (proclamación automática del candidato cuando este fuera único) y se exigió para ser proclamado electo un número no inferior al veinte por ciento de los votos emitidos en la circunscripción. En aquellas demarcaciones en que no se alcanzase el mínimo exigido, habría segunda vuelta.

El sistema electoral, mayoritario con sufragio restringido, favorecía la polarización electoral en beneficio de los partidos de masas y de las grandes coaliciones, buscando la formación de Gabinetes con amplio respaldo parlamentario. La nueva reglamentación representaba un serio golpe para el caciquismo al eliminar los pequeños distritos y garantizaba como nunca antes la veracidad del proceso electoral.

En cuanto a Cataluña, un Decreto de 21 de abril legalizaba el Gobierno de la *Generalitat* encargado de proponer el régimen de autonomía. Se encauzaba así la situación equívoca provocada por Maciá el mismo 14 de abril al proclamar la República catalana como Estado integrante de la Federación Ibérica, lo que hizo despertar el temor sobre la unidad de España.

En Euskadi, el 14 de junio se reunían en Estella 480 representantes de los municipios (incluyendo Navarra), de un total de 520, y aprobaron un Proyecto de Estatuto General del Estado Vasco «que sería autónomo dentro de la totalidad del Estado español», pero reservándose la función de relaciones entre Iglesia y Estado. Esta postura agravó la desconfianza gubernamental por su acercamiento a los carlistas, de quienes se sabía que preparaban un golpe de fuerza reaccionario.

La tensión social no tardó en manifestarse. Sus puntos más álgidos fueron aquellos en los que había mayor influencia anarquista y comunista (Sevilla, Asturias, Bilbao...). A la izquierda y a la derecha de la República iban perfilándose, amenazadoras, las fuerzas que, en gran medida, se aprestaban a atacarla por ambos flancos. La tentación extremista representada por el anarquismo de la FAI, dirigida por Durruti, Ascaso y García Oliver, era patente a primera vista. En sentido opuesto, las organizaciones monárquicas, con creciente ímpetu, se iban reordenando. Como enfatiza Tuñón de Lara, «la heterogeneidad e incluso contradicción de intereses, los mecanismos de la lucha de clases, el recelo conservador de unos, la impaciencia de otros, la desilusión de algunos, llevó a inevitables enfrentamientos». Quizás el más llamativo sería el de la Iglesia y el poder político.

El Gobierno Provisional apenas tomó medidas en materia religiosa, reservándolas a las Cortes Constituyentes; sin embargo, las primeras reformas educativas despertaron gran inquietud en los medios católicos, que aceptaban de mal grado el laicismo escolar que se desprendía de la aconfesionalidad del Estado ya anunciada en el Estatuto Jurídico del 15 de abril. El clero, que durante la Monarquía alfonsina se había identificado abiertamente con los intereses y la ideología de las clases dominantes, no se iba a resignar a perder su status privilegiado. Aunque la gran mayoría de los españoles seguía siendo católica, el anticlericalismo había calado en amplias capas de la clase media y el proletariado urbano, mientras era cada vez más obvio el divorcio entre los intelectuales y un clero que, con escasísimas excepciones, aparecía, de acuerdo con Gil Pecharromán, confortablemente instalado en una ortodoxia doctrinal poco especulativa y nada sensible a los procesos de modernización de la sociedad civil.

Esta era la situación cuando el cardenal primado, Segura, muy afecto a la persona del destronado Rey, hizo pública el 1 de mayo una pastoral elogiando al fenecido régimen y en la que aconsejaba a los católicos que ante la proximidad de elecciones se uniesen para lograr el triunfo de los candidatos que defendiesen los intereses eclesiales y el orden social. Únicamente el cardenal arzobispo de Tarragona, Vidal y Barraquer, tenía una actitud diferente.

A todo esto, se produjo el episodio conocido por el nombre de la «quema de conventos» acaecido el 11 de mayo en Madrid y el 12 en numerosas provincias. Su origen fue un enfrentamiento popular con los miembros del Círculo Monárquico Independiente que daban vivas al Rey.

Según GARCÍA ESCUDERO, ciento diecinueve edificios religiosos fueron incendiados total o parcialmente. Aunque no hubo ninguna víctima personal, el impacto emocional de estos sucesos sería inmenso. La joven República recibía un duro golpe. Aún hoy se desconoce la adscripción ideológica de los autores. Algunos historiadores atribuyen la culpabilidad de la violenta explosión tanto a elementos izquierdistas o anarquistas como a monárquicos, estos últimos con la intención de movilizar a la opinión pública en contra del régimen republicano. En suma, destaca GARRIGA, sólo se sabe concretamente que tomaron parte en los acontecimientos pequeños grupos de elementos incontrolados, cuya acción habría sido nula de haber actuado con cierta energía la fuerza pública.

Como sostiene JACKSON, la quema de conventos fue utilizada por la derecha para desprestigiar a la República, a pesar de la condena inmediata de los hechos que hicieron sus gobernantes. El Ejecutivo, tras no pocas indecisiones, optó por declarar el estado de guerra el 11 por la tarde. El día 13, el cardenal Segura abandonó España y cinco días después Maura expulsaba al obispo de Vitoria, Múgica, acusado de actividades antirrepublicanas en su diócesis.

II. LA LEY DE DEFENSA DE LA REPÚBLICA

La aprobación, el 14 de octubre de 1931, del polémico artículo 26 del texto constitucional (relativo a lo que genéricamente se ha denominado «cuestión religiosa») provocó la retirada de los diputados católicos de los debates constituyentes y la primera crisis gubernamental, al dimitir de sus cargos Alcalá-Zamora y Maura.

El Presidente de las Cortes, Besteiro, se encargó de las consultas y de la reorganización del Gabinete. El día 15 tomaron posesión sus nuevos miembros. Azaña ocupaba la Presidencia y conservaba la cartera de Guerra, Casares Quiroga pasaba a Gobernación y Giral, de Acción Republicana, le sustituía en Marina.

El deseo de proteger a la naciente República de sus enemigos movió al Gobierno Azaña a presentar la llamada Ley de Defensa de la República. Se quería con ello impedir a toda costa que el liberalismo del régimen fuese aprovechado por los elementos que buscaban su destrucción. El Proyecto que había sido redactado por De los Ríos y el propio Azaña, era tramitado y aprobado, con tan sólo cinco votos en contra, a lo largo del día 20.

En este contexto, la República tuvo que dotarse de una ley de plenos poderes para controlar la situación social y política que la circundaba; pero, especifica VICENS VIVES, ni tan siquiera con ella pudo mantenerse controlado el orden público.

En definitiva, admiten, entre otros, JACKSON y TUÑÓN DE LARA, la Ley de Defensa tuvo su última ratio en la necesidad gubernamental de contar con un instrumento jurídico que legitimara sus actuaciones represivas frente a anarquistas, monárquicos y determinados sectores católicos.

El texto, en su artículo 12, definía como «actos de agresión a la República»:

> 1.° La incitación a resistir o a desobedecer las leyes o las disposiciones legítimas de la autoridad.
> 2.° La incitación a la indisciplina o al antagonismo entre institutos armados, o entre éstos y los organismos civiles.
> 3.° La difusión de noticias que puedan quebrantar el crédito o perturbar la paz o el orden público.
> 4.° La comisión de actos de violencia contra personas, cosas o propiedades por motivos religiosos, políticos o sociales, o la incitación a cometerlos.
> 5.° Toda acción o expresión que redunde en menosprecio de las instituciones u organismos del Estado.
> 6.° La apología del régimen monárquico o de la persona en que se pretenda vincular su representación, y el uso de emblemas, insignias o distintivos alusivos a uno u otras.
> 7.° La tenencia ilícita de armas de fuego o de sustancias explosivas prohibidas.
> 8.° La suspensión o cesión de industrias o labores de cualquier clase, sin justificación bastante.
> 9.° Las huelgas no anunciadas con ocho días de anticipación, si no tienen otro plazo marcado en la Ley especial, las declaradas por motivos que no se relacionen con las condiciones de trabajo, y las que no se sometan a un procedimiento de arbitraje o conciliación.
> 10.° La alteración injustificada del precio de las cosas.
> 11.° La falta de celo y la negligencia de los funcionarios públicos en el desempeño de sus servicios.
> Las penas a imponer a los autores o inductores de tales hechos iban desde fuertes multas hasta el confinamiento, el destierro o la pérdida de empleo público (art. 2.°).

El artículo 32 facultaba expresamente al ministro de la Gobernación para adoptar las siguientes decisiones:

a) Suspender las reuniones o manifestaciones públicas de carácter político, religioso o social cuando por las circunstancias de su convocatoria sea presumible que su celebración pueda perturbar la paz pública.

b) Clausurar los Centros o Asociaciones que se consideren incitan a la realización de actos de agresión a la República.

c) Intervenir la contabilidad e investigar el origen y distribución de los fondos de cualquier Entidad de las definidas en la Ley de Asociaciones.

d) Decretar la incautación de toda clase de armas o sustancias explosivas, aun de las tenidas lícitamente.

A su vez se encomendaba al ministro de la Gobernación la aplicación de la ley, pudiendo el Gobierno «nombrar delegados especiales, cuya jurisdicción alcance dos o más provincias» (art. 4.º).

Independientemente de la gravedad de los hechos que provocaron la aparición de este texto, e incluso, justificaron su necesidad, existe un cierto consenso a la hora de enjuiciar muy negativamente su contenido. Muchas y muy severas son las críticas que, casi unánimemente, ha cosechado. En expresión de HILLS iba tan en contra de las garantías constitucionales de derechos civiles, como las extravagancias de Primo de Rivera. Su sola existencia, añade GIL PECHARROMÁN, demostraba que algo no marchaba bien en la democracia española para que un Gobierno de mayoría liberal tuviera que protegerse de esa manera a los pocos meses del clamoroso triunfo republicano.

Señalemos por último que la discutida Ley de Defensa de la República fue elevada a rango constitucional por la Disposición transitoria segunda de la Norma Fundamental. De esta forma, el Título III de la Constitución nacía, de alguna manera, hipotecado.

III. EL PROCESO CONSTITUYENTE

Un Decreto de 3 de junio de 1931 de la Presidencia del Gobierno Provisional convocaba la celebración de elecciones a Cortes Constituyentes para el día 28 de junio. Compuestas de una sola Cámara, elegida por sufragio popular directo, de conformidad con las prescripciones del Decreto de 8 de mayo de 1931 y la Ley Electoral de 1907, debían reunirse en la sede del Congreso el día 14 de julio, en homenaje a la Revolución francesa.

Ante los comicios, republicanos y socialistas decidieron mantener su alianza, presentando candidaturas conjuntas; los monárquicos prefirieron inhibirse, si bien la derecha concurrió bajo las etiquetas de Acción Nacional (que después se llamaría Acción Popular), un partido todavía en formación, que impulsaban los círculos católicos que acaudillaba Herrera Oria, director de «El Debate», y de Agrarios (grupo presidido por Martínez de Velasco).

El 28 de junio fueron a las urnas el 70,14 por 100 del censo electoral. Las mayores abstenciones se dieron en zonas de influencia anarquista. El escrutinio dio la victoria a los socialistas con 113 escaños, seguidos de los radicales de Lerroux con 87 y los radicales socialistas de Domingo con 61. La mayoría catalana estaba representada por 36 diputados de *Esquerra*. La «derecha no republicana», desorganizada y desorientada, apenas alcanzó representación. Solamente un monárquico, el conde de Romanones, logró llegar al hemiciclo.

Estas elecciones ya mostraban lo que sería una constante en todo el periodo republicano: la fragmentación de las fuerzas políticas y la polarización y radicalización de sus posturas. De acuerdo con la exposición de CARR, los partidos fueron numerosos (veintiséis en las Cortes Constituyentes), poco disciplinados y separados unos de otros e incluso divididos en el interior de cada uno de ellos.

Por vez primera en la historia de España las clases medias y un sector fundamental del proletariado se encontraban ampliamente representados en el máximo órgano legislativo. Por el contrario, los miembros del «bloque dominante» eran menos numerosos que nunca. Nombres como los de Unamuno, Marañón, Sánchez Albornoz, Ortega y Gasset, Pérez de Ayala, Cossío, entre otros, contribuyeron a dar a la República aquel sesgo «profesoral» con que sería conocida.

Un Decreto de 6 de mayo de 1931 creaba una Comisión Jurídica Asesora, dependiente del Ministerio de Justicia, al frente del cual estaba el socialista De Los Ríos, que sustituía a la Comisión General Codificadora de 1875, y entre cuyas funciones estaba la de presentar al Ejecutivo un Anteproyecto constitucional. La Comisión delegó en una Subcomisión de trece miembros, presidida por Ossorio y Gallardo e integrada por prestigiosos juristas como González Posada, sin duda el más relevante constitucionalista español de la época, García Valdecasas, De Luna y Viñuales, que en un mes había concluido su trabajo. El Anteproyecto expresaba en sus 104 artículos una visión liberal muy moderada, acorde con la «República de orden» que pretendía Alcalá-Zamora. El texto, «serio correcto y congruente», en frase de PÉREZ SERRANO, fue bien recibido por los ministros más conservadores, pero rechazado por el resto y en especial por los socialistas, que lo tacharon de «engendro constitucional». Finalmente, el Gobierno renunció a su propósito de adoptarlo y remitirlo al Parlamento.

El 6 de julio de 1931 la Comisión Jurídica Asesora remitió al Gobierno el Anteproyecto de Constitución junto a los numerosos votos particulares, entre los que destacaban los relativos a la organización territorial del Estado, la estructura de las Cortes y la posición del Presidente de la República y del Tribunal de Garantías Constitucionales. El Ejecutivo, dada su heterogeneidad política, no pudo hacer suyo el documento, como en principio había previsto, por lo que se limitó a trasladarlo a las Cortes, para que sirviera de punto de partida a su obra constituyente.

A tal efecto, el 14 de julio se abrieron solemnemente las Cortes, que eligieron Presidente a Besteiro, del ala moderada del socialismo. Durante las primeras semanas refrendaron los numerosos Decretos promulgados por el Gobierno Provisional. No obstante, la principal misión de la Cámara era dotar al régimen republicano de una Constitución y a ello dedicaron la segunda mitad del año.

El 28 de julio se constituía una Comisión parlamentaria encargada de redactar el Proyecto de Constitución, integrada por veintiún miembros y presidida por el socialista Jiménez de Asúa. El Proyecto fue presentado a las Cortes el día 27 de agosto. Constaba de 121 artículos y reflejaba las concepciones de la izquierda, sobre todo de socialistas y radical-socialistas y pasó al debate en el pleno con numerosos votos particulares del centro y de la derecha. La controversia fue especialmente tensa al examinarse los temas religiosos, autonómicos y sociales; en ocasiones —cuenta TOMÁS VILLARROYA— la aspereza y acritud de las discusiones permitirá adivinar lo que ocurriría en 1936.

A lo largo de los debates se apreciaron entre los grupos parlamentarios actitudes dispares respecto al espíritu de la Carta Magna. Los socialistas y radical-socialistas ponían especial énfasis en los contenidos de reforma social, tanto mediante la transformación de las relaciones de producción como a través del recorte de los privilegios de las oligarquías y de la Iglesia. Los partidos de Alianza Republicana deseaban un texto que conciliase las exigencias de la izquierda y de la derecha; sin embargo, conforme avanzaban los debates, Acción Republicana aumentaría su apoyo a las tesis del PSOE, mientras los radicales de Lerroux asumían posturas centristas. Los partidos regionalistas, y en especial los catalanes, buscaban en el sistema autonómico un marco de autogobierno para sus territorios, pero en otras cuestiones las diferencias entre la *Esquerra* o la ORGA y los conservadores del PNV y de la *Lliga* eran enormes. Por su parte, los progresistas y los intelectuales de la Agrupación al Servicio de la República se decantaban por una República liberal que salvaguardase el régimen económico vigente. Por último, la derecha no republicana, anclada en posiciones abiertamente reaccionarias, se enfrentó a la totalidad del programa reformista del Gobierno Provisional.

A propuesta del socialista Araquistaín, y con alguna modificación, el artículo 1.º empezaba así: «España es una República democrática de trabajadores de todas clases, que se organiza en régimen de libertad y de justicia». El párrafo fue aprobado por 170 votos contra 152; con la expresión «de todas clases», apunta TUÑÓN DE LARA, se quitaba la carga social y clasista a dicho precepto, que la derecha había denunciado como revolucionario. Igualmente polémico fue el párrafo tercero: «La República constituye un Estado integral, compatible con la autonomía de los municipios y las regiones». Este novedoso concepto obedecía, en opinión de SOLÉ TURA, a un compromiso entre los partidarios del federalismo y del unitarismo. En cambio, se aceptó fácilmente el segundo párrafo: «Los poderes de todos sus órganos emanan del pueblo».

Unos días antes de que se reunieran las Cortes Constituyentes, Osorio y Gallardo, había señalado que, ante el hecho indudable de que en algunas regiones españolas habían «surgido o apuntan anhelos de personalidad autónoma, en términos tan vivos, con razones tan fuertes y con apasionamiento tan considerable, que el cerrar los caminos a su expansión sería, sobre una injusta negación del sentido de libertad, una insigne torpeza política», la Comisión, «en vez de inventar un federalismo uniforme y teórico» (un federalismo «arbitrario», que «no apetece la generalidad del pueblo»), se había decantado por «facilitar la formación de entidades que, para alcanzar una autonomía mayor o menor, habrán de encontrar como arranque su propio deseo». En el mencionado discurso de presentación del Proyecto de Constitución, el 27 de agosto, Jiménez de Asúa, sostuvo que la Comisión deliberadamente no había querido proclamar en la Carta Magna que España era una República federal, «porque hoy tanto el unitarismo como el federalismo están en franca crisis teórica y práctica», como se hacía hincapié en la Constitución alemana de 1919, que ponía en planta un Estado que no era ni lo uno ni lo otro, sino un «Estado integral».

Esta misma problemática se reprodujo con la discusión de los artículos 11 al 20, referentes a la organización de las regiones autónomas. Menos polémica despertaron los Títulos II y III, que establecían la nacionalidad y los derechos y deberes de los españoles, con excepción de los artículos 26 y 27, que definían las relaciones Iglesia-Estado, y cuyo debate se pospuso a petición de Alcalá-Zamora. No hubo acuerdo, sin embargo, en el tema de la abolición de la pena de muerte, que finalmente no recogió la Constitución. A fines de septiembre, el artículo 36, que concedía el voto a las mujeres, chocaba con la oposición de radicales y radical-socialistas, temerosos de que la influencia del clero sobre el electorado femenino favoreciese a las formaciones de derecha. El apoyo socialista fue fundamental para que, por 160 votos contra 121, se aprobase la propuesta defendida por la radical Campoamor. Votaron en contra radicales, radical-socialistas, Acción Republicana, progresistas, agrarios y minoría catalana.

Las disensiones graves retornaron con el artículo 44, en el que se admitía la expropiación forzosa de la propiedad privada, con o sin indemnización, por causa de utilidad pública —lo que, admite con razón Gil Pecharromán, abría las puertas a la reforma agraria— y se establecía su gradual socialización. Se determinaba, asimismo, la subordinación de las fuentes naturales de riqueza a los intereses de la economía nacional y al sostenimiento de las cargas públicas. Las minorías vasco-navarra, agraria y progresista, conscientes de su alcance, plantearon una dura batalla. El propio Alcalá-Zamora intervino para pedir a los socialistas —sus principales impulsores— que meditaran el «daño que podían inferir a la débil economía nacional». El radical-socialista Asensi reprochó al Presidente del Consejo que utilizase siempre su autoridad y prestigio para obstaculizar los debates más avanzados de la Comisión. Al sentirse desautorizado, Alcalá-Zamora anunció entonces que dimitiría; fue necesaria la intervención de los ministros y una rectificación del PSOE para que, por esta vez, la cosa no fuera a más. A punto estuvo de romperse la coalición gubernamental. Una enmienda de los diputados de la Agrupación al Servicio de la República, con apoyo de Acción Republicana, logró sacar adelante el precepto que, en su redacción definitiva, no recogía el carácter forzoso de la socialización, pero la amparaba como principio constitucional y mantenía el derecho del Estado a expropiar sin indemnización —limitado por la posibilidad de una ley restrictiva emanada de las Cortes— y la nacionalización de los servicios públicos y las explotaciones que afecten al interés social.

Las pasiones alcanzaron sus máximas cotas a partir del 8 de octubre, al debatirse el articulado relativo a la cuestión religiosa. La aconfesionalidad del Estado (art. 3.º) fue aprobada sin excesivos problemas por 267 votos contra 41. No sucedería lo mismo con el artículo 26 (24 del dictamen) cuya redacción era ciertamente dura: sometía a las confesiones religiosas a las leyes generales de la Nación; prohibía toda financiación por parte del Estado; establecía la disolución de las órdenes religiosas y la nacionalización de sus bienes.

Las enmiendas parlamentarias fueron muy numerosas. Algunas, observa GIL PECHARROMÁN, buscaban el reconocimiento de los derechos eclesiásticos, otras pretendían reforzar el carácter anticlerical del articulado y otras, en fin, proponían un término medio que facilitase el acuerdo con el clero, renunciando a la disolución total de las órdenes religiosas y sustituyéndola por una ley especial que las regulase y sólo suprimiese algunas consideradas especialmente peligrosas para el régimen, como la Compañía de Jesús. Tal era el criterio del Partido Radical y de Acción Republicana y así se pronunció ante el Pleno el ministro de Justicia, De los Ríos.

A la intransigencia de la extrema izquierda parlamentaria, y de los radical-socialistas, respondía la intransigencia de la derecha, en cuyo seno había varios sacerdotes. Por la minoría agraria, Gil Robles calificó el contenido del dictamen como un proyecto de persecución religiosa y anunció que. en el caso de ser aprobado, los católicos españoles rechazarían la Constitución en su conjunto. También se opuso Alcalá-Zamora, católico practicante, quien manifestó su disposición a encabezar la lucha por la revisión constitucional dentro de los cauces de la República. En estas condiciones, la Comisión elaboró un texto alternativo, más moderado, que sería rechazado por socialistas y radical-socialistas. El centroizquierda, no obstante, estaba dispuesto a evitar la ruptura de la coalición. Radicales, federales y diputados de Acción Republicana negociaban enmiendas que atemperasen los efectos del enfrentamiento. Así, el 13 de octubre, Azaña, en una pieza oratoria magistral, defendía las tesis que acabarían por imponerse. La República, dijo, «ha rasgado los telones de la antigua España oficial monárquica, que fingía una vida inexistente y ocultaba la verdadera» y en virtud del cambio operado «España ha dejado de ser católica». Esta última frase, puntualiza GIL PECHARROMÁN, sacada de su contexto —se refería a las pautas culturales, no a las creencias personales de la población—, fue profusamente utilizada por la derecha para acusar a los gobernantes de pretender descristianizar el país. en especial

En su intervención, el líder de Acción Republicana se pronunció por una regulación de las órdenes religiosas y la disolución sólo de aquellas que entrañasen un peligro para el Estado (en clara referencia a los jesuitas); las demás se sometían a una ley especial. Los socialistas aceptaron esta fórmula y, finalmente, una nueva redacción del texto sería aprobada el 14 de octubre por 178 votos contra 59.

La aprobación del artículo 26 y del 27, que lo completaba, produjo una considerable agitación en el país y una tormenta política. Los radical-socialistas se abstuvieron por considerarlos demasiado moderados. Agrarios y vasco-navarros decidieron dejar el Parlamento. Alcalá-Zamora y Maura abandonaron el Gobierno alegando razones de conciencia. Se consumaba una de las fracturas más importantes de la Segunda República.

Para comprender las razones de esta agresiva actitud anticlerical debemos tener en cuenta la excesiva vinculación de la Iglesia a los grupos sociales dominantes (aristocracia, alta burguesía, terratenientes y militares), así como su descarado apoyo a la Monarquía alfonsina. Además de todo esto, la jerarquía eclesiástica española venía asumiendo los planteamientos ideológicos más reaccionarios e inmovilistas, condenando, matiza OLIVER ARAÚJO, «todo aquello que oliera —incluso remotamente— a democracia, liberalismo, progresismo, lucha obrera o socialismo». De ahí que, al decir de TOMÁS VILLARROYA, resulte, hasta cierto punto, comprensible que los redactores de la Constitución quisieran cambiar un estado de cosas que entendían perjudicial a la sociedad y al nuevo régimen y que, probablemente, dañaba la misma misión espiritual de la Iglesia. Sin embargo, los Constituyentes de 1931 se olvidaron de la realidad católica de grandes sectores de población, cuyos sentimientos ofendieron innecesariamente, ganando, a cambio de nada, poderosísimos enemigos.

Superado el tema religioso, las sesiones parlamentarias continuaron en un clima de mayor tranquilidad. Así, se aprobó la legalización del divorcio y los artículos que otorgaban rango constitucional a las iniciativas del Ministerio de Instrucción Pública: control estatal sobre el proceso educativo, escuela unificada y laica en el nivel primario y regulación del derecho a crear centros docentes. Por lo demás, el 20 de octubre quedaba aprobada la Ley de Defensa de la República, a la que ya nos hemos referido con anterioridad.

La discusión constituyente finalizó el 1 de diciembre. El 9 de diciembre, y en un tiempo récord, se promulgaba solemnemente por el Presidente de las Cortes la Constitución republicana, tras recibir el voto favorable de los 368 diputados presentes. Al día siguiente, Alcalá-Zamora era elegido Presidente de la Segunda República. La etapa provisional había concluido.

IV. LA CONSTITUCIÓN DE 1931

1. Naturaleza

Señalaremos como características del Código político republicano, las siguientes:

a) Es una Constitución de extensión media. Consta de 125 artículos, agrupados en nueve Títulos más el Preliminar, a los que hay que añadir dos disposiciones transitorias.

La cuestión de la extensión del documento fundamental suscitaría una cierta polémica, por lo demás ya clásica, entre quienes mostraban sus preferencias porque este garantizase cuantos intereses exigirá un momento trascendentalmente histórico, o quienes estimaban que el mismo debía limitarse a recoger aquellos principios básicos y esenciales, conformadores del régimen político y de los derechos y libertades de la ciudadanía.

b) Es una Constitución sumamente rígida. A tenor del artículo 125:

> «La Constitución podrá ser reformada: a) A propuesta del Gobierno. b) A propuesta de la cuarta parte de los miembros del Parlamento.
>
> En cualquiera de estos casos, la propuesta señalará concretamente el artículo o artículos que hayan de suprimirse, reformarse o adicionarse; seguirá los trámites de la ley y requerirá el voto, acorde con la reforma, de las dos terceras partes de los diputados en el ejercicio del cargo, durante los cuatro primeros años de vida constitucional, y la mayoría absoluta en lo sucesivo.
>
> Acordada en estos términos la necesidad de la reforma, quedará automáticamente disuelto el Congreso y será convocada nueva elección para dentro del término de sesenta días.
>
> La Cámara así elegida en funciones de Asamblea Constituyente, decidirá sobre la reforma propuesta y actuará luego como Cortes ordinarias».

Cabe recordar que el procedimiento de doble aprobación por el que opta el texto republicano tiene dos antecedentes en nuestras Constituciones decimonónicas: en la *nonnata* de 1856 y en la de 1869, pero ahora, incide POSADA, acentuando el sentido democrático del mismo, según demandan las tendencias actuales de la política.

El hecho de incluir la reforma constitucional junto con las garantías en el Título IX, respondía a los postulados de Posada de concebir dicho mecanismo como un instrumento de defensa de la Constitución. Como ha puesto de manifiesto FERNÁNDEZ SEGADO, la existencia de urgencias políticas derivadas fundamentalmente de un peculiar espectro de fuerzas sociales y grupos políticos en cuyo seno no tardaría en surgir la dialéctica revolución-contrarrevolución, desarrollada precisamente desde su origen en torno al eje de polarización que fue la Constitución de 1931, posiblemente tuvo mucho que ver con esa rigidez.

La exigencia de disolución de las Cortes suscitó fuertes críticas. El procedimiento planteaba el problema de los límites en los que habían de moverse las segundas Cámaras: si debían meramente ratificar o no lo aprobado por las precedentes o, si definidas por éstas los preceptos cuya reforma había de tratarse, podían aquellas establecer libremente la nueva redacción. Esta fue la postura de Posada y sería la generalmente admitida, entre otras cosas, como hizo notar PÉREZ SERRANO, porque nadie sería capaz de frenar a unas Cortes Constituyentes.

Este procedimiento agravado de reforma que contempla el artículo 125, no sin exageración, fue calificado por Alcalá-Zamora como el parapeto formidable, la fortificación casi invencible en que se estrellan los propósitos de modificación, y se protegen, para subsistir, todos los gravísimos yerros y defectos de la Ley Fundamental.

Los intentos de revisión más importantes se dieron en el bienio conservador y afectaban a la cuestión religiosa (arts. 3.°, 26 y 27), al monocameralismo de las Cortes, a la socialización de la propiedad (art. 44), a las autonomías regionales (arts. 1.° y 8.°) y al Tribunal de Garantías Constitucionales (arts. 121 y 122). Pero al final sus impulsores (radicales y cedistas) no lograron sacar adelante el Proyecto, que no pasó de la Comisión Dictaminadora.

c) Es una Constitución de destacable originalidad, que recoge los más importantes avances jurídico-políticos del momento. A pesar del influjo que sobre ella ejercieron textos como el mejicano de 1917, el ruso de 1918, el alemán de Weimar de 1919, o el austríaco de 1920, supone, en expresión de PÉREZ SERRANO, otorgar fisonomía particular a instituciones nuevas en el Derecho público español, como el Tribunal de Garantías Constitucionales y la elección del Presidente de la República, además de la profundización que hace en materia de derechos; reviviéndose en sustancia modernísima algún venerable organismo tradicional como la Diputación Permanente de las Cortes. En este sentido, precisa MERINO MERCHÁN, la Ley Fundamental de 1931 es «genuinamente española», incluso con vocación exportadora de muchos de sus contenidos, como lo demuestra el hecho de su influjo posterior en las Constituciones de nueva planta de la segunda posguerra.

d) Es una Constitución técnicamente bien elaborada. La presencia en las Cortes Constituyentes de calificados representantes de la ciencia y de la cultura dio lugar a un lenguaje constitucional culto, claro y preciso. Se trata, en definitiva, señala TORRES DEL MORAL, de un texto de ajustado estilo jurídico y, en general, buena técnica legislativa, en el que se percibe la pretensión de evitar posibles lagunas y ambigüedades.

2. Principios políticos

Los principios informantes del texto republicano son, en síntesis, los que pasamos a estudiar a continuación:

a) Soberanía popular

La Constitución de 1931, subraya PÉREZ SERRANO, representa un acto de soberanía, una decisión política unitaria y suprema, acordada por el pueblo:

enlaza, pues, con nuestros textos progresistas del siglo XIX. Pero a diferencia de estos últimos la soberanía deja de ser nacional para convertirse en popular. «Los poderes de todos sus órganos —reza el artículo 1.º— emanan del pueblo». Es el pueblo en su conjunto —entendido no como una clase social, sino como una totalidad—quien legitima, quien actúa como soporte de todos los poderes del Estado.

Por lo demás, el preámbulo de la Constitución habla de la soberanía de España, expresión que, interpretada en su contexto, matiza Torres del Moral, significa pueblo o Nación españoles, no Estado español. La explicación a la desaparición del término «Nación» del Preámbulo —con la carga simbólica que ello tiene— quizá haya que buscarla en la preocupación de los Constituyentes por la reivindicación nacional catalana; ello no es óbice para que en numerosas disposiciones del Código constitucional se emplee dicho término (por ejemplo, en los artículos 53 y 67).

b) Democracia representativa con manifestaciones de democracia directa

Apunta Torres del Moral que las Constituciones que afirman la soberanía popular parecen sentirse obligadas a abrir la participación política a formas de democracia directa junto a las instituciones representativas.

Así, los redactores de la Constitución, en el artículo 51, según el cual «la potestad legislativa reside en el pueblo, que la ejerce por medio de las Cortes o Congreso de los Diputados», establecieron una democracia representativa, para acoger, poco después, por influjo de la Constitución de Weimar, dos manifestaciones claras de democracia directa: la iniciativa popular y el referéndum.

A tal efecto, el artículo 66 prescribe:

> «El pueblo podrá atraer a su decisión mediante referéndum las leyes votadas por las Cortes. Bastará, para ello, que lo solicite el 15 por 100 del Cuerpo electoral.
>
> No serán objeto de este recurso la Constitución, las leyes complementarias de la misma, las de ratificación de Convenios internacionales inscritos en la Sociedad de Naciones, los Estatutos regionales, ni las leyes tributarias.
>
> El pueblo podrá, asimismo, ejerciendo el derecho de iniciativa, presentar a las Cortes una proposición de ley siempre que lo pida, por lo menos, el 15 por 100 de los electores.
>
> Una ley especial regulará el procedimiento y las garantías del referéndum y de la iniciativa popular».

Otras manifestaciones concretas de democracia directa que no podemos dejar de citar son las contempladas en los artículos 12. *b* (plebiscito para la aprobación de los Estatutos de las regiones autónomas) y 82 (revocación o *recall* del Presidente de la República). Por el contrario, se obvia todo tipo de referéndum constituyente; el pueblo no debe ratificar la reforma de la Carta Magna.

c) Amplio reconocimiento y efectividad de los derechos subjetivos

En el discurso de presentación del proyecto de Constitución de 1931, Jiménez de Asúa recordaba que una de las características del moderno Derecho Constitucional de la postguerra era la considerable ampliación del «territorio de los derechos del hombre». De conformidad con esta formulación, el documento constitucional, reconocía POSADA, cambiaba «radicalmente el carácter, significación y contenido del régimen de los derechos».

El Título III del texto resultante (arts. 25 a 50), a lo largo de dos capítulos perfectamente diferenciados, acoge la más extensa declaración de derechos de todos los textos constitucionales españoles hasta el momento. Pese a que el artículo 25, parece anunciar una sistemática acertada, proclamando el principio de igualdad y sus consecuencias —no reconocimiento de distinciones ni títulos nobiliarios, e interdicción de discriminación por razón de sexo, filiación, riquezas, ideas y creencias— pese a ello, se trata de una parte del texto presidida por el desorden y la falta de criterio sistemático. Para PÉREZ-SERRANO resulta «desconcertante en grado sumo» el encabezamiento de los preceptos y no duda en calificarla como la parte de peor construcción sistemática del Código republicano.

El primero de los capítulos («Garantías individuales y políticas») se sitúa en la línea tradicional de nuestro constitucionalismo decimonónico liberal. Al reconocimiento de los derechos clásicos -libertad de conciencia (art. 28); seguridad jurídica (art. 28); «*habeas corpus*» (art. 29); inviolabilidad de domicilio y correspondencia (art. 31); libertad de industria y comercio (art. 33); libertad de emisión de pensamiento (art. 34); derecho de petición (art. 35); derechos de reunión y asociación (arts. 38 y 39); principio de mérito y capacidad (art. 40) —había que añadir la consagración de los derechos electorales, contemplados en el artículo 36, por cuya virtud: «Los ciudadanos de uno y otro sexo, mayores de veintitrés años, tendrán los mismos derechos electorales conforme determinen las leyes»—. España se convertía así en uno de los primeros países en reconocer el sufragio universal femenino, sancionándose esta situación en la Ley Electoral de 27 de junio 1933.

Por su parte, el capítulo segundo («Familia, economía y cultura»). verdaderamente novedoso, no es sino el reflejo de las orientaciones constitucionales del período de entreguerras, y, desde luego, en él se recogen los llamados derechos sociales. Nos limitaremos a reseñar los más significativos:

- La asunción por el Estado, subsidiariamente, de los deberes que corresponden a los padres respecto de sus hijos (art. 43, párrafo 2.º).
- El reconocimiento de los derechos del niño, así como la obligatoriedad de proteger la maternidad y la infancia (art. 43, párrafo 6.º).
- El derecho de enfermos y ancianos a ser asistidos por el Estado (art. 43, párrafo 6.º).

- La protección legal del trabajo, a cuyo efecto el párrafo segundo del artículo 46 determina que «la República asegurará a todo trabajador las condiciones necesarias de una existencia digna. Su legislación social regulará: los casos de seguro de enfermedad, accidente, paro forzoso, vejez, invalidez y muerte; el trabajo de las mujeres y de los jóvenes y especialmente la protección a la maternidad; la jornada de trabajo y el salario mínimo y familiar; las vacaciones anuales remuneradas; las condiciones del obrero. español en el extranjero; las instituciones de cooperación; la relación económico-jurídica de los factores que integran la producción; la participación de los obreros en la dirección, la administración y los beneficios de las empresas, y todo cuanto afecte a la defensa de los trabajadores».
- La protección del campesino y de los hombres de la mar, contemplada en el artículo 47 en los términos que siguen:

> «La República protegerá al campesino y a este fin legislará, entre otras materias, sobre el patrimonio familiar inembargable y exento de toda clase de impuestos, crédito agrícola, indemnización por pérdida de las cosechas, cooperativas de producción y consumo, cajas de previsión, escuelas prácticas de agricultura y granjas de experimentación agropecuarias, obras para riego y vías rurales de comunicación.
>
> La República protegerá en términos equivalentes a los pescadores».

- La concepción de la cultura como servicio público estatal. En esta dirección el párrafo segundo del artículo 44 prescribe que «la enseñanza primaria será gratuita y obligatoria»; al mismo tiempo el párrafo tercero señala que «la República legislará en el sentido de facilitar a los españoles económicamente más necesitados el acceso a todos los grados de enseñanza, a fin de que no se halle condicionado más que por la actitud y la vocación».
- La primacía de la función social de la propiedad, a cuyo tenor el párrafo primero del artículo 44 establece que «toda la riqueza del país, sea quien fuere su dueño, está subordinada a los intereses de la economía nacional y afecta al sostenimiento de las cargas públicas, con arreglo a la Constitución y a las Leyes».

Por lo demás, los derechos y libertades constitucionalmente proclamados eran garantizados eficazmente, dotándoseles, en algunos casos, de verdadera eficacia jurídica. En este sentido cabe destacar el mandato contenido en el artículo 105 de crear Tribunales de Urgencia para hacer efectivo su amparo. A su vez, la propia Constitución instituye el «recurso de amparo de garantías individuales», cuando hubiere sido ineficaz la reclamación ante otras autoridades, del que conocerá el Tribunal de Garantías Constitucionales (art. 121. b).

Y así, el artículo 44 de la Ley Orgánica del Tribunal de Garantías Constitucionales, de 24 de julio de 1933, señalaba un conjunto de derechos —los consignados en los artículos 27, 28, 29, 30, 31, 32, 33, 34, 38 y 39— como susceptibles de recurso de amparo, el cual procedía, según el artículo 45 de la citada Ley Orgánica, cuando concurrieran dos requisitos: 1.º Que exista acto concreto de autoridad gubernativa, judicial o de cualquier orden que, con respecto a un individuo determinado, haya infringido alguna de las garantías constitucionalmente consagradas. 2.º Que no haya sido admitida o no haya sido resuelta la petición de amparo dentro del plazo legal por el Tribunal de Urgencia, o que dicho Tribunal hubiera dictado resolución denegatoria.

Ahora bien, el hecho cierto es que los Tribunales de Urgencia no fueron creados y el Tribunal de Garantías funcionó como una única instancia de amparo.

La Constitución regulaba además estrictamente la suspensión de las garantías constitucionales. El artículo 42 determinaba a este respecto:

> «Los derechos y garantías consignados en los artículos 29, 31, 34. 38 y 39 podrán ser suspendidos total o parcialmente, en todo el territorio nacional o en parte de él, por decreto del Gobierno, cuando así lo exija la seguridad del Estado, en casos de notoria e inminente gravedad.
>
> Si las Cortes estuviesen reunidas, resolverán sobre la suspensión acordada por el Gobierno.
>
> Si estuviesen cerradas, el Gobierno deberá convocarlas para el mismo fin en el plazo máximo de ocho días. A falta de convocatoria se reunirán automáticamente al noveno día. Las Cortes no podrán ser disueltas antes de resolver mientras subsista la suspensión de garantías.
>
> Si estuvieran disueltas, el Gobierno dará inmediata cuenta a la Diputación Permanente establecida en el artículo 62, que resolverá con iguales atribuciones que las Cortes.
>
> El plazo de suspensión de garantías constitucionales no podrá exceder de treinta días. Cualquier prórroga necesitará acuerdo previo de las Cortes o de la Diputación Permanente en su caso.
>
> Durante la suspensión regirá, para el territorio la Ley de Orden Público.
>
> En ningún caso podrá el Gobierno extrañar o deportar a los españoles ni desterrarlos a distancia superior a 250 kilómetros de su domicilio».

A diferencia de nuestros textos constitucionales progresistas del siglo XIX que atribuían esta facultad suspensiva a las Cortes mediante la aprobación de una ley, el artículo 42 la atribuye ahora al Gobierno, circunstancia que PÉREZ SERRANO estima «justa y acomodada a las exigencias de la realidad».

Diremos, finalmente, que la Ley de Orden Público vigente al proclamarse la República era la de 1870, que sería modificada parcialmente por un Decreto del Ministerio de la Guerra de 29 de octubre de 1931 y sustituida, dos años más tarde, por la Ley de Orden Público de 28 de julio de 1933.

Los principales deberes regulados en 1931 eran los de prestación personal a España, a través de servicios civiles o militares (art. 37), y los tributarios, siguiendo ambos nuestra tradición histórica, si bien con cambios, pues, en los primeros se atribuía a las Cortes la fijación, a propuesta del Gobierno, del contingente militar anual. Respecto a los deberes tributarios se consagraba también el principio de legalidad tributaria, previa a la imposición de cualquier contribución (art. 115). Junto a estos dos deberes clásicos el texto imponía otros de novedoso carácter: el de estudiar y conocer el castellano (arts. 4.° y 50) y el de los padres a asistir a los hijos (art. 43), el de la conservación de la riqueza artística e histórica (art. 45), el de trabajar (art. 46), el de adquirir enseñanza primaria (art. 48), etc.

d) Laicismo del Estado

Antes de la aprobación del texto constitucional, ya existían algunas disposiciones normativas en relación con el tema religioso que deben ser destacadas. El Decreto de 14 de abril de 1931, en concreto en su párrafo 3°, se determinaba cual era el Estatuto jurídico del Gobierno provisional, en los siguientes términos: «El Gobierno provisional hace pública su decisión de respetar de manera plena la conciencia individual mediante la libertad de creencias y cultos, sin que el Estado, en momento alguno, pueda pedir al ciudadano revelación de sus convicciones religiosas».

Y el Decreto sobre libertad de conciencia y de cultos de 22 de mayo de 1931, y en concreto, tres de sus preceptos disponían que:

- *«Nadie, en ningún acto de servicio, ni con motivo de una relación con los órganos del Estado, está obligado a manifestar su religión; en su virtud, los funcionarios, así civiles como militares, se abstendrán de inquirir sobre las creencias religiosas de quienes comparezcan ante ellos o les estén subordinados»* (art. 1.°).
- *«Nadie está obligado a tomar parte, cualquiera que sea su dependencia respecto del Estado, en fiestas, ceremonias, prácticas y oficios religiosos»* (art. 2.°).
- *«Todas las confesiones están autorizadas para el ejercicio, así privado como público, de sus cultos, sin otras limitaciones que las impuestas por los reglamentos y la Ley de Orden Público»* (art. 3.°).

Esos principios pronto se insertaron dentro de la más estricta separación entre la Iglesia y el Estado, y en su consecuencia se produjo la secularización de este, dejando de estar vigente el Derecho concordado, y quedando interrumpidas, de hecho, las relaciones entre la Santa Sede y la República.

Sumidos en la tarea de buscar una fórmula que articulase en todas sus vertientes las relaciones Iglesia-Estado, las Cortes Constituyentes aprobaron, sin demasiadas dificultades, el artículo 3.°, según el cual: «El Estado español no tiene religión oficial». A juicio de PÉREZ SERRANO, lo que el nuevo Código político proclama en este precepto no es sino la abstención de los poderes públicos en el orden religioso; el Estado como entidad colectiva no practica un culto ni protege una confesionalidad determinada, ni menos persigue a ninguna ellas. La actividad política debía ordenarse según unos criterios de valoración puramente laicos, de modo que el Estado no se sometiese a más moral ni admitiese otro parámetro de actuación que su propio interés.

La vida religiosa del ciudadano es exclusivamente un asunto personal que se relega al ámbito de su conciencia, sin que la religión deba ser tenida en cuenta para la ordenación de la sociedad civil. La actividad política debía ordenarse según unos criterios de valoración puramente laicos, de modo que el Estado no se sometiese a más moral ni admitiese otro parámetro de actuación que su propio interés. No hay, pues, ni unidad católica al modo tradicional, ni religión tolerada junto a otra protegida.

La separación —anunciada por Azaña en las Constituyentes: «España ha dejado de ser católica»— se completaba con la tumultuosa aprobación de los artículos 26 y 27 del texto constitucional, que más parecían —en reflexión de TOMÁS VILLARROYA— dictados por el resentimiento que por la equidad. A tenor del primero:

> «Todas las confesiones religiosas serán consideradas como Asociaciones sometidas a una ley especial.
>
> El Estado, las regiones, las provincias y los Municipios, no mantendrán, favorecerán, ni auxiliarán económicamente a las Iglesias, Asociaciones e Instituciones religiosas.
>
> Una ley especial regulará la total extinción, en un plazo máximo de dos años, del presupuesto del Clero.
>
> Quedan disueltas aquellas órdenes religiosas que estatutariamente impongan, además de los tres votos canónicos, otro especial de obediencia a autoridad distinta de la legítima del Estado. Sus bienes serán nacionalizados y afectados a fines benéficos y docentes.
>
> Las demás órdenes religiosas se someterán a una ley especial votada por estas Cortes Constituyentes y ajustada a las siguientes bases:
>
> 1.ª Disolución de las que, por sus actividades, constituyan un peligro para la seguridad del Estado.
>
> 2.ª Inscripción de las que deban subsistir, en un Registro especial dependiente del Ministerio de Justicia.
>
> 3.ª Incapacidad de adquirir y conservar, por sí o por persona interpuesta, más bienes que los que, previa justificación, se destinen a su vivienda o al cumplimiento directo de sus fines privativos.
>
> 4.ª Prohibición de ejercer la industria, el comercio o la enseñanza.
>
> 5.ª Sumisión a todas las leyes tributarias del país.
>
> 6.ª Obligación de rendir anualmente cuentas al Estado de la inversión de sus bienes en relación con los fines de la Asociación.
>
> Los bienes de las órdenes religiosas podrán ser nacionalizados».

Este precepto chocaba con el verdadero talante democrático del texto constitucional. Para TOMÁS VILLARROYA, responde a la tendencia contraria a la hasta entonces conocida, no de integración de la Iglesia en el Estado, sino de exclusión y rechazo, con quiebra incluso del principio de igualdad de derechos. La dimensión colectiva o comunitaria del derecho de libertad religiosa fue desconocida ante lo que algunos diputados llegaron a calificar «la defensa legítima» de la República frente al ingente poder eclesiástico. Lo que se estaba dilucidando con dicho artículo no era el principio del laicismo estatal, asumido tras la aprobación del artículo 3.º, sino, en explicación de Azaña, un problema político, «de constitución del Estado», una cuestión de «salud pública», ya que «el auténtico problema religioso no puede exceder de los límites de la conciencia.

A su vez, el artículo 27, que como señalara Alcalá-Zamora guardaba más relación con el artículo 3.º que con el 26, profundizando en la línea abierta por el artículo 21 del texto de 1869, prescribía:

> «La libertad de conciencia y el derecho de profesar y practicar libremente cualquier religión quedan garantizados en el territorio español, salvo el respecto debido a las exigencias de la moral pública.
>
> Los cementerios estarán sometidos exclusivamente a la jurisdicción civil. No podrá haber en ellos separación de recintos por motivos religiosos.
>
> Todas las confesiones podrán ejercer sus cultos privadamente.
>
> Las manifestaciones públicas del culto habrán de ser, en cada caso, autorizadas por el Gobierno.
>
> Nadie podrá ser compelido a declarar oficialmente sus creencias religiosas.
>
> La condición religiosa no constituirá circunstancia modificativa de la personalidad civil ni política, salvo lo dispuesto en esta Constitución para el nombramiento de Presidente de la República y para ser Presidente del Consejo de Ministros».

La inclusión en el texto de estos preceptos abrió el camino a una serie de medidas legales manifiestamente anticlericales. Así, cabe citar:

- El Decreto de disolución de la Compañía de Jesús, de 24 de enero de 1932.
- El Decreto de secularización de los cementerios, de 30 de enero de 1932, en virtud del cual pasaba a los Ayuntamientos la administración de las necrópolis y se unificaban los cementerios civiles y religiosos.
- La Ley de divorcio, de 2 de febrero de 1932.
- La ley de matrimonio civil, de 28 de junio de 1932, que reconocía como única forma de matrimonio legal, el civil, que debía contraerse con arreglo a lo dispuesto en el Código Civil.
- La Ley de Confesiones y Congregaciones Religiosas, de 2 de junio de 1933, por la que se decretaba el cierre de los centros de enseñanza de la Iglesia. Aparte atribuía al Estado la potestad de vetar los nombramientos de jerarquías religiosas que considerase inapropiados; suprimía los subsidios oficiales y nacionalizaba parte del patrimonio eclesiástico.

El tema religioso fue mal tratado y peor resuelto. La quema de conventos en mayo de 1931, la expulsión del cardenal primado, Segura, y del obispo de Vitoria, Múgica, y la aprobación de los artículos 3, 26 y 27, en octubre de ese mismo año provocó la airada reacción de los católicos y la primera crisis institucional grave del régimen neonato: dimisión de Alcalá-Zamora como Presidente y abandono de las Cortes por parte de la minoría vasca.

Contra el parecer de muchos republicanos, el anticlericalismo, admite GIL PECHARROMÁN, se convirtió en uno de los pilares normativos del régimen, difuminando el efecto democratizador de la legislación laicista y otorgando a los adversarios de la República una baza psicológica que supieron utilizar adecuadamente.

e) Reconocimiento de la autonomía política de las regiones

SOLÉ TURA considera que las reivindicaciones autonómicas de Cataluña y en menor medida del País Vasco y Galicia habían contribuido a minar el régimen de la Restauración. Era pues imprescindible que la República se planteara la reforma de la estructura del Estado.

Ya vimos las dificultades que planteara a las Cortes Constituyentes el tema de la organización territorial del Estado. Frente a las opciones federal y unitaria se optó por una tercera vía, la que el párrafo tercero del artículo 19 definía como «Estado integral». Tal denominación —manifiesta TOMÁS VILLARROYA— tenía un contenido indeterminado que los artículos 11 y siguientes concretaron en un federalismo disminuido mediante el cual se concedía un estatuto de autonomía política y administrativa a cada una de las regiones que lo solicitasen.

«Lo que ese término «integral» significaba —ha escrito SÁNCHEZ AGESTA— no quedó muy claro fuera del propósito deliberado de rehuir el término Estado federal. Sin duda los Constituyentes se movían en un terreno nuevo al que se ha llamado después Estado regional. Había, además, un sobreentendido que no está explícito en la Constitución, sino una forma de organización reservada a satisfacer las pretensiones autonomistas de una o varias regiones». TOMÁS Y VALIENTE, no obstante, sin excluir que la vertiente autonómica fuera uno de los sentidos de la expresión «Estado integral», ha destacado el origen doctrinal de la fórmula (proveniente de la dogmática alemana), desvelando que su acepción no era exclusivamente esa.

Al tratarse el Título III («Organización nacional») volvió a plantearse la discusión sobre la distribución territorial del poder. La preocupación constante por el problema catalán que, al decir de ORTEGA Y GASSET, no tenía solución total, hizo que quedase redactado en términos de reconocimiento de la unidad nacional, sin concesiones nominales al federalismo, pero incorporando el régimen de autonomía para las regiones históricas: Cataluña —que ya disponía de su Estatuto (Ley de 15 de septiembre de 1932), antes de la aprobación del texto constitucional—, País Vasco (cuyo Estatuto se promulgó el 1 de octubre de 1936, en plena Guerra Civil) y Galicia (que sólo alcanzó a ser aprobado en referéndum, pero no por las Cortes ni promulgado).

A tenor del artículo 8.º de la Constitución, que abre el Título I:

> «El Estado español, dentro de los límites irreductibles de su territorio actual, estará integrado por Municipios mancomunados en provincias y por las regiones que se constituyan en régimen de autonomía.
>
> Los territorios de soberanía del norte de África se organizarán en régimen autónomo en relación directa con el Poder central».

Los artículos 11 a 22 abordaban la regulación de la estructura regional del Estado. El texto republicano preveía la posibilidad de que una o varias provincias limítrofes, con características históricas, culturales y económicas, comunes, se organizaran en región autónoma, presentando su Estatuto a las Cortes; la condición de limítrofe no era exigible a los territorios insulares; una vez aprobado el Estatuto se convertía en la ley básica de la organización político-administrativa de la región (art. 11).

Como ha acentuado FERNÁNDEZ SEGADO, el Constituyente del 31 optaba por el llamado principio de la voluntariedad para el acceso a la autonomía, declinando el trazado de un mapa geográfico-regional y dejando en manos de unos órganos determinados, a los que se refiere el artículo 12, la iniciativa autonómica.

Para la aprobación del Estatuto de la región autónoma, se requerían las siguientes condiciones:

1. Que lo proponga la mayoría de sus Ayuntamientos o, cuando menos, aquellos cuyos municipios comprendan las dos terceras partes del censo electoral de la región.
2. Que lo acepten, por el procedimiento que señale la Ley Electoral, por los menos las dos terceras partes de los electores inscritos en el censo de la región. Si el plebiscito fuere negativo, no podrá renovarse la propuesta de autonomía hasta transcurridos cinco años.
3. Que lo aprueben las Cortes (art. 12).

El artículo 13 cerraba las vías indirectas de acceso al federalismo al prohibir tajantemente la federación de dos regiones autónomas.

La distribución de competencias entre el Estado y las regiones autónomas quedará enmarcada del siguiente modo:

a) Materias cuya legislación y ejecución directa correspondía al Estado (art. 14).

b) Materias cuya legislación correspondía al Estado, pero cuya ejecución podía ser recabada por las regiones (art. 15).

c) Materias no comprendidas en ninguno de los dos bloques anteriores, cuya legislación exclusiva y ejecución directa podía corresponder a las regiones autónomas «conforme a lo que dispongan los respectivos Estatutos aprobados por las Cortes» (art. 16).

Complementando la división tripartita anterior, el artículo 18 añadía la competencia residual del Estado en relación con «todas las materias que no estén explícitamente reconocidas en su Estatuto a la región autónoma».

Por su interés, procede hacer una breve referencia al régimen jurídico de las lenguas regionales, Al poco de proclamarse la República, un Decreto de 29 de abril de 1931 había derogado la prohibición del uso del catalán en las escuelas primarias, ordenada por la Dictadura de Primo de Rivera, y disponía que la enseñanza se impartiese en la lengua materna. Tras un interesante y vehemente debate que tuvo lugar el 18 de septiembre (en el que intervinieron, entre otros muchos diputados, los gallegos Castelao y Otero Pedrayo, los catalanes Alomar y Xirau, y los vascos Leizaola y Unamuno, este último, elegido diputado independiente por Salamanca, para apoyar una enmienda, finalmente aprobada, en virtud de la cual a nadie se podía «imponer el uso de ninguna lengua regional») se aprobó el artículo 4.º cuya redacción establecía que «el castellano es el idioma oficial de la República. Todo español tiene obligación de saberlo y derecho de usarlo, sin perjuicio de los derechos que las leyes del Estado reconozcan a las lenguas de las provincias o regiones. Salvo lo que se disponga en leyes especiales, a nadie se le podrá exigir el conocimiento ni el uso de ninguna lengua regional». Por otro lado, el artículo 50 del texto constitucional permitía a las regiones autónomas organizar la enseñanza en sus lenguas respectivas, de acuerdo con las facultades que se concedían en sus Estatutos, aunque añadía que era «obligatorio el estudio de la lengua castellana», que debía usarse también «como instrumento de enseñanza en todos los centros de instrucción primaria y secundaria de las regiones autónomas».

A su vez, las Cortes podían fijar por ley las bases a las que debía ajustarse la legislación de las regiones autónomas «cuando así lo exigiera la armonía entre los intereses locales y el interés general de la República»; se necesitaba para ello la apreciación de tal necesidad y la aprobación de la ley por mayoría de dos tercios de la Cámara (art. 20).

Por último, el artículo 21 subrayaba de forma categórica la primacía del Derecho del Estado español sobre el de las regiones autónomas en todo lo que no estuviese atribuido a la exclusiva competencia de éstas en sus respectivos Estatutos.

Por primera vez en la accidentada historia constitucional de nuestro país se rompía con el concepto de Estado unitario presente en todos los textos decimonónicos con el frustrado paréntesis del Proyecto Republicano Federal de 1873.

Como es bien sabido, sólo Cataluña, el País Vasco y Galicia llegaron a aprobar sus respectivos Estatutos de Autonomía, siendo la primera la única que antes del 18 de julio de 1936 pudo poner en planta sus instituciones autonómicas, aunque en enero de 1935 el Gobierno suspendió la vigencia del Estatuto tras la rebelión de la *Generalitat* en octubre del año anterior y no volvió a restablecerse hasta la victoria del Frente Popular en febrero de 1936. La aprobación del Estatuto vasco no tuvo lugar hasta el 5 de julio de 1936, tardanza que se explica por los recelos que la autonomía de esta región suscitaba entre los partidos de izquierda y de derecha.

En lo que concierne al Estatuto gallego, su *iter* fue mucho más complicado. El anteproyecto lo aprobaron los Ayuntamientos gallegos el 19 de diciembre de 1932 y, sólo tras la victoria del Frente Popular, se plebiscitó el 28 de junio de 1936, si bien no llegó a ser aplicado debido al estallido de la Guerra Civil, al quedar Galicia en manos de los sublevados desde su inicio

Digamos para terminar que el problema autonómico fue un foco de tensiones entre el poder central y los diferentes territorios, especialmente Cataluña. Las fuerzas políticas e, inclusive, los intelectuales se dividieron a la hora de abordarlo. El nacionalismo español de derechas confundirá, siempre en provecho propio, autonomismo e independentismo, lo que es un argumento eficaz ante sus electores y, sobre todo, ante un ejército siempre dispuesto a erigirse en guardián de la integridad nacional. El mal llamado «separatismo» será una de las causas en que se apoyó la sublevación de julio de 1936.

f) Supremacía parlamentaria

En la configuración del sistema parlamentario recogido en el texto de 1931 la influencia de las nuevas Constituciones europeas del período de entreguerras fue, sin duda, decisiva; pero también, y al lado de ella, jugaron un destacado papel las experiencias vividas en nuestro país en el pasado siglo. Las nuevas fórmulas del «parlamentarismo racionalizado» y la reflexión sobre los avatares de las Cortes españolas en la etapa precedente condujeron a un reforzamiento de las competencias de la institución representativa como única garantía de funcionamiento de un régimen democrático.

De ahí que los Constituyentes se inclinaran por un régimen de supremacía parlamentaria, cuyo correlato era la supeditación del Poder Ejecutivo a la voluntad de la representación popular. A este planteamiento respondía tanto la plena potestad legislativa de la Cámara (art. 51), como su capacidad para controlar al Gobierno (art. 64) e incluso para elegir, y, en situaciones especiales, destituir al Presidente de la República (arts. 81 y 85). No menos importantes eran en este sentido las siguientes previsiones constitucionales: la convocatoria automática de las Cortes (art. 58) y la plena potestad de éstas en el terreno presupuestario (art. 110); la inexcusabilidad de asistencia a la Cámara del Presidente del Consejo y de los ministros cuando fueren requeridos por ella (art. 59); la permanencia del órgano legislativo a través de la Diputación Permanente (art. 62).

El análisis de esas competencias ha llevado a algunos autores a hablar de «omnipotencia del Parlamento» (ALCALÁ-ZAMORA), de «régimen ultraparlamentario» (PÉREZ SERRANO) o de una «asamblea todopoderosa» que aspiraba a imitar los viejos modelos surgidos en la Revolución francesa» (RAMÍREZ JIMÉNEZ). Sin embargo, al menos a nuestro juicio, tales definiciones confunden supremacía con omnipotencia y olvidan el amplio campo de atribuciones que en la Constitución quedaban en manos del Presidente de la República (potestad para elegir y separar libremente al Jefe de Gobierno sin más limitación que la emanada de una negativa explícita de la confianza por las Cortes; derecho de disolución del Parlamento, aunque ahora reducido a dos únicas ocasiones y sometido a estrictas condiciones para evitar una repetición de las prácticas de la Monarquía; veto suspensivo respecto de las leyes aprobadas por el Congreso).

Todo ello va a conducir a un régimen parlamentario excesivamente cauteloso, incluso sustentado en la mutua desconfianza (cuyo culmen, sin ningún género de dudas, lo marcan los artículos 81 y 64); un régimen parlamentario, en definitiva, según POSADA, de «frenos y contrapesos» con los que se trataba de evitar los posibles abusos de poder de uno u otro órgano; sistema que, conforme a la tesis de Redslob, no cabría calificar de impuro, aunque tampoco de puro.

3. Los órganos constitucionales

A. Las Cortes

El Título IV de la Constitución (arts. 51 a 66) estaba dedicado a las Cortes.

a) Organización unicameral

El artículo 51 preceptuaba que «la potestad legislativa reside en el pueblo, que la ejerce por medio de las Cortes o Congreso de los Diputados». Se volvía así al modelo gaditano de 1812 y se rompía con la larga tradición de bicameralismo introducida por el Estatuto Real de 1834.

En un principio, el Anteproyecto de la Comisión Jurídica Asesora se decantó por un Parlamento bicameral, con una segunda Cámara de representación de intereses. Sin embargo, el Proyecto de la Comisión de Constitución optaba por el modelo unicameral.

La pervivencia del Senado fue defendida por el Partido Radical y la Derecha Liberal Republicana de Alcalá-Zamora, que le consideraban un útil freno a las decisiones demasiado precipitadas o abusos de una Cámara popular. En este sentido, el que fuera primer Presidente del Gobierno Provisional defendería la institución sobre la base de los argumentos clásicos: criterio de la estructura social, representación territorial y el de doble discusión.

Al final se impuso el criterio mayoritario, mantenido por socialistas, radical-socialistas, Acción Republicana y Agrupación al Servicio de la República, que estimaban más democrática y representativa a la Cámara única.

El rechazo a la estructura bicameral se apoyaba en razones muy diversas que fueron esgrimidas por Jiménez de Asúa en el discurso con que presentó el Proyecto de Constitución a las Cortes y que resume TOMÁS VILLARROYA de la siguiente manera: la decadencia de las segundas Cámaras, «recuerdo de antaño que el tiempo barrerá»; la consideración de que la dualidad de Cámaras debilitaría al Parlamento exponiéndolo a «intromisiones peligrosas de un Ejecutivo acometedor»; la afirmación de que el bicameralismo, aparte de su morosidad, «es retardatario, frustra leyes progresistas y obstaculiza todo avance»; la prevención de que es contrario al ideal democrático, ya que «este descansa en el supuesto de la igualdad del pueblo como unidad y una Cámara Alta pondrá en peligro esa unidad»; el argumento de Siéyes —expresamente citado por el Presidente de la Comisión redactora— de que si las dos Cámaras «van unidas y representan la voluntad popular, una sobra»; «si la otra se opone, entonces no representará la *volonté générale*, que es lo que debe representar el Poder Legislativo»; el temor a una vieja resurrección del Senado «diverso, antiigualitario, incompatible con el sistema democrático».

b) Composición

El Congreso de los Diputados se componía de los representantes elegidos por sufragio universal, igual, directo y secreto (art. 52). El artículo 53 determinaba que eran elegibles todos los ciudadanos de la República mayores de veintitrés años, sin distinción de sexo ni de estado civil.

Estos preceptos constitucionales fueron desarrollados por la Ley Electoral de 27 de junio de 1933, norma que fijaba un sistema electoral mayoritario a doble vuelta con distritos plurinominales con una dimensión que oscilaba de 2 a 18 escaños, reservándose una cuota a las minorías.

Una vez elegidos, los diputados representaban a la Nación, siendo su mandato de cuatro años. Al término de este plazo se renovaría totalmente el Congreso.

Las elecciones debían celebrarse, a lo sumo, sesenta días después de expirar el mandato o de ser disueltas las Cortes. La Cámara se reuniría a los treinta días, como máximo, después de la elección.

El inciso final del artículo 53 declaraba la reelegibilidad indefinida de los diputados, mientras que los artículos 55 y 56 regulaban su estatuto jurídico: inviolabilidad por los votos y opiniones emitidas en el ejercicio de su cargo e inmunidad parlamentaria, pues los miembros del Congreso sólo podían ser detenidos en caso de flagrante delito.

c) Funcionamiento. La Diputación Permanente

El artículo 58 consagraba la autonomía en el funcionamiento de la Cámara al establecer que «las Cortes se reunirán sin necesidad de convocatoria el primer día hábil de los meses de febrero y octubre de cada año y funcionarán, por lo menos, durante tres meses en el primer período y dos en el segundo».

Bien es verdad que aquella autonomía quedaba limitada por el artículo 81 del texto constitucional, que otorgaba al Presidente de la República «la posibilidad de convocar el Congreso con carácter extraordinario siempre que lo estimase oportuno» y la facultad de «suspender las sesiones ordinarias del Congreso en cada legislatura sólo por un mes en el primer período y por quince días en el segundo, siempre que no deje de cumplirse lo preceptuado en el artículo 58».

Como recuerda TOMÁS VILLARROYA, Alcalá-Zamora hizo uso de su facultad de suspensión en momentos que motivaron serias controversias: así, a primeros de abril de 1935 suspendió las sesiones de las Cortes por un mes con objeto de que Lerroux pudiese constituir un Gobierno minoritario, mientras se preparaba la reconstitución de la coalición gubernamental radical-cedista; en diciembre de 1935 y enero de 1936 decretó nuevas suspensiones de Cortes que se atribuyeron al deseo de facilitar la vida al Ministerio Portela Valladares y ayudarle a preparar su campaña electoral, con vistas a los comicios de febrero de 1936.

Respecto a la disolución, el Presidente de la República hizo uso de este instituto en dos ocasiones: el 9 de octubre de 1933 disolvió las Cortes Constituyentes y el 7 de enero de 1936 volvía a hacer lo propio; por ello, y en cumplimiento de lo establecido en el precepto antes citado, las Cortes, una vez constituidas de nuevo en abril de 1936, procedieron a examinar la necesidad de la segunda disolución, concluyendo que la disolución había sido improcedente, lo que significó, aclara MERINO MERCHÁN, un mero pretexto formal para forzar la destitución de Alcalá-Zamora.

El artículo 62 del texto constitucional contemplaba la Diputación Permanente para asegurar la continuidad del poder parlamentario cuando las Cortes estuvieran cerradas o disueltas. Esta institución tenía como antecedente la establecida en la Constitución de Cádiz (art. 157 a 160) y en la no promulgada de 1856 (art. 47).

Se componía de un máximo de veintiún representantes de las distintas fuerzas políticas en proporción a su importancia numérica y era presidida por el Presidente de las Cortes. Entendía de cuestiones tan fundamentales como la suspensión de garantías constitucionales, la legislación mediante Decreto ley del Gobierno y la inmunidad parlamentaria.

La Diputación Permanente de las Cortes, indica de nuevo TOMÁS VILLARROYA, atrajo, especialmente, la atención del país en tres ocasiones durante el primer semestre de 1936. La primera fue al pedirse su reunión urgente para que convocase a las Cortes, en aquel momento cerradas, a fin de acusar ante las mismas al Presidente de la República y al del Gobierno por haber prorrogado de forma dudosamente regular, mediante Decreto, los Presupuestos del Estado. La segunda en los días que siguieron al triunfo del Frente Popular en las elecciones de febrero; en tal ocasión, bajo la presión de las masas, acordó la amnistía para los encausados por delitos políticos y sociales. La tercera, el día 15 de julio, cuando se reunió para discutir la prórroga del estado de alarma pedida por el Gobierno; esa sesión, dos días después del asesinato de Calvo Sotelo y tres antes de comenzar la guerra civil, debe situarse entre los momentos y escenas más dramáticas de toda nuestra historia.

d) Funciones

El Código político de 1931 asignaba a la Cámara una serie de atribuciones que pueden clasificarse en los cuatro bloques siguientes: funciones legislativas, de control, económico-presupuestarias y autonormativas.

1.° Funciones legislativas

El artículo 60 atribuía la iniciativa legislativa al Gobierno y al Congreso de los Diputados. A su vez, el artículo 66, ya examinado, reconocía la iniciativa popular, siempre que lo solicitase, por lo menos, el 15 por 100 de los electores; de otra parte, sostiene con acierto MERINO MERCHÁN, aunque aparentemente se excluya al Presidente de la República como sujeto con iniciativa legislativa, el funcionamiento del propio sistema acabaría atribuyendo «iniciativa indirecta o implícita» al Jefe Estado; puesto que era el Consejo de Ministros, de conformidad con el artículo 90, el que había de elaborar los proyectos de ley que debían ser enviados al Parlamento, y esto debía efectuarse mediante el correspondiente Decreto, así era evidente que, al final, la iniciativa gubernamental requería la firma del Presidente de la República, ya que los ministros por sí mismos no podían expedir dichas resoluciones (art. 76).

La fase central del procedimiento legislativo (deliberación y aprobación) correspondía en exclusiva a las Cortes, y al Presidente de la República la promulgación de las leyes. Sin embargo, el artículo 83 concedía al Jefe del Estado un veto suspensivo de las leyes aprobadas sin carácter urgente, pudiendo solicitar de las Cortes una nueva deliberación; pero había de promulgarla si la ley era de nuevo aprobada por una mayoría de dos tercios de votantes.

Por último, el artículo 61 permitía la delegación legislativa al determinar que el Congreso podía autorizar al Gobierno para que este legislara por Decreto, acordado en Consejo de Ministros, sobre materias reservadas a la competencia del Poder Legislativo, reservándose el Congreso la potestad de reclamar el conocimiento de los Decretos así dictados, para enjuiciar su conformidad y adaptación a las bases establecidas por él; estas autorizaciones no podían tener carácter general y en ningún caso podía autorizarse, en esa forma, aumento alguno de gastos públicos.

2.° Funciones de control

Esta función fiscalizadora la realizaba el Parlamento a través de los mecanismos siguientes:

a) Requerir la asistencia a la Cámara del Presidente del Consejo y los ministros, sin posibilidad de excusar su presencia los miembros del Gobierno; lo que posibilitaba el uso de las preguntas e interpelaciones (art. 63). El Gobierno sólo podía negarse a responder cuando así lo exigieran razones de interés nacional (art. 93. 3 del Reglamento del Congreso de los Diputados).

b) Ejercitar la moción de censura racionalizada, en la línea característica de los textos constitucionales europeos de entreguerras, contemplada en el artículo 64, a tenor del cual:

> «El Congreso podrá acordar un voto de censura contra el Gobierno o alguno de sus ministros.
>
> Todo voto de censura deberá ser propuesto, en forma motivada y por escrito, con las firmas de cincuenta diputados en posesión del cargo.
>
> Esta proposición deberá ser comunicada a todos los diputados y no podrá ser discutida ni votada hasta pasados cinco días de su presentación.
>
> No se considerará obligado a dimitir el Gobierno ni el ministro, cuando el voto de censura no fuere aprobado por la mayoría absoluta de los diputados que constituyan la Cámara.
>
> Las mismas garantías se observarán respecto a cualquier otra proposición que indirectamente implique un voto de censura».

3.º Funciones económico-presupuestarias

El artículo 107 atribuía al Gobierno la elaboración y aprobación del proyecto presupuestario, correspondiendo a las Cortes su aprobación. El Gobierno debía presentar a la Cámara, en la primera quincena de octubre de cada año, el proyecto de Presupuestos Generales del Estado para el ejercicio económico siguiente, y si no pudiera ser votado antes del primer día del año económico siguiente, se prorrogaría por trimestres la vigencia del último Presupuesto hasta un máximo de cuatro.

Los diputados no podían presentar enmiendas que supusieran aumento de créditos a ningún artículo ni capítulo del proyecto de Presupuestos, a no ser con la firma de la décima parte de sus miembros; su aprobación requería el voto favorable de la mayoría del Congreso (art. 108).

Además, de acuerdo con el artículo 113, el Presupuesto no podía contener ninguna autorización que permitiera al Gobierno sobrepasar en el gasto la cifra absoluta en él consignada, salvo caso de guerra. En consecuencia, se prohibían los llamados «créditos ampliables».

De otro lado, el Gobierno necesitaba estar autorizado por una ley para disponer de las propiedades del Estado y para tomar caudales a préstamo sobre el crédito de la Nación (art. 117).

Cerrando el Título VIII, relativo a la Hacienda Pública, el artículo 120 establecía el Tribunal de Cuentas de la República, del que más tarde nos ocuparemos, como «órgano fiscalizador de la gestión económica». Dependía directamente de las Cortes y actuaba por delegación de ellas en el conocimiento y aprobación final de las cuentas del Estado.

4.º Funciones autonormativas

En favor de su independencia, el Congreso de los Diputados tenía capacidad para adoptar su propio Reglamento de régimen interior y para aceptar o negar la validez del acta de los diputados electos.

Durante la Segunda República, la Cámara se rigió por dos Reglamentos: el Reglamento Provisional de las Cortes Constituyentes de 18 de julio de 1931 y el Reglamento del Congreso de los Diputados de 29 de noviembre de 1934, considerado por Pérez Serrano como quizá el más completo de los que ha habido en España.

B. El Presidente de la República

La Constitución dedicaba el Título V (arts. 67 a 85) a la Jefatura del Estado que encarnaba el Presidente de la República. Su figura hay que situarla en una posición intermedia entre los sistemas presidencialistas fuertes de inmediato origen popular, y los regímenes presidencialistas débiles en los que el Jefe del Estado es designado por el Parlamento a la forma y manera de la Tercera República francesa.

El acabado de esta magistratura, expone Torres del Moral, obedeció a un doble estímulo de los constituyentes: de un lado, parecía conveniente una institución de moderación y arbitraje entre los Poderes Legislativo y Ejecutivo, como la había en Alemania; de otro lado, se quería evitar las injerencias del Jefe del Estado en el juego, como las había habido tradicionalmente durante la Monarquía. El resultado final —continúa— fue un híbrido en el que el Presidente tenía reconocidos ciertos poderes o facultades, pero se los sometía a un régimen cautelar tan estrecho que los desnaturalizaba. Es lo que Posada denominó «sistema de desconfianzas».

a) Elección y mandato presidencial

El Presidente era elegido en virtud del artículo 68 conjuntamente por las Cortes y un número de compromisarios igual al de diputados. Los compromisarios se elegirían por sufragio universal, igual, directo y secreto, correspondiendo al Tribunal de Garantías Constitucionales el examen y aprobación de sus poderes. De esta forma tenían la misma legitimidad de origen que los diputados, diferenciándose de ellos en el carácter temporal y exclusivo de su representación. Una vez elegido el Jefe del Estado, los compromisarios perdían su condición de tales y las prerrogativas para el desempeño de su función.

De acuerdo con el artículo 68, el 10 de mayo de 1936, Azaña fue elegido segundo Presidente de la República por una Asamblea mixta integrada por los diputados a Cortes de las elecciones de febrero y las celebradas el 16 de abril para elección de compromisarios. Dado que el sistema no entró en vigor hasta la Ley de 1 de julio de 1932, Alcalá-Zamora, que ocupó la primera Presidencia de la República el 10 de diciembre de 1931, fue elegido de la forma establecida por la Disposición transitoria primera; esto es, en votación secreta por las Cortes Constituyentes, por mayoría absoluta en primera vuelta y relativa en la segunda.

El artículo 69 determinaba que sólo podían ser elegibles para el cargo de Presidente de la República los ciudadanos españoles mayores de cuarenta años que se hallaran en el pleno goce de sus derechos civiles y políticos; a su vez, el artículo 70, complementando tal previsión, establecía la ilegibilidad para los militares en activo o en la reserva, eclesiásticos y miembros de las familias reales.

El Presidente electo debía prometer ante las Cortes, solemnemente reunidas, fidelidad a la República y a la Constitución. Prestada esa promesa, se consideraba iniciado el período presidencial (art. 72).

Su mandato era de seis años, sin que pudiera ser reelegido hasta transcurridos seis años desde el término de su anterior mandato (art. 71). Para Torres del Moral, la duración del mandato presidencial, sensiblemente superior al de las Cortes, buscaba compensar en parte su dependencia parlamentaria. Cabe recordar aquí que ninguno de los dos Presidentes de la República llegó a agotar su mandato. Alcalá-Zamora fue destituido en abril de 1936. Azaña presentó la dimisión el 27 de febrero de 1939, desde su exilio parisino.

En caso de vacancia, el Presidente del Parlamento asumía las funciones de la Presidencia de la República (art. 74).

b) Responsabilidad del Presidente

El texto constitucional de 1931 contemplaba tres formas de terminación anormal del mandato presidencial. A ellas se refieren los artículos 81, párrafo final (responsabilidad política sobre la necesidad de la segunda disolución presidencial de las Cortes); 82 (revocación o *recall*) y 85 (responsabilidad criminal del Jefe del Estado).

Según el primero de los preceptos citados, en el caso de una segunda disolución de las Cortes decretada por un mismo Presidente, el primer acto de las nuevas Cortes sería examinar la necesidad de la disolución de las anteriores. El voto desfavorable de la mayoría absoluta de la Cámara llevaba aneja la destitución del Presidente. En cumplimiento de tal exigencia seria defenestrado Alcalá-Zamora en abril de 1936.

Conforme a lo establecido en el artículo 82, el Presidente podía ser también destituido a propuesta de las tres quintas partes de los componentes del Congreso. Esta propuesta tenía que ser ratificada en el plazo de ocho días por la mayoría absoluta de las Cortes y un número igual de compromisarios. Si la Asamblea votaba contra la destitución quedaba disuelto el Congreso; en caso contrario, esa misma Asamblea elegía nuevo Presidente.

A su vez, el Presidente de la República era criminalmente responsable en el ejercicio de sus obligaciones constitucionales; a este respecto, el Congreso decidía si consideraba pertinente ejercitar su acusación ante el Tribunal de Garantías Constitucionales. Si el Tribunal admitía la acusación, el Presidente quedaba destituido; si la acusación no fuese admitida, la Cámara quedaba disuelta, procediéndose a una nueva convocatoria (art. 85).

c) Atribuciones

Las numerosas competencias del Presidente de la República pueden agruparse desde la perspectiva siguiente:

1.º Atribuciones en cuanto Jefe del Estado

Como Jefe del Estado, el Presidente de la República personificaba a la Nación (art. 67). Su principal poder estribaba en nombrar y separar libremente al Presidente del Gobierno y, a propuesta de este, a los ministros (art. 75). De manera general, afirma TOMÁS VILLARROYA, se entendía que esta prescripción había de considerarse limitada por las reglas propias del régimen parlamentario, en virtud de las cuales el Jefe del Estado debía llamar a formar gobierno al jefe del grupo parlamentario más numeroso. Sin embargo, la praxis política reveló que Alcalá-Zamora se atuvo siempre a la letra estricta del artículo 75 y prescindió de la limitación parlamentaria. Respecto a los ministros, añade el citado autor, las reglas parlamentarias exigían que el Jefe del Estado se limitase a aceptar la lista que le presentase el Presidente del Gobierno; *de facto*, parece probado que Alcalá-Zamora intervino, mediante imposiciones y vetos, en la formación de las listas gubernamentales. En cambio, el ejercicio del voto de censura contemplado en el artículo 64 del texto constitucional podía imponer al Presidente de la República unos resultados insoslayables.

Al margen le correspondían un conjunto de facultades características de toda suprema Magistratura del Estado. Entre ellas, las que pasamos a enumerar: declarar la guerra y firmar la paz (art. 76. *a*); conferir los empleos civiles y militares y expedir los títulos profesionales (art. 76. *b*); autorizar con su firma los Decretos, refrendados por el ministro correspondiente, previo acuerdo del Gobierno, pudiendo el Presidente acordar que los proyectos de decreto se sometiesen a las Cortes, si creyese que se oponen a alguna de las leyes vigentes (art. 76. *c*); negociar, firmar y ratificar los tratados y convenios internacionales sobre cualquier materia, vigilando su cumplimiento en todo el territorio nacional; no obstante, los tratados de carácter público, los de comercio y los que supusiesen un gravamen para la Hacienda o para los propios ciudadanos, así como, en general, todos los que exigiesen para m ejecución medidas de orden legislativo, sólo obligarían a la Nación si hubieren sido aprobados por las Cortes (art. 76. *d*).

2.º Atribuciones de carácter ejecutivo

En este orden de potestades, el Presidente de la República expedía a propuesta del Gobierno los Decretos, reglamentos e instrucciones necesarios para la ejecución de las leyes (art. 79), y ordenaba las medidas urgentes que pudiera exigir la defensa de la integridad o la seguridad de la Nación, dando cuenta inmediata a las Cortes (art. 76. *d*); esta última previsión tenía su antecedente inmediato en el artículo 48 de la Constitución de Weimar.

3.º Atribuciones en relación con la función legislativa

Al Presidente le correspondía —como ya dijimos más atrás— la promulgación de las leyes, disponiendo al respecto de un derecho de veto suspensivo sobre las normas aprobadas por el Parlamento sin carácter urgente (art. 83).

Asimismo, estaba facultado para, a propuesta y por acuerdo unánime del Gobierno y con la aprobación de los dos tercios de la Diputación Permanente, estatuir por Decreto sobre materias reservadas a la competencia de las Cortes, en los casos excepcionales que requiriesen urgente decisión; tales disposiciones tenían carácter provisional, y su vigencia estaba limitada al tiempo que el Congreso resolviese o legislase sobre la materia (art. 80).

4.º Atribuciones en relación con el funcionamiento de las Cortes

Conforme al artículo 81, el Presidente tenía el poder de convocar de forma extraordinaria, y de suspender las sesiones; la primera vez por un mes y la segunda por quince días dentro de cada legislatura. También se podía disolver la Cámara, en los términos que hemos estudiado con anterioridad.

C. El Gobierno

El Gobierno aparece regulado en el Título VI (arts. 86 a 93) del texto fundamental. Según el artículo 86 estaba constituido por el Presidente del Consejo y los ministros. El nombramiento y separación de los mismos —como ya vimos— se hacía por el Presidente de la República.

El Gobierno necesitaba para conservar el poder de una doble confianza: la del Jefe del Estado y la de las Cortes. A juicio de TOMÁS VILLARROYA, la primera se entendía vigente hasta el momento en que el Presidente de la República, al plantearle el del Gobierno un determinado problema, manifestaba que deseaba meditarlo o abrir consultas sobre el mismo. Respecto a la segunda, la Constitución configuraba una «responsabilidad política condicionada», como hemos explicado también en otro lugar. En cualquier caso, continúa diciendo TOMÁS VILLARROYA, las prevenciones de la Constitución resultaron, en gran parte, inútiles, ya que el primer Gobierno Lerroux vino a caer a través de un llamado «voto de desconfianza», al margen de las cautelas fijadas en el artículo 64 para la moción de censura; las restantes crisis ministeriales se produjeron por retirar Alcalá-Zamora su confianza al Presidente del Gobierno, por discrepancias o conflictos entre el Jefe del Estado y el Gobierno o por disensiones internas de los partidos que formaron las sucesivas coaliciones ministeriales. Así, entre abril de 1931 y julio de 1936 se sucedieron 18 Gobiernos, con una duración media de tres meses, si bien algunos sólo se mantuvieron cuatro o cinco semanas.

Dentro del Gobierno, la figura de su Presidente ocupaba una posición privilegiada. «El Presidente del Consejo de Ministros -disponía el artículo 87- dirige y representa la política general del Gobierno», mientras que a los ministros les correspondía únicamente «la alta dirección y gestión de los servicios públicos asignados a los diferentes departamentos ministeriales». Como destacó en su día PÉREZ SERRANO, el Presidente del Gobierno quedaba configurado en el Código político republicano al modo del canciller alemán.

Sin embargo, la escasa disciplina de los partidos de la Segunda República, en valoración de TORRES DEL MORAL, permitió al Jefe del Estado vetar en algunas ocasiones las propuestas que el Presidente del Gobierno le elevaba sobre la composición de su equipo; esta desviación del funcionamiento del sistema parlamentario llevó a desdibujar su pieza clave, el Presidente del Gobierno, lo cual sucedió más en el segundo bienio que en el primero por las muy diferentes personalidades de Azaña y Lerroux y por la mayor cohesión interna, a pesar de todo, de las Cortes Constituyentes en comparación con sus sucesoras.

Afectaban al Presidente del Gobierno las mismas incompatibilidades establecidas en el artículo 71 para el Presidente de la República (art. 87); y los miembros del Gobierno, mientras estaban en el ejercicio de sus funciones, no podían desempeñar profesión alguna, ni intervenir directa o indirectamente en la dirección o gestión de ninguna empresa ni asociación privada. El cargo de ministro era compatible con el desempeño del mandato parlamentario; de otro lado, el Presidente del Consejo y los ministros tenían voz en el Congreso, aunque no fueran diputados (art. 63).

Correspondía al Consejo de Ministros:

a) Elaborar los proyectos de ley que hubiera de someter al Parlamento (art. 90).

b) Dictar decretos (art 90).

c) Ejercer la potestad reglamentaria (art. 90).

d) Deliberar sobre todos los asuntos de interés público (art. 90).

e) La suspensión de garantías constitucionales (art. 42).

f) La iniciativa legislativa, compartida con el Congreso de los Diputados (art. 60).

g) La formación del proyecto de Presupuestos (art. 107).

En la práctica estas competencias se veían debilitadas por la actuación o el concurso de otras instituciones, y hubieran sido aún más restringidas de haberse llevado a efecto el régimen autonómico diseñado por la Constitución.

Significaremos finalmente que los miembros del Consejo respondían ante el Congreso, solidariamente de la política del Gobierno, e individualmente de su propia gestión ministerial (art. 91). Al margen de la responsabilidad política, tanto el Presidente del Consejo como sus ministros eran individualmente responsables, en el orden civil y en el criminal, por las infracciones de la Constitución y las leyes (art. 92); en caso de delito, las Cortes debían ejercer la acusación ante el Tribunal de Garantías Constitucionales.

D. La Administración de Justicia

El Título VII (arts. 94 a 106) bajo el impreciso epígrafe de «Justicia» garantizaba la exclusividad e independencia de la función judicial.

Tras disponer que la Justicia se administraba en nombre del Estado (art. 94, párrafo primero), los preceptos recogidos en este Título reconocían los siguientes principios: a) gratuidad de la justicia (art. 94, párrafo segundo); b) independencia de los jueces en el ejercicio de su función, pues sólo quedan sometidos a la ley (art. 94, párrafo tercero); c) unidad jurisdiccional y de fuero, con la limitación de la jurisdicción penal militar y la supresión de los tribunales de honor civiles y militares (art. 95); d) exigencia de responsabilidad civil y criminal de jueces y magistrados en el ejercicio de sus funciones o con ocasión de ellas (art. 99); e) institución del Jurado como forma de participación popular en la Administración de Justicia (art. 103).

En la cúspide de la organización judicial se situaba el Tribunal Supremo, cuyo Presidente sería designado por el Jefe del Estado a propuesta de una Asamblea en la forma que determinase la ley (art. 96).

El cargo de Presidente del Tribunal Supremo requería ser español, mayor de 40 años y licenciado en Derecho, comprendiéndole las incapacidades e incompatibilidades establecidas para los demás funcionarios judiciales. El ejercicio de su magistratura duraría 10 años (art. 96).

La Constitución se refería asimismo al Ministerio Fiscal, atribuyéndole la facultad de velar por el exacto cumplimiento de las leyes y por el interés social. Había de constituir un solo cuerpo, gozando de las mismas garantías de independencia que la Administración de Justicia (art. 104).

E. La Administración local

El Gobierno provisional con el fin de paliar la situación que arrastraba la vida local, promulgó el 21 de abril de 1931 un Decreto por el que se establecían Comisiones gestoras en todas las Diputaciones Provinciales, a la vez que, mediante otro Decreto, de 13 de mayo de ese mismo año, disponía que se celebrasen nuevas elecciones municipales donde éstas hubiesen sido impugnadas, nombrando, asimismo, Comisiones gestoras en tanto no se celebrase una nueva convocatoria electoral.

La Constitución de 1931 afirmaba en su artículo 1.º que «la República constituye un Estado integral, compatible con la autonomía de los municipios y regiones que la forman». Esta fórmula fue criticada duramente en su momento por PÉREZ SERRANO, quien señaló que resultaba incorrecto equiparar la autonomía municipal con la regional, toda vez que la primera se desenvuelve en el marco administrativo, mientras que la segunda parte de unos presupuestos políticos.

El texto republicano es parco en la regulación que hace del régimen local. Ésta se efectúa en el Título I, denominado «Organización nacional», que sólo le dedica tres artículos (8.°, 9.° y 10.°) frente a los doce que destina a la regulación de las regiones autónomas. El artículo 9.° proclama la autonomía municipal y establece la elección «por sufragio universal, igual, directo y secreto de los Ayuntamientos», cuyo alcalde es elegido directamente por el pueblo. El artículo siguiente, dedicado a las provincias, no contempla su autonomía, como en el caso de los municipios, pues sólo se recoge que una ley posterior determinará «su régimen, sus funciones y la manera de elegir el órgano gestor de sus fines político-administrativos».

Según la Constitución el régimen local estaba considerado como una competencia propia de las regiones autónomas. El Estatuto catalán recogió en su artículo 104, posteriormente desarrollado en la ley municipal catalana, de 5 de enero de 1934, la reorganización territorial de la región en un sentido superador de la provincia, a la que se sustituía por las tradicionales comarcas catalanas.

La legislación en materia de régimen local no se reguló hasta la aprobación de la ley municipal de 10 de julio 1935, que sólo fue avalada con los votos del Partido Radical y de la Confederación Española de Derechas Autónomas (CEDA). En ella se observa un equilibrio entre elementos innovadores y tradicionales de nuestro régimen local.

F. El Tribunal de Garantías Constitucionales

El texto republicano creó *ex novo* este órgano desconocido en nuestro constitucionalismo histórico, situándonos en la vanguardia europea al asumir e instituir —siguiendo el modelo kelseniano, cristalizado en las Constituciones de Austria y Checoslovaquia de 1920— el control concentrado de constitucionalidad, al que dedicó el Título IX (arts. 121 a 124) intitulado: «Garantías y reforma de la Constitución».

Esta institución padeció, sin embargo, *ab initio* un gélido acogimiento y una notable desconfianza por las Cortes Constituyente que se aprecia límpidamente, siguiendo a RUBIO LLORENTE, en la gran demora del Gobierno de Azaña en presentar al Congreso el proyecto de ley Orgánica del Tribunal —mayo de 1933— cuando se hallaba en su poder el Anteproyecto desde agosto de 1932, y en el temeroso desarrollo legal del órgano, que no instauró un recurso directo de inconstitucionalidad y le hurtó el control de las normas con rango de ley aprobadas con anterioridad a la publicación en la *Gaceta* de su Ley Orgánica —30 de junio de 1933— en virtud de su Disposición final. Este autor considera que la desconfianza fue debida a que «la jurisdicción constitucional es una institución absolutamente discordante con los presupuestos teóricos que están en la base de la obra de las Constituyentes. La idea de democracia dominante en éstas es, muy evidentemente, la de la democracia roussoniana, la de la democracia jacobina radical que no entiende la posibilidad de establecer límite a la acción del legislador».

El Tribunal de Garantías Constitucionales estaba integrado por veintiséis miembros de heterogénea extracción sociopolítica. Así, el Presidente designado por el Parlamento, fuese o no diputado, y los veinticinco vocales eran un grupo misceláneo formado por el Presidente del Consejo de Estado, el Presidente del Tribunal de Cuentas (miembros natos), dos diputados elegidos por la propia Cámara, un representante de cada una de la Regiones españolas, sean autónomas (Cataluña) o no, dos miembros nombrados por los Colegios de Abogados y cuatro profesores de la Facultad de Derecho de las Universidades españolas (vocales electivos) (art. 122).

Los criterios trazados por los constituyentes de 1931 en el citado precepto —advierte FERNÁNDEZ SEGADO— se hallaban en las antípodas de aquellos otros que Kelsen considerase necesario para que el órgano titular de la Jurisdicción Constitucional pudiese cumplir adecuadamente sus fines: número reducido de miembros, reclutamiento según criterios relativamente homogéneos, cualificación técnico-jurídica e independencia frente a los partidos.

Con jurisdicción en todo el territorio nacional, el Tribunal de Garantías tenía competencia para conocer de:

a) El recurso de inconstitucionalidad de las leyes.

b) El recurso de amparo de garantías individuales, cuando hubiere sido ineficaz la reclamación ante otras autoridades.

c) Los conflictos de competencia legislativa y cuantos surjan entre el Estado y las regiones autónomas y los de éstas entre sí.

d) El examen y aprobación de los poderes de los compromisarios que juntamente con las Cortes eligen al Presidente de la República.

e) La responsabilidad criminal del Jefe del Estado, del Presidente del Consejo y de los ministros.

f) La responsabilidad criminal del Presidente y los magistrados del Tribunal Supremo y del Fiscal de la República (art. 121).

El artículo 123 abordaba el tema de la legitimación de forma muy amplia, al determinar que eran competentes para acudir ante él:

1. El Ministerio Fiscal.
2. Los jueces y tribunales en el caso del artículo 100.
3. El Gobierno de la República.
4. Las regiones españolas.
5. Toda persona, individual o colectiva, aunque no hubiera sido directamente agraviada.

La mayor parte de los autores coinciden en destacar el carácter excesivamente politizado que tuvo este alto tribunal, cuyo primer Presidente, en virtud del acuerdo entre los partidos mayoritarios, fue el ex ministro de Justicia Albornoz; igualmente sus resoluciones, en general fundadas en análisis muy ponderados de la legislación constitucional, fueron objeto de apasionadas lecturas políticas que, como la declaración de inconstitucionalidad de la Ley de Contratos de Cultivo promulgada por la *Generalitat* de Cataluña en 1934, pusieron a veces en entredicho su independencia e imparcialidad.

Muchos de los parlamentarios no llegaron a entender la naturaleza y altas funciones de este órgano que lo identificaban con un sucedáneo del fallido Senado para influir en el sentido de las resoluciones, al preponderar la filiación política sobre la formación jurídica en sus miembros, lo que desprestigió institucionalmente al Tribunal porque lo convirtió en un campo más en el que librar la mezquina lucha partidista por el Poder. Por extraño que resulte, su primer Presidente —Albornoz— fue un enemigo de la institución, «huérfano de las cualidades imprescindibles para el ejercicio de altas funciones públicas», a tenor del contenido del «Diario de Azaña». Con anterioridad, Albornoz había criticado duramente la Ley Orgánica durante su debate parlamentario tratando de deslegitimar democráticamente la jurisdicción constitucional, arguyendo que la defensa de la Carta Magna es una tarea política que compete exclusivamente al pueblo y al Presidente de la República, y que en modo alguno puede delegarse en un órgano jurisdiccional

Pero con todo, la doctrina más ecuánime —como constata MERINO MERCHÁN— está de acuerdo en afirmar que un examen analítico de las sentencias y fallos de este Tribunal revela que los temas claves del ordenamiento constitucional en relación con la realidad constitucional viva y operativa del régimen político de la Segunda República tuvieron un adecuado tratamiento.

Y aun dentro del denso ambiente de crispación política de la época en que brevemente ejerció su jurisdicción el Tribunal, se ha de apuntar, razona BASSOLS, sus excelentes atisbos en el orden de las técnicas jurídicas y principios de interpretación constitucional.

G. El Cuerpo Consultor Supremo de la República

Los dirigentes republicanos rechazaron el tradicional Consejo de Estado por considerar que esta institución era la encarnación administrativa de las llamadas «fuerzas tradicionales» del Estado monárquico, de forma que, inmediatamente después de la proclamación del nuevo régimen mediante Decreto de 22 de abril de 1931, se acordó su disolución, si bien ello no significó su desaparición. El Pleno quedaría suprimido y la Comisión Permanente se reorganizaba para servir de freno y dictamen del Gobierno Provisional, buscador de las «máximas garantías de fiscalización y acierto en su gestión administrativa» conforme el Preámbulo del citado Decreto.

La Constitución silenció cualquier alusión directa, en cuanto a su denominación, respecto del Consejo de Estado, por considerarlo «incompatible con el espíritu democrático» si bien recogió en su artículo 93 la existencia de un «Cuerpo consultor supremo de la República en asuntos de gobierno y administración», remitiendo su regulación a una ley especial que nunca llegó a aprobarse. Según JIMÉNEZ DE ASÚA este Cuerpo consultivo era el Consejo de Estado, aunque no se nombrara directamente por la «enconada» oposición de los radical-socialistas, fortalecidos por Sánchez-Albornoz. Sin embargo, para VALERO TORRIJOS, no es posible dicha identificación a la vista de la previsión contenida en la Disposición Transitoria Primera de la Ley del Tribunal de Garantías Constitucionales que, al referirse a su composición, incluye entre sus miembros al Presidente del Consejo de Estado con carácter transitorio en tanto no se constituya el organismo previsto en el artículo 93 de la Constitución, de forma que en dicho texto sí que aludía expresamente al Consejo de Estado.

Durante la Segunda República, la composición de la Comisión Permanente del Consejo de Estado era libre. La consulta, por lo demás, pasó a ser potestativa en los asuntos antes atribuidos al Pleno y su competencia fue mermando hasta la supresión de títulos nobiliarios, tribunales de honor y en materia de indultos, si bien paulatinamente —rememora TRIGUERO ORTIZ— fue recuperando su prestigio a medida que la seriedad de sus dictámenes le hacían acreedor de la consideración ganada muchos años atrás.

H. El Tribunal de Cuentas

El artículo 120 de la Carta Magna disponía que el Tribunal de Cuentas «es el órgano fiscalizador de la gestión económica. Dependerá directamente de las Cortes y ejercerá sus funciones por delegación de ellas en el conocimiento y aprobación final de las cuentas del Estado. Una ley especial regulará su organización, competencias y funciones. Sus conflictos con otros organismos serán sometidos a la resolución del Tribunal de Garantías Constitucionales». Previamente, en el artículo 119 se había establecido que las cuentas se someterían a esta institución y que del resultado de esa censura conocería el Parlamento.

El desarrollo de estos preceptos tuvo lugar a través de la Ley Orgánica del Tribunal de Cuentas de la República, de 29 de junio de 1934 y del Reglamento de 16 de julio de 1935.

La Ley Orgánica definía al Tribunal de Cuentas como el órgano que, con jurisdicción especial y privativa, tiene encomendada la fiscalización económica del Estado, de las regiones autónomas, con arreglo a sus Estatutos y de los Ayuntamientos en los casos que determine la Ley Municipal (art. 1.º). Formaban el Tribunal un Presidente, seis ministros, un secretario general, seis contadores decanos, contadores de primera, segunda, tercera y cuarta clase, y oficiales y demás dependientes que determine la Ley de Presupuestos. Además, existiría un Fiscal, asistido por dos abogados fiscales y de los oficiales letrados (art. 2.º). El artículo 11, por su parte, señalaba que corresponde a la categoría de Supremos, puesto que contra sus resoluciones no cabía impugnación alguna, ejerciendo sus funciones con total independencia del Gobierno.

La Memoria anual que el Tribunal estaba obligado a presentar a las Cortes, referente a la Cuenta General del Estado correspondiente a cada Presupuesto, debía publicarse en la «Gaceta de Madrid», al día siguiente de su presentación a las mismas.

4. Significado y aplicación de la Constitución

El texto que dio forma jurídica a la Segunda República pretendió recoger las ilusiones populares que el cambio de régimen había suscitado en España y dar salida a las preocupaciones y problemas de gran parte del país.

Estamos ante una Constitución democrática y liberal —«de izquierdas, pero no socialista..., directa al alma popular», dirá Jiménez de Asúa en la presentación del Proyecto a las Cortes—, fruto de acuerdos coyunturales entre los socialistas y la pequeña burguesía republicana, y no de un consenso generalizado de las fuerzas políticas. Su no ratificación en referéndum impidió conocer el grado de identificación ciudadana y otorgó argumentos a la derecha para rechazarla alegando que no respondía a la opinión mayoritaria de la Nación. Asimismo, para ciertos sectores del movimiento obrero se trataba de un texto que obstaculizaba los cambios revolucionarios que el 14 de abril les había hecho esperar.

Sobre el nuevo sistema constitucional y político que, a lo sumo, pretendió un reformismo social para paliar injusticias y desigualdades, liquidar arcaísmos y modernizar las estructuras de un país anclado en el pasado, iban a recaer no sólo los problemas devenidos de antaño sino también los creados por quienes se habían visto desposeídos del poder político y temían ser privados del económico, así como por una coyuntura internacional de crisis.

A la República le tocó vivir en medio de la depresión económica de 1929 y de la oleada totalitaria que se extendía por el viejo continente.

La Constitución de 1931, recuerda TOMÁS VILLARROYA, en su conjunto no era mejor ni peor que las anteriores que España había conocido o que otras que en aquella época estaban vigentes en Europa; pero algunos preceptos aislados ofrecían soluciones polémicas a problemas primordiales que afectaban a la convivencia política y continuaban nuestra nefasta tradición de llevar al texto constitucional criterios que eran reflejo de determinadas ideologías o de estados pasionales.

Organizativamente, añade el autor antes citado, a quien seguimos en sus consideraciones, el Código constitucional no era un modelo de sabiduría ni un catálogo de errores; era un texto fundamental más que proponía un conjunto de reglas, reglas que, en ocasiones, fueron quebrantadas y olvidadas; otras veces se utilizaban con un exceso de pasión y ausencia absoluta de serenidad. Del Presidente de la República se solicitaron por las mismas Cortes actuaciones concretas y partidistas que recordaban viejas y repudiadas costumbres de la Monarquía, cuya suprema magistratura debió haber quedado siempre al margen de las contiendas entre los partidos. De otro lado, el Gobierno, generalmente, fue incapaz de cumplir la función rectora de la vida política que la Constitución le atribuía. Aunque tal incapacidad se debió a muy diferentes motivos, lo cierto es que uno de ellos fue la inestabilidad ministerial que se tradujo en falta de autoridad y eficacia. Las Cortes tampoco lograron participar en el juego político con el decoro que de ellas se exigía; con sus sesiones frecuentemente turbulentas, dieron un ejemplo políticamente negativo a los ciudadanos, no ayudando a mejorar nuestras costumbres políticas.

Ahora bien, concluye TOMÁS VILLARROYA, ni el texto constitucional ni la actuación insuficiente o desafortunada de los órganos constitucionales de gobierno fueron la quiebra de la Segunda República; dicha quiebra se debió principal y casi exclusivamente a las tensiones motivadas por los temas polémicos de índole religiosa, regional o social.

La Constitución, que recogió parte de los postulados del Estado Social de Derecho y en cuya elaboración participaron la mayor y más selecta nómina de intelectuales de toda la historia española, que estaban situados en los bancos del Congreso, a la larga, defiende PEÑA GONZÁLEZ, se mostró como la clásica Constitución semántica en la terminología de Loewenstein.

Calificada por Jiménez de Asúa como una «Constitución de izquierdas», una buena parte de la sociedad española, apoyada por la jerarquía católica, pronto se distanció de ella, pero, a la vez, el movimiento anarquista, los socialistas de izquierda y los entonces pequeños partidos comunistas, consideraron insuficiente la democracia liberal y social que establecía esta Constitución, tachada de «formal» o «burguesa». El texto constitucional, en realidad, pese a sus muchos aciertos y a su innovadora factura, encarnaba tan sólo las aspiraciones políticas de la burguesía más progresista y del movimiento obrero más reformista, sobre los que sustentó a lo largo de seis años la meritoria labor regeneradora de la Segunda República. No bastó este apoyo para afianzarla. La izquierda revolucionaria no dudó en vulnerarla en octubre de 1934 y la derecha antidemocrática no vaciló en hacer lo mismo, primero en agosto de 1932 y luego, con fatales consecuencias, en julio de 1936.

Para terminar, recordaremos que en el segundo bienio se pensó en la revisión constitucional. A comienzos de julio de 1935 se llegó a un principio de acuerdo entre radicales y cedistas; el proyecto de reforma, leído por Lerroux en las Cortes, recortaba el alcance de las autonomías regionales, suprimía el divorcio y cerraba la puerta a la socialización de la propiedad, restringía la capacidad legislativa de los diputados, establecía un Senado y rectificaba las relaciones con la Iglesia. Se creó incluso una Comisión Parlamentaria de Reforma Constitucional bajo la presidencia de Samper, pero de ahí no pasó. El Gobierno, ante el temor de que unas nuevas elecciones —exigidas al amparo del artículo 125 del texto constitucional— pudiera devolver a la izquierda el predominio que habían perdido, desistió de su inicial propósito.

V. LOS DISTINTOS PERÍODOS DEL RÉGIMEN REPUBLICANO

Muy brevemente pasamos a continuación a examinar las fases del régimen republicano, por lo demás bien diferenciadas. Son estas:

A. El bienio reformista

Se designa así al período que se extiende desde la proclamación de la República hasta las elecciones de noviembre de 1933. Aprobada la Constitución (diciembre de 1931), la amplia mayoría parlamentaria que disfrutaba la izquierda permitió la puesta en marcha de un ambicioso programa de reformas, muchas de las cuales habían comenzado a ser aplicadas por el Gobierno Provisional. Este bienio se caracterizó igualmente por un protagonismo y una vigorización esencial de organizaciones políticas, sindicales obreras, patronales, etc.

Durante el primer semestre de 1932, se agudizó la actividad conspiratoria de parte de la derecha, que, fundamentalmente monárquica, no aceptaba las «reglas del juego» impuestas por la Carta Magna. El 10 de agosto se llegaba a consumar la intentona golpista. El general Barrera dirigió la sublevación en Madrid, que fue rápidamente sofocada. En Sevilla, Sanjurjo logró hacerse con el control de la ciudad y publicó un manifiesto anunciando una dictadura, sin mencionar la restauración de la Monarquía. Falto de los apoyos prometidos en otras guarniciones —apenas le siguieron unos cientos de oficiales—, Sanjurjo intentó huir a Portugal y tras ser detenido y condenado a muerte, sería más tarde indultado.

El Gobierno Azaña, formado el 15 de diciembre de 1931, aprovechó el fracaso de la «sanjurjada» para desmontar la importante trama antirrepublicana, desmantelando gran parte del ala más reaccionaria del Ejército. Su evidente reforzamiento tuvo como consecuencia inmediata la rápida aprobación del Estatuto catalán y la Ley de Reforma Agraria en un mismo día, el 9 de septiembre de 1932, leyes cuya discusión y debate, por la tenaz obstrucción de los grupos parlamentarios de derechas, había ocupado todo el verano.

En marzo de 1933 el proceso de estructura de la derecha culmina con la creación de la CEDA (Confederación Española de Derechas Autónomas), presidida por Gil Robles. Su objetivo consistirá en implantar en España una Estado corporativo católico. Profesaba la doctrina del «accidentalismo» (es decir, el hecho de que las formas de gobierno eran indiferentes siempre que los intereses católicos fueran respetados); así, sin hacer un reconocimiento abierto del régimen republicano, podía operar como un partido político dentro de él.

Los sangrientos sucesos de Casas Viejas (enero de 1933) provocaron una campaña de desprestigio de Azaña y de la República, tanto por parte de las derechas como de las izquierdas, quedando agravado el problema del anarquismo. Por otra parte, la coalición republicano-socialista iba a presentar síntomas de resquebrajamiento, pues los socialistas, presionados por sus bases, se sintieron incómodos al verse implicados en un Gobierno que era tan duramente combatido.

El primer aviso de desgaste de la coalición se produjo en las elecciones municipales de 1933, convocadas para renovar los Ayuntamientos designados dos años antes. El triunfo del Partido Radical de Lerroux obtuvo casi tantos concejales como todos los partidos gubernamentales juntos.

El tenso debate de la Ley de Congregaciones Religiosas no sólo reafirmó a la derecha, sino que agrandó las diferencias entre el católico Presidente de la República y el Gabinete.

Durante el verano los problemas se acumularon. La reforma agraria mostraba grandes defectos técnicos y avanzaba con demasiada lentitud. La crisis golpeaba a la economía española, en su peor momento de todo el quinquenio.

El 3 de septiembre de 1933 tuvieron lugar las elecciones para formar el Tribunal de Garantías Constitucionales. Los partidos en el poder fueron derrotados por la oposición, la cual logró imponer diez vocales de los quince elegidos. El día 7 Alcalá-Zamora provocaba la crisis al anunciar que retiraba su confianza al Gobierno lo que forzó su dimisión. Abiertas las consultas para sustituirle, el poder pasaba a manos de Lerroux, quien formaría Gobierno por primera vez el 12 de septiembre. Veintiséis días más tarde, Martínez Barrio, segundo de a bordo del Partido Radical, constituía un nuevo Ejecutivo, cuya única misión era organizar elecciones.

El interés de los comicios, apunta con razón GIL PECHARROMÁN, no residía sólo en la renovación de la Cámara, sino que constituían un test fundamental para medir el grado de aceptación social del reformismo del primer bienio y para comprobar si el electorado conservador se inclinaría hacia los partidos de la derecha republicana y accidentalista o daría un apoyo mayoritario a los monárquicos, existía también la incógnita del sentido de los sufragios de seis millones de mujeres —más de la mitad del censo— que votaban por primera vez en las elecciones generales.

B. El bienio negro

Las elecciones fueron convocadas para el día 19 de noviembre de 1933. Votó el 67,46 por ciento del censo electoral. Cedistas, alfonsinos, agrarios y tradicionalistas se integraron en coalición electoral —la Unión de Derechas y Agrarios— bajo la supervisión de un Comité Nacional presidido por Martínez de Velasco. Su campaña se centró en tres objetivos: revisión de la Constitución, supresión de la reforma agraria y amnistía para los delitos políticos. Las izquierdas acudieron a las urnas divididos. Por su parte los radicales se situaron en el centro del espectro político, dispuestos a favorecerse del miedo que importantes sectores del electorado experimentaban ante el empuje de unas derechas totalitarias, intentando ganar votos entre las clases medias.

Para Sanz Campos, la nota más descollante de la campaña la constituyó la bipolarización entre unas derechas que no ocultaban su voluntad de deshacer la obra laica y reformadora del bienio anterior y unas izquierdas que veían en esas derechas la más clara amenaza para la República misma.

El resultado de la consulta configuró unas Cortes muy distintas a las Constituyentes. Los socialistas quedaron reducidos a la mitad. Acción Republicana de Azaña sufrió un descalabro estrepitoso, lo mismo que los escindidos radical-socialistas. Los radicales mantuvieron su fuerza y los pequeños partidos de centro fueron barridos. En Cataluña, *Esquerra* volvió a ratificar su condición mayoritaria. En Euzkadi, el Partido Nacionalista Vasco confirmó su hegemonía, y en Galicia, el triunfo de las derechas no ocultó el digno resultado de la ORGA de Casares Quiroga. La victoria indiscutible fue de la CEDA (115 diputados). El abstencionismo anarquista, sin duda, había mermado los votos de la izquierda.

El día 8 de diciembre, en que se constituían las nuevas Cortes, se iba a desencadenar un movimiento insurreccional auspiciado por la Confederación Nacional del Trabajo, dejando tras de sí una secuela de casi un centenar de muertos y numerosos heridos.

A pesar de haber sido la CEDA el partido con más representantes en el Congreso, el Presidente de la República encargó la formación del Gobierno a Lerroux, por la postura sospechosamente accidentalista de la formación de Gil Robles. Como arguye JACKSON, lo mismo que Azaña había dependido de los votos de los socialistas, Lerroux dependía de las derechas.

La República entraba así en una etapa puramente reaccionaria, de regresión del proyecto de modernización y cambio de los primeros momentos. Poco a poco la situación política y social se iba radicalizando progresivamente: enfrentamientos callejeros, huelgas obreras y de braceros de gran dureza, protestas de los *rabassaires* catalanes....

Un desencuentro con Alcalá-Zamora, que se negaba a ratificar una Ley de Amnistía que permitía volver al servicio activo a los sublevados y conspiradores del 10 de agosto, impuesta por la CEDA, obligó a Lerroux a presentar su dimisión. Le sucedió uno de sus colaboradores, Samper (28 de abril de 1934).

El 4 de octubre, Lerroux, tras exigir a Alcalá-Zamora el sacrificio de Samper, formó nuevo equipo incluyendo ahora tres ministros de la CEDA (Aizpún, Anguera de Soto y Giménez Fernández), como condición interesada por ésta para mantener su apoyo. Tal decisión produjo una indescriptible conmoción en las fuerzas de izquierda, que se expresó a través de un vasto movimiento huelguístico. El Gobierno reaccionó decretando el estado de guerra.

Mal dirigida, la huelga general del 5 de octubre fracasó en la mayor parte, a pesar de los éxitos iniciales, pero alcanzaría carácter revolucionario en Asturias. Los mineros, relativamente bien armados, consiguieron apoderarse de buena parte de la provincia y sitiaron Oviedo. A su vez, en las últimas horas de la tarde del día 6, Companys procedía a la proclamación del «Estado catalán dentro de la República federal española», llamando a las fuerzas de izquierda a formar en Barcelona un Gobierno de oposición al de Madrid.

La derrota de los catalanes significó la suspensión del Estatuto autonómico y el encarcelamiento de los miembros de su Gabinete, pero no se produjo gran derramamiento de sangre. La sublevación asturiana, por el contrario, duró dos semanas, siendo al fin reducida por tropas del Tercio y de Regulares; hubo alrededor de 1.500 muertos, más de 3.000 heridos y unos 30.000 detenidos.

Las consecuencias inmediatas de octubre fueron graves para la izquierda y las organizaciones obreras (cuya prensa fue suspendida y sus locales clausurados), pero llevaron al ánimo de muchos de sus dirigentes la convicción de que era preciso recuperar la unidad para derrotar políticamente a la coalición radical-cedista.

La oposición de Alcalá-Zamora a los fusilamientos de los máximos responsables revolucionarios produjo una crisis de gobierno el 3 de abril de 1935. Los hombres de la CEDA salieron del Ejecutivo en señal de protesta y el poder volvió a Lerroux. Este Ministerio de predominio radical duró sólo un mes, al no poder sostenerse sin el apoyo de la Confederación. El 6 de mayo, el partido de Gil Robles accedía plenamente al Gobierno de la República, de nuevo dirigido por Lerroux, con cinco ministros; el propio líder de la derecha ocupaba el Ministerio de la Guerra. A su llegada al Departamento reforzó el papel de los militares antiazañistas. El monárquico general Fanjul fue Subsecretario y Franco pasó a mandar el Estado Mayor Central.

El verano de 1935 fue dramático para las clases menos favorecidas. Las Cortes votaron una Ley de Contrarreforma Agraria (1 de agosto) y no se renovó la Ley de Yunteros, siendo todos ellos expulsados de sus tierras poco después. El paro llegó a alcanzar el diez por ciento de la población activa y más del veinte por ciento de la población asalariada.

Una crisis parcial del Gobierno (producida por la dimisión del ministro de Marina, Royo Vilanova) se transformó el 19 de septiembre en crisis total. Alcalá-Zamora, ante la inminencia de importantes escándalos que estaban a punto de estallar, llegó a sugerir a Lerroux, por quien no sentía aprecio alguno, su retirada de la escena política. El nuevo Ejecutivo estaba presidido por Chapapietra; Lerroux ocupaba la cartera de Estado.

El estallido, en octubre, del escándalo del *straperlo*, en el que estaban implicados destacados personajes del Partido Radical, obligó a Chapapietra a reorganizar su Gabinete. Lerroux fue sustituido por Martínez de Velasco.

El hundimiento de los radicales convirtió a Gil Robles en el árbitro de la situación. Consecuentemente retiró su apoyo a Chapapietra y precipitó la crisis. Gil Robles pidió el poder, pero Alcalá-Zamora se lo negó, convencido como estaba de que la CEDA era incompatible con el ideal republicano. Finalmente, el 15 de diciembre, fue nombrado Presidente del Consejo de Ministros Portela Valladares, quien formó un equipo de centro, sin miembros de la CEDA.

Como se esperaba, este Gabinete extraparlamentario no llegó muy lejos. El 31 de diciembre, Portela lo reorganizó, prescindiendo hasta de los radicales. Antes de que las Cortes lo derribaran, el 7 de enero de 1936, el Presidente de la República firmó el Decreto de disolución. Para elegir la Cámara, se fijaba una fecha, el 16 de febrero de 1936.

Finalizaba así, por sus connotaciones exclusivamente reaccionarias y revisionistas del bloque en el poder, el llamado «bienio negro» o «bienio rectificador».

Con SOLÉ TURA, podemos resumir la política de estos años diciendo que consistió en frenar todas las reformas en marcha (obras públicas, construcción de escuelas, reforma agraria, aplicación de la Ley de Congregaciones, etc.), anular las mejoras económicas y sociales que habían experimentado los trabajadores, hasta el punto de que los salarios volvieron al nivel de 1931, y obstaculizar el sistema de autonomías, dificultando la aplicación del Estatuto catalán e impidiendo la discusión del proyecto vasco. Además, se llevó a cabo una dura represión contra los trabajadores.

C. El Frente Popular

Convocadas las elecciones, el 15 de enero de 1936 se firmó el pacto constitutivo del Frente Popular. Su programa propugnaba la amnistía general y la rehabilitación de los sometidos a represalia. Además, se abogaba por el restablecimiento del «imperio de la Constitución», la derogación de la Ley de Arrendamientos y la revisión de desahucios, la restitución plena del Estatuto de Cataluña, la reforma de las Leyes Municipal, Provincial y de Orden Público y la vuelta a la política reformista del primer período. Propósito, señala TUÑÓN DE LARA, en apariencia modesto, obtenido gracias a la flexibilidad de socialistas y comunistas que cedieron en diferentes puntos.

Hablando con propiedad la redacción del programa («bastante moderado» en expresión de Maura) era un triunfo de la burguesía izquierdista: podía conseguir el voto de un amplio sector de la población que vivía con dramatismo la urgente necesidad de la aplicación de reformas económico-sociales, y constituiría a la vez un salvoconducto para garantizar en lo posible la colaboración de las organizaciones obreras, caso de ganar las elecciones.

La coalición estaba integrada por Izquierda Republicana, Unión Republicana, PSOE, Partido Comunista, Juventudes Socialistas, UGT, Partido Sindicalista y POUM (Partido Obrero de Unificación Marxista). En Cataluña tomó el nombre de *Front d'Esquerres* e incluyó a *Esquerra*, *Acció Catalana Republicana*, *Partit Nacionalista Republica Catalá*, *Unió Socialista de Catalunya* y a las organizaciones de Alianza Obrera.

Por su parte, la derecha formó un frente «contra la revolución y sus cómplices», encabezado por la CEDA y el Bloque Nacional (Renovación Española y Tradicionalistas), que llegó a algunos acuerdos con radicales y centristas; no se integraron, en cambio, los falangistas por el número excesivo de candidatos que pedían.

En el País Vasco, los nacionalistas concurrieron en solitario y en Cataluña se constituyó en torno a la *Lliga* el *Front Catalá d'Ordre*, en el que se incluyeron cedistas, radicales y tradicionalistas. La campaña electoral fue especialmente agitada, con frecuencia agresiva, pero sin que se produjesen episodios de violencia graves.

La primera vuelta electoral se celebró el 16 de febrero de 1936 y la segunda el 1 de marzo. La participación fue alta, un 72 por ciento, lo que se atribuyó en parte al voto anarquista, ausente en los comicios de 1933 y ahora en beneficio del Frente Popular.

Conforme los datos aportados por Tusell, la coalición izquierdista obtuvo el 47,1 por ciento de los sufragios, la derecha el 45,6 y el centro, el 5,3. El nuevo Congreso quedó distribuido así: Frente Popular, 278 diputados; partidos de derechas, 131; centro, 10; PNV, 10. El Frente Popular se impuso en todas las ciudades de más de 150.000 habitantes, en las zonas industriales y en la gran mayoría de las provincias latifundistas.

Inmediatamente después de conseguir los primeros resultados electorales parciales, el Jefe de Gobierno, Portela, dimitió precipitadamente, en contra de la opinión del Presidente de la República.

Como colige TUÑÓN DE LARA, los resultados de febrero de 1936 en modo alguno constituyen una legitimación anticipada de la rebelión armada de julio del mismo año.

El espectro de golpe de fuerza no tardó en aparecer. El día 17 de febrero Gil Robles conminó a Portela Valladares a declarar el estado de guerra. Ese mismo día, los generales Franco, Fanjul, Goded y Rodríguez del Barrio estudiaron la realización de un pronunciamiento.

El 19 se dio a conocer la formación del nuevo Gobierno, primero del Frente Popular, íntegramente constituido por republicanos y presidido por Azaña. Nada más formado, el Gabinete tomó una serie de medidas previstas en el programa electoral. Amnistió a 30.000 presos políticos, restableció la autonomía catalana y los Ayuntamientos vascos suspendidos en el bienio anterior y aceleró los trámites de la reforma agraria. Igualmente dispuso la readmisión de los despedidos y represaliados a raíz de los acontecimientos de octubre de 1934, y autorizó al Instituto de Reforma Agraria a ocupar inmediatamente cualquier finca, de manera provisional, cuando lo considerase necesario «por causa de utilidad social».

Durante la primavera de 1936 proliferaron los enfrentamientos, desórdenes callejeros y actos de violencia. Entre tanto las fuerzas conservadoras que perdieron las elecciones seguían conspirando contra la República.

Las Cortes se reunieron definitivamente el 3 de abril. Cuatro días más tarde, la izquierda parlamentaria decidió la destitución de Alcalá-Zamora. En opinión de Tuñón de Lara, aquella medida fue uno de los mayores desaciertos del Frente Popular.

El 10 de mayo, frustrada la designación del socialista Prieto, Casares Quiroga constituía un nuevo Gobierno, formado como el anterior únicamente por republicanos. En la hora más crítica de la República ésta tenía el Ejecutivo más débil y el Presidente menos idóneo para dominar la situación. El alzamiento militar contra la legalidad constitucional no tardaría en llegar.

VI. BIBLIOGRAFÍA

Alcalá-Zamora, N.: *Memorias, Planeta*, Barcelona, 1977.

Los defectos de la Constitución de 1931 y tres años de experiencia constitucional, Civitas, Madrid, 1981.

Alfonso Bozzo, A.: *Los partidos políticos y la autonomía en Galicia (1931 1936)*, Akal, Madrid, 1976.

Almagro Nosete, J.: «La acción popular ante el Tribunal de Garantías Constitucionales. Valoración crítica», en *Revista de Derecho Político*, n.º 12, 1981-1982, págs. 65-84.

Arrarás, J.: *Historia de la Segunda República*, 4 vols., Editora Nacional, Madrid, 1963-1968.

Avilés Farré, J.: «Niceto Alcalá-Zamora y el republicanismo de los años treinta», en *El republicanismo en la historia de Andalucía*, Patronato Niceto Alcalá-Zamora y Torres, Priego de Córdoba, 2001, págs. 141-154.

Azaña, M.: *Discursos Políticos*, edición y prólogo de Santos Juliá, Crítica, Barcelona, 2004.

Bacigalupe, E.: «El Preámbulo de la Constitución de 1931», en *Revista de Occidente*, n.º 452, 2019, págs. 33-44.

Bassols Coma, M.: *La jurisprudencia del Tribunal de Garantías Constitucionales de la II República española*, Centro de Estudios Constitucionales, Madrid, 1981.

El Tribunal Constitucional de la II República. La primera experiencia de justicia constitucional en España, Centro de Estudios Políticos y Constitucionales, Madrid, 2010.

Becarud, J.: *La Segunda República española*, Taurus, Madrid, 1967.

Ben-Ami, S.: *The origins of the Second Republic in Spain*, Oxford University Press, New York, 1978.

Carr, R. y otros: *Estudios sobre la República y la guerra civil*, Ariel, Barcelona, 1973.

Carrión, P.: *La reforma agraria de la II República y la situación actual de la agricultura española*, Ariel, Barcelona, 1973.

Cuenca Toribio, J. M. y **Miranda García, S.**: «Sociología de los ministros de la II República», en *Revista de Estudios Políticos, nueva época*, n.º 71, 1991, págs. 53-86.

De Cabo, C.: *La República y el Estado liberal*, Tucar, Madrid, 1977.

De Guzmán, E.: *La Segunda República* fue así (1931-1939), Planeta, Barcelona, 1977.

De Meer, F.: *La cuestión religiosa en las Cortes Constituyentes de la Segunda República española*, Eunsa, Pamplona, 1975.

La Constitución de la Segunda República (autonomías, propiedad, Iglesia, enseñanza), Eunsa, Pamplona, 1978.

Fernández Almagro, M.: *Historia de la República española*, Biblioteca Nueva, Madrid, 1940.

Fernández Ascarza, V.: *Constitución de la República Española*. Comentarios, 2.ª ed., Magisterio Español, Madrid, 1933.

Fernández-Rúa, J. L.: *La Segunda República*, Tebas, Madrid, 1977.

Fernández Segado, F.: «La defensa extraordinaria de la República», en *Revista de Derecho Político*, n.º 12, 1981-1982, págs. 105-135.

Galindo Herrero, S.: *Los partidos monárquicos bajo la Segunda República*, 2.ª ed., Rialp, Madrid, 1956.

García Delgado, J. L. (ed.): *Los orígenes culturales de la Segunda República*, Siglo XXI, Madrid, 1993.

Gil Pecharromán, J.: *La Segunda República*, UNED, Madrid, 1995.

González Hernández, E.: «El problema regional en la II República. Los controles estatales sobre las regiones autónomas en la Constitución de 1931 y los acontecimientos de 6 de octubre de 1934», en *Revista de las Cortes Generales*, n.º 75, 2008, págs. 257-307.

González Muñiz, A.: *Problemas de la Segunda República*, Júcar, Madrid, 1974.

Hernicero Díaz, C. A.: *El Estado integral en la Constitución dela II República: proceso político, sistema parlamentario y conflictos territoriales*, Servicio de Publicaciones de la Universidad de Cádiz, Cádiz, 2007.

Iñigo Fernández, L.: *La derecha liberal en la Segunda República española*, UNED, Madrid, 2000.

Jackson, G.: *La República española y la guerra civil*, Crítica, Barcelona, 2009.

Jiménez Campo, J.: *El fascismo en la crisis de la II República*, GIS, Madrid, 1979.

Jiménez de Asúa, L: *Proceso histórico de la Constitución de la República española*, Reus, Madrid, 1932.

La Constitución política de la democracia española, Ercilla, Santiago de Chile, 1942.

La Constitución de la República española y el problema regional, Losada, Buenos Aires, 1946.

Juliá Díaz, S.: *La Constitución de 1931*, Iustel, Madrid, 2009.

Lerroux, A.: *La pequeña historia de España, 1930-1936*, Mitre, Barcelona, 1985.

Malefakis, E.: *Reforma agraria y revolución campesina en la España del siglo XX,* Ariel, Barcelona, 1971.

Martí Gilabert, F.: *Política religiosa de la Segunda República española*, Eunsa, Navarra, 1998.

Martín Martín, S., Gordillo Pérez, L. I. y **Vázquez Alonso, V. J.** (coords.): *Constitución de 1931. Estudios jurídicos sobre el momento republicano español*, Marcial Pons, 2017.

Mirkine-Guetzevitch, B.: «La nouvelle Constitution espagnole», en *Revue Politique et Parlamentaire*, 1932, págs. 127-142.

Montero, J. R.: *La CEDA. El catolicismo social y político en la II República*, Ediciones de la Revista del Trabajo Madrid, 1977.

Mori, A.: *Crónica de las Cortes Constituyentes de la Segunda República*, Aguilar, Madrid, 1931-1934.

Oehling de los Reyes, A.: «La ley de Defensa de la República de 21 de octubre de 1931. Introducción a su contexto político-jurídico, a su normativa conexa y breve comparativa con su homónima alemana, la Gesetz zum Schutze der Republik», en *Estudios de Deusto. Revista de Derecho Público*, vol. 64, n.º 2, 2016, págs. 127-155.

Oliver Araújo, J.: *El sistema político de la Constitución española de 1931*, Universitat de les Illes Balears, Palma, 1991.

Ortega y Gasset, J.: *Rectificación de la República. Escritos políticos III. 1929-1933*, Revista de Occidente, Madrid, 1973.

Palmer Valero, R.: *Los problemas socioeconómicos en la Constitución de 1931*, Centro de Estudios Políticos y Constitucionales, Madrid, 1997.

Pérez Serrano, N.: *La Constitución española (9 de diciembre de 1931), Antecedentes. Texto. Comentarios*, Revista de Derecho Privado, Madrid, 1932.

Peña González, J.: *Manuel Azaña: el hombre, el intelectual y el político,* Fundación Colegio del Rey, Alcalá de Henares, 1991.

El poder presidencial en la Constitución de 1931(análisis jurídico y consecuencias políticas), Patronato Niceto Alcalá-Zamora y Torres, Priego de Córdoba, 2003.

Plá, J.: *Historia de la Segunda República española*, 4 vols, Destino, Barcelona, 1940-1941.

Posada, A.: *La Nueva Constitución Española El Régimen constitucional en España. Evolución, Textos, Comentarios*, Instituto Nacional de la Administración Pública, Madrid, 2006.

Raguer Suñer, H.: «La "cuestión religiosa" en la Segunda República», en *Memoria de la Segunda República: mito y realidad*, Biblioteca Nueva, Madrid, 2006.

Rallo Lombarte, A.: «El Tribunal de Garantías Constitucionales como Tribunal de garantías electorales», en *Revista de Estudios Políticos, nueva época*. n.º 92, 1996, págs. 251-279.

Ramírez Jiménez, M.: *Los grupos de presión en la II República*, Tecnos, Madrid, 1969.

Las reformas de la Segunda República, Tucar, Madrid, 1977.

La Segunda República setenta años después, Centro de Estudios Constitucionales, Madrid, 2002.

Ramírez Jiménez, M. y otros: *Estudios sobre la II República*, Tecnos, Madrid, 1974.

Revenga Sánchez, M.: «El problema de la formación del Gobierno en la Segunda República», en *Revista de Estudios Políticos, nueva época*, n.º 65, 1989, págs. 197-228.

Revista de Derecho Político, n.º 12, 1982, monográfico sobre la Constitución de 1931 y el régimen político de la II República.

Romero, L.: *Cara y cruz de la República (1931-1936)*, Planeta, Barcelona, 1980.

Royo Villanova, S.: *La Constitución española de 9 de diciembre de 1931 con glosas jurídicas y apostillas políticas*, Imprenta Castellana, Valladolid, 1934.

Ruiz Lapena, R. M.: *El Tribunal de Garantías Constitucionales en la II República española*, Bosch, Barcelona, 1982.

Tamames, R.: *La República. La era de Franco*, Alfaguara, Madrid, 1973.

Tomás Villarroya, J.: «La formación del Gobierno durante la Segunda República», en *Revista de Estudios Políticos*, n.º 204, 1975, págs. 49-94.

Tomás y Valiente, F.: «El Estado integral: nacimiento y virtualidad de una fórmula poco estudiada», en la obra *La II República española. El primer bienio*, Madrid, Siglo XXI, 1987, págs. 379-396.

Townson, N.: *La República que no pudo ser: la política de centro en España (1931-1936)*, Taurus, Madrid, 2002.

Tusell, J.: *Las elecciones del Frente Popular*, 2 vols., Edicusa, Madrid, 1974.

Tusell, J. y otros: «Las Constituyentes de 1931: unas elecciones de transición», en *Revista de Derecho Político*, n.º 12, 1981-1982, págs. 137-195.

Tuñón de Lara, M.: *La Segunda República*, 2 vols., Siglo XXI, Madrid, 1976.

Tres claves de la Segunda República, Alianza, Madrid, 1985.

Varela Díaz, S.: *El problema regional en la Segunda República española*, Unión Editorial, Madrid, 1976.

Partidos y Parlamento en la Segunda República, Fundación Juan March, Barcelona, 1978.

Venegas, J.: *Las elecciones del Frente Popular*, Patronato Hispano-Argentino de Cultura, Buenos Aires, 1942.

Vidarte, J. S.: *Las Cortes Constituyentes de 1931-1933*, Grijalbo, Barcelona, 1976.

CAPÍTULO SÉPTIMO

EL RÉGIMEN DE FRANCO

SUMARIO:

I. La sublevación militar de 1936.

II. El nacionalcatolicismo.

III. La Dictadura Constituyente.

IV. Etapas del proceso constitucional.

V. Las Leyes Fundamentales: Naturaleza y significado.

VI. Órganos político-constitucionales.

VII. El régimen y su caracterización.

VIII. Bibliografía.

I. LA SUBLEVACIÓN MILITAR DE 1936

Tras el fracaso del pronunciamiento del general Sanjurjo en agosto de 1932, la conspiración de 1936 fue organizada minuciosamente; el triunfo del Frente Popular en las elecciones de febrero de 1936 unió, más si cabe, a las fuerzas reaccionarias en su intento de acabar con la República. Franco, que había sido destituido ese mismo año como Jefe del Estado Mayor y trasladado a Canarias, tarda en comprometerse con la trama insurreccional. Mola, considerado como «el cerebro» de la conspiración, llega a dudar sobre si Franco respaldaría tal acción. El asesinato del líder de Renovación Española, Calvo Sotelo, parece ser cambió la vacilante actitud del futuro Generalísimo. A partir de este hecho los acontecimientos se precipitan. La trama militar está cerrada; la civil cuenta con la colaboración económica de March. Gracias a él, en Londres, Bolín, corresponsal del diario *ABC*, puede alquilar el avión *Dragon Rapide* para trasladar al general Franco desde las islas hasta Marruecos, donde el plan preveía que asumiría el mando del Ejército de África y desembarcarlo más tarde en la península. Falangistas, carlistas navarros y grupos monárquicos apoyan fervientemente el cambio que se avecina.

Quienes se alzan en armas contra el régimen constitucional republicano invocan las fricciones internas, el desgobierno y los desórdenes callejeros como razón justificativa de su proceder. La sublevación empezó en Melilla el día 17 de julio y el 18 los alzamientos tuvieron lugar en Andalucía. En Sevilla, el general Queipo de Llano, con un extraordinario golpe de mano, se hizo fácilmente con la guarnición. Si bien es cierto que alrededor de la tercera parte de las capitales de provincia fueron ganadas para la causa rebelde, en Madrid, Fanjul, y Goded, en Barcelona, fracasaron en el empeño, y ambas ciudades permanecieron fieles al Gobierno republicano.

El pronunciamiento, ha escrito Vilar, fue un éxito «técnicamente», pero un fracaso «políticamente» en las partes vitales del país. En aquellas poblaciones donde la Guardia Civil y las Fuerzas de Asalto permanecieron fieles a la legalidad constituida, la rebelión se malogró. Lo que se había iniciado como un pronunciamiento más de los muchos que habían surcado la historia española del diecinueve, se transforma, por la división operada en el seno del Ejército, en una larga guerra.

Se ha dicho, no sin razón, que la falta de unidad y dirección del Estado republicano le hizo perder la guerra. No tuvo la República una figura cuya autoridad no se discutiera; ni siquiera contó con un militar que pudiera decidir, libremente y sin intromisiones, las operaciones bélicas. Por contra, en la llamada «zona nacional» la unidad fue la nota predominante. En Burgos, el día 23 de julio, se constituye una Junta de Defensa Nacional, el primer aparato institucional de los sublevados. Esta Junta, presidida por Cabanellas, asume todos los poderes del «Nuevo Estado». A finales de septiembre de 1936 Franco es designado Jefe del Gobierno del Estado español y Generalísimo de los Ejércitos.

En 1937 un Decreto unifica todas las fuerzas políticas y Franco es nombrado su Jefe Nacional. De esta manera, quedó establecido un régimen de partido único (llamado más tarde «Movimiento Nacional»), excluyente de cualquier otro partido u organización política. A imagen y semejanza de los regímenes fascistas de los años 1920 y 1930, el partido único sería el aglutinante necesario para aunar las fuerzas derechistas en aras de la unidad y el interés general de la Patria. Con esta decisión puede decirse que nació el franquismo.

Finalizada la Guerra Civil los vencedores debían establecer las bases sobre las cuales se alzarían los pilares vertebradores de su «Nuevo Estado». Sin embargo la tarea no sería fácil ya que los diversos sectores políticos y sociales que apoyaron al «Glorioso Alzamiento Nacional», desde los tradicionalistas monárquicos, pasando por las élites provinciales y los altos mandos del Ejército, hasta revolucionarios falangistas, no consensuaron directrices comunes de actuación antes de terminar la contienda, Sin ningún tipo de duda, la forja del «Estado Nacional» partía de premisas compartidas por el franquismo sociológico primigenio, como el orden corporativista del Estado, el marcado antiliberalismo y anticomunismo de los sublevados, la concepción católica del Derecho y, ante todo, el liderazgo carismático del general Franco.

Ya en el poder, el franquismo derogó los derechos civiles y políticos reconocidos en la Constitución de 1931 y en la legislación republicana e impuso, especialmente en los primeros años de vida, una brutal represión contra todos los españoles contrarios al nuevo Régimen, no pocos de ellos represaliados laboralmente, encarcelados o incluso fusilados. Normas como la Ley de Responsabilidades Políticas (1939), la Ley de Represión contra la Masonería y el Comunismo (1940), la Ley de Seguridad del Estado (1941), el Código Penal (1944), el Decreto-Ley de Represión del Bandidaje y el Terrorismo (1947) y la Ley de Orden Público (1959), ahogaron la libertad personal y el pluralismo político y lingüístico.

II. EL NACIONALCATOLICISMO

Aunque el levantamiento en su origen no se realizó ni en nombre de la religión ni de la Monarquía, sino en nombre de España, del orden público y de la seguridad, el elemento religioso fue fundamental una vez iniciada la guerra, ya que sirvió para darle la justificación que necesitaba. Los grupos que habían apoyado el alzamiento antirrepublicano terminaron por adoptar la defensa de la identidad tradicional religiosa como aglutinante imprescindible. De esta forma se difundió exitosamente la interpretación de la guerra como una «Cruzada» legítima contra los enemigos de la Nación católica.

Una vez posicionadas, las autoridades eclesiásticas realizaron una serie de escritos en los que manifestaron sus simpatías hacia los golpistas. Destaca en este sentido la Pastoral de Pla y Deniel, publicada el 30 de septiembre de 1936 y titulada *Dos ciudades*, en clara alusión a la obra de San Agustín, en la que se recogía que los anarquistas y los comunistas eran «los hijos de Caín, fratricidas de sus hermanos, envidiosos de los que hacen un culto de la virtud y por ello los asesinan y martirizan». Importante también fue la Carta del cardenal Gomá dada a conocer el 23 de noviembre de 1936, titulada «El caso de España», donde explicaba a los católicos del mundo cómo la Iglesia concebía la sublevación y que significado le daban: «Esta cruentísima guerra es, en el fondo, una guerra de principios, de doctrinas, de un concepto de la vida y del hecho social contra otro, de una civilización contra otra. Es la guerra que sostiene el espíritu cristiano y español contra este otro espíritu, si espíritu puede llamarse, que quisiera fundir todo lo humano, desde las cumbres del pensamiento a la pequeñez del vivir cotidiano, en el molde del materialismo marxista».

El 1 de julio de 1937 se hizo público la «Carta colectiva de los obispos españoles a los de todo el mundo con motivo de la guerra de España». En ella se exponían que la contienda «es producto de la pugna de ideologías irreconciliables; en sus mismos orígenes se hayan envueltas gravísimas cuestiones de orden moral y jurídico, religioso e histórico». Asimismo, alababan la prudente actitud de la Iglesia desde 1931 y, aunque deploraban la existencia del conflicto, la justificaban en este caso concreto porque «es a veces el remedio heroico, único, para centrar las cosas en el quicio de la justicia y volverlas al reinado de la paz». Por todo lo anterior, concluían que la Iglesia, «a pesar de su espíritu de paz y de no haber querido la guerra ni haber colaborado en ella, no podía ser indiferente en la lucha; se lo impedían su doctrina y su espíritu, el sentido de la conservación y la experiencia de Rusia», añadiendo que «hoy por hoy, no hay en España más esperanza para reconquistar la justicia y la paz y los bienes que de ellas se derivan, que el triunfo del Movimiento Nacional».

El apoyo de la Iglesia les sirvió también a los franquistas para autoconvencerse de que Dios estaba con ellos, a la vez que encarnaban la voluntad divina en la tierra, erigiéndose en los salvadores y defensores de la fe que había sido atacada por «los rojos», como eran denominados los republicanos en la parte de España por ellos controlada. En la práctica hubo una simbiosis casi circular y autoalimentada entre el catolicismo, el franquismo y España como Nación, de tal manera que conformaron un todo inseparable e indivisible. La religión era esencia española, el franquismo encarnaba la españolidad y España como Nación era católica y tenía en el régimen su mayor baluarte y defensa. En cierta medida, explica NÚÑEZ DE PRADO, este principio ideológico nacional y religioso, dado que el franquismo en sí mismo no tenía una ideología propia, se alimentó también de la anti-ideología. Es decir, España y el franquismo no solo se definían por lo que eran, sino también por lo que no eran y contra lo que luchaban: antimasonería, anticomunismo, antinacionalismos periféricos...

Con la vitoria de los sublevados el clima nacionalcatólico alcanzó su cénit. El 20 de mayo de 1939 el cardenal Gomá investía a Franco como Caudillo en la iglesia de Santa Bárbara de Madrid. En dicha ceremonia Franco proclamaba que «nuestra lucha tuvo caracteres de Cruzada» y ofrecía al purpurado «la espada de la victoria», el cual se felicitaba «por la terminación de la Cruzada, en que fueron vencidos el comunismo ateo y los seculares enemigos de la España inmortal».

Para DUOCASTELLA, «el período inmediato a la terminación de la Guerra Civil se caracteriza por una efervescencia religiosa —que algunos han calificado como «de inflación religiosa»— (...) Se observan muchas asistencias a misa, gran número de vocaciones religiosas, construcción de seminarios, reconstrucción de iglesias, conventos, impulso a la Acción Católica, etc. La población, visto el apoyo oficial que se presta a la Iglesia, se siente obligada a la práctica religiosa, tanto en aras del medro personal como para protegerse de eventuales acusaciones de actividades políticas anteriores». Detrás de todo ello está un *corpus* ideológico estructurado que podemos llamar nacionalcatolicismo. Su denominador común, en frase de PIÑOL, «lo constituía su espíritu reaccionario, la lucha ideológica contra la modernidad, su nostalgia del "Imperio Católico" y a menudo, su adhesión a una concepción gremialista y estamental de la sociedad, a un Estado corporativo». La Iglesia española consideró que el régimen establecido por Franco era una encarnación total de este ideario. Y, por otra parte, como indica MOYA, «la consagración oficial de la Guerra Civil como Cruzada implicaba que, sobre la posible ideología falangista, la última clave ideológica del sistema sería de tipo religioso, católico-tradicional».

BOTTI considera al fascismo español dentro de la esfera del nacionalcatolicismo, como una de sus variantes; este es la versión patria del nacionalismo europeo que aparece tras la Primera Guerra Mundial. El nacionalcatolicismo constituye una ideología político-religiosa que identifica la Nación española con el catolicismo más ortodoxo. La tradición nacional española, añade, es católica y la historia nacional es también historia eclesiástica.

El nacionalcatolicismo, cuyos defensores retrotraían sus raíces a la época imperial de los Reyes Católicos, a la Edad de Oro y a la Contrarreforma, era el antídoto perfecto frente a la República laica, el separatismo y las ideologías revolucionarias. Este ideario tuvo un significado específico para burgueses y terratenientes, para los militares y para un amplio sector de pequeños propietarios rurales y clases medias urbanas. El nacionalcatolicismo resultó eficaz para la movilización de todos esos grupos que se propusieron desterrar los conflictos sociales y darles una solución quirúrgica. La Iglesia y Franco, «Caudillo de España por la gracia de Dios», caminaron cogidos de la mano durante cuatro décadas.

Solo desde la mirada del nacionalcatolicimo sería posible contemplar el acontecer histórico de forma coherente. Así, la contrarrevolución liderada por Franco fue profundamente tradicionalista, obsesionada por restaurar la sociedad piadosa del pasado, purgando los gérmenes liberales y marxistas de la descomposición nacional. Un proyecto autoritario en donde la Iglesia católica sería la principal instancia legitimadora del Nuevo Estado, en donde, como enuncia LANNON, «la Iglesia y el Estado eran dos caras de una misma moneda».

El régimen franquista puso a la Iglesia católica desde su implantación en una situación preponderante, tanto desde el punto de vista religioso frente a otras confesiones como desde el punto de vista de la estructura misma del poder del Estado. El artículo VI del Fuero de los Españoles de 1945 señalaba que «la profesión y práctica de la religión católica, que es la del Estado español, gozará de la protección oficial. Nadie será molestado por sus creencias religiosas ni en el ejercicio privado de su culto. No se permitirán otras ceremonias ni manifestaciones externas que las de la religión católica». Y, como constata PIÑOL: «el régimen ofreció a la Iglesia un amplio estatuto para sus actividades religiosas, el apoyo económico del nuevo Estado, la representación en altos organismos del mismo (Cortes, Consejo del Reino, Consejo de Regencia y Consejo de Estado), y, a través de sus consiliarios o capellanes, la presencia en el Ejército, la Organización Sindical, la Sección Femenina, el Frente de Juventudes, etc.». De acuerdo con TUSELL, «la primera imagen que parece desprenderse de la relación entre el sistema político y el catolicismo es que este no era sólo un círculo de autonomía parcial respecto del Estado, sino la esencia misma sustentadora del sistema político».

Por otra parte, en la Ley de Principios del Movimiento Nacional de 1958, se decía que «la Nación española considera como timbre de honor el acatamiento de la Ley de Dios, según la doctrina de la Santa Iglesia Católica, Apostólica y Romana, única verdadera y fe inseparable de la conciencia nacional, que inspirará su legislación». Con esta disposición se acentuaba el dogmatismo religioso del régimen franquista hasta el punto de forjarse una confesionalidad sustancial, de suerte que la doctrina de la Iglesia era asumida por el poder público como criterio de justicia, como medida legislativa, no sólo para cuestiones de índole religiosa, sino como base de todo el ordenamiento jurídico. Con esta Ley, reconoce BARRERO, el Nuevo Estado no sólo aceptaba su incompetencia legislativa en el ámbito espiritual, sino que acataba la llamada *potestas Ecclesiae in temporalibus*, con lo que al ejercer la potestad legislativa en las materias de su competencia debía inspirarse en la doctrina de la Iglesia. El paso a una confesionalidad sustancial reforzó aún más a construcción del Derecho Eclesiástico como Derecho de una relación entre dos estructuras, el Estado y la Iglesia, sin que tuviese cabida en este ámbito un planteamiento constitucional que atendiese preferentemente a derechos y libertades.

En 1953, tras largas gestiones y conversaciones, se firma el Concordato con la Santa Sede, que confirmó e incluso amplió todos los privilegios legales que la Iglesia venía gozando desde hacía casi un siglo. El artículo I recordaba que «la Religión Católica, Apostólica y Romana sigue siendo la única de la Nación española y gozará de los derechos y prerrogativas que le corresponden en conformidad con la Ley Divina y el Derecho Canónico». El artículo II reproducía casi literalmente aquel otro de 1851 según el cual en los centros de enseñanza, tanto estatales como no estatales, la enseñanza de la religión debía impartirse como asignatura común y obligatoria en todos los niveles de estudios, y las enseñanzas en general debían ajustarse al dogma y la moral católica, encomendándose a tal efecto al Ordinario diversas funciones como la aprobación de los programas de religión, la intervención en el nombramiento de los profesores de religión y la vigilancia en orden a asegurar la pureza de la fe. En el artículo VII se mantenía el derecho de presentación, en el nombramiento de arzobispos, obispos y coadjutores, que el Estado tenía ya por el Convenio de 1941, que se declara vigente en este aspecto. Se trata también de la provisión de fondos que el Estado va a hacer a la Iglesia; se establece la validez civil del matrimonio eclesiástico; y, lo que es muy importante, se le conceden importantes funciones a la Iglesia en el campo de la enseñanza y se le entrega una fuerte capacidad de control de ésta.

La elección del papa Juan XXIII en octubre de 1958 tendría consecuencias muy fuertes en el panorama español, sobre todo a través del Concilio Vaticano II, pues durante su pontificado los sectores cristianos renovadores y progresistas pudieron adoptar posiciones más abiertas y ofensivas contra una jerarquía todavía anclada en el fervor nacionalcatólico y contra el régimen político mismo. Como explica HERMET «el profundo deterioro de las relaciones entre la Iglesia y el Estado provocado por el *aggiornamento* conciliar y agravado por la fronda del clero y por los militantes de la izquierda católica, desemboca, a partir de 1969, en una situación de ruptura entre los dos poderes. (...) La oposición al régimen franquista por los sacerdotes y los militantes católicos, manifiesta ya durante los años que siguen al Concilio, reviste después de 1969 una amplitud que la convierte en la principal fuente de conflictos entre la Iglesia y el Estado». A comienzos de la década de los setenta comienza un proceso de independización de la Iglesia española en relación con los designios del régimen, a tal punto que se ha llegado a hablar de estos años en términos de «transición» de la Iglesia.

El amplio control de la sociedad que se vivió durante las dos primeras décadas del franquismo se fue relajando y fruto de este ambiente fue la promulgación de la Ley de Libertad Religiosa en 1967. A pesar de las relaciones conflictivas de los últimos años del franquismo, el Dictador sigue siendo recibido bajo palio en las catedrales, los gobernantes siguen legitimando el régimen en términos religiosos y persisten en su idea de considerarse más católicos que el Papa. Pero, al mismo tiempo, la Iglesia no consigue separarse prácticamente del Estado y los privilegios que este le otorga; y no sólo porque algunos prelados sigan ocupando puestos en las Cortes y en otros altos órganos del régimen, sino porque la propia Conferencia Episcopal española solicita al Gobierno en junio de 1971 un fondo suplementario para poder distribuir un sueldo mínimo a cada sacerdote.

III. LA DICTADURA CONSTITUYENTE

Entre 1936 y 1939 coexistieron en el territorio español dos Estados. De una parte, el Estado democrático representado por la República y, de otro, el Estado Nacional. La ruptura con el régimen político anterior produce en el «bando nacionalista» un vacío institucional y legal que era necesario llenar.

Todas las fuerzas alineadas frente a la legalidad constituida depositarán sus poderes, incluso el poder constituyente, en la persona del general Franco, que encarnará lo que FERNÁNDEZ CARBAJAL ha denominado «dictadura constituyente». Franco, aparece así, según FRAILE CLIVILLÉS, como el líder carismático de quienes le apoyan. FERNÁNDEZ SEGADO, por el contrario, opina que se trataba más de un poder constituyente constituido, pues el ejercicio de tal poder era el resultado de la cesión que en él hicieron las fuerzas integrantes del poder constituyente originario, representadas por la Junta de Defensa Nacional, creada al amparo del Decreto de 24 de julio de 1936, por el que «se constituye una Junta de Defensa Nacional que asume todos los poderes del Estado y representa legítimamente al país ante las potencias extranjeras». Esta Junta es el embrión del nuevo Estado y sus actos, también a juicio de FRAILE CLIVILLÉS, se mueven siempre dentro de la concepción de un poder constituyente puro.

Los propios teóricos del franquismo negaron, durante los primeros años de vida, el carácter «constitucional» del régimen, por las «execrables connotaciones liberales» que este término seguía teniendo para ellos. BENEYTO, por ejemplo, sostenía que era preferible «que no hubiera una fórmula ni una Constitución» si por el contrario había «una doctrina». Los apologetas del «Nuevo Estado» prefirieron rescatar el término arcaizante de «Ley Fundamental», cercano al tradicionalismo católico, que era una de las fuentes doctrinales de la Dictadura. Esta expresión apareció por primera vez en 1943, cuando el Reglamento provisional de las Cortes creó la Comisión de Leyes Fundamentales.

Para la doctrina franquista el titular del poder constituyente, dada su específica naturaleza histórica, no es quien quiere o quien se cree legitimado para serlo, sino quien puede, esto es, quien está en condiciones de producir una decisión eficaz sobre la naturaleza del orden. Uno de los más conspicuos defensores de la legitimación decisoria del orden fundamental constitucional del régimen fue CONDE, para quien el «caudillaje» es una dictadura revolucionaria surgida del poder constituyente del pueblo, y remarca que esta dictadura, nacida de la propia contienda, es una dictadura soberana con capacidad suprema de decisión sobre la realidad constitucional. Además, defendía que el orden constitucional impuesto por Franco contaba no sólo con la legitimación propia del restablecimiento del orden, sino con la que «otorga la propia ejemplaridad y la especial asistencia con que Dios favorece a quien en combate victorioso por la Verdad y por la salvación de su pueblo le son desvelados los arcanos del futuro histórico y asume el deber indeclinable de forjarlo en su mano».

En la misma dirección, LEGAZ LACAMBRA utiliza la decisión como fundamento último de legitimación del sistema. Así manifiesta que es la decisión, adoptada por el titular del poder constituyente, la que hace que España sea un Estado nacional, «en cuanto es instrumento totalitario al servicio de la integridad patria, y sindicalista, en cuanto representa una reacción contra el capitalismo liberal y el materialismo marxista». DEL VALLE, como CONDE, interpreta que la función constituyente surge de las entrañas mismas del pueblo durante la guerra de redención nacional y se concreta en la decisión del bando vencedor de afirmar su ser político, mediante el reconocimiento, en calidad de Jefe supremo, del «Generalísimo Franco, Caudillo Nacional, héroe invicto Salvador de España, depositando en esta suprema Magistratura su plena confianza para la organización del Estado».

A partir de estas opiniones, BENEYTO llega a la conclusión de que el régimen no podrá ser nunca algo rígido ni estático y, por lo tanto, mal se podría encuadrar su actividad en una ley análoga a las Constituciones del siglo XIX; por tanto también el sometimiento del nuevo régimen a una Constitución formal y rígida de tipo clásico es algo que se encuentra en rotunda contraposición con la esencia propiamente revolucionaria del mismo Movimiento, pues, según establece el propio Decreto 255 de Unificación, la doctrina fundamental del Estado se reputa como modificable. Aunque el nuevo Estado español no se dote de una Constitución fundamentada en un consistente ritual formalista, esto no significaba, argumenta GONZÁLEZ PRIETO, que el mentado autor pensase que la España del 18 de julio no tuviese una Constitución material. En este aspecto, el propio BENEYTO aclaraba que el Caudillo había dotado al país de diferentes leyes que estructuran una verdadera Constitución.

En lo que existió una importante coincidencia por parte de casi toda la doctrina fue en la defensa de que la mejor forma de Constitución para el régimen era una abierta, flexible, formada por una pluralidad de normas que se van adaptando a las necesidades históricas en todo momento.

En resumidas cuentas, piensa DEL VALLE, el nuevo Derecho Constitucional concede un supremo valor al propio acto constituyente como puro acto decisional del pueblo político. Este poder constituyente del pueblo político se transforma en suprema decisión mediante la forma plebiscitaria, ya por votación o por aclamación o asentimiento, como ocurrió en España. El pueblo deposita su confianza en un supremo magistrado, un Caudillo, para que «establezca el adecuado ordenamiento jurídico, o sea las normas fundamentales orgánicas». En pocas palabras, el caudillaje del general Franco se instituye en un verdadero poder constituyente, con capacidad para dictar normas constitucionales que sean fiel reflejo de las condiciones históricas, culturales y sociales que se encuentran ínsitas en su Constitución interna. Este poder constituyente —continua CORTS GRAU— se encuentra refrendado y legitimado por el plebiscito armado que supuso la Guerra Civil, no con un número mayor o menor número de sufragios, sino con la propia sangre de los caídos que dieron su vida por la patria.

La configuración de la Dictadura Constituyente se llevará a efecto, haciendo converger todo el poder político y militar en una sola persona que asumirá sucesivamente:

a) La Jefatura del Gobierno: El Decreto n.º 138, de 29 de septiembre de 1936, establece en su artículo 1.º que «en cumplimiento del acuerdo adoptado por la Junta de Defensa Nacional, se nombra Jefe del Gobierno del Estado español al Excmo. Sr. General de División D. Francisco Franco Bahamonde, quien asumirá todos los poderes del nuevo Estado». Para FERNÁNDEZ CARBAJAL este Decreto, en términos jurídico-constitucionales, implica el establecimiento de una innominada dictadura soberana; a su vez, GONZÁLEZ CASANOVA, dice que es «el encargo unilateral y rebelde de romper con la continuidad de una ordenación estatal existente y construir un nuevo Estado».

b) La Jefatura del Ejército: El artículo 22 del Decreto de 29 de septiembre nombra, asimismo, a Franco «Generalísimo de las fuerzas nacionales de tierra, mar y aire», confiriéndole el cargo de General Jefe de los Ejércitos de Operaciones.

c) La Jefatura del Estado: La Ley de 1 de octubre de 1936, por la que se creaba la Junta Técnica del Estado, exalta a Franco a la Jefatura del Estado. La Junta Técnica, integrada por siete comisiones, es, en realidad, el primer gobierno del franquismo.

d) La Jefatura Nacional del Movimiento: El Decreto de 19 de abril de 1937 dispuso la fusión de Falange Española y de los Requetés en una sola entidad política de carácter nacional, que se denomina Falange Española Tradicionalista y de las JONS. El mismo Decreto disolvía las demás organizaciones y partidos políticos.

En los Estatutos del partido único que se publicaron meses después de la unificación, se hablaba del «glorioso Movimiento Nacional» y se determinaba que su jefe sólo «era responsable ante Dios y ante la historia»,

e) La potestad legislativa: La Ley de 30 de enero de 1938 atribuye al Jefe del Estado «la suprema potestad de dictar normas jurídicas de interés general». La Ley de 8 de agosto de 1939 incide en el mismo criterio, facultando a Franco a dictar leyes, sin deliberación previa del Consejo de Ministros, «cuando razones de urgencia así lo aconsejen, si bien, en tales casos, el Jefe del Estado dará después conocimiento a aquel de tales disposiciones» (art. 7.º).

Ni la Ley de Cortes de 1942, ni el posterior proceso de cambio en la sociedad y en la vida política españolas, cercenaron esta facultad, cuya vigencia confirmará, más tarde, la Ley Orgánica del Estado de 1967. Fue, en consecuencia, una facultad que Franco conservó con carácter vitalicio.

En definitiva, el poder constituyente del Jefe del Estado queda perfectamente definido, aun cuando no alcanzará rango constitucional formal hasta 1947 con la promulgación de la Ley de Sucesión.

IV. ETAPAS DEL PROCESO CONSTITUCIONAL

El profesor SÁNCHEZ AGESTA condensa en cuatro etapas el proceso constitucional del franquismo, a las que nos remitiremos a continuación.

1. Etapa de definición ideológica

Su característica esencial es la aparición de documentos programáticos, entre los que destacan por su importancia el Decreto de Unificación de 1937 —al que nos hemos referido con anterioridad— y el Fuero del Trabajo de 9 de marzo de 1938. Este texto, cuyos precedentes más cercanos hay que buscarlos en la «Carta del Laboro» italiana de 1931 y en el «Estatuto del Trabajo Nacional» portugués de 1933, responde al más puro ideario falangista.

El Fuero del Trabajo parte de la concepción de España como «unidad de destino» (Preámbulo) y de la suspensión de los sindicatos de clase que son sustituidos por la Organización Nacionalsindicalista del Estado inspirada en los principios de unidad, totalidad y jerarquía (Declaración XIII. 1), encuadrándose todos los factores de la economía por ramas de la producción o servicios en sindicatos verticales» (Declaración XIII. 2).

El «sindicato vertical» era definido como «una corporación de Derecho público que se constituye por la integración en un organismo unitario de todos los elementos que consagran sus actividades al cumplimiento del proceso económico, dentro de un determinado servicio o rama de la producción, ordenado jerárquicamente bajo la dirección del Estado» (Declaración XIII. 3), debiendo recaer sus jerarquías en «militantes de FET y de las JONS» (Declaración XIII. 4).

El Fuero del Trabajo se proclamaba como solución intermedia entre «la concentración capitalista y el gregarismo marxista», lo que, como recuerda Gay de Montellá, llevó a ciertos defensores del régimen a afirmar que este texto no era solo una relación de normas laborales, sino una «propuesta profunda de reorganización política y económica»; declaró el trabajo «un deber impuesto al hombre por Dios» y el capital «un instrumento de la producción» (Declaración I. 3 y VIII. 1). La iniciativa privada fue reconocida como «fuente fecunda de la vida económica de la Nación», pero se instaba a los empresarios a subordinar «los intereses de orden instrumental a los de categoría humana, y todos ellos al bien común» (Declaración XI. 6 y VIII. 2).

Esta estructuración ideológico-programática del Estado totalitario recibió un nuevo impulso con la Ley de Unidad Sindical, de 26 de enero de 1940, que prohibía cualquier tipo de organización sindical distinta a la de FET y de las JONS, y con la Ley de Organización Sindical, de 6 de diciembre del mismo año, que explicaba en su Preámbulo que el país estaba «concebido como un sindicato de productores», en el que la sindicación venía a ser «la forma política de la economía entera de España».

2. Etapa de creación jurídico-institucional

Este período está jalonado por las siguientes leyes que van a denominarse formalmente como «fundamentales»:

- Ley Constitutiva de las Cortes de 17 de julio de 1942.
- Fuero de los Españoles de 17 de julio de 1945.
- Ley del Referéndum Nacional de 22 de octubre de 1945.
- Ley de Sucesión en la Jefatura del Estado de 26 de julio de 1947.

Las tesis falangistas se hicieron más rotundas con las victorias del Eje de 1940-1941. Los dirigentes del Movimiento que habían colaborado con Serrano Súñer desde 1937 emprendieron nuevas acciones para dotar al Partido único de mayor poder y coherencia dentro del Estado, hasta dominarlo por completo. Para ello, el cuñado de Franco redactó un Proyecto de Ley de Organización del Estado, cuyo objetivo fundamental, en opinión de RODRÍGUEZ JIMÉNEZ, consistía en convertir el Consejo Nacional de FET y de las JONS en un trasunto del Gran Consejo Fascista italiano. Ante las protestas de los carlistas, los monárquicos, los católicos y, especialmente, de los militares, que se oponían a que España cayera en esa «seducción totalitaria» por su estrecha alianza con Alemania e Italia, Franco decidió reajustar el Gobierno y cesar a Serrano al frente de la Secretaría General del Movimiento, siendo sustituido por Arrese.

En el otoño de 1941, Bilbao y Arrese comenzaron a trabajar en un proyecto de Ley Constitutiva de las Cortes, que respondía en lo sustancial al ideario tradicionalista, aunque retocado desde la óptica falangista mediante la inclusión entre los integrantes de la Cámara de «los miembros del Consejo Nacional en pleno». Aunque la ley fue promulgada en marzo de 1942, las presiones y maniobras de Serrano Súñer paralizaron la constitución de las primeras Cortes varios meses. Con Serrano Súñer fuera del Gobierno en septiembre de 1942, se procedió al nombramiento de procuradores, a dotar a la institución de un reglamento y, finalmente, al comienzo de las sesiones, el 16 de marzo de 1943. La creación de las Cortes se justificaba en la conveniencia técnica, dentro de la unidad del régimen, de que los distintos elementos sociales tuvieran algún grado de presencia en la elaboración de las leyes. Proscritos los partidos políticos, el franquismo echó mano del concepto de «democracia orgánica», actualización del pensamiento organicista que el carlismo había hecho suyo durante el siglo XIX. Los procuradores representaban, por tanto, a las «entidades naturales de la vida social»: familia, municipio y sindicato.

Las Cortes son perfiladas por el régimen como un «instrumento de colaboración» en una tarea, la legislativa, que continuaba estando atribuida al Jefe del Estado. Por su representación «orgánica», su composición, y la regulación de sus mecanismos de funcionamiento, quedaban convertidas —con palabras de SOLÉ TURA— en «un órgano totalmente dependiente del Poder Ejecutivo». A este debían casi todos sus miembros, de una forma u otra, su nombramiento.

Desterrado el sufragio universal y excluidos los partidos políticos, un papel destacado de las Cortes fue ser lo que DE MIGUEL denominó como «poder resonador», es decir, una especie de Cámara destinada a dar relevancia a las grandes decisiones y acontecimientos del régimen franquista.

En la primavera de 1945, coincidiendo con el final de la II Guerra Mundial, Franco se dio cuenta de que la prolongación de la vida del régimen dependía de cambios legales sustanciales. Sobrevivir en el contexto de la Europa occidental y democrática de la postguerra le obligaba a proporcionar a la Dictadura un contenido jurídico más objetivo y dotarla de algunas garantías civiles básicas. Con este fin, se haría un gran esfuerzo por atraer a personalidades católicas a la primera línea del panorama político y se buscaría el reconocimiento del Vaticano.

Con ese fin se aprobó el Fuero de los Españoles, «texto fundamental definidor de los derechos y deberes de los mismos y amparador de sus garantías» (Preámbulo). El artículo 1.º proclama como principio rector de los actos del Estado «el respeto a la dignidad, la integridad y la libertad de la persona humana».

El texto contiene una ampulosa declaración de derechos que, sin embargo, nunca se reflejarán en la vida real hasta después de la muerte de Franco. El principio de igualdad de oportunidades (art. 11); la libre expresión del pensamiento mientras no atentase a los principios fundamentales del Estado (art. 12); la libertad y secreto de la correspondencia (art. 13); la libertad de residencia (art. 14); la inviolabilidad de domicilio (art. 15); la libertad de reunión y asociación (art. 16); la seguridad jurídica (art. 17); la seguridad personal frente a la detención arbitraria (art. 18); la garantía legal de los delitos (art. 19), son algunos de los derechos subjetivos «defendidos» en el Fuero.

La previsión del artículo 34, por mor del cual «las Cortes votarán las leyes necesarias para el ejercicio de los derechos reconocidos en este Fuero», debía entenderse en el sentido de que el ejercicio de los derechos quedaba supeditado a las concretas estipulaciones de las leyes de desarrollo, lo que privaba a todos los derechos del Fuero de fuerza y eficacia jurídica. Asimismo, al atribuir el artículo 35 la potestad al Gobierno para suspender total o parcialmente, mediante Decreto-ley, la vigencia de los artículos 12, 13, 14, 15, 16 y 18, el Fuero de los Españoles quedó reducido a una simple exposición formal de un marco jurídico que nunca fue respetado por el régimen.

Los deberes de prestación personal y económica (art. 9.º), de adquirir educación e instrucción (art. 5.º) y de «servicio fiel a la Patria, lealtad al Jefe del Estado y obediencia a las leyes» (art. 2.º) eran los más significativos de entre los regulados por esta ley.

El reconocimiento de los derechos reconocidos en el Fuero era, en definitiva, meramente retórico, al no vincular a los poderes públicos más que a través del complicado e inaplicado recurso de contrafuero. Tampoco eran exigibles estas libertades directamente ante los tribunales ordinarios, cuyas competencias se vieron cercenadas de forma muy sensible por parte de la jurisdicción militar y por los tribunales especiales, pese al indudable avance que supuso la creación, en 1956, de la jurisdicción contencioso-administrativa. En realidad, matiza VARELA SUANZES-CARPEGNA, la idea de unos derechos civiles y políticos frente al Estado era completamente contraria a los fundamentos doctrinales del régimen, para el que los intereses individuales y colectivos se subordinaban siempre al subjetivo bien de la Nación que proclamaba la élite política. Como apostilla FERNÁNDEZ SEGADO, «pese a estos grandilocuentes principios, hipotéticamente normativos, y a los derechos y libertades reconocidos por el Fuero, la inexistencia de una normativa de desarrollo de los mismos, que los regulara sin trabas ni cortapisas, convirtió al Fuero de los Españoles en un conjunto de grandes declaraciones vacías de todo contenido efectivo».

El 22 de octubre de 1945 vio la luz la Ley de Referéndum Nacional, que vino a perfeccionar lo que CARR llama el «constitucionalismo cosmético» diseñado por el régimen para tratar de limpiar su imagen ante los aliados.

Esta breve norma de tan sólo tres artículos instituye el referéndum respecto de los proyectos de leyes elaboradas por las Cortes, cuando, a juicio del Jefe del Estado, su trascendencia lo aconseje o el interés público lo demande (art. 1.º), el cual se llevará a cabo entre todos los hombres y mujeres mayores de 21 años (art. 2,º).

Se consagra así un referéndum facultativo (sólo el Jefe del Estado podía estimar la conveniencia de celebrarlo) y de resultado no vinculante al que la Ley de Sucesión dará un carácter obligatorio cuando se trate de revisar Leyes Fundamentales. En ambos casos estamos ante un referéndum previo, puesto que sólo afecta a proyectos de ley de carácter consultivo y no decisorio, ya que la facultad sancionadora sigue correspondiendo al Jefe del Estado, sea cual fuere el resultado de la consulta.

Con esta ley se trataba de enmascarar la realidad política de unas formas de organización del poder carentes del más mínimo componente representativo a pesar de simular encontrarse estructuradas sobre una amplia base de apoyo general. El recurso al referéndum tenía un carácter complementario del sistema electoral orgánico. De hecho, solo se convocaron dos consultas al amparo de esta norma: en 1947, para aprobar la Ley de Sucesión en la Jefatura del Estado y en 1966, para respaldar la Ley Orgánica del Estado.

Como de lo que se trataba era de lograr el respaldo mayoritario en las urnas, al margen de la Ley de Referéndum Nacional y de las normas que la desarrollaban se instrumentaron diferentes mecanismos de coacción. La propaganda oficial anulaba por completo el significado del referéndum como institución de democracia directa y lo convertía, por tanto, en una técnica empleada en función de su fácil manejabilidad y de su rentable cobertura ideológica.

La acentuación de la identidad monárquica del régimen fue una de las principales estrategias para su legitimación en la segunda mitad de los años cuarenta, durante el período de aislamiento internacional. Hasta 1947, el Caudillo contemporizó políticamente y se negó a establecer plenamente las características institucionales del sistema, debido, en gran medida, al imprevisible contexto europeo derivado de la II Guerra Mundial. No obstante, Franco se dio cuenta desde el principio de que la salida más viable para la Dictadura era una Monarquía autoritaria, no constitucional, que combinase la legitimidad tradicional con las nuevas características ideológicas del Movimiento. En julio de 1945 anunció ante el Consejo Nacional que, con el fin de asegurar la sucesión, «de los sistemas universalmente aceptados para la gobernación de los pueblos, solamente uno se presenta a nosotros como viable: el tradicional español [...], de acuerdo con los principios de nuestra doctrina».

Dos meses más tarde, el subsecretario de la Presidencia, Carrero Blanco, elaboró un memorando en el que, aunque recomendaba a Franco la Monarquía como solución de futuro para el régimen, apostaba por una «instauración» autoritaria y no por una restauración constitucional que reconociese a don Juan. Autorizado por Franco, el 27 de marzo de 1947 Carrero redactó el proyecto de Ley de Sucesión en la Jefatura del Estado. Esta norma tenía una enorme significación constitucional, pues definía, como dice SOLÉ TURA, «la naturaleza del nuevo Estado».

Más que una verdadera intención de acelerar la Monarquía como forma de gobierno más idónea para España, la Ley de Sucesión fue una importantísima declaración institucional, cuyo contenido es reducible a los siguientes puntos:

a) Definición de la forma política del régimen: «España, como unidad política, es un Estado católico, social y representativo, que, de acuerdo con su tradición, se declara constituido en Reino» (art. 1.º).

b) Asignación nominal de la Jefatura del Estado a Franco, «Caudillo de España y de la Cruzada» (art. 2.º).

c) Creación de dos órganos: el Consejo de Regencia (art. 3.º) y el Consejo del Reino (art. 4.º).

d) Atribución al Jefe del Estado de la potestad excepcional para «proponer a las Cortes la persona que estime deba ser llamada en su día a sucederle a título de Rey o de Regente» (art. 6.º).

e) Regulación del orden sucesorio en la Jefatura del Estado (art. 8.º).

f) Enumeración de las Leyes Fundamentales de la Nación y declaración de rigidez constitucional (art. 10.º).

Esta ley, elaborada por las Cortes sobre un Proyecto remitido por el Consejo de Ministros y aprobada por referéndum, convierte a España en un Reino sin Rey y deja en manos de Franco la facultad de designar a su sucesor.

La indefinición de la Ley de Sucesión —tal como subraya JIMÉNEZ ASENSIO— le permitirá a Franco beneficiarse de la incertidumbre que se abrirá a partir de entonces entre los distintos grupos monárquicos.

La apuesta del régimen franquista por la fórmula monárquica obedeció, precisamente, al discurso tradicionalista de compatibilizar la figura del Caudillo con la del Rey, igual que había sucedido en la Italia mussoliniana. Este discurso fue sostenido, entre otros, por PEMARTÍN SANJUÁN, que consideraba que el monarquismo podía entenderse de dos formas: como institución y como caudillaje. Dos formas que podían coexistir debido a su «distinto contenido histórico», atendiendo siempre a la supeditación de Franco, como poder interino, al Rey, como poder auténtico y genuino.

En 1947, el problema, más que una cuestión personal o dinástica, era, básicamente, una cuestión política, cuyo fondo era la naturaleza de la Monarquía que sucedería al franquismo; decidir, en suma, sobre una restauración o una instauración de la misma. La restauración (simple retorno a la legalidad anterior al 14 de abril de 1931) habría hecho recaer la Corona, con toda probabilidad, en Juan de Borbón; la instauración, en tanto que suponía una monarquía de nuevo cuño y desde luego diferente de la de 1876, exigía un candidato nuevo. La elección de este Monarca —dispuesto a jurar lealtad a los principios fundamentales del Movimiento— obsesionaba a Franco y a los que le rodeaban.

Franco había excluido muy pronto a don Juan, al que consideraba propenso al liberalismo. Su opción recayó entonces en la persona de su hijo. Pero Juan Carlos no fue declarado heredero del Caudillo como Príncipe de España hasta la lejana fecha de 1969.

3. Etapa de consolidación institucional

En la década de los años cincuenta tiene lugar en el país una profunda transformación y modernización de la Administración Pública. A ello contribuyeron en gran medida las normas citadas a continuación:

- Ley Reguladora de la Jurisdicción Contencioso-Administrativa de 1956.
- Ley del Régimen Jurídico de la Administración del Estado de 1957.
- Ley del Procedimiento Administrativo de 1958.
- Ley del Régimen Jurídico de las Entidades Estatales Autónomas de 1958.
- Ley General Tributaria de 1963.

La gradual superación del aislamiento internacional, a lo largo de los años cincuenta, ayudó a estabilizar y consolidar la Dictadura. El reconocimiento exterior centró a la clase política franquista en las cuestiones de ámbito interno y reavivó el enfrentamiento de la inmediata postguerra entre los falangistas y los demás grupos o «familias» por definir el futuro político del régimen. Coincidiendo con la apertura de la V Legislatura, el 17 de mayo de 1958, Franco, en uso de su prerrogativa, promulgó ante las Cortes los principios contenidos en la Ley de Principios del Movimiento Nacional, sexta Ley de carácter fundamental. El «*iter* legislativo» es distinto de los anteriores. En efecto, tras ser redactada en Consejo de Ministros, fue leída por el Jefe del Estado ante las Cortes, promulgándola verbalmente ante el Pleno.

El Movimiento aparece definido en el Preámbulo como «comunión de los españoles en los ideales que dieron vida a la Cruzada». Los principios, en número de doce, se refieren a muy distintos campos de la vida española, tales como la religión, el Ejército, la familia, la Monarquía, la participación en las tareas legislativas, la economía, la Justicia, la propiedad y el papel del Estado en la sociedad, entre otros; de los cuales proclama su carácter «permanente e inalterable» (art. 1.º). Asimismo, el artículo 3.º declaraba nulas las leyes y disposiciones que vulnerasen o menoscabasen aquellos principios.

La Ley de Principios del Movimiento Nacional perseguía —en expresión de Morodo— la cristalización del Estado totalitario bajo la forma de Monarquía corporativa y tradicional. Como señala este autor, el poder constituyente del pasado —la Guerra Civil como Cruzada político—religiosa— sigue legitimando, así, el presente, y se pretende que tenga vigencia y operatividad para el futuro.

Esta Ley Fundamental se convirtió en la raíz, sistemáticamente inconmovible de todo el ordenamiento político franquista, algo superior a una norma susceptible de ser reformada mediante acuerdo de las Cortes y referéndum nacional: la médula constitucional que se consideraba sustancialmente permanente e inalterable. A fin de cuentas, esta ley no pasaba de ser una mera declaración sintética de los valores en los que se sustentaba el régimen.

4. Etapa de evolución constitucional

En este último tramo del proceso que nos ocupa se producen dos acontecimientos de gran trascendencia en el desarrollo del Derecho público del sistema; son estos la Ley de Prensa de 18 de marzo de 1966 y la Ley Orgánica del Estado de 10 de enero de 1967.

La Ley de Prensa supuso un avance indudable para el momento, aunque estaba llena de cautelas para evitar que con ella se causara un peligro al régimen. Los límites a la libertad de expresión eran tan genéricos como el debido «respeto a la verdad y a la moral» (art. 2.º). Con todo, su efecto fue netamente positivo, ya que, entre otras cosas, desaparecía la censura previa y, por primera vez, los medios de comunicación encontraban un marco de libertad y no unas normas estrictamente represivas.

Con el objeto de reconciliar las contradicciones existentes entre las seis Leyes Fundamentales anteriores y eliminar los vestigios persistentes de la terminología fascista se discutieron sucesivos borradores de una Ley Orgánica del Estado que sirviera para «culminar la institucionalización» del régimen. Aunque el objetivo original de la ley se circunscribía a una mera adaptación formal y a una pervivencia de todo el ordenamiento jurídico precedente, salvo leves modificaciones; el lenguaje empleado en el articulado y el abandono de las ideas y la terminología totalitarias generaron ciertas expectativas aperturistas que, sin embargo, no se vieron satisfechas.

Con la promulgación de la Ley Orgánica del Estado se remata el proceso constituyente que se había iniciado en plena Guerra Civil con las Leyes de

Prerrogativa y el Fuero del Trabajo. Esta ley fundamental aporta una nueva fórmula de elaboración: el Jefe del Estado da a conocer el proyecto a las Cortes, reunidas en sesión solemne y plenaria para este acto, por medio de un Discurso en que expone las líneas maestras de la misma. Tras la lectura del articulado por el Presidente de la Cámara, el Jefe del Estado pide a los procuradores su consenso o acuerdo respecto del Proyecto, anunciando su intención de someterlo a aprobación final en un próximo referéndum.

Muchas e importantes son las consecuencias jurídico-políticas de esta ley orgánica. Veamos algunas:

1. Se restringen tímidamente los poderes del Jefe del Estado, quien «dirige la gobernación del Reino por medio del Consejo de Ministros» (art. 13. I).
2. Se constitucionaliza la figura del Presidente del Gobierno (arts. 13 y ss.).
3. El carácter rígido de las Leyes Fundamentales se acentúa con el «recurso de contrafuero» (Título X).
4. Las Cortes adquieren una mayor representatividad al crearse los llamados «procuradores familiares», a razón de dos por provincia.
5. Se definen las relaciones entre los poderes del Estado según el heterodoxo principio de «unidad de poder y coordinación de funciones» (art. 2.°. II).
6. El Movimiento se articula como órgano constitucional en el «Consejo Nacional» (desarrollado en el Título IV) y en una Jefatura Nacional que corresponde con carácter vitalicio a Franco (disposición transitoria 1.ª. III).

En virtud de las cuatro Disposiciones transitorias de la LOE quedó derogada la Disposición adicional 2.ª de la Ley Constitutiva de las Cortes y se modificaron sus artículos 1.°, 2.°, 6.°, 7.°, 8.°, 12, 13, 14, 16 y 17, lo que supuso un relanzamiento de las funciones de la Cámara y una reforma de su composición con la introducción del grupo de «representantes de la familia». También cambió los artículos 3.°, 4.°, 5.°, 8.°, 9.°, 11 y 15 de la Ley de Sucesión, hecho que se tradujo en dotar al Gobierno y al Consejo del Reino de poder para presentar «candidaturas regias» en caso de muerte del Jefe del Estado sin un sucesor por él nombrado. Al artículo 6.° del Fuero de los Españoles se le añadió una cláusula sobre «protección de la libertad religiosa» en consonancia con la declaración conciliar a este respecto promulgada por la Iglesia en 1965. Finalmente, se revisó la Exposición de Motivos y las declaraciones II, III, VIII, XI y XIII del Fuero del Trabajo, en el sentido de suprimir las reminiscencias fascistas y conferir una mayor flexibilidad y autonomía a la Organización Sindical.

La nueva norma entró definitivamente en vigor a comienzos de 1967, si bien pocos meses después fue refundida con las anteriores seis Leyes Fundamentales en un texto único ordenado conforme a un criterio sistemático y no según el orden cronólogo en que fueron promulgadas.

En opinión de FERNÁNDEZ CARBAJAL, la Ley de 1967 no fue sino el intento de convertir una Dictadura Constituyente en una Monarquía limitada y contrapesada por instituciones que eran aquellas, originariamente fascistas, en las que hasta entonces se había fundamentado el régimen franquista. Por supuesto, nada sustancial cambiaba en la LOE. El Movimiento, a pesar del carácter «comunitario» que se le daba, continuaba siendo el único partido autorizado por el que se debía canalizar toda la actividad política. Concebida como elemento dinamizador del régimen, lo cierto es que esta ley no pudo corregir la inercia autoritaria de la Dictadura.

V. LAS LEYES FUNDAMENTALES: NATURALEZA Y SIGNIFICADO

La mayor parte de los ideólogos del franquismo se oponían a entender como Constitución de un Estado solamente aquellos códigos fundamentales que seguían los moldes clásicos liberales del movimiento constitucionalista del siglo XIX, que predeterminaban el marco esencial para poder configurar un Estado de Derecho. Como mantiene GONZÁLEZ PRIETO, la dogmática constitucional elaborada por la doctrina política franquista convirtió el de Constitución, como el resto de conceptos políticos, en un instrumento al servicio de los intereses del nuevo régimen triunfante y de justificación absoluta de la ruptura con la realidad jurídico-constitucional republicana.

A pesar de la incoherencia, dispersión y distinto procedimiento con que se aprobaron los siete textos, durante el tardofranquismo algunos expertos comenzaron a llamar «Constitución española» al entramado normativo resultante de las Leyes Fundamentales. El primero de ellos será FERNÁNDEZ-CARVAJAL, autor del estudio más sólido dedicado al ordenamiento jurídico franquista, quien se refería a la «estricta sinonimia» de ambas denominaciones. ZAFRA estima que el régimen de Franco era de «Constitución abierta», puesto que no se pretendió en ningún momento tener plenamente definidas las instituciones del sistema político en el sentido del constitucionalismo liberal moderno. Para SÁNCHEZ AGESTA, España estuvo viviendo desde la Guerra Civil en un permanente «proceso constitucional», inconcluso por la posibilidad siempre abierta de la promulgación de alguna nueva ley fundamental.

Desde el punto de vista jurídico, la nueva Constitución que se abre con el Fuero del Trabajo, responde a lo que se ha denominado «proceso constitucional abierto» que irá promulgando normas a medida que las necesidades lo demanden o las circunstancias lo aconsejen. Su denominación de «Leyes Fundamentales», como recuerda, asimismo, FERNÁNDEZ CARBAJAL, era de uso común bajo el Antiguo Régimen y la emplean alguna que otra vez, aunque al margen del articulado, varias Constituciones decimonónicas españolas. Pero la significación legal de la expresión «Leyes Fundamentales» no se perfila hasta 1947, cuando el artículo 10.º de la Ley de Sucesión las eleva a rango constitucional.

Las Leyes Fundamentales del Reino, de pretendido rango constitucional —*lato sensu*—, fueron un conglomerado normativo que tenían por objeto estructurar los poderes públicos del Estado franquista y sus funciones y relaciones básicas entre ellos. Todas ellas fueron, razona CERDÀ SERRANO, la «Constitución franquista» que nunca existió.

Formalmente se puede hablar de una Constitución fragmentada (no codificada en un instrumento único) y muy extensa, con un total de 168 artículos. Después de la promulgación de la Ley Orgánica del Estado puede hablarse igualmente de una Constitución completa, pudiendo distinguirse tres partes diferenciadas:

1. Preámbulo (Ley de Principios Fundamentales del Movimiento Nacional).
2. Parte dogmática (Fuero del Trabajo y Fuero de los Españoles).
3. Parte orgánica (Ley Constitutiva de las Cortes, Ley del Referéndum Nacional, Ley de Sucesión en la Jefatura del Estado y Ley Orgánica del Estado).

Las Leyes Fundamentales recuerdan las Cartas otorgadas, si bien, TOMÁS VILLARROYA, con quien coincidimos en este concreto punto, matiza que la progresiva fundación constitucional fue buscando —desde la perspectiva y a través de los mecanismos propios del sistema—, de manera intermitente, un asenso de carácter pactista y democrático.

Estamos, por último, ante una normativa constitucional «rígida» que requiere en cuanto a su derogación o reforma una tramitación muy complicada. En este sentido, el artículo 10º de la Ley de Sucesión exigía para ello, además del acuerdo de las Cortes, el referéndum de la Nación.

Con la entrada en vigor de la Ley Orgánica del Estado, la defensa de la Constitución se lleva a cabo a través de dos medios diferentes; a cargo uno del Jefe del Estado (arts. 6.º y 10.º *d*) y mediante el recurso de contrafuero (arts. 59 y 66), el otro.

El recurso de contrafuero, establecido en la LOE y desarrollado por la Ley de 5 de abril de 1968, era un medio específico de control de la constitucionalidad. La definición de «contrafuero» se encontraba en el artículo 59.1 de la Ley Orgánica, a cuyo tenor lo era «todo acto legislativo o disposición general del Gobierno que vulnere los Principios del Movimiento Nacional o las demás Leyes Fundamentales del Reino».

Estaban legitimados para promover este recurso tan sólo el Consejo Nacional del Movimiento y la Comisión Permanente de las Cortes. Los particulares interesados debían dirigirse a estos órganos, que contaban con total discrecionalidad para acceder o no a la petición. Una vez interpuesto, se sustanciaba ante el Consejo del Reino, el cual presidido por el Presidente del

Tribunal Supremo, proponía al Jefe del Estado la resolución que procediera, propuesta que no era vinculante. Como ha advertido TRUJILLO, el recurso de contrafuero tenía una naturaleza eminentemente política y no jurídica.

Conviene no olvidar, a la postre, que por encima de las Leyes Fundamentales permanecían en vigor las Leyes de 30 de enero de 1938 y de 8 de agosto de 1939, llamadas «de prerrogativas», cuyos artículos 17 y 7.°, respectivamente, atribuían a Franco la «suprema potestad de dictar normas jurídicas con carácter general». Ambos preceptos permanecieron en vigor durante la vida del «Caudillo», como señalaban de forma expresa el Preámbulo de la ley Constitutiva de las Cortes y la Disposición transitoria primera de la Ley Orgánica del Estado. Por ello, afirman DE ESTEBAN y LÓPEZ GUERRA, no es infundado sostener que en esas dos normas se hallaba la verdadera Constitución del régimen. En parecidos términos, ÁLVAREZ CONDE habla de la existencia de una «doble Constitución» por la coexistencia normativa referida junto a las Leyes Fundamentales. Por todo esto, matiza DÍAZ, no podría considerarse al franquismo como un Estado de Derecho, sino como un Estado «con» Derecho, en el que existía, efectivamente, un orden jurídico y un sistema de legalidad, pero no un «imperio de la ley» que limitara el poder del Estado.

VI. ÓRGANOS POLÍTICO-CONSTITUCIONALES

1. La Jefatura del Estado

Al abordar este apartado, conviene precisar que prácticamente durante toda la vida del régimen, la figura omnipresente del general Franco se superpuso sobre el sistema político establecido por las Leyes Fundamentales. La «unidad de poder» a que se refiere el artículo 2.°, II de la Ley Orgánica del Estado está representada por el Jefe del Estado, situándose así en una clara posición de superioridad frente al resto de las instituciones. Paralelamente, la Jefatura del Estado concentraba todos los poderes, siendo los demás órganos de la Nación complementarios o subsidiarios de aquel.

A. El Caudillaje

Las circunstancias militares y la configuración de Franco como el proverbial artífice de la victoria de 1939 permitieron que confluyeran en su persona la Jefatura del Estado y del Gobierno, el Poder Legislativo, el mando supremo del Ejército y la Jefatura Nacional del partido único. Esta simple enumeración de cargos y atribuciones es suficiente para conceptuar la Jefatura del Estado como una magistratura personal, extraordinaria y excepcional. Dicha magistratura, personificada en Franco, responde a la teoría y a la praxis del Caudillaje, cuyo titular sólo responde ante Dios y ante la historia. La propia Ley de Sucesión de 1947 no deja dudas al respecto: «la Jefatura del Estado corresponde al Caudillo de España y de la Cruzada» (art. 2.°).

El Caudillo se identifica con el «destino histórico objetivo de España»; su misión estriba en «producir la comunidad de voluntades capaz de actualizar plenamente los valores comunes, en hacer de la comunidad de valores y de voluntades una comunidad de acción». Franco es el «Padre» (PEMÁN), el «Mesías de la Redención Cívica» (FERNÁNDEZ FLÓREZ), el «Enviado de Dios hecho Caudillo» (BILBAO), el «regalo que hace la Providencia cada tres o cuatro siglos» (CARRERO BLANCO), el «Sol» (CUNQUEIRO), el «Hijo del Todopoderoso» (GIMÉNEZ CABALLERO), el «llamado por la Providencia de Dios» (PEMARTÍN), el «mejor arquitecto del mundo» (AVALOS)», el «semidios inasequible» (MAZA), el «superior exponente de la Raza» (PUMARES), el «maestro de los nuevos escritores» (AZORÍN)...

El Caudillaje, en reflexión de TOMÁS VILLARROYA, suponía que la persona que lo encarnaba tenía unos vínculos de difícil aprehensión jurídica; que el pueblo español profesaba al general Franco devoción y confianza por las cualidades excepcionales que reunía o que se le adjudicaban y por la realización de una tarea que era o se consideraba también excepcional. Las instituciones del régimen —Cortes, Consejo del Reino y Consejo Nacional del Movimiento— eran para él instrumentos técnicos de gobierno, pero que no debían menoscabar el mando que, en determinados dominios, se reservaba de manera absoluta.

Únicamente al producirse las previsiones sucesorias, conforme a la Disposición transitoria primera de la LOE y convertirse España en una «Monarquía limitada», remitirá la asunción por parte de Franco de los poderes extraordinarios que le confiere el entramado legislativo; muchos de los cuales no pasarán a la Jefatura ordinaria, caso de ser asumida por un Rey o Regente (entre ellos, la posibilidad de proponer, revocar o excluir la persona del sucesor y la potestad de dictar normas jurídicas de carácter general).

B. Poderes

El artículo 6.° de la Ley Orgánica del Estado reafirma al Jefe del Estado como «representante supremo de la Nación»; a continuación, enumera un conjunto de poderes que SÁNCHEZ AGESTA califica de «simbólicos». En su virtud, el Jefe del Estado personifica la soberanía nacional; ejerce el poder supremo político y administrativo; ostenta la Jefatura Nacional del Movimiento y cuida de la más exacta observancia de los Principios del mismo y demás Leyes Fundamentales del Reino; garantiza y asegura el regular funcionamiento de los Altos Órganos del Estado y la debida coordinación entre los mismos; sanciona y promulga leyes; ejerce el mando supremo del Ejército; vela por la conservación del orden público en el interior y de la seguridad en el exterior; en su nombre se administra justicia; ejerce la prerrogativa de gracia; confiere empleos, cargos públicos y honores y acredita y recibe a los representantes diplomáticos.

Junto a estos poderes simbólicos, los artículos 7.°, 9.° y 10.° de la Ley Orgánica atribuían al Jefe del Estado una serie de facultades concretas que pasamos a examinar:

1. Atribuciones a título personal

Corresponde, particularmente, al Jefe del Estado:

a) Convocar las Cortes con arreglo a la ley, así como presidirlas en la sesión de apertura de cada legislatura y dirigirles, de acuerdo con el Gobierno, el discurso inaugural y otros mensajes.

b) Prorrogar por el tiempo indispensable, a instancia de las Cortes o del Gobierno y de acuerdo con el Consejo del Reino, una legislatura cuando exista causa grave que impida la normal renovación de los procuradores.

c) Someter a referéndum de la Nación los proyectos de ley a que se refiere el párrafo segundo del artículo diez de la Ley de Sucesión y el artículo primero de la Ley del Referéndum.

d) Designar y relevar de sus funciones al Presidente del Gobierno, al Presidente de las Cortes y demás altos cargos en la forma prevista por las leyes.

e) Convocar y presidir el Consejo de Ministros y la Junta de Defensa Nacional cuando asista a sus reuniones.

f) Presidir, si lo estima oportuno, las deliberaciones del Consejo del Reino y del Consejo Nacional, siempre que las de aquel no afecten a su persona o a la de los herederos de la Corona. En ningún caso las votaciones se realizarán en presencia del Jefe del Estado.

g) Pedir dictamen y asesoramiento al Consejo del Reino.

h) Recabar informes del Consejo Nacional (art. 7.º).

2. Atribuciones para las cuales se necesitaba una ley, o, en su caso, acuerdo o autorización de las Cortes

La Ley Orgánica contempla las siguientes:

a) Ratificar tratados o convenios internacionales que afecten a la plena soberanía o a la integridad del territorio español.

b) Declarar la guerra y acordar la paz.

c) Realizar los actos a que hace referencia el artículo doce de la Ley de Sucesión y los que vengan determinados en otros preceptos de las Leyes Fundamentales del Reino (art. 9.º).

3. Atribuciones para las cuales necesitaba estar asistido por el Consejo del Reino

Pueden contemplarse las siguientes:

a) Proponer a las Cortes aquellos actos que, según lo dispuesto en el artículo anterior, requieran una ley, acuerdo o autorización de las mismas.

b) Devolver a las Cortes para nuevo estudio una ley por ellas elaborada.

c) Prorrogar una legislatura por causa grave y por el tiempo indispensable.

d) Adoptar medidas excepcionales cuando la seguridad exterior, la independencia de la Nación, la integridad de su territorio o el sistema institucional del Reino estén amenazados modo grave o inmediato, dando cuenta documentada a las Cortes.

e) Someter a referéndum nacional los proyectos de ley trascendentales cuando ello no sea preceptivo.

f) Adoptar las demás determinaciones para que una Ley Fundamental establezca este requisito (art. 10.º).

Como persona inviolable, objeto de respeto y acatamiento, todo lo que dispusiera en el ejercicio de su autoridad debía ser refrendado, según los casos, por el Presidente del Gobierno o el ministro a quien correspondiera, el Presidente de las Cortes o el Presidente del Consejo del Reino, careciendo de valor cualquier disposición que no se ajustara a esta formalidad; en consecuencia, de los actos del Jefe del Estado eran responsables las personas que los refrendaran (art. 8.º).

2. El Consejo del Reino

Creado por la Ley de Sucesión de 1947 como supremo órgano consultivo de la Jefatura del Estado, el Consejo del Reino fue, sin duda alguna, el instituto político más característico del régimen franquista. Su función consistía en servir de regencia interina durante la transición al sucesor de Franco, y en el caso de que este muriese antes de haber nombrado a uno, reunir al Consejo del Reino y al Gobierno conjuntamente para seleccionarlo. Este órgano estaba diseñado para ser un delegado especial del Ejecutivo, creando una especie de estructura sinárquica para una Monarquía autoritaria.

MARTÍNEZ SOSPEDRA cita entre sus antecedentes los Consejos de Estado del Estatuto de Bayona y de la Constitución de Cádiz, así como el Consejo del Reino del Proyecto Constitucional de Primo de Rivera.

La Ley Orgánica del Estado modificó su inicial composición y funciones y, posteriormente, la Ley Orgánica del Consejo del Reino de 22 de julio de 1967 desarrolló los preceptos constitucionales.

A. Composición

Conforme al artículo 4.º de la Ley de Sucesión estaba constituido por un Presidente (que lo era el de las Cortes), seis consejeros natos y diez consejeros electivos.

Tenían la condición de consejeros natos los Presidentes del Tribunal Supremo, del Consejo de Estado y del Instituto de España; el Prelado de mayor jerarquía y antigüedad entre los que fueran procuradores en Cortes; el Capitán General o, en su defecto, el Teniente General en activo y de mayor antigüedad y el General Jefe del Alto Estado Mayor.

Los electivos provenían de los siguientes grupos de procuradores en Cortes:

a) Dos por el de consejeros nacionales

b) Dos por el de la Organización Sindical

c) Dos por el de representación familiar

d) Uno por el de rectores de Universidad

e) Uno por el de colegios profesionales

B. Funciones

MARTÍNEZ ESTERUELAS agrupa las funciones del Consejo del Reino conforme al esquema siguiente:

a) En relación con la función legislativa. Correspondía al Consejo:

- Emitir dictamen vinculante favorable para que el Jefe del Estado pudiera devolver a las Cortes para nuevo estudio una ley por ellas elaborada.
- Asistir al Jefe del Estado para someter a referéndum nacional los proyectos de ley trascendentales, cuando ello no fuera preceptivo.

b) En relación con la función ejecutiva. La asistencia del Consejo al titular de la Jefatura del Estado se extendía también a algunos supuestos en los que este debía aportar medidas políticas de excepcional trascendencia, tales como:

- Prorrogar una legislatura.
- Proponer a las Cortes la ratificación de tratados o convenios internacionales que afectasen a la plena soberanía.
- Adoptar medidas excepcionales cuando el Reino estuviese amenazado.
- Nombrar a los veinticinco procuradores a que tenía derecho el Jefe del Estado.

c) En relación con la defensa del ordenamiento constitucional. El Consejo intervenía, asimismo, en los supuestos en los que la Ley Orgánica atribuía al Jefe del Estado la defensa de la Constitución:

- Emitiendo un dictamen preceptivo, aunque no vinculante, cuando el Jefe del Estado acordase la adopción de medidas excepcionales.
- Proponiendo al Jefe del Estado la resolución que considerase más oportuna en la decisión del recurso de contrafuero.

d) En relación con el mecanismo sucesorio. Entre otras atribuciones tenía las siguientes:

- Recibir el juramento del Rey o Regente.
- Proponer a las Cortes la tutela de las personas reales menores de edad.

- Decidir por mayoría de dos tercios de sus miembros la incapacidad del Jefe del Estado, si previamente la hubiera apreciado el Gobierno.
- Informar acerca de la renuncia del Jefe del Estado, de su abdicación y cesión de derechos.

e) En relación con la titularidad de los altos cargos del Estado. El Consejo participaba del siguiente modo:
   - Presentando una terna al Jefe del Estado para el nombramiento por este de Presidentes de los altos órganos del Estado.
   - Cesando a los Presidentes de los altos órganos del Estado por incapacidad apreciada por los dos tercios de sus miembros.
   - Emitiendo dictamen vinculante para el relevo de sus cargos a los Presidentes de los altos órganos del Estado, por el Jefe del Estado.
   - Emitiendo dictamen no vinculante antes de que el Jefe del Estado aceptara la dimisión de los Presidentes de los altos organismos del Estado.

3. El Consejo de Regencia

Otra creación de la Ley de Sucesión fue el Consejo de Regencia, que asumía las facultades del Jefe del Estado en caso de ausencia o incapacidad del mismo (art. 8.º). Estaba compuesto por el Presidente de las Cortes, el Prelado de mayor jerarquía y antigüedad Consejero del Reino y el Capitán General o, en su defecto, el Teniente General, en activo y de mayor antigüedad de cualquiera de los tres Ejércitos (art. 3.º).

Su única función era convocar a las Cortes y al Consejo del Reino para a la proclamación del sucesor como Rey o Regente, según correspondiera, o, en caso de no haberlo, convocar a estos mismos órganos para proceder a su designación.

Como ha resaltado TOMÁS VILLARROYA la tarea principal que realizó fue la de asegurar la transición y así se puso de manifiesto tras la muerte del general Franco: el Consejo asumió los poderes en nombre del futuro Rey y convocó a las Cortes y al Consejo del Reino para recibirle el juramento prescrito en las Leyes Fundamentales.

4. El Consejo Nacional del Movimiento

La Ley Orgánica del Estado dedicaba el Título IV (arts. 21 al 28) al Consejo Nacional del Movimiento. Previamente, el artículo 4.º se refería a la función del Movimiento en los términos que siguen: «El Movimiento Nacional, comunión de los españoles en los Principios Fundamentales, informa el orden político, abierto a la totalidad de los españoles y, para el mejor servicio de la Patria, promueve la vida política en régimen de ordenada concurrencia de criterios».

El artículo 21 lo definía como la representación colegiada del Movimiento y le asignaba estos fines:

a) Fortalecer la unidad entre los hombres y las tierras de España.

b) Defender la integridad de los Principios del Movimiento Nacional y velar porque la transformación y desarrollo de las estructuras económicas, sociales y culturales se ajusten a las exigencias de la justicia social.

c) Velar por el desarrollo y ejercicio de los derechos y libertades reconocidas por las Leyes Fundamentales y estimular la participación auténtica y eficaz de las entidades naturales y de la opinión pública en las tareas políticas.

d) Contribuir a la formación de las juventudes españolas en la fidelidad. a los Principios del Movimiento Nacional e incorporar las nuevas generaciones a la tarea colectiva.

e) Encauzar, dentro de los Principios del Movimiento, el contraste de pareceres sobre la acción política.

f) Cuidar de la permanencia y perfeccionamiento del propio Movimiento Nacional.

A. Composición

Según el artículo 22 el Consejo Nacional estaba compuesto del siguiente modo:

a) Un consejero elegido por cada provincia.

b) Cuarenta consejeros designados por el Caudillo entre personas de reconocidos servicios.

c) Doce consejeros elegidos por los procuradores del tercio familiar, local y sindical (cuatro por cada grupo).

d) Seis consejeros designados por el Presidente del Consejo.

e) El secretario general, que ejercerá las funciones de Vicepresidente.

La Jefatura Nacional la ostentaba el Jefe del Estado, aunque, al cumplirse las previsiones sucesorias, su ejercicio correspondería al Presidente del Gobierno, por delegación de aquel.

B. Competencias

Para el cumplimiento de los fines antes descritos, el Consejo tenía las siguientes atribuciones:

a) Promover la acomodación de las leyes y disposiciones generales a los Principios del Movimiento Nacional y demás Leyes Fundamentales del Reino, ejerciendo a este efecto el recurso de contrafuero previsto en el Título X de esta ley.

b) Sugerir al Gobierno la adopción de cuantas medidas estime convenientes a la mayor efectividad de los Principios del Movimiento y demás Leyes Fundamentales del Reino y, en todo caso, conocer e informar, antes de su remisión a las Cortes, cualquier proyecto o modificación de Ley Fundamental.

c) Elevar al Gobierno los informes o memorias que considere oportunos y evacuar las consultas que aquel le someta, pudiendo a tales efectos, requerir los antecedentes que considere convenientes (art. 23).

Los fines y medios que se atribuían al Consejo Nacional —precisa DE ESTEBAN— pecaban de vagos y genéricos; quizá por esa razón el Consejo no consiguió ni por sí mismo ni por su relación con el Gobierno dotarse de consistencia propia. Con frecuencia —anota TOMÁS VILLARROYA—, pareció un organismo sin justificación, arrastrando siempre una vida lánguida y, en el conjunto del sistema, fue una pieza inerte que nunca encontró un sitio en el mismo.

5. El Gobierno

La Ley Orgánica del Estado dedicaba el Título III (arts. 13 al 20) al Gobierno de la Nación; institución que ya había sido regulada, bajo la denominación de «Consejo de Ministros», en la Ley de Régimen Jurídico de la Administración del Estado de 1957.

El artículo 13 de la Ley Orgánica disponía que el Consejo de Ministros, constituido por el Presidente del Gobierno, el Vicepresidente o Vicepresidentes, si los hubiere, y los ministros, era el órgano que determinaba la política nacional, aseguraba la aplicación de las leyes, ejercía la potestad reglamentaria y asistía de modo permanente al Jefe del Estado en los asuntos políticos y administrativos.

Con este precepto se desvinculaba la Presidencia del Gobierno de la Jefatura del Estado, si bien sólo en un plano teórico, puesto que, de hecho, hasta el año 1973, ambos cargos fueron desempeñados por el Caudillo.

El Presidente del Gobierno era designado por el Jefe del Estado a propuesta en terna del Consejo del Reino (art. 14.I LOE) y su mandato duraba cinco años (art. 14. II).

Los demás miembros del Gobierno eran nombrados y separados por el Jefe del Estado a propuesta del Presidente del Gobierno (art. 17. I LOE).

Dentro del Gobierno, su Presidente, como elemento nuclear del mismo, tenía numerosos e importantes poderes: dirigía la política en general; aseguraba la coordinación de todos los órganos de gobierno y administración: convocaba, presidía y levantaba las sesiones del Consejo de Ministros y de las Comisiones Delegadas y dirigía sus deliberaciones cuando no las presidía el Jefe del Estado.

Como órgano colegiado, correspondían al Gobierno, según DE ESTEBAN, las competencias siguientes:

a) La iniciativa legislativa de acuerdo con el artículo 15 de la Ley del Cortes.

b) La determinación de la política nacional, encomendándose a su Presidente, conforme al artículo 14, IV de la Ley Orgánica, su dirección.

c) Las funciones de carácter normativo, como son el ejercicio de la potestad reglamentaria (art. 13. II LOE), la legislación delegada (art. 51 LOE) y la promulgación de los Decretos-leyes (art. 13 Ley de Cortes y 52 LOE), siendo precisa la sanción ulterior del Jefe del Estado.

d) En situaciones excepcionales el Gobierno podía suspender la vigencia de los artículos 12, 13, 14, 15, 16 y 18 del Fuero de los Españoles, que podía llevarse a cabo mediante un Decreto-ley (art. 35 del Fuero de los Españoles).

Durante todo el franquismo, el Gobierno, en palabras de TOMÁS VILLARROYA, fue el órgano principal en la estructura política española por dos motivos: por la autoridad de quien lo presidía y por la posición en que le situaban las Leyes Fundamentales y las leyes ordinarias.

Todos los Gobiernos de Franco fueron Gabinetes de «coalición», en el sentido de que en ellos participaron personas de muy diversa procedencia y condición: militares, falangistas, carlistas, representantes cualificados del mundo económico y empresarial, personas ligadas a la burocracia del Movimiento y a sectores de la Iglesia, etc. Pero estos gobiernos de coalición eran muy distintos a los que habitualmente se entiende por ellos en los sistemas democráticos. Los miembros de cada grupo o «familia» no actúan representando a dichos grupos. Más que colectivos ideológicos eran simples clientelas políticas. Su adhesión al Caudillo borraba cualquier adscripción a la «familia» de procedencia.

6. Las Cortes

SÁNCHEZ AGESTA ha recalcado que la aparición de las Cortes en la Ley Constitutiva de 1942 (modificada posteriormente por la Ley de 9 de marzo de 1946) marcó un hito en el proceso de creación institucional del régimen. La creación de este órgano se justificaba en la conveniencia técnica, dentro de la unidad del régimen, de que los distintos elementos sociales tuvieran algún grado de presencia en la elaboración de las leyes. El organicismo de la Cámara, al decir de DÍAZ-NOSTY, contribuyó a ir eliminando las fricciones y tensiones de los grupos o «familias» del régimen, por cuanto el acceso de los procuradores se formulaba por interés corporativo, mientras que el sentido político del Partido único se fue diluyendo, por vía institucional, a medida que la Dictadura se consolidaba.

El artículo 1.º de la ley les asignaba como misión principal «la preparación y elaboración de las leyes, sin perjuicio de la sanción, que corresponde al Jefe del Estado». Por su parte, el Preámbulo de esta ley recordaba que continuaba en la Jefatura del Estado «la suprema potestad de dictar normas jurídicas de carácter general, en los términos de las leyes de treinta de enero de mil novecientos treinta y ocho y ocho de agosto de mil novecientos treinta y nueve»; negado, pues, el carácter de órgano legislativo, las Cortes recién creadas no pasan de ser un mero instrumento de colaboración en la Potestad Legislativa, que correspondía en exclusiva al Jefe del Estado.

Sólo tras la promulgación de la Ley Orgánica del Estado, veinticinco años después, le sería reconocida a las Cortes la facultad de aprobar las leyes.

Entiende de Esteban que el proceso constituyente que arranca del Decreto n.º 138, de 29 de septiembre de 1936, y que desemboca en la ley orgánica, indica que la progresiva autolimitación de la Jefatura del Estado fue paralela a la importancia creciente de las Cortes.

Con todo, y aun admitiendo una progresiva evolución en la composición y funciones de las Cortes, se ha de negar a éstas cualquier carácter de Asamblea parlamentaria y, por ende, de poder político independiente del Estado.

A. Composición

Eliminado el sufragio universal y prohibidos los partidos políticos, la Cámara iba a reflejar la representación orgánica, cuyos núcleos naturales eran la familia, el municipio y el sindicato, aunque uniéndola con otras representaciones diferentes.

Tomaban asiento en el hemiciclo los procuradores comprendidos en los grupos siguientes:

a) Los miembros del Gobierno.

b) Los consejeros nacionales, en número de ciento nueve.

c) Ciento cincuenta representantes de la Organización Sindical.

d) Un representante los municipios de cada provincia elegido por sus Ayuntamientos entre sus miembros y otro de cada uno de los municipios de más de 300.000 habitantes; un representante por cada Diputación Provincial elegido por las Corporaciones locales de los territorios no constituidos en provincias elegidos en la misma forma.

e) Dos representantes de la familia por cada provincia, elegidos por quienes figurasen en el censo electoral de cabezas de familia y por las mujeres casadas.

f) Los Presidentes de los cinco altos órganos del Estado (Tribunal Supremo de Justicia, Consejo de Estado, Consejo Supremo de Justicia Militar, Tribunal de Cuentas del Reino y Consejo de Economía Nacional).

g) Representantes del mundo de la cultura (rectores de las Universidades, dos miembros de las Reales Academias, Presidentes del Instituto de España y del Consejo Superior de Investigaciones Científicas...).

h) Representantes de colegios profesionales, cuyo número máximo era de treinta.

i) Aquellas personas que por su jerarquía eclesiástica, militar o administrativa o por sus relevantes servicios a la Patria, designe el Jefe del Estado, oído el Consejo del Reino, hasta un número no superior a veinticinco.

B. Competencias

Según la Ley de Cortes, éstas funcionaban en Pleno y por Comisiones (art. 8.º). Se reunían en Pleno para el examen de las leyes que requiriesen esta competencia y, además siempre que fueren convocadas por el Presidente, de acuerdo con el Gobierno (art. 9.º).

Las Cortes conocían de forma plenaria de una serie de materias que a modo de «reserva legal» establecía el artículo 10.º de dicha ley, entre ellas:

- La aprobación de los Presupuestos del Estado y de las grandes operaciones económicas y financieras.
- La ordenación bancaria y monetaria.
- La intervención económica de los sindicatos y cuantas medidas legislativas afectasen, en grado trascendental, a la economía de la Nación.
- Las leyes básicas de regulación de la adquisición y pérdida de la nacionalidad española y de los deberes y derechos de los españoles.
- Las bases del régimen local; del Derecho Civil, Mercantil, Social, Penal y Procesal; de la Organización Judicial y de la Administración Pública.
- Las bases para la ordenación agraria, mercantil e industrial.
- Los planes nacionales de enseñanza.

Asimismo, todos los Tratados o Convenios internacionales que afectasen a la plena soberanía o a la integridad territorial española, debían ser objeto de ley aprobada por el Pleno de las Cortes (art. 14. I).

Las Cortes no contaban, por el contrario, con instrumento alguno para poder ejercer el control político de la acción del Gobierno. No existían la cuestión de confianza ni la moción de censura, y las interpelaciones, ruegos, preguntas, solicitudes de información, etc. de los procuradores a los miembros del Gobierno no eran más que una mal disimulada apariencia fiscalizadora.

La competencia de las Comisiones Legislativas se extendía a todas las disposiciones que no estuviesen comprendidas en el artículo 10.º y que debieran revestir forma de ley. Esta Comisión emitía dictamen a requerimiento del Gobierno o de la Comisión Permanente de las Cortes (art. 12.I).

7. La Administración de Justicia

En la época del franquismo no existió un verdadero Poder Judicial, de ahí la denominación de este epígrafe.

En el proceso escalonado de aparición de las Leyes Fundamentales, el Fuero del Trabajo (art. VIII), la ley de Cortes (art. 2.º) y la Ley de Principios del Movimiento Nacional (Principio IX) aludían a la Administración de Justicia; sin embargo, el otorgamiento de un estatuto constitucional a la misma, no se produjo hasta la promulgación de la Ley Orgánica del Estado, que, bajo el epígrafe de «La Justicia», le dedicaba el Título V (arts. 29 al 36).

Nominalmente la LOE formulaba los siguientes principios:

a) Independencia judicial

b) Legalidad

c) Inamovilidad de jueces y magistrados

d) Responsabilidad

e) Unidad jurisdiccional

f) Especialización funcional

g) Igualdad

h) Gratuidad para quienes carecieren de medios económicos

En la práctica muchos de estos principios y, especialmente los de independencia y unidad jurisdiccional, no pasaron de ser meras declaraciones semánticas. Así, la independencia judicial fue una auténtica quimera; desde los albores del régimen la carrera judicial estuvo en manos del Ejecutivo, lo que se oficializó en 1952 con la creación del Consejo Judicial.

Por su parte, la existencia de un gran número de jurisdicciones especiales y especializadas (militar, eclesiástica, de orden público, de contrabando y defraudación, de delitos monetarios, de peligrosidad social, etc.), vaciaron de contenido aquel principio.

Dos eran los órganos básicos de la Administración de Justicia: el Tribunal Supremo y el Ministerio Fiscal. El primero tenía encomendado, según el artículo 33 de la ley orgánica, la «alta inspección de la Justicia».

Al Ministerio Fiscal, definido en el artículo 35. 1 de la precitada Ley como el «órgano de comunicación entre el Gobierno y los Tribunales de Justicia», le correspondía «promover la acción de la justicia en defensa de los intereses públicos tutelados por la ley».

8. La Administración local

A pesar de que la primera Ley sobre Régimen Local tuvo que esperar hasta 1945, en los años siguientes al final de la Guerra Civil se consolidó la concepción ideológica y política del régimen local del franquismo. En los aspectos legales se mantuvo la ley municipal republicana, aunque fueron eliminadas todas las formas de participación democrática en ella contenidas. Al mismo tiempo se estableció una relación de confianza escalonada en la que el Gobierno designaba a los Gobernadores Civiles de su confianza, y éstos, a su vez, elegían a los alcaldes con el mismo criterio.

La Ley de Bases de Régimen Local, de 17 de julio de 1945, desarrollada por Ley, de 16 de diciembre de 1950, y más tarde modificada sus Bases por la Ley, de 18 de diciembre de 1953, aprobándose el Texto articulado y refundido de ambas por Decreto de 24 de junio de 1955, establecieron los principios inspiradores del nuevo Régimen local basado, como resalta GARCÍA ROJAS, en los principios de centralismo, unidad y uniformismo.

El municipio se consideraba como una entidad natural previa al Estado y uno de los cauces participativos, junto a la familia y el sindicato, del sistema de representación política del régimen. El nombramiento y cese de los Alcaldes de municipios de más de 10.000 habitantes y capitales de provincia eran competencia exclusiva del ministro de la Gobernación y del Gobernador Civil en el resto.

El Consejo de Ministros, a propuesta del Ministerio de la Gobernación y previa audiencia de las entidades interesadas e informe del Servicio Nacional de Inspección y Asesoramiento, podía decretar la disolución de los Ayuntamientos y Diputaciones cuando su gestión resultase «gravemente dañosa» para los intereses generales (art. 422 LRL).

La provincia, en su doble dimensión de Corporación local y demarcación para la prestación de servicios del Estado, aparece vinculada firmemente al poder central, ya que el Gobernador Civil era la primera autoridad provincial y Presidente nato de la Diputación.

A pesar de algunos intentos de reformas parciales, como el llevado a cabo en la Ley 48/1966, el régimen local establecido, en sus grandes líneas, permaneció prácticamente inmutable hasta el final de la Dictadura.

VII. EL RÉGIMEN Y SU CARACTERIZACIÓN

No queremos finalizar el estudio del régimen de Franco sin hacer, al menos, una breve alusión a la naturaleza y definición del mismo.

La discusión sobre la caracterización concreta del franquismo ha sido y sigue siendo motivo de discordancia entre los tratadistas. Como asevera BENEYTO, el régimen en su dilatada existencia jugó con la ambigüedad y la equivocidad.

Se ha hablado de «fascismo», de «totalitarismo», de «bonapartismo», de «despotismo reaccionario», de «régimen autocrático», de «dictadura paternalista», de «régimen bismarckiano», de «autoritarismo», de «sistema semicompetitivo», etc. Lo cierto es que probablemente tuvo, en mayor o menor medida ingredientes de todos ellos. Estas definiciones y otras muchas que se han propuesto para la explicitación del sistema político franquista obedecen, entre otras razones, al difícil encuadramiento del mismo en las calificaciones de la Ciencia política y a las mutaciones sufridas en su seno. El régimen, que dio de sí mismo definiciones diferentes e incluso contradictorias, se enorgullecía de su propia evolución, de su capacidad de adaptarse a las circunstancias, de «perfeccionarse». Ello ha llevado a algunos autores a afirmar que en la larga duración del franquismo hubo no uno sino diferentes regímenes. Entiendo yo, por el contrario, que lo que hubo fueron distintas apariencias dentro del mismo régimen, según las necesidades interiores y exteriores lo exigiesen, para sobrevivir y mantenerse en el poder. Su flexibilidad y la carencia de un ideario claro le permitió transitar de unas fórmulas dictatoriales a otras, cercano al fascismo en los años cuarenta y a las dictaduras desarrollistas en los sesenta (el «Estado en obras» de FERNÁNDEZ DE LA MORA).

A menudo, desde el 18 de julio de 1936 hasta su fallecimiento el 20 de noviembre de 1975, la personalidad del Caudillo va a confundirse con el sistema político por él creado. Nunca en la reciente historia de España una sola persona tuvo tanto poder. No deja de ser paradójico, como agudamente puntualiza REIG TAPIA, que «una figura tan poco atractiva, tan carente de las cualidades carismáticas que Max Weber destaca en el caudillo o líder de masas» haya sido capaz de construir un Estado a su medida. Por ello muchos estudiosos han llegado a calificar el sistema que nos ocupa de «régimen franquista» sin más, haciendo de este, en frase de TORRES DEL MORAL «un modelo nuevo a fuerza de tener mucho de todos los tipos mencionados y no ser ninguno de ellos». Se podía —añade RAMÍREZ JIMÉNEZ— ser monárquico o propagandista, pero sólo en lo secundario: ante todo y por encima de todo se exigía ser franquista.

Franco fue un producto característico de la casta de oficiales surgida durante la guerra colonialista con Marruecos (los llamados «africanistas»). A partir del momento en que se convirtió en dictador (octubre de 1936), le preocupó evitar lo que llamaba «el error de Primo de Rivera», consistente en no trascender una dictadura militar personal al estilo latinoamericano, sin doctrina ni estructura. Si el Ejército fue el apoyo fundamental del régimen en sus comienzos, no menos decisivo fue el apoyo de la Iglesia hasta el punto de que se ha podido calificar al «Nuevo Estado» como el último Estado teocrático de Europa. Pero, aun así, la piedra angular del franquismo se situaba en unas solas manos (las del Caudillo) y, por añadidura, en la negación de las esencias del sistema liberal (se suprimen las libertades y las instituciones representativas). Franco fue un gobernante absoluto, Jefe del Estado, Jefe del Partido único, comandante supremo las Fuerzas Armadas, dueño del Poder Legislativo, del Ejecutivo y del Judicial. Hasta el final de sus días el franquismo, fundamentándose sobre el principio excluyente, es decir, en la negación a los vencidos de cualquier espacio en el nuevo sistema, perseguirá a sus enemigos políticos. No cabe duda de que Franco, desde el primer momento hasta su muerte, no puso en duda la necesidad para España de su permanencia en el poder.

De otro lado, como ya esbozamos, el franquismo hará gala de un constante pragmatismo que, traducido a efectos ideológicos, se manifiesta en legitimar las constantes políticas que aseguraban la dominación de la coalición gobernante y en mostrar, al mismo tiempo, una flexibilidad tal que permita ideologizar en cada momento la hegemonía potencial de cualquiera de las fracciones que sustentaban el bloque. Franco se mantendrá siempre por encima de las controversias entre aparatos, como árbitro y sin peligro de que aparezca una fuerza prepotente que pueda ponerle en cuestión o lo desautorice. En este sentido puede decirse que el franquismo fue una «dictadura arbitral».

Sin embargo, y según lo apuntado, no cabe una conceptuación precisa del régimen. En realidad, es muy difícil explicar uniformemente un sistema de tanta duración. De ahí que el régimen franquista deba estudiarse en su evolución concreta y precisa a lo largo del tiempo. La intensidad del mismo será muy distinta en función del período que examinemos.

Para PAYNE, entre 1937 y 1943 el franquismo constituyó un régimen «semifascista», pero nunca un régimen fascista cien por cien; después —añade— pasó treinta y dos años evolucionando como un sistema autoritario «postfascista», aunque nunca consiguió eliminar completamente todos los vestigios residuales del fascismo. MATHEWS acuñaría el término «fascistoide» para referirse al régimen.

MALEFAKIS tampoco considera el régimen «muy fascista» y recalca su parecido con los sistemas autoritarios de Europa oriental del período de entreguerras. Análogamente, THOMÀS cree que el franquismo fue «algo más que una dictadura conservadora», pero no la considera tampoco fascista; a lo sumo, «fascistizada» o «parafascista».

Hasta bien entrados los años sesenta, nadie le discutió al régimen español su carácter dictatorial, con la excepción de personas muy radicalizadas. No obstante, en 1964, el profesor LINZ, de la Universidad de Columbia, califica al régimen franquista de «autoritario». El propio franquismo no se lo toma en serio al parecerle exagerada la afirmación, pues él se consideraba una «democracia orgánica». De ahí que el complaciente trabajo del sociólogo no vea la luz en nuestro país hasta pocos meses antes de la muerte del general Franco. Fue dentro de uno de los volúmenes «La España de los años setenta», con prólogo de Fraga Iribarne.

Según LINZ, el franquismo era un sistema con un pluralismo limitado y no responsable, sin una ideología elaborada y directa, carente de una movilización política intensa o extensa y en el que un líder, o acaso un grupo reducido, ejerce el poder dentro de límites, formalmente mal definidos, pero bastante predictibles. La oposición es calificada por el citado autor de «alegal», que le da un cierto pluralismo, siempre claro que este no resulte peligroso desde el punto de vista político.

Este concepto es criticado acertadamente por MARTÍNEZ ALIER por moverse a un nivel de análisis puramente formal. LINZ se equivoca al tomar como rasgos del franquismo la «apatía» y la «despolitización» para calificarlo de autoritario, porque, al contrario, son una «consecuencia» de la represión y del miedo fomentado por el poder para que exista desmovilización política. Desde luego, la ideología falangista pura perdió muy pronto importancia y es verdad que en el franquismo han convivido varias tendencias. Pero el error viene, precisa MARTÍNEZ ALIER, «de no tomarse en serio la propia definición del régimen como una democracia orgánica..., y de estudiar más las diferencias entre las diversas tendencias del franquismo que las ideas expuestas por el mismo Franco, que forman una ideología bastante coherente que combina las de esas tendencias». De todos modos, concluye el citado autor, aunque la caracterización como «democracia orgánica» es más rica sociológicamente que la de «autoritarismo», tampoco responde a los hechos porque, por su contenido de clase, el franquismo debe ser definido como una dictadura de la burguesía.

En parecidos términos se expresa FERRANDO BADÍA, para quien el régimen franquista era, por un lado, autoritario en cuanto basado en las presuntas cualidades excepcionales del Caudillo, y, por otro, no era totalitario rígido, sino una conjunción de corrientes o tendencias más o menos toleradas. Con la definición del franquismo como régimen autoritario, afirma con razón REIG TAPIA, lo que se ha hecho por parte de sectores más propagandísticos que académicos ha sido pretender desfigurar el carácter dictatorial del franquismo. Se ha querido utilizar el término autoritarismo» —argumenta TUÑÓN DE LARA— para hacer menos sospechoso el régimen, incluso para rehacerle cierta virginidad política, llegándose incluso a hablar de pluralismo. Por ello, hemos de rechazar, asimismo, la calificación de «régimen pretoriano», por cuanto el Ejército no fue el protagonista de la Dictadura sino tan sólo la llave maestra para el ejercicio de la misma. Estaríamos, así, ante un cesarismo de base militar, toda vez que el régimen se sirve de las Fuerzas Armadas a modo de columna vertebral del sistema político, pero impidiendo que pueda convertirse en una alternativa de poder.

Más allá de consideraciones semánticas, el franquismo, del que RIDRUEJO dijera en la temprana fecha de 1942 que se hundía como empresa aunque se sostuviese como «tinglado», ha sido definido por MORODO como «una modalidad fascista del Estado totalitario, que mantendrá sus principios y sus instituciones fundamentales, estas últimas con correcciones y adaptaciones durante treinta y nueve años de permanencia, aunque su vigencia social fuese gradualmente contestada y, por razones internas y/o internacionales, el Estado totalitario radical de sus comienzos, se transforme en un Estado totalitario flexible». Nos hallaríamos, acota SAZ CAMPOS, ante «el menos fascista de los regímenes autoritarios, o el menos totalitario de entre los de esta categoría».

Como en las Monarquías absolutas, Franco no sólo asume la responsabilidad de sus actos «ante Dios y ante la Historia», como declara el 19 de abril de 1937 y repite el 18 de mayo de 1958, sino que es prácticamente un «Rey de derecho divino», es decir con capacidad de acción ante la Iglesia, y un «Rey absoluto», es decir, desligado de otras instancias políticas y desde luego independiente de cualquier tipo de Parlamento.

Al margen de las calificaciones propuestas, la Ley de Sucesión definió oficialmente a España como «Estado católico, social y representativo, que, de acuerdo con su tradición, se declara constituido en Reino» (art. 1.º); más explícitamente, la Ley de Principios Fundamentales del Movimiento prescribió que la forma política del régimen era «la Monarquía tradicional, católica, social y representativa» (Principio VII).

El régimen franquista murió con quien lo había encarnado y representado durante cerca de cuatro décadas. La fórmula continuista «después de Franco las instituciones» indicaba que la legitimidad carismática del Caudillo, en términos weberianos, era por naturaleza intransferible, al estar basada en un sentimiento irracional y fanático. El rechazo decisivo del franquismo en las primeras elecciones libres, de junio de 1977, demostró que la gran mayoría de españoles rechazaba la democracia orgánica y todo lo que esta representaba. Como hizo hincapié RAMÍREZ JIMÉNEZ, la desaparición física de la figura del Caudillo, dejó tras de sí a modo de herencia: un complicado entramado legislativo, con pretensión de Constitución puramente semántica; los intereses creados y sostenidos por el propio régimen (el gran capital, los monopolios, excombatientes, parte de la Iglesia, sindicalistas verticalistas, etc.); la «nueva burguesía», ausente en etapas políticas anteriores y que fue el sujeto predilecto de quienes hablaban de la «mayoría silenciosa» y de la «España en paz»; y una mentalidad (conjunto de actitudes, reacciones, formas de pensar y entender la realidad, consecuencia de un largo proceso de socialización en el que con el Estado colaboraron la familia, la escuela, la prensa, el sindicato único).

VIII. BIBLIOGRAFÍA

BAÑON, R.: *Poder de la burocracia y Cortes franquistas*, Instituto Nacional de Administración Pública, Madrid, 1978.

BENEYTO PÉREZ, J.: *El Nuevo Estado Español. El régimen nacional-sindicalista ante la tradición y los sistemas totalitarios*, Biblioteca Nueva, Cádiz, 1939.

La identidad del franquismo: del alzamiento a la Constitución, Espejo, Madrid, 1979.

BIESCA, J. A. y **TUÑÓN DE LARA, M.**: *España bajo la dictadura franquista (1939-1975)*, Labor, Barcelona, 1980.

Bolloten, B.: *La Guerra Civil española. Revolución y contrarrevolución*, Alianza, Madrid, 1997.

Brenan, G.: *El laberinto español*, Planeta, Barcelona, 2017.

Cerdà Serrano, J.: «Historicismo y legalismo en los discursos franquistas sobre la monarquía española: La Ley de Sucesión en la Jefatura del Estado de 1947», en *Revista Jurídica de la Universidad Autónoma de Madrid*, n.º 32, 2015, págs. 99-126.

Conde, F. J.: *Representación política y régimen español*, Educación Popular, Madrid, 1945.

Cotarelo, R.: *Memoria del franquismo*, Foca, Madrid, 2011.

Cuenca Toribio, J. M.: *La Guerra Civil de 1936*, Espasa Libros, Madrid, 1986.

De Esteban, J. y **López Guerra, L**: *La crisis del Estado franquista*, Politeia, Barcelona, 1977.

De Esteban, J. y otros: *Desarrollo político y Constitución española*, Ariel, Barcelona, 1972.

De la Cierva, R.: Historia del franquismo. Orígenes y configuración (1939-1945), Planeta, Barcelona, 1975.

De Miguel, A.: *Sociología del franquismo*, Euros, Barcelona, 1975.

Díaz-Nosty, B.: *Las Cortes de Franco. 30 años orgánicos*, Dopesa, Barcelona, 1972.

Domènech Sampere, X.: *Cambio político y movimiento obrero bajo el franquismo. Lucha de clases, dictadura y democracia (1939-1977)*, Icaria Editorial, Barcelona, 2011.

Fernández Carbajal, R.: *La Constitución española*, 2.ª ed., Editora Nacional, Madrid, 1969.

Fernández de la Mora, G.: *El Estado en obras*, Doncel, Madrid, 1976.

Ferrando Badía, J.: *El régimen de Franco. Un enfoque jurídico-político*, Tecnos, Madrid, 1984.

Fraga Iribarne, M.: *Estructura política de España*, Doncel, Madrid, 1969.

Franco Bahamonde, F.: *Pensamiento político de Franco*, Servicio Informativo Español, Madrid, 1964.

Fusi, J. P.: *Franco. Autoritarismo y poder personal*, Punto de Lectura, Madrid, 2000.

Gallo, M.: *Historia de la España franquista*, Ruedo Ibérico, Paris, 1972.

GARCÍA FERNÁNDEZ, J.: *El régimen de Franco. Un análisis político*, Akal, Madrid, 1976.

GEORGEL, J.: *El franquismo. Historia y balance, 1939-1969*, Ruedo Ibérico, París, 1969.

GIL PECHARROMÁN, J.: *El Movimiento Nacional (1937-1977)*, Planeta, Barcelona, 2013.

GIMÉNEZ MARTÍNEZ, M. A.: *Las Cortes Españolas en el régimen de Franco. Nacimiento, desarrollo y extinción de una Cámara Orgánica*, Congreso de los Diputados, Madrid, 2012.

«El Consejo Nacional del Movimiento: la "cámara de las ideas" del franquismo», en *Investigaciones históricas*, n.º 35, 2015, págs. 271-298.

GONZÁLEZ PRIETO, L. A.: «El debate sobre la Constitución en el primer franquismo (1939-45)», en *Revista de Estudios Políticos, nueva época*, n.º 155, 2012, págs. 207-235.

GONZÁLEZ-ARES, J. A.: «Conceptualización política y proceso de institucionalización del régimen de Franco», en *Anuario de la Facultad de Derecho de Ourense*, n.º 1, 2002, págs. 211-226.

HERMET, G.: *La politique dans L'Espagne franquiste*, Armand Colin, Paris, 1974.

L'Espagne de Franco, Armand Colin, París, 1974.

HERRERO Y RODRÍGUEZ DE MIÑÓN, M.: *El principio monárquico. Un estudio sobre la soberanía del Rey en las Leyes Fundamentales*, Cuadernos para el Diálogo, Madrid, 1972.

HISPÁN IGLESIAS DE USSEL, P.: *La política en el régimen de Franco entre 1957 y 1969. Proyectos, conflictos y luchas por el poder*, Centro de Estudios Políticos y Constitucionales, Madrid, 2006.

IGLESIAS SELGAS, C.: *Las Cortes españolas: pasado, presente y futuro*, Cabal, Madrid, 1973.

LEGAZ LACAMBRA, L: *Introducción a la teoría del Estado Nacionalsindicalista*, Bosch, Barcelona, 1940.

«Ideología y principios fundamentales», en *Revista de Estudios Políticos*, n.º 175, 1971, págs. 5-18.

LÓPEZ PINA, A. y **ARANGUREN, E.**: *La cultura política de la España de Franco*, Taurus, Madrid, 1976.

MALEFAKIS, E.: *Franquismo. El juicio de la historia*, Temas de Hoy, Madrid, 2000.

Marín Pérez, P.: *El caudillaje español (Ensayo de construcción histórico-jurídica)*, Europa, Madrid, 1960.

Martín Oviedo, J. M.: «La representación política en el actual régimen español», en *Revista de Estudios Políticos*, n.º 198, 1974, págs. 229-245.

Molinero. C. e **Ysàs, P.**: *La anatomía del franquismo. De la supervivencia a la agonía, 1945-1977*, Crítica, Barcelona, 2008.

Moradiellos, E.: *La España de Franco (1939-1975)*, Síntesis, Madrid, 2000.

Moreno Fonseret, R. y **Sevillano Calero, F.**: «Los orígenes sociales del franquismo», en *Hispania. Revista española de historia*, vol. 60, n.º 205, 2000, págs. 703-724.

Olmeda, J. A.: *Las fuerzas armadas en el Estado franquista*, El Arquero, Madrid, 1988.

Ortiz Heras, M. (coord.): *Memoria e historia del franquismo: V Encuentro de investigadores del franquismo*, Ediciones de la Universidad de Castilla-La Mancha, Cuenca, 2005.

Palacios Bañuelos, L.: *Franco y el franquismo*, Dilex, Algete, 2016.

Payne, S. G.: *Falange. Historia del fascismo español*, Ruedo Ibérico, París, 1965.

El régimen de Franco, 1936-1975, Alianza, Madrid, 1987.

Franco y José Antonio. El extraño caso del fascismo español, Planeta, Barcelona, 1997.

Preston, P.: *Franco, Caudillo de España*, De Bolsillo, Barcelona, 2017.

Las tres Españas del 36, De Bolsillo, Barcelona, 2018.

Ramírez Jiménez, M.: *España 1939-1975. Régimen político e ideología*, Labor-Guadarrama/Punto Omega, Barcelona, 1978.

Ramírez Jiménez, M. (dir.): *Las fuentes ideológicas de un régimen: España 1939-1945*, Pórtico, Zaragoza, 1978.

Reyes Morales, R.: «El Consejo Nacional de Movimiento y los derechos y libertades reconocidos en las Leyes Fundamentales», en *Revista de Estudios Políticos*, n.º 152, 1967, págs. 271-297.

Robinson, A. H.: *Los orígenes de la España de Franco*, Grijalbo, Barcelona, 1974.

Ruiz Carnicer, M. A.: *Las culturas políticas del fascismo en la España de Franco (1936-1975)*, Institución Fernando el Católico, Zaragoza, 2013.

Sánchez Agesta, L.: «El recurso del contrafuero y la protección del orden constitucional», en *Revista de Estudios Políticos*, n.° 181, 1972, págs. 5-33.

Sánchez Recio, G.: «El tardofranquismo (1969-1975): el crepúsculo del dictador y el declive de la dictadura», en *Hispania Nova. Revista de historia contemporánea*, n.° extra 1, 2015, págs. 329-348.

Saz Campos, I.: *Fascismo y franquismo*, Universidad de Valencia, Valencia, 2004.

Las caras del franquismo, Comares, Granada, 2013.

Sevillano, F.: *Franco. Caudillo por la gracia de Dios*, Alianza, Madrid, 2010.

Solé Tura, J.: *Introducción al régimen político español*, 2.ª ed., Ariel, Barcelona, 1972.

Thomàs, J.: *La Falange de Franco. El proyecto fascista del régimen*, Plaza y Janés, Barcelona, 2001.

Tusell, J.: *La Dictadura de Franco*, Altaya, Barcelona, 1996.

Dictadura franquista y democracia, 1939-2004. Historia de España, XIV, Crítica, Barcelona, 2005.

Tuñón de Lara, M. y **Biescas Ferrer, J. A.**: *España bajo la Dictadura franquista (1939-1975)*, Labor, Barcelona, 1981.

Vilar, S.: *La naturaleza del franquismo*, Península, Barcelona, 1977.

Viñas, A.: *Guerra, dinero, dictadura. Ayuda fascista y autarquía en la España de Franco*, Crítica, Madrid, 1984.

Zafra Valverde, J.: *Régimen político de España*, Universidad de Navarra, Pamplona, 1973.

Zenobi, L.: *La construcción del mito de Franco*, Cátedra, Madrid, 2011.

BIBLIOGRAFÍA GENERAL

Alonso, J. R.: *Historia política del ejército español*, Editora Nacional, Madrid, 1974.

Alonso de Antonio, A. L.: «La continuidad parlamentaria en el constitucionalismo histórico español», en *Revista de Derecho Político*, n.º 33, 1991, págs. 173-236.

Álvarez Alonso, C.: *El Gobierno en el constitucionalismo español (1808-1978)*, In Itinere, Oviedo, 2018,

Andrés-Gallego, J. y **Pazos, A. M.**: *La Iglesia en la España contemporánea*, 2 vols., Encuentro, Madrid, 1999.

Artola, M.: *El modelo constitucional español del siglo XIX*, Fundación Juan March, Madrid, 1979.

Constitucionalismo en la Historia, Crítica, Madrid, 2005.

Astarloa Villena, F.: «Los derechos y libertades en las Constituciones históricas españolas», en *Revista de Estudios Políticos*, n.º 92. 1996, págs. 207-251.

Attard Alonso, E.: «Constitucionalismo español: 1808-1978: Ensayo histórico-jurídico», en *Revista General de Derecho*, n.º 511, 1987, págs. 1491-1527.

El constitucionalismo español: 1808-1978, Quiles, Valencia, 1988.

Barrero Ortega, A.: «Sobre la libertad religiosa en la historia constitucional de España», en *Revista Española de Derecho Constitucional*, n.º 61, 2001, págs. 131-185.

Modelos de relación entre el Estado y la Iglesia en la historia constitucional española, Servicio de Publicaciones de la Universidad de Cádiz, Cádiz 2007.

Becker, J.: *La reforma constitucional en España. Estudio histórico-crítico acerca del origen y vicisitudes de las Constituciones españolas*, Analecta Editorial, Pamplona, 2006.

BERTELSEN REPETTO, R.: *El Senado en España,* Instituto de Estudios Administrativos, Madrid, 1974.

CÁRCEL ORTÍ, V.: *Historia de la Iglesia en la España contemporánea (siglos XIX y XX)*, Ediciones Palabra, Madrid 2002.

CARMONA CHOUSSAT, J. F.: *Constituciones: Interpretación histórica y sentimiento constitucional*, Aranzadi, Cizur (Navarra), 2005.

CARR, R.: *España, 1808-1975*, 10.ª ed., Ariel, Barcelona, 1984.

CAVERO LATAILLDE, I. y **ZAMORA RODRÍGUEZ, T.**: *Constitucionalismo histórico de España*, Universitas, Madrid, 1995.

CLAVERO, B.: *Evolución histórica del constitucionalismo español*, 2.ª ed., Tecnos, Madrid, 1985.

Manual de Historia Constitucional de España, Alianza, Madrid, 1989.

CUENCA TORIBIO, J. M.: *Relaciones Iglesia-Estado en la España contemporánea (1833-1985),* Rialp, Madrid, 1985.

Estudios de historia política contemporánea, BOE, Madrid, 1999.

FERNÁNDEZ ALMAGRO, M.: *Historia política de la España contemporánea*, 2 vols., 3.ª ed., Alianza, Madrid, 1972.

FERNÁNDEZ SARASOLA, I.: *Los partidos políticos en el pensamiento español (De la Ilustración a nuestros días)*, Marcial Pons, Madrid, 2009.

FERNÁNDEZ SEGADO, F.: *Las Constituciones históricas españolas. Un análisis histórico-jurídico*, 4ª ed., Civitas, Madrid, 1986.

FRAGA IRIBARNE, M.: *El pensamiento conservador español*, 2.ª ed., Planeta, Barcelona, 1981.

FRAILE CLIVILLÉS, M.: *Introducción al Derecho Constitucional español*, Rivadeneyra, Madrid, 1975.

GALLEGO ANABITARTE, A.: *Poder y derecho del Antiguo Régimen al Estado Constitucional en España. Siglos XVIII a XIX: Conceptos, instituciones y estructuras administrativas en el nacimiento del Estado Moderno*, Marcial Pons, Madrid, 2009.

GARCÍA CÁRCEL, R.: «El constitucionalismo histórico español», en *Revista de Occidente*, n.º 271, 2003, págs. 21-38.

GARCÍA ESCUDERO, J. M.: *Historia política de las dos Españas*, 2.ª ed., Editora Nacional, Madrid, 1976.

GONZÁLEZ MARIÑAS, P.: *Génesis y evolución de la Presidencia del Consejo de Ministros en España (1800-1875)*, Instituto de Estudios Administrativos, Madrid, 1974.

González Muñiz, A.: *Constituciones, Cortes, y elecciones españolas*. Historia y anécdota. 1810-1936, Júcar, Madrid, 1978.

González-Ares, J. A.: *Introducción el estudio del constitucionalismo español (1909-1975)*, 4.ª ed. (rev. y amp.), Tórculo, Santiago de Compostela, 2003.

«La cuestión religiosa en el constitucionalismo decimonónico español», en *Anuario de la Facultad de Derecho de Ourense*, 2004, págs. 245-268.

«El proceso de parlamentarización de la Monarquía española», en *Anuario de la Facultad de Derecho de Ourense*, 2009-1, págs. 69-80.

«La institución de la regencia en las Constituciones de la Monarquía Isabelina (1833-1868)», en *Anuario de la Facultad de Derecho de Ourense*, 2010, págs. 309-326.

Las Constituciones de la España contemporánea. Del Estatuto de Bayona a las leyes fundamentales del franquismo, Andavira, Santiago de Compostela, 2010.

«El derecho de asociación y los partidos políticos en el constitucionalismo español del siglo XIX», en *Anuario de la Facultad de Derecho de Ourense*, 2012, págs. 119-138.

«La Regencia en el constitucionalismo español», en *40 años de Monarquía parlamentaria*, Colex, La Coruña, 2019, págs. 121-146.

Jiménez Asensio, R.: *Introducción a la historia del constitucionalismo español*, Tirant Lo Blanch, Valencia, 1993.

Linz, J. J.: *El sistema de partidos en España*, Narcea, Madrid, 1974.

Madariaga, S.: *España. Ensayo de Historia Contemporánea*, Espasa Calpe, Madrid, 13.ª ed., Madrid, 1979.

Maestro, G.: «Los derechos públicos subjetivos en la historia del constitucionalismo español del siglo XIX», en *Revista de Derecho Político*, n.º 41, 1996, págs. 119-175.

Martínez Cuadrado, M.: *Elecciones y partidos políticos en España (1868-1931)*, Taurus, Madrid, 1969.

Menéndez Rexach, A.: *La Jefatura del Estado en el Derecho Público español*, Instituto Nacional de Administración Pública, Madrid, 1979.

Merino Merchán, J.F.: *Regímenes históricos españoles*, Tecnos, Madrid, 1988.

Nieto, A.: *Los primeros pasos del Estado constitucional*, Ariel, Barcelona, 1996.

Núñez Rivero, C. y **Martínez Segarra, R. M.**: *Historia Constitucional de España,* Universitas, Madrid, 1997.

Núñez Rivero, C. y **García Aranda, S.**: «La autonomía local en los orígenes del constitucionalismo español (1808-1973)», en *Revista de Derecho UNED*, n.º 7, 2010, págs. 489-523.

Orduña Rebollo, E. y **Cosculluela Montaner, L.**: *Historia de la Legislación del Régimen local*. Iustel, Madrid, 2008.

Ortega Gutiérrez, D.: «Influencia del constitucionalismo histórico alemán en las Constituciones históricas españolas», en *Parlamento y Constitución. Anuario*, n.º 7, 2003, págs. 75-96.

Pascual Medrano, A.: *La Regencia en el Derecho Constitucional español*, Centro de Estudios Políticos y Constitucionales, Madrid, 1998.

Paredes, J. (coord.): *Historia contemporánea de España*, 2 vols., Ariel, Barcelona, 1998.

Payne, S. G.: *Ejército y sociedad en la España liberal, 1808-1936*, Akal, Madrid, 1977.

Pérez Calvo, A.: *El Estado constitucional español*, Reus, Madrid, 2009.

Pérez Prendes, J. M.: *Escritos de historia constitucional española*, Marcial Pons, 2017.

Peña González, J.: *Historia política del constitucionalismo español*, Dykinson, Madrid, 2006.

Portillo, J. M.: «¿Existe una historia constitucional de España? Reflexiones sobre el primer manual de esta especie», en *Revista de las Cortes Generales*, n.º 24, 1991. págs. 295- 341.

Puy Muñoz, F. (coord.): *Los derechos en el constitucionalismo histórico español,* Servizo de Publicacións e Intercambio Científico da USC, Santiago de Compostela, 2002.

Sánchez Agesta, L: *Historia del constitucionalismo español*, 4.ª ed., Centro de Estudios Constitucionales, Madrid, 1984.

Sánchez-Marín, A.: *Constitucionalismo español. 1808-1978*, Zaquizami, Madrid, 1994.

Seoane, M. C.: *El primer lenguaje constitucional español*, Editorial Moneda y Crédito, Madrid, 1968.

Sevilla Andrés, D.: *Historia política de España (1800-1973)*, 2.ª ed., Editora Nacional, Madrid, 1974.

Solé Tura, J. y **Aja, E.**: *Constituciones y periodos constituyentes en España*, Siglo XXI, Madrid, 2009.

Tomás Villarroya, J.: *Breve historia del constitucionalismo español*, 13.ª ed., Centro de Estudios Políticos y Constitucionales, Madrid, 2012.

Tomás y Valiente, F.: «Notas para una historia del constitucionalismo español», en *Sistema*, n.º 17/18, 1977, págs. 71-88.

Torres del Moral, A.: *Constitucionalismo histórico español*, 9.ª ed., Universidad Complutense, Madrid, 2018.

Towson, N. (cd.): *El rcpublicanismo en España (1830-1977)*, Alianza, Madrid, 1994.

Ull Pont, E. J.: «El sufragio censitario en el derecho electoral español» (I y II), en *Revista de Estudios Políticos*, n.ºs 194 y 195-196, 1974, págs. 125-169 y 161-187.

Vachet, A.: *La ideología liberal*, 2 vols., Fundamentos, Madrid, 1972.

Varela Suanzes-Carpegna, J.: «La Monarquía en la historia constitucional española», en *Revista de las Cortes Generales*, n.º 30, 1993, págs. 101-118.

Política y Constitución en España.1808-1978, 2.ª ed., corregida y aumentada, Centro de Estudios Políticos y Constitucionales, Madrid, 2014.

Historia constitucional de España. Normas, instituciones, doctrinas, Marcial Pons, Madrid, 2020.

Vicén Antolín, C.: *Historia del constitucionalismo español (1808-1978)*, Dilex, Madrid, 2004.

RECOPILACIONES DE TEXTOS CONSTITUCIONALES

De Esteban, J.: *Constituciones españolas y extranjeras*, 2 vols., Taurus, Madrid, 1979.

Las Constituciones de España, 2.ª ed., BOE, Madrid, 2000.

Fernández Sarasola, I.: *Proyectos constitucionales de España (1786-1824)*, Centro de Estudios Políticos y Constitucionales, Madrid, 2004.

Gallego Anabitarte, A.: *Leyes constitucionales y administrativas de España*, Universidad de Navarra, Pamplona, 1976.

Garrido Falla, F.: *Leyes políticas de España*, BOE, Madrid, 1969.

González-Ares, J. A.: *Leyes constitucionales españolas (1808-1978)*, 3.ª ed., Andavira, Santiago de Compostela, 2015.

Hervada, J. y **Zumaquero, J. M.**: *Textos constitucionales españoles (1808-1978)*, Eunsa, Pamplona, 1980.

Padilla Serra, A.: *Constituciones y leyes fundamentales de España*, Universidad de Granada, Granada, 1954.

Rico Linage, R.: *Constituciones históricas. Ediciones oficiales*, 2.ª ed., Secretariado de Publicaciones de la Universidad de Sevilla, Sevilla, 1994.

Sevilla Andrés, D.: *Constituciones y otras leyes y proyectos políticos de España*, Editora Nacional, Madrid, 1969.

Sainz de Baranda, R.: *Colección de Leyes Fundamentales*, Acribia, Zaragoza, 1969.

Tierno Galván, E.: *Leyes políticas españolas fundamentales (1808-1978)*, Tecnos, Madrid, 1979.

Varela Suanzes-Carpegna, J.: *Constituciones y leyes fundamentales. Tomo I*, Iustel, Madrid, 2012.

CRONOLOGÍA POLÍTICO-CONSTITUCIONAL

I. El reinado de Fernando VII y la invasión francesa

1808

- Motín de Aranjuez (17 de marzo).
- Renuncia de Carlos IV a la Corona en favor de su hijo (19 de marzo).
- Fernando VII sale de Madrid para reunirse con Napoleón (10 de abril).
- Fernando VII llega a Bayona (21 de abril).
- Sublevación popular de Madrid (2 de mayo).
- Abdicación de Carlos IV (5 de mayo).
- Abdicación de Fernando VII (10 de mayo).
- Proclamación de José I como Rey de España (6 de junio).
- Sesión de apertura de la Asamblea de Bayona (15 de junio).
- José I otorga y jura la Carta de Bayona (7 de julio).
- Entrada oficial del Rey José en Madrid (19 de julio).
- Victoria de Bailén (21 de julio).
- José I abandona Madrid (1 de agosto).
- Instalación de la Junta Suprema Central Gubernativa en Aranjuez (25 de septiembre).
- Madrid se rinde a los franceses (4 de diciembre).
- Traslado de la Junta Central a Sevilla (16 de diciembre).

1809

- La Junta Central convoca una reunión de las Cortes (22 de mayo).

1810

- Formación del primer Consejo de Regencia. Convocatoria de Cortes (29 de enero).
- Apertura de las Cortes en la isla de León, Cádiz (24 de septiembre).
- Designación de una nueva Regencia (28 de octubre).
- Decreto de libertad de imprenta (10 de noviembre).
- Creación de una Comisión encargada de elaborar la Constitución (20 de diciembre).

1811

- Traslado de las Cortes a la ciudad de Cádiz (24 de febrero).
- Decreto de abolición de los señoríos jurisdiccionales (1 de julio).
- Comienza la discusión en Cortes del proyecto de Constitución (18 de agosto).

1812

- Fin de los debates constitucionales (23 de enero).
- Decreto de la Regencia de aprobación de la Constitución (8 de marzo).
- Promulgación de la Constitución (19 de marzo).

1813

- Abolición de la Inquisición (22 de febrero).
- José I huye de España (28 de junio).
- Termina la Guerra de la Independencia (31 de agosto).
- Tratado de Valençay (11 de diciembre).

1814

- Fernando VII retorna a España (24 de marzo).
- Publicación del «Manifiesto de los Persas» (12 de abril).
- Restablecimiento del absolutismo y derogación de la Constitución (4 de mayo).
- Detención de dirigentes liberales en Madrid (10 de mayo).
- Decreto contra los afrancesados y su encarcelamiento o destierro (30 de mayo).
- Restablecimiento de la Inquisición (21 de julio).

1815

- Pronunciamiento frustrado de Díaz Porlier en La Coruña (19 de septiembre).

1817

- Levantamiento liberal de Lacy (5 de abril).

1820

- Sublevación de Riego en Cabezas de San Juan (1 de enero).
- Entrada en vigor de la Constitución (7 de marzo).
- Fernando VII renueva solemnemente su juramento de fidelidad constitucional (9 de julio).
- Entrada triunfal de Riego en Madrid (31 de agosto).

1821

- Batalla de las «Platerías» en Madrid (18 de septiembre).

1822

- División de España en 52 provincias (22 de enero).
- Gobierno de Martínez de la Rosa (28 de febrero).
- Rebelión de la Guardia Real (7 de julio).
- Gabinete de San Miguel (7 de agosto).

1823

- Invasión de los «Cien mil hijos de San Luis» (7 de abril).
- Nueva abolición de la Constitución (1 de octubre).
- Ejecución de Riego (7 de noviembre).

1827

- Comienza la Guerra de los agraviados o *Malcontents* (11 de marzo).

1829

- Boda de Fernando VII con María Cristina de Nápoles (9 de diciembre).

1830

- Publicación de la «Pragmática Sanción» (29 de marzo).
- Testamento de Fernando VII: María Cristina de Borbón es nombrada Regente (12 de junio).
- Nacimiento de la princesa Isabel (10 de octubre).

1831

- Fracaso del pronunciamiento de Torrijos (20 de marzo).
- Ejecución a garrote de Mariana Pineda (26 de mayo).

1832

- Sucesos de La Granja (22 de septiembre).
- Gobierno de Cea Bermúdez (1 de octubre).
- Amnistía general (15 de octubre).

II. El reinado de Isabel II

1833

- Fallecimiento de Fernando VII. Regencia de María Cristina (19 de septiembre).
- Primer levantamiento carlista (3 de octubre).
- Manifiesto de la Reina Gobernadora (4 de octubre).

1833

- Javier de Burgos establece la moderna división provincial (30 de noviembre).

1834

- Gobierno de Martínez de la Rosa (15 de enero).
- Promulgación del Estatuto Real (10 de abril).
- Abolición definitiva de la Inquisición (15 de julio).

1835

- Ministerio Toreno (7 de junio).
- Gabinete Mendizábal (14 de septiembre).

1836

- Gobierno de Istúriz (15 de mayo).
- Motín de los sargentos de La Granja (12 de agosto).
- Restauración de la Constitución de 1812 (13 de agosto).
- Convocatoria de elección a Cortes por el Gobierno Calatrava (21 de agosto).
- Sesiones constituyentes de las Cortes (24 de octubre).

1837

- Presentación a las Cortes del Proyecto de Constitución (24 de febrero).
- Promulgación de la Constitución de 1837 (18 de junio).
- Ley de Desamortización Eclesiástica de Mendizábal (29 de julio).
- El pretendiente carlista alcanza Madrid (12 de septiembre).

1839

- Firma del Tratado de Vergara. Fin de la primera guerra carlista (31 de agosto).

1840

- Aprobación de la Ley Municipal (4 de junio).

- Madrid se pronuncia contra la Reina Regente. Espartero se hace con el poder (1 de septiembre).
- Gobierno progresista de Espartero (11 de septiembre).
- Abdicación de María Cristina de Borbón (12 de octubre).

1841

- Regencia de Espartero (10 de mayo).
- Pronunciamiento de O'Donnell (27 de septiembre).
- Supresión de los fueros vascos (26 de octubre).

1842

- El general Rodil toma el poder (20 de junio).
- Levantamiento de Barcelona contra Espartero (13 de noviembre).
- Bombardeo de la ciudad de Barcelona (3 de diciembre).

1843

- Sublevación de Prim y otros generales contra Espartero (27 de mayo).
- Fin de la Regencia de Espartero (30 de julio).
- El general Prim toma Barcelona (2 de septiembre).
- Mayoría de edad de Isabel II (8 de noviembre).
- Ministerio Olózoga (20 de noviembre).
- Ministerio González Bravo (1 de diciembre).

1844

- Fundación de la Guardia Civil (28 de marzo).
- Gobierno moderado de Narváez (3 de mayo).
- Presentación a las Cortes del Proyecto de reforma constitucional (18 de octubre).

1845

- Promulgación de la Constitución de 1845 (23 de mayo).

1846

- Gabinete Istúriz (4 de abril).
- Comienza la segunda guerra carlista (10 de octubre).
- Isabel II se casa con Francisco de Asís (18 de octubre).

1847

- Gobierno dictatorial de Narváez (5 de octubre).

1848

- Fracasa el alzamiento civil de la capital de España (26 de marzo).

1851

- Gobierno de Bravo Murillo (14 de enero).
- Concordato con la Santa Sede (16 de mayo).

1852

- Presentación de los Proyectos Constitucionales de Bravo Murillo (2 de diciembre).
- Gobierno del general Roncali (14 de diciembre).

1853

- Gobierno del general Lersundi (14 de abril).
- Gobierno de Sartorius, conde de San Luis (18 de septiembre).

1854

- Pronunciamiento de Dulce y O'Donnell en Vicálvaro (28 de junio).
- Manifiesto de Manzanares (7 de julio).
- Nuevo Gobierno progresista de Espartero (30 de julio).
- Convocatoria de Cortes Constituyentes (11 de agosto).
- Fundación de la Unión Liberal (17 de septiembre).
- Apertura de Cortes Constituyentes (8 de noviembre).

1855

- Ley de Desamortización Civil y Eclesiástica de Madoz (1 de mayo).
- Primera huelga general en España: la de Barcelona (2 de julio).
- Las Cortes terminan la discusión de la nueva Constitución (14 de diciembre).

1856

- Ministerio O'Donnell (14 de julio).
- Disolución de la Milicia Nacional (15 de agosto).
- Acta Adicional a la Constitución de 1845 (15 de septiembre).
- Gobierno reaccionario de Narváez (12 de octubre).
- Derogación del Acta adicional (14 de octubre).

1857

- Ley Constitucional de Reforma de Narváez (17 de julio).
- Ley Moyano de Instrucción Pública (9 de septiembre).

1858

- Gobierno de transición de Istúriz (14 de enero).
- Gobierno unionista de O'Donnell (30 de junio).

1859

- Convenio con la Santa Sede (25 de agosto).
- Guerra española contra Marruecos (22 de octubre).

1860

- Pronunciamiento carlista en San Carlos de la Rápita (1 de abril).

1863

- Ministerio Miraflores (2 de marzo).

1864

- Gobierno moderado unionista de Mon (1 de marzo).
- Derogación de la Ley Constitucional de 1857 (20 de abril).
- Nuevo Gobierno de Narváez (16 de septiembre).

1865

- Noche de San Daniel (10 de abril).
- Sublevación de los sargentos de San Gil (22 de junio).

1866

- Narváez sucede a O'Donnell (20 de julio).
- Pacto de Ostende (16 de agosto).

1867

- Reunión de Bruselas (30 de junio).
- Muerte de O'Donnell (5 de noviembre).

III. El Sexenio revolucionario y la Primera República

1868

- Fallecimiento de Narváez (23 de abril).
- Gobierno reaccionario de González Bravo (24 de abril).
- Prim y Topete se sublevan en Cádiz (18 de septiembre).
- Formación en Cádiz de una Junta Revolucionaria (19 de septiembre).
- Isabel II se exilia a Francia (30 de septiembre).
- Gobierno provisional de Serrano (8 de octubre).
- Insurrección cubana: Manifiesto de Yara (10 de octubre).
- Victoria de Alcolea (28 de septiembre).

1869

- Elecciones a Cortes Constituyentes (15 de enero).
- Apertura de las Cortes (22 de febrero).
- Aprobación de la Constitución de 1869 (6 de junio).
- Promulgación de la Constitución (15 de junio).
- Regencia de Serrano (18 de junio).
- Gobierno progresista de Prim (18 de junio).
- Isabel II abandona España (30 de septiembre).

1870

- Primer Congreso obrero en Barcelona (18 de junio).
- Abdicación de Isabel II en favor de su hijo (25 de junio).
- Amadeo de Saboya es elegido Rey de España por las Cortes (16 de noviembre).
- Atentado contra el general Prim en la calle del Turco (27 de diciembre).
- Topete forma gobierno (27 de diciembre).
- Muerte de Prim (30 de diciembre).

1871

- Amadeo I jura la Constitución de 1869 (2 de enero).
- Gobierno del general Serrano (4 de enero).
- Gobierno de Ruiz Zorrilla (24 de julio).
- Gobierno de Sagasta (21 de diciembre).

1872

- Inicio de la tercera guerra carlista (8 de abril).

1873

- Abdicación de Amadeo y proclamación de la Primera República (11 de febrero).
- Presidencia de Figueras (11 de febrero).
- Elecciones legislativas (13 de abril).
- Apertura de las Cortes Constituyentes (1 de junio).
- Proclamación del sistema republicano federal como forma de gobierno (8 de junio).
- Presidencia de Pi y Margall (11 de junio).
- Sublevación cantonal de Cartagena (12 de julio).

- Presentación a las Cortes del Proyecto de Constitución Federal de 1873 (17 de julio).
- Presidencia de Salmerón (18 de julio).
- Presidencia de Castelar (7 de septiembre).

IV. La Restauración de la Monarquía: Alfonso XII y Alfonso XIII

1874

- Golpe de Estado del general Pavía (3 de enero).
- Poder Ejecutivo del general Serrano (3 de enero).
- Fin de la rebelión cantonal (13 de enero).
- Gobierno de Zabala (26 de febrero).
- Gobierno de Sagasta (3 de septiembre).
- Manifiesto de Sandhurst (1 de diciembre).
- Pronunciamiento de Martínez Campos en Sagunto. Proclamación de Alfonso XII (29 de diciembre).
- Ministerio-Regencia presidido por Cánovas (31 de diciembre).

1875

- Alfonso XII entra en Madrid (14 de enero).
- Gobierno de Jovellar (12 de septiembre).
- Gobierno de Cánovas (2 de diciembre).
- Convocatoria de elecciones generales (31 de diciembre).

1876

- Elecciones a Cortes Constituyentes (20 de enero).
- Apertura de las Cortes (15 de febrero).
- Cánovas lee en el Congreso el Proyecto de Constitución (27 de marzo).
- Aprobación del Proyecto de Constitución por el Congreso (24 de mayo).
- Aprobación del Proyecto por el Senado (22 de junio).
- Promulgación de la Constitución de 1876 (30 de junio).

1878

- Convención de Zanjón: fin de la guerra civil en Cuba (12 de febrero).

1879

- Gobierno de Martínez Campos (8 de marzo).
- Fundación del PSOE (2 de mayo).
- Gobierno de Cánovas (9 de diciembre).

1881

- Gobierno de Sagasta (8 de febrero).

1883

- Gobierno de Posada Herrera (13 de octubre).

1884

- Gobierno de Cánovas (13 de enero).

1885

- Pacto de El Pardo (24 de noviembre).
- Muerte de Alfonso XII (25 de noviembre).
- Ministerio largo de Sagasta (27 de noviembre).
- María Cristina jura la Constitución como Regente (30 de diciembre).

1886

- - Nacimiento de Alfonso XIII (17 de mayo).

1887

- - Ley de Asociaciones (30 de junio).

1888

- Fundación de la UGT (12 de agosto).

1889

- Promulgación del Código Civil (24 de julio).

1890

- Aprobación por el Senado de la Ley de sufragio universal promovida por el Gobierno Sagasta (5 de mayo).
- Promulgación de la Ley de sufragio universal (28 de junio).
- Gobierno de Cánovas (5 de julio).

1892

- Nacimiento de Franco en Ferrol (4 de diciembre).
- Gobierno de Sagasta (9 de diciembre).

1893

- Proyecto de reforma de Maura de la Administración cubana (3 de junio).

1895

- Grito insurreccional cubano en Baire (25 de febrero).
- Gobierno de Cánovas (23 de marzo).
- Fundación del PNV (31 de julio).

1896

- Nombramiento de Weyler como capitán general de Cuba en sustitución de Martínez Campos (10 de febrero).

1897

- Asesinato de Cánovas (8 de agosto).
- Gobierno de Azcárraga (8 de agosto).
- Gobierno de Sagasta (4 de octubre).
- Concesión de la autonomía a Cuba (4 de octubre).

1898

- Guerra con los Estados Unidos (18 de abril).
- Destrucción de la armada española en Santiago de Cuba (3 de julio).
- Tratado de París: España pierde sus colonias de Ultramar (10 de diciembre).

1899

- Gabinete conservador de Silvela (4 de marzo).

1900

- Gobierno del general Azcárraga (22 de octubre).

1901

- Gobierno liberal de Sagasta (7 de marzo).

1902

- Mayoría de edad de Alfonso XIII: jura de la Constitución (17 de mayo).
- Gobierno conservador de Silvela (6 de diciembre).

1903

- Gobierno conservador de Fernández Villaverde (18 de julio).
- Gobierno conservador de Maura (5 de diciembre).

1904

- Gobierno conservador de Azcárraga (16 de diciembre).

1905

- Gobierno conservador de Fernández Villaverde (26 de enero).
- Gobierno de Montero Ríos (23 de junio).

1906

- Ley de Jurisdicciones (20 de marzo).
- Gobierno liberal de López Domínguez (6 de junio).
- Gobierno liberal de Moret (30 de noviembre).
- Gobierno de Aguilar Correa (4 de diciembre).

1907

- Gobierno conservador de Maura (25 de enero).

1909

- «Semana Trágica» de Barcelona (26 de julio).
- Gobierno liberal de Moret (21 de octubre).

1910

- Gobierno liberal de Canalejas (9 de febrero).

1912

- Asesinato de Canalejas (12 de noviembre).
- Gobierno de García Prieto (12 de noviembre).
- Gobierno de Figueroa Torres, conde de Romanones (14 de noviembre).

1913

- Gobierno conservador de Dato (27 de octubre).

1914

- Establecimiento de la *Mancomunitat* de Cataluña (6 de abril).

1915

- Gobierno liberal de Romanones (6 de diciembre).

1917

- Gobierno liberal de García Prieto (20 de abril).
- Gobierno conservador de Dato (9 de junio).
- Reunión en Barcelona de la Asamblea de Parlamentarios (5 de julio).
- Segunda reunión de la Asamblea de Parlamentarios (19 de julio).
- Huelga general revolucionaria (13 de agosto).
- Gobierno liberal de García Prieto (1 de noviembre).

1918

- Gobierno de concentración nacional de Maura (21 de mayo).
- Gobierno liberal de García Prieto (9 de noviembre).

- Gobierno liberal de Romanones (3 de diciembre).
- Gobierno conservador de Maura (14 de abril).

1919

- Gobierno de coalición de Sánchez Toca (19 de julio).
- Gobierno de concentración de Allende Salazar (12 de diciembre).

1920

- Gobierno conservador de Dato (5 de mayo).

1921

- Asesinato de Dato (8 de marzo).
- Gobierno de Bugallal (8 de marzo).
- Gobierno Allende Salazar (13 de marzo).
- Desastre de Annual (23 de julio).
- Gobierno de concentración nacional de Maura (14 de agosto).
- Fundación del Partido Comunista de España (14 de noviembre).
- Gobierno conservador de Sánchez Guerra (8 de marzo).
- Gobierno liberal de García Prieto (5 de diciembre).

1922

- Asesinato del cardenal Soldevilla en Zaragoza (4 de junio).
- Gobierno García Prieto (7 de diciembre).

1923

- Golpe de Estado de Primo de Rivera (13 de septiembre).
- Directorio Militar (15 de septiembre).
- Disolución de los Ayuntamientos (30 de septiembre).

1924

- Disolución de las Diputaciones, excepto la de las Vascongadas y Navarra (13 de enero).
- Estatuto Municipal (8 de marzo).
- Creación de la Unión Patriótica (14 de abril).

1925

- Desembarco en Alhucemas (8 de septiembre).
- Directorio Civil (3 de diciembre).

1926

- Derrota de Abd el-Krim. Final de la guerra de Marruecos (26 de mayo).
- Levantamiento contra la Dictadura: la «Sanjuanada» (24 de junio).

1927

- Creación de la Asamblea Nacional (12 de septiembre).

1929

- Rebelión de Sánchez Guerra en Valencia (29 de enero).
- Disolución del Cuerpo de Artillería. Huelgas estudiantiles (18 de febrero).
- Presentación a la Asamblea Nacional del Anteproyecto de Constitución de la Monarquía española y otras leyes complementarias (6 de julio).

1930

- Dimisión de Primo de Rivera (28 de enero).
- Gobierno Berenguer: «Dictablanda» (30 de enero).
- Pacto de San Sebastián (17 de agosto).
- Publicación en el diario «El sol» del artículo «el error Berenguer», de Ortega y Gasset (15 de noviembre).
- Sublevación de la guarnición de Jaca (12 de diciembre).
- Intentona golpista en el aeródromo de Cuatro Vientos (15 de diciembre).

V. La Segunda República y la Guerra Civil

1931

- Berenguer anuncia elecciones a Cortes (31 de enero).
- Convocatoria de elecciones legislativas (8 de febrero).
- Manifiesto de la «Agrupación al Servicio de la República» (10 de febrero).
- Dimisión de Berenguer (14 de febrero).
- Gobierno del almirante Aznar (18 de febrero).
- Elecciones municipales: victoria de las candidaturas republicanas (12 de abril).
- Proclamación de la Segunda República. Expatriación de Alfonso XIII (14 de abril).
- Gobierno Provisional presidido por Alcalá-Zamora (14 de abril).
- Creación de una Comisión Jurídica Asesora para la elaboración de un Anteproyecto constitucional (6 de mayo).
- Elecciones generales a Cortes Constituyentes (28 de junio).

- Apertura de las Cortes (14 de julio).
- Designación de una Comisión parlamentaria de 21 miembros encargada de redactar la Constitución (28 de julio).
- Dimisión de Alcalá-Zamora. Gobierno provisional de Azaña (15 de octubre).
- Ley de Defensa de la República (20 de octubre).
- Aprobación de la Constitución de 1931 (9 de diciembre).
- Alcalá-Zamora es elegido Presidente de la República (10 de diciembre).
- Gabinete Azaña (15 de diciembre).

1932

- Disolución de la Compañía de Jesús (24 de enero).
- Ley de divorcio (2 de febrero).
- Sublevación fracasada del general Sanjurjo (10 de agosto).
- Ley de Reforma Agraria y Estatuto de Cataluña (9 de septiembre).

1933

- Matanza de anarquistas en Casas Viejas (12 de enero).
- Creación de la CEDA (5 de marzo).
- Ley de Congregaciones Religiosas (2 de junio).
- Gobierno radical de Lerroux (12 de septiembre).
- Gobierno radical de Martínez Barrio (8 de octubre).
- Fundación de Falange Española (29 de octubre).
- Elecciones generales: triunfo de la derecha (19 de noviembre).
- Gobierno radical de Lerroux (16 de diciembre).

1934

- Triunfo de *Esquerra* en las elecciones municipales catalanas (14 de enero).
- Fusión de la Falange con las JONS (13 de febrero).
- Gobierno radical de Samper (28 de abril).
- Gobierno radical de Lerroux con tres miembros de la CEDA (4 de octubre).
- Revolución de la cuenca minera de Asturias (5 de octubre).

1935

- Nuevo Gobierno Lerroux con cinco ministros de la CEDA (3 de abril).
- Gobierno de Chapapietra (25 de septiembre).

- Dimisión de Lerroux a causa del escándalo del «straperlo» (29 de octubre).
- Gobierno de Portela Valladares (15 de diciembre).

1936

- Disolución de las Cortes (7 de enero).
- Pacto constitutivo del Frente Popular (15 de enero).
- Elecciones generales: victoria de las candidaturas del Frente Popular (16 de febrero).
- Gobierno de Izquierda Republicana de Azaña (19 de febrero).
- Restablecimiento de la *Generalitat* (26 de febrero).
- Destitución de Alcalá-Zamora por las Cortes (7 de abril).
- Azaña es elegido Presidente de la República (10 de mayo).
- Gobierno de Barcia Trelles (10 de mayo).
- Gobierno de Casares Quiroga (13 de mayo).
- Asesinato del teniente Castillo (12 de julio).
- Asesinato de Calvo Sotelo (13 de julio).
- Sublevación de la guarnición militar de Melilla (17 de julio).
- El general Franco se une al alzamiento contra la República: comienza la Guerra Civil (18 de julio).
- Gobierno efímero de Martínez Barrio (19 de julio).
- Gabinete Giral (19 de julio).
- Creación en la zona sublevada de la Junta de Defensa Nacional (23 de julio).
- Gobierno socialista de Largo Caballero (4 de septiembre).
- Franco es designado Jefe del Gobierno del Estado español y Generalísimo de los Ejércitos (29 de septiembre).
- Exaltación de Franco a la Jefatura del Estado. Promulgación del Estatuto Vasco (1 de octubre).
- Traslado del Gobierno republicano a Valencia (6 de noviembre).
- Fusilamiento de José Antonio Primo de Rivera (20 de noviembre).

1937

- Decreto de Unificación que crea FET y de las JONS (19 de abril).
- Bombardeo de Guernica (26 de abril).
- Gobierno republicano de Negrín (15 de mayo).
- Traslado del Gobierno republicano a Barcelona (31 de octubre).

1938

- La Junta Técnica de los sublevados se transforma en Gobierno (30 de enero).
- Reconquista de Teruel por las tropas franquistas (23 de febrero).
- Promulgación del Fuero del Trabajo (9 de marzo).

VI. La Dictadura de Franco

1939

- Capitulación de Barcelona (26 de enero).
- El Presidente de la República Azaña y los Presidentes de la *Generalitat* de Cataluña y del Gobierno vasco abandonan España (5 de febrero).
- El Gobierno de Burgos promulga la Ley de Responsabilidades Políticas (9 de febrero).
- Dimisión de Azaña (27 de febrero).
- Sublevación de Casado en Madrid (5 de marzo).
- Caída de Madrid (28 de marzo).
- Fin de la Guerra Civil (1 de abril).

1940

- Ley de Unidad Sindical (26 de enero).
- Ley de Represión contra la Masonería y el Comunismo (1 de marzo).
- Entrevista Franco-Hitler en Hendaya (23 de octubre).
- Fallecimiento de Azaña (3 de noviembre).
- Creación del Frente de Juventudes (6 de diciembre).
- Ley de Bases de Organización Sindical (26 de diciembre).

1941

- Entrevista de Franco y Mussolini en Bordighera (12 de febrero).
- Ley de Seguridad del Estado (29 de marzo).
- Carrero Blanco es nombrado Subsecretario de la Presidencia (20 de marzo).
- Acuerdo entre España y el Vaticano sobre el privilegio de presentación de obispos (7 de junio).
- Reclutamiento de la «División Azul» (27 de junio).

1942

- Miguel Hernández muere en la cárcel de Alicante (28 de marzo).
- Promulgación de la Ley Constitutiva de las Cortes (17 de julio).

1943

- Inauguración de las Cortes (17 de marzo).
- Vuelta a España de la «División Azul» (12 de noviembre).

1944

- Acuerdo entre Franco y Hoare en materias económicas (2 de mayo).

1945

- Reunión en México de las Cortes de la República española (10 de enero).
- Manifiesto de D. Juan de Borbón exhortando a Franco para que abandone el poder (19 de marzo).
- Promulgación del Fuero de los Españoles (17 de julio).
- Promulgación de la Ley de Referéndum Nacional (22 de octubre).

1946

- El Gobierno francés cierra la frontera con España (1 de marzo).
- España es expulsada de la ONU (13 de diciembre).

1947

- Manifiesto de Juan de Borbón desde Estoril (7 de abril).
- Referéndum de la Ley de Sucesión (6 de julio).
- Promulgación de la Ley de Sucesión en la Jefatura del Estado (26 de julio).

1948

- Entrevista Franco-D. Juan de Borbón a bordo del *Azor* (25 de agosto).
- Pacto de «San Juan de Luz» entre PSOE y la Confederación de Fuerzas Monárquicas (30 de agosto).

1950

- La ONU revoca su decisión de 1946 contra el régimen de Franco (4 de noviembre).
- España entra en la Organización Mundial de Agricultura (10 de noviembre).

1952

- España es admitida en la UNESCO (18 de noviembre).

1953

- Concordato con la Santa Sede (27 de agosto).
- Acuerdos militares entre España y Estados Unidos para la instalación de bases militares norteamericanas en nuestro país (26 de septiembre).
- Congreso Nacional de la Falange en Madrid (29 de octubre).

1955

- España entra en la ONU (15 de diciembre).

1956

- Suspensión del Fuero de los Españoles (10 de febrero).
- España reconoce la independencia de Marruecos (7 de abril).
- Canje de notas sobre propuestas de modificación del Convenio defensivo entre España y los EEUU (26 de septiembre).

1957

- Nuevo Gobierno con participación de los «tecnócratas» del *Opus Dei* (25 de febrero).
- Ley de Responsabilidades Colectivas en caso de Huelga (22 de marzo).
- Ley de Régimen Jurídico de la Administración del Estado (26 de julio).

1958

- Promulgación de la Ley de Principios Fundamentales del Movimiento Nacional (17 de mayo).

1959

- Ley de Orden Público (30 de julio).
- Fundación de ETA (31 de julio).
- VI Congreso del PCE en el exilio: Dolores Ibarruri es elegida presidenta y Santiago Carrillo secretario general (28 de diciembre).

1960

- Nueva entrevista Franco-D. Juan de Borbón (9 de marzo).

1962

- Fraga sustituye a Arias Salgado en el Gobierno (10 de julio).

1963

- Fusilamiento de Julián Grimau (20 de abril).
- Ley de creación del Juzgado y Tribunal de Orden Público (2 de diciembre).

1964

- I Plan de Desarrollo (1 de enero).

1965

- Reorganización del Gobierno. López Rodó es nombrado ministro (7 de julio).

1966

- Ley de Prensa (18 de marzo).
- El régimen cierra la Universidad de Barcelona (30 de abril).
- Franco presenta en las Cortes el proyecto de Ley Orgánica de Estado (22 de noviembre).
- Referéndum para aprobar la LOE (14 de diciembre).

1967

- Promulgación de la Ley Orgánica del Estado (10 de enero).
- Cese de Muñoz Grandes en la Vicepresidencia del Gobierno (28 de julio).
- Carrero Blanco es nombrado Vicepresidente del Gobierno (21 de septiembre).

1968

- ETA asesina a Manzanas, jefe de la Brigada Social de Guipúzcoa (2 de agosto).

1969

- Huelgas universitarias. Asalto al rectorado de la Universidad de Barcelona (17 de enero).
- Declaración del estado de excepción en toda España (24 de enero).
- Designación de Juan Carlos de Borbón como sucesor de la Jefatura del Estado (22 de julio).
- Juan Carlos de Borbón jura en las Cortes los Principios Fundamentales del Movimiento y demás Leyes Fundamentales del Reino (25 de julio).
- Estalla el escándalo MATESA (8 de agosto).
- Nuevo Gobierno con evidente hegemonía «tecnócrata» (30 de octubre).

1970

- Ley General de Educación (3 de agosto).
- Consejo de guerra en Burgos contra 16 militantes de ETA (3 de diciembre).

- Estado de excepción (15 de diciembre).
- Se conmutan las penas a muerte (30 de diciembre).

1971

- Promulgación de la Ley Sindical (17 de febrero).

1972

- El Gobierno suspende la autonomía de las tres Universidades de Madrid (22 de julio).

1973

- Gobierno de Carrero Blanco (9 de junio).
- Asesinato de Carrero Blanco (20 de diciembre).
- Gobierno de Fernández Miranda (20 de diciembre).

1974

- Gobierno de Arias Navarro (3 de enero).
- Tímida apertura del régimen: el llamado «espíritu de febrero» (12 de febrero).
- Ejecución del anarquista Puig Antich (1 de marzo).
- Franco sufre una flebitis (9 de julio).
- Juan Carlos de Borbón asume la Jefatura del Estado, en funciones (19 de julio).
- Franco reasume la Jefatura del Estado (2 de septiembre).
- Estado de excepción en el País Vasco (26 de abril).

1975

- Prórroga de la legislatura de las Cortes (1 de agosto).
- Fusilamiento de militantes de ETA y del FRAP (27 de septiembre).
- Franco es hospitalizado (15 de octubre).
- Juan Carlos asume por segunda vez la Jefatura del Estado, en funciones (30 de octubre).
- Máxima tensión en el Sahara: la «Marcha Verde» (6 de noviembre).
- Muerte de Franco (20 de noviembre).
- Entierro de Franco en el Valle de los Caídos (23 de noviembre).
- Juan Carlos de Borbón, de acuerdo con las previsiones sucesorias, es proclamado Rey de España (22 de noviembre).

Made in United States
North Haven, CT
05 November 2026

21766162R00213